UM MONGE NO DIVÃ

Blucher

UM MONGE NO DIVÃ

A trajetória de um adolescer na Idade Média Central

David Léo Levisky

Um monge no divã: a trajetória de um adolescer na Idade Média Central

Editora Edgard Blücher Ltda.

Publisher Edgard Blücher
Editor Eduardo Blücher
Coordenador editorial Rafael Fulanetti
Pré-produção Aline Fernandes
Coordenação de produção Andressa Lira
Produção editorial Lidiane Pedroso Gonçalves
Preparação de texto Helena Miranda
Diagramação Negrito Produção Editorial
Revisão de texto Maurício Katayama
Capa Leandro Cunha
Imagem da capa iStockphoto

Blucher

Rua Pedroso Alvarenga, 1245, 4º andar
04531-934 – São Paulo – SP – Brasil
Tel.: 55 11 3078-5366
contato@blucher.com.br
www.blucher.com.br

Segundo o Novo Acordo Ortográfico, conforme 6. ed. do *Vocabulário Ortográfico da Língua Portuguesa*, Academia Brasileira de Letras, julho de 2021.

Dados Internacionais de Catalogação na Publicação (CIP)
Angélica Ilacqua CRB-8/7057

Levisky, David Léo
Um monge no divã : a trajetória de um adolescer na idade média central / David Léo Levisky. – São Paulo : Blucher, 2025.
420 p.

Bibliografia
ISBN 978-85-212-2586-7

1. Idade Média – História – Estudo e ensino 2. Psicologia 3. Adolescência I. Título

25.0201 CDD 930

Índice para catálogo sistemático:
1. Idade Média – História – Estudo e ensino

Ruth,
Adriana, Flávia, Ricardo,
Nina e Lis,
amores, de geração em geração.

Agradecimentos

Reescrever uma tese e transformá-la em livro de interesse amplo, dentro de uma linguagem acessível e abrangente, requer esforço, dedicação e o reconhecimento de muitos colaboradores, que, com o seu saber e amizade, se desdobraram para que essa iniciativa se tornasse possível.

Ao Prof. Dr. Hilário Franco Júnior, verdadeiro mestre, orientador do projeto acadêmico, amigo generoso, sensível e de profundo saber. Colaborador no processo editorial, enriqueceu esta obra com um Prefácio, síntese dos vários anos de dedicação a este trabalho. Minha profunda gratidão.

Ao Prof. Dr. Renato Mezan, pela amizade, comentários, sábias sugestões e disponibilidade para escrever o Posfácio deste livro, cujo conteúdo reflete sua capacidade de articulação nas diferentes áreas que configuram as interfaces do saber humano.

Meu reconhecimento à Profa. Dra. Lênia Márcia Mongelli, especialista em literatura medieval e possuidora de profundo espírito acadêmico. Participou da banca examinadora da tese *Um Monge no divã* e ofereceu sugestões editoriais valiosas.

Aos departamentos de História da Faculdade de Filosofia, Letras e Ciências Humanas e de Psicologia Social da Universidade de São Paulo (USP), que me abriram as portas para desenvolver o trabalho de investigação. Às bibliotecas da Sociedade Brasileira de Psicanálise de São Paulo e do Mosteiro de São Bento, que colocaram à minha disposição parte do material bibliográfico utilizado.

Aos amigos Pierre Ehrlich, Armelle Le Bars, Clara e Maurício Knobel, Nelson da Silva Júnior, Maria Helena Fernandes, Heloisa Gurgel Rosenfeld, Roosevelt Moisés Smeke Cassorla, João Carlos Estevão, Francisco Murari Pires, Flávio de Campos, Isaac Kruglianskas, Luz M. Porras, Marlene Guirado, Berta Waldman, Edith e Levi Rubinstein, Angelo Caio Mendes Corrêa Jr. pelos ensinamentos, paciência em me ouvir, sugerir e oferecer experiência, carinho e incentivo.

Ao estudante de psicologia da USP, Luciano Sewaybricker, que, no fervor da juventude, me auxiliou nas questões de informática e de pesquisa das referências bibliográficas.

A todos os amigos e pacientes que, direta ou indiretamente, me acompanharam nessa longa jornada.

A meus pais, que tanto se empenharam para dar carinho e formação aos filhos, e à querida tia Cecília, os quais, infelizmente, não puderam aguardar por mais esse momento de realização.

Conteúdo

Prefácio

Hilário Franco Júnior

Ao longo do último século, quase todos os campos do conhecimento humano expandiram-se fortemente, em maior ou menor medida, e, assim, suas zonas fronteiriças foram se interpenetrando de forma profunda. É, sem dúvida, nessas áreas limítrofes, de identidades complexas, que ocorrem os grandes saltos qualitativos das ciências atuais. Contudo, em uma das zonas em que mais se esperaria o diálogo e o enriquecimento recíproco existe a prevalência da desconfiança, quando não a indiferença ou mesmo certa hostilidade: o campo de contato entre a História e a Psicologia, sobretudo a Psicanálise. O fato, afinal, talvez não seja tão inesperado assim, talvez apenas expresse a dupla condição da natureza humana que essas disciplinas estudam mais do que quaisquer outras. Com efeito, apesar de tentativas inovadoras mais ou menos bem-sucedidas conforme cada caso, há 25 séculos a velha História pensa no coletivo enquanto há pouco mais de cem anos a vocação da jovem Psicanálise privilegia o olhar sobre o indivíduo.

Todavia, nem Heródoto descurou dos indivíduos nem Freud da sociedade. Poucos historiadores ousariam negar atualmente a importância das emoções ao longo dos séculos no comportamento dos homens, isolados ou em grupo, tampouco as motivações inconscientes nas decisões individuais ou coletivas que afetam o desenrolar histórico. Nem por isso eles recorrem de forma sistemática e rigorosa ao instrumental psicanalítico. De seu lado, poucos psicanalistas ousariam minimizar o peso do enquadramento histórico amplo e restrito, isto é, social e familiar, nas patologias que tratam na sua prática clínica. Mas isso não os leva a manipular de forma constante e meticulosa o material historiográfico. A constatação correta de Peter Gay segundo a qual "o historiador profissional tem sido sempre um psicólogo amador" é válida também no seu inverso: todo psicanalista é um historiador amador.

Diante dessa situação, já se entrevê a importância do livro que o leitor tem em mãos. David Levisky, apesar de décadas de clínica psicanalítica, não se acomodou com a "falta de conexão entre áreas complementares do conhecimento humano, cada uma delas funcionando em sistemas fechados", e buscou examinar um caso particular e expressivo de "desenvolvimento do aparelho psíquico em sua interface com a cultura". É tranquilizador constatar que nosso autor permanece imune aos radicalismos que tentam decodificar o ser humano ou apenas pela psique ou apenas pelo contexto, ou ainda apenas pelos genes. O alerta de Edgar Morin está bem vivo na análise de David Levisky: "a chave da cultura está na nossa natureza e a chave da nossa natureza está na cultura". Em louvável ousadia científica, ele não escolheu um objeto de estudo temporal e culturalmente mais próximo do analista, uma personalidade brasileira do século XX, por exemplo. Aceitou o desafio que lhe propusemos e colocou no divã um monge medieval, Guibert de Nogent. Assim, mais do que "assimilar e integrar à identidade psicanalítica um perfil histórico como parte do meu instrumental de avaliação", como reconhece o autor, ele precisou, embora modestamente não insista sobre o feito, fabricar um ferramental específico para a análise que queria empreender.

Ferramental, é inevitável, em vários aspectos passível de discussão, seja por parte de historiadores, seja de psicanalistas, mas de valor inquestionável para repensar recantos do território que tanto uns quanto outros consideram seus, e que na verdade pertencem ao ser humano, não fragmentado pelas necessidades da ciência. Nisto reside a principal qualidade e o principal interesse da proposta metodológica de David Levisky: estabelecer uma ponte entre as duas áreas e convidar os respectivos especialistas a retomarem o diálogo várias vezes começado e abortado. A opção que ele fez por testar seu método com objeto problemático em diversos aspectos revelou-se acertada. Uma escolha aparentemente mais fácil, mais próxima do ambiente que viu nascer a psicanálise, poderia não fazer justiça às possibilidades do extremamente fecundo método histórico-psicanalítico que ele defende. Ao fazer de um sujeito histórico um analisando, nosso historiador-psicanalista (ou seria psicanalista-historiador?) pôde melhor demonstrar a potencialidade de sua proposta sem camuflar os limites dela.

É bastante interessante acompanhar este *setting* inusitado, habitado por um analista inovador e de escuta sensível e um paciente muito especial. Especial pela idade (faleceu há quase novecentos anos, em 1124), origem geográfica (norte francês), condição social (nobre feudal), profissão (monge beneditino), forma de comunicação com o analista (relato escrito), língua utilizada (latim). Perfil, é evidente, ausente em todas os consultórios do mundo em todos os tempos e que coloca não poucos problemas epistemológicos. Para o paciente – jamais encontrado pessoalmente e cujo relato é único e escrito –, existe, é claro, o antecedente do próprio Freud analisando as memórias de Schreber. Mas nesse caso era pequeno tanto o fosso cultural (Schreber, magistrado alemão e filho de médico, viveu no mesmo ambiente que Freud e expressou-se na língua dele) quanto o temporal (Schreber escrevera em 1903, falecera em 1911, mesmo ano em que Freud publicou seu estudo).

No entanto, o empreendimento de Levisky é bem diferente. Coloca no divã um paciente falante de uma língua morta e membro de uma sociedade desaparecida, o que poderia indignar psicanalistas e historiadores mais ortodoxos. E de fato os riscos são evidentes. Um dos maiores, alertava o grande historiador Lucien Febvre em 1938, é

> *querer passar diretamente dos sentimentos e das ideias que são nossos aos sentimentos e às ideias que palavras semelhantes, ou que as mesmas palavras geradoras das mais graves confusões por sua hipotética e falaciosa identidade, servem para significar, por vezes com alguns séculos de distância.*

Por isso mesmo, Febvre dizia estar "previamente resignado" diante do caráter "decepcionante" das relações entre História e Psicologia. O problema central seria o fato de a *psyché* ser fonte constante de anacronismos, o pecado irremissível do historiador segundo ele. No entanto, sem que isso tenha redundado por enquanto em relações mais próximas e fecundas, ao menos se reconhece agora que anacronismo não é necessariamente um mal, podendo mesmo ser poderoso instrumento intelectual. A helenista Nicole Laroux, por exemplo, pensa que "o medo do anacronismo é bloqueador", impede ao historiador a prática da analogia que guia o antropólogo em diversas reflexões. E que guia sobretudo o psicanalista, poderíamos acrescentar.

O livro que se tem em mãos não é uma Psico-História como a praticada pelos norte-americanos desde a década de 1960, pois esta se interessa sobretudo pelos comportamentos de grupo. Tampouco é uma psicobiografia, como aquela que Freud dedicou a Leonardo da Vinci. É verdade que Levisky valoriza as experiências psíquicas de Guibert Nogent na infância como sendo fatores explicativos dos sentimentos e procedimentos do adulto, que terminou de escrever suas memórias por volta de 1115, com 60 anos de idade. Mas, ao contrário da psicobiografia tradicional, com toda razão nosso autor leva em conta fatores externos ao sujeito, fatores políticos, sociais, culturais, religiosos. Ou seja, sem pretensões de usar ou criar algum método que, de forma soberba, seja considerado universal, ele, com material teórico da psicanálise e da historiografia, guia-nos por uma fascinante aventura: penetrar na intimidade de um monge do século XII.

Uma história de muitas questões

Teria a adolescência existido em outras épocas da civilização humana? Como teria sido essa fase do desenvolvimento humano no homem de mil anos atrás? Os adolescentes da contemporaneidade são descritos como agressivos, impulsivos, passivos, impertinentes, arrogantes, teimosos, revoltados, prepotentes, desrespeitosos, desinteressados em relação ao futuro, transgressores que só querem se divertir e estão voltados amplamente para a vida sexual. Caricatura comum, junto com o fato de serem criativos, arrojados, amorosos, corajosos, valentes, desafiadores. Fenômeno atual ou de sempre, considerando-se a história psicossocial do desenvolvimento humano?

Os questionamentos agravaram-se com as ideias de Ariès, publicadas numa obra reconhecida em nosso meio, *História social da criança e da família*, na qual o autor afirma que as palavras latinas *puer* e *adolescens* eram empregadas indiscriminadamente na Idade Média. Ele sugere que o homem medieval não tinha a percepção e o conceito das diferentes idades da vida e que aquela sociedade "via mal a criança, e pior ainda o adolescente", que a duração da infância "era reduzida a seu período mais frágil . . . de criancinha pequena, ela se transformava imediatamente em homem jovem, sem passar pelas etapas da juventude". E conclui que "ela [a família] não tinha função afetiva", que a socialização da criança não era assegurada nem controlada pela família.[1] Refere-se às primeiras relações afetivas entre os pais e o bebê, de forma depreciativa, sem levar em conta o contexto determinante das características vinculares e sociais na constituição do psiquismo do sujeito daquela sociedade. Reconhece a existência de uma certa "paparicação" da criança por parte da família, embora negue que tal atitude possa ter função afetiva.[2]

As ideias de Ariès surpreendem, pois levam a pensar que, no passado longínquo, crianças e jovens eram tratados como meros objetos, frutos das necessidades de preservação da espécie, como se não houvesse o estabelecimento de relações afetivas entre filhos e pais ou seus equivalentes socioculturais. Surge, então, a formulação de uma questão básica: como a mente humana e a atividade simbólica poderiam ter se estruturado na criança medieval sem a existência de vínculos afetivos?

As afirmações de Ariès estimularam outros pesquisadores a investigar o lugar da infância na Idade Média, e vários deles se manifestaram contrários às suas ideias. Riché e Alexandre-Bidon comunicaram a existência de publicações sobre a educação na Alta Idade Média e o desencadeamento de uma série de atividades relacionadas à infância, desencadeadas pelas teses defendidas por Ariès. Colóquios ocorridos em Paris, em 1973, e outro em Estrasburgo, em 1976, trataram das relações entre criança e sociedade. Em 1979, um congresso em Aix mostrou as contribuições oriundas de textos literários medievais e, em 1985, surgiu uma obra sobre iconografia e infância, "descobrindo o verdadeiro lugar da criança

---

1 Ariès, P. H. (1978). *História social da criança e da família* (pp. 41, 10-11, respectivamente). Guanabara Koogan.

2 Idem, op. cit., p. 10.

no mundo medieval."[3] De Mause,[4] Shahar[5] e Lett[6] aportaram novos conhecimentos, que também contrariam as teses de Ariès, autor que teve o mérito de focalizar a criança como objeto de estudo do historiador da Idade Média e ter aberto as portas para novas investigações. Historiadores, sociólogos, antropólogos, educadores, médicos, psicanalistas se voltaram para o estudo da criança e da família medievais, no intuito de averiguar e tentar recuperar o lugar delas no processo histórico da civilização.

Em 1980, Ariès se desculpou e confessou ter parcos conhecimentos sobre a Idade Média.[7] Apesar de seu ato reparador, as influências geradas por suas ideias ainda se fazem presentes e confundem a apreensão da história do desenvolvimento infantil e do fenômeno do adolescer, quando observados do ponto de vista das atividades psíquicas em contato com diferentes culturas.

Desconcertados com as divergências existentes e interessados em compreender os processos de desenvolvimento e transformação do aparelho psíquico em sua interface com a cultura, indagamos como avaliar a existência do fenômeno adolescência em uma

---

3 Riché, P. (1973). *Education et culture dans l'Occident barbare*; Riché, P. (1973). Enfant et société au Moyen Age. In *Annales de démographie historique* (pp. 63-142). Mouton; Riché, P. (1976). L'enfant. In *Recueil de la Société Jean Bodin*, t. XXXVI, vol. II e V.; Riché, P. (1982). L'enfant au Moyen Age, litterature et civilization. *Sénéfiance*, 9, C.U.E.R.M.A, Aix-en-Provence; Alexandre-Bidon, D., & Closson, M. *L'enfant à l'ombre des cathedrals*, Presses Universitaires de Lyon-CNRS, 1985 em P. Riché e D. Alexandre-Bidon, *L'enfance au Moyen Age*, Seuil/Bibliothèque nationale de France, 1994, pp. 8-9.

4 De Mause, L. (Org.). (1980). *The history of childhood*. A Condor Book Souvenir Press Ltd. Ver também: Idem (1974). The evolution of childhood. *History of childhood quartely – The journal of psychohistory*, *1*(4), 503-574.

5 Shahar, S. (1990). *Childhood in the Middle Ages*. Routledge.

6 Lett, D. (1997). *L'enfant des miracles – enfance et société au Moyen Age (XIIe-XIIIe siècle)*. Aubier.

7 Entrevista dada a Winock. (1980). *L'Histoire*, *19*, 85, In Riché, P., & Alexandre-Bidon, op. cit., p. 209.

época distante, mas ligada às nossas origens, na tentativa de responder a questões prementes acerca do tema. A adolescência é um fenômeno resultante de incorporações culturais, portanto adquirida, ou representa uma questão estrutural do aparelho psíquico, cuja expressão sofre transformações em decorrência das culturas nas quais se processa?

Com essas inquietações em mente, fizemos o caminho inverso do que habitualmente ocorre na clínica psicanalítica, na qual sou procurado pelo paciente. Saímos à procura de um paciente que pudesse nos tranquilizar e ajudar a pensar as possíveis lacunas na visão sobre a infância e a juventude retratadas na história social vista por Ariès, percepção contrastante com a que havia construído sobre a criança e o adolescente a partir da formação e prática médico-psicanalítica.

Pareceu-nos então que o problema poderia estar na falta de conexão entre áreas complementares do conhecimento humano, cada uma delas funcionando em sistemas fechados e distantes das correlações e interfaces propiciadas pela História, Medicina, Psicologia, Antropologia, Sociologia e Psicanálise. Haja vista que nas sociedades complexas, em oposição às originárias, judeus, cristãos e muçulmanos realizam cerimônias religiosas que coincidem com o início da puberdade, época da vida em que a sexualidade adulta desabrocha.[8] Essas manifestações estão presentes em vários povos e períodos históricos, identificáveis através do folclore, e nos comportamentos dos adolescentes da era da informática e da globalização.

Tudo leva a crer que, seja qual for a cultura e a época, o surgimento da sexualidade reprodutora é acompanhado de transformações

---

8 O *bar mitzvah* é uma cerimônia posterior à Idade Média Central. Em Marcus, I. G. (1984). *Rituals of childhood. Jewish acculturation in Medieval Europe* (p. 17). Yale University Press, o autor afirma que não há nenhum testemunho de sua existência no século XII.

corporais e comportamentais, os quais se manifestam por meio de linguagens conscientes e inconscientes que marcam esse momento de passagem. Há, por exemplo, na literatura medieval do século XII, um caso descrito por Schmitt, no qual Hermann, o judeu, é um jovem com quase 13 anos, que se converte ao cristianismo após um sonho decisório. Diz o historiador que

> *podia bem ser um momento decisivo no crescimento e aspirações de um jovem judeu. A ligação explícita que se estabelece entre o décimo terceiro ano e o sonho que devia aclarar todo o resto da vida chama a atenção diante do fato de que os relatos de milagres ou de* exempla *situam a conversão de jovens judeus (e judias) no início dessa idade crítica a que nomeamos adolescência, dando a esta palavra uma carga psicológica que não havia na Idade Média.*[9]

Como investigar essas questões, com que material, utilizando-se de que métodos e formas complementares?

Com tal desejo, carregados de um mito adolescente, o do prazer do desafio e da conquista do saber, ao invés de retornar ao psicanalista para apaziguarmos angústias existenciais, resolvemos nos aconselhar, na ocasião, com uma quase ex-adolescente, nossa filha Adriana. Ela havia conhecido, no seu curso de mestrado, um professor de História Social, medievalista, "muito legal". Insistiu para que fôssemos falar com ele. Levamos uns três anos para criar coragem, até que, um dia, lá fomos dizer o que fazíamos e o que queríamos. Ouviu-nos pacientemente, como um bom psicanalista, e, finalmente, disse-nos: "muito bom, vou pensar". Após algumas

9 Schmitt, J. C. (2003). *La conversion d'Hermann le juif, autobiographie, histoire et fiction* (p. 93). Seuil. Ver também resenha crítica por Levisky, D. L. (2006). *Signum – Revista da Associação Brasileira de Estudos Medievais, 8*, 405-413.

semanas, combinamos almoçar. Comida boa, papo gostoso, nasce amizade e admiração. Em tom de brincadeira e de desafio abre-se um leque de possibilidades: escrever um artigo, fazer um livro, apenas trocar ideias. Brincalhão e desafiador, digo-lhe: "E por que não uma tese?" Singelamente ele diz, com sabedoria psicanalítica: "E por que não?" Topamos a parada. Veio a depressão. E agora, como sair dessa?

Bem, para encurtar a história, o historiador iria pesquisar quem poderia ser nosso primeiro paciente medieval. Ficamos ansiosos à espera dele. Como seria? Saberíamos recebê-lo? Ele nos aceitaria? Como fazer o contrato de trabalho psicanalítico? A nossa escuta clínica seria capaz de entender a fala dele? Muitas e muitas questões convulsionaram-nos a mente. Mais uma vez nos deparamos com a dor do desenvolvimento: parar ou continuar – e tentávamos nos convencer de que no final tudo iria dar certo. Se tivéssemos paciência, nosso paciente medievo poderia nos ajudar a compreendê-lo e a melhor compreender os adolescentes da atualidade. Assim, alcançaríamos uma nova etapa gratificante de realizações.

Franco Júnior, colaborador do paciente, marca a entrevista por telefone: "Achei. É Guibert de Nogent, *De vita sua – autobiographie. Introduction, édition et traduction*, edição de Edmond René Labande, Paris, Société d'Édition 'Les Belles Lettres', 1981, bilíngue, latim-francês. Dê uma lida e veja se serve". Tiro e queda, é ele! Pensamos em surdina que o historiador que estava angariando pacientes medievos para nós devia ser também psicanalista ou ter se submetido à psicanálise. Ele havia captado nossas inquietações e nos indicara justamente "um caso de livro", como se costuma dizer quando o caso é claro e didático, tais como as preciosidades presentes no texto de Guibert de Nogent, caminho para tentar alcançar fenômenos do seu inconsciente e verificar a presença ou não de processos específicos de sua transição para a vida adulta.

Mas o fato é que o "caso de livro" trouxe problemas: não se tratava do relato de um caso sobre um paciente; o paciente era um documento supostamente escrito pelo provável paciente. Era preciso saber se nosso instrumental serviria para analisar um documento de uma história própria que se acrescia à história do dito Guibert, que, por sua vez, havia vivido numa época e num país distantes. Se, por ocasião da primeira conversa com aquele historiador, tivemos a esperança de alcançar uma certa tranquilidade, um banquete de dúvidas e questões nos invadiram a mente e serviram de estímulo para a elaboração de um projeto de investigação histórico-psicanalítico da adolescência na Idade Média.

O estudo de um documento medieval seria, portanto, uma possibilidade para tentar alcançar alguma compreensão analógica e racional de certas estruturas e dinâmicas psicológicas, identificáveis pela metodologia psicanalítica dentro de um determinado contexto histórico-cultural. Resultou desse estudo uma tese de doutorado em História Social, defendida no Departamento de História Social da Faculdade de Filosofia, Letras e Ciências Humanas da Universidade de São Paulo, em novembro de 2004, sob a orientação de Hilário Franco Júnior, tendo por título: "Um monge no divã: o adolescer de Guibert de Nogent (1055-1125?) – uma análise histórico-psicanalítica".[10] Agora aprimorada e transformada em livro, tem o intuito de alcançar um espectro maior de leitores interessados em compreender não apenas o fenômeno do adolescer na Idade Média, mas certas correlações existentes entre História, Psicanálise e Cultura na constituição do sujeito e suas inter-relações com o meio no qual vive.

10 A Banca de Avaliação foi composta pelos Profs. Drs. Lênia Márcia Mongelli e José Carlos Estevão (historiadores), Renato Mezan e Roosevelt Moisés Smeke Cassorla (psicanalistas). A íntegra da tese pode ser acessada no banco de teses da Universidade de São Paulo.

Foi preciso analisarmos documentos e levantar bibliografias capazes de refletir aspectos da subjetividade medieval, da vida afetiva, ideias, sentimentos, atividade relacional da infância até a entrada na vida adulta em busca da construção de algum entendimento analógico e racional de certas estruturas e dinâmicas psicológicas; e conhecermos aspectos essenciais da sociedade medieval, suas estruturas e dinâmicas sociais, econômicas, religiosas e políticas prevalentes para compreendermos o contexto no qual viveu nosso protagonista.

A utilização dos recursos da psicanálise contemporânea possibilitou, por meio de teorias e de sua metodologia de observação, identificarmos características microscópicas da personalidade ligadas às vicissitudes da vida pulsional, da reorganização egoica, da prevalência de certos mecanismos defensivos do ego, dos lutos, da reelaboração dos conflitos narcísicos e edipianos, das redefinições das escolhas objetais. São processos que ocorrem durante a aquisição e o desenvolvimento de potencialidades cognitivas, afetivas e sociais na busca da identidade adulta, detectáveis no adolescente da Idade Média Central.

Imaginamos ser possível extrair contribuições a partir do estudo específico de um caso – a autobiografia de Guibert de Nogent – e sugerirmos algumas generalizações. Ele escreveu sua autobiografia evocando lembranças que partem de um processo confessional de homem maduro. Progressivamente, recorda informações, fatos e vivências que circundam seu nascimento, o processo educacional, as relações parentais, a entrada na *pubertas*, a crise da *adolescentia*. Revela em profundidade seus sentimentos, angústia, anseios e temores, dentro dos valores que dominam sua cultura e classe social.

Cada trecho selecionado extraído do documento analisado foi traduzido do francês para o português, de forma livre, em itálico. Procuramos preservar, o quanto fosse possível, o estilo de redação e sintaxe de Guibert, apesar dos riscos de deturpação do conteúdo.

Após as "falas" de Guibert, fizemos comentários provenientes da interpretação histórico-psicanalítica, preservado o sentido dos termos utilizados dentro das características do contexto social da Europa medieval.

É possível que, nessa busca de espaços de interação histórico-psicanalíticos, o leitor sinta oscilações que vão da superficialidade à profundidade factual e conceitual, as quais, por sua vez, dependem da familiaridade de cada um com as áreas envolvidas, revelando as dificuldades enfrentadas por este autor no encontro de um equilíbrio satisfatório entre elas. Buscamos preservar a precisão conceitual do rigor acadêmico, mas também procuramos nos aproximar de uma linguagem coloquial.

Essa aventura acadêmica, com ares adolescentes, está dividida em duas partes, que podem ser lidas de acordo com o interesse e a disponibilidade dos leitores, pois são independentes e complementares entre si. A primeira, mais acadêmica, trata de aspectos conceituais, de características documentais e do processo metodológico criado para realizar essa investigação. Colabora na compreensão dos olhares e mentes curiosos que irão se concentrar na detecção de indícios enigmáticos do inconsciente. A segunda é a análise histórico-psicanalítica do texto medieval propriamente dito, que reflete a mentalidade e os conflitos da época.

Esperamos que essa leitura de uma trajetória de caráter milenar seja válida, instigante e curiosa e que os resultados possam trazer surpresa, confirmação, controvérsia e emoção.

Primeira parte

Uma análise histórico-psicanalítica

"História é uma compreensão do passado para se lançar luz sobre a compreensão do presente", diz Franco Júnior.[1] Bloch considera "os fatos históricos . . . por essência fatos psicológicos";[2] distintos de uma história restrita à descrição minuciosa dos fatos, segundo Febvre.[3] A Psicanálise amplia a compreensão do fato histórico, diz Friedlander.[4] E Gay oferece *Freud para historiadores.*[5] Levi e Schmitt salientam que o historiador enfrenta os difíceis caminhos de uma Psicologia histórica, "mas sem ousar explorar, como talvez fosse necessário, os instrumentos da psicanálise, cuja adoção ainda é objeto de debate aceso entre os historiadores".[6] Existem, é

---

1 Franco Júnior, H. (1996). *A Idade Média – nascimento do Ocidente* (p. 7). Editora Brasiliense.

2 Bloch, M. (1965). *Introdução à história* (p. 167). Publicações Europa-América.

3 Febvre, L. (1977). Psicologia. In *Combates pela História*, vol. II (pp. 131-228), Editorial Presença.

4 Friedlander, S. (1975). *Histoire et Psychanalyse* (p. 9). L'Univers Historique/ Seuil.

5 Gay, P. (1989). *Freud para historiadores.* Editora Paz e Terra.

6 Levi, G., & Schmitt, J. C. (Orgs.). (1996). *História dos jovens – da Antiguidade à Era Moderna*, vol. I (p. 13). Cia. das Letras.

verdade, na história da Psicanálise e na história da História, opositores a essa tentativa de aproximação entre áreas distintas do conhecimento humano, falta unanimidade entre os autores. Enquanto uns valorizam os aspectos culturais das transformações psicológicas, outros põem em evidência aspectos constantes e universais da natureza humana.[7]

A percepção histórica de que heranças do passado podem ser identificadas nos jovens de hoje e a possibilidade de encontrar características dos jovens contemporâneos nos documentos que retratam traços do modo de ser, sentir, pensar e agir dos jovens do medievo foram os estímulos para o desenvolvimento dessa metodologia histórico-psicanalítica.

Nessa aventura histórico-psicanalítica surgem dois objetivos centrais: primeiro, a tentativa de identificar as características da transição infantojuvenil na Idade Média sob o prisma psicanalítico; segundo, a análise das implicações metodológicas recíprocas, consequentes ao esforço de aproximação entre áreas distintas do conhecimento humano na busca de possíveis interfaces.[8] O estudo da juventude, segmento mais ativo de uma sociedade, é fascinante pela volatilidade, complexidade e energia que carrega e pela ciência de que o futuro de uma nação depende do futuro de tal juventude.

O encontro de documento de validade histórica possibilita a extração de elementos dos inconscientes individual e coletivo de uma determinada época e, quando submetido à análise histórico-psicanalítica, coloca em evidência estruturas e dinâmicas sociais da vida familiar, dos processos educacionais, dos valores religiosos, éticos e

7 Penna, A. G. (1994). *Freud, as ciências humanas e a filosofia* (pp. 53-68). Imago.

8 Levisky, D. L. (2004). Interfaces com a psicanálise: questões metodológicas em uma investigação histórico-psicanalítica na Idade Média Central. In Lowenkron, T., & Herrmann, F., *Pesquisando com o método psicanalítico* (pp. 191-221). Casa do Psicólogo.

morais, dos manejos da sexualidade, das normas comportamentais e práticas rituais. Documentos religiosos, jurídicos, médicos, pedagógicos, manifestações artísticas e folclóricas de período histórico próximo do focalizado – séculos XI e XII – foram as possibilidades encontradas, junto com textos literários, leis, preceitos higiênicos, sermões, autobiografias, para caracterizarmos as interferências recíprocas entre o individual e o coletivo, o privado e o público, o sujeito e a cultura do contexto psico-histórico-social de Guibert.[9]

Frente aos controles sociais existentes naquela época, pudemos indagar o que teria variado no psiquismo humano: a constituição do aparelho psíquico, o significado simbólico dos desejos, a ética, ou nada mudou? Ou se essa confrontação sequer é possível a partir dos elementos disponíveis para a investigação histórico-psicanalítica.

O encontro da narrativa de Guibert, na Idade Média, possibilitou evidenciar elementos particulares do narrador e outros, comuns daquela cultura, sugestivos de manifestações inconscientes – produtos das vicissitudes pulsionais, da organização egoica e superegoica, do processo de identificação, da elaboração narcísica e dos complexos edípico e fraterno.

A Idade Média foi selecionada para essa análise por ser distante do período atual e caracterizar uma outra mentalidade; e, de maneira contraditória, também próxima de nós, pois muitas de suas características ainda estão presentes no nosso modo de ser, apesar do longo processo de transformação histórico-cultural até chegar à nossa civilização.

---

9 Birman, J. (1994). Os impasses da cientificidade no discurso freudiano. In *Psicanálise, ciência e cultura* (pp. 33-34). Jorge Zahar Editores; Friedländer, S. *Histoire et Psychanalyse*, op. cit., pp. 9-79; Mezan, R. (2002). Subjetividades contemporâneas. In *Interfaces da Psicanálise* (pp. 257-272). Cia. das Letras; Foucault, M. (1998). *A ordem do discurso*. Edições Loyola; De Certeau, M. (1987). *Histoire et psychanalyse – entre science et fiction*. Gallimard.

Compreender os processos histórico-sociais do medievo no período de transição da infância para a vida adulta nos vários segmentos sociais, os tipos de expressividade quanto à mentalidade e aos imaginários do vir-a-ser monge, cavaleiro, artesão, camponês, senhor feudal, clérigo, além da mulher dentro da família e da sociedade, são desafios que podem ajudar na análise dos conflitos dos jovens na atualidade.

Esse trabalho de investigação gerou numerosas indagações, tanto em relação à escolha do material objeto da investigação quanto ao instrumental a ser utilizado, isto é, a psicanálise e o psicanalista sem formação histórica de base. Num primeiro momento, tudo fazia crer que não existiria perspectiva para tal empreitada. Por onde começar nesse universo sombrio?

Várias foram as questões metodológicas a serem destrinchadas. A primeira delas, inspirada no texto de Peter Gay, *Freud para historiadores*, perambulava em minha mente como tenebroso fantasma: seria possível fazer a psicanálise de um morto?[10] A técnica psicanalítica se prestaria a interpretar fenômenos do inconsciente na ausência do paciente? Freud o fez no caso Schreber e na análise da Gradiva, ao levantar hipóteses sobre processos e fantasias inconscientes por meio de material escrito.[11] Nas supervisões das sessões psicanalíticas também se exercita a prática do processo clínico e teórico-clínico, pelos relatos de sessões e pelas vivências trazidas pelo supervisionando na troca de experiências com o supervisor. Além, é evidente, da experiência vivenciada nas análises pessoais e de nossos pacientes.

---

10 Gay, op. cit.

11 Freud, S. (1973). Observaciones psicoanalíticas sobre un caso de paranoia autobiograficamente descrito. In *Obras Completas*, vol. II (pp. 1487-1527). Biblioteca Nueva, e El delirio y los sueños en "La Gradiva" de W. Jensen, op. cit., pp. 1285-1336.

Outras inquietações giravam em torno da pessoa do investigador: características de sua formação profissional, traços de personalidade, recordações traumáticas que poderiam interferir no processo investigativo. Até mesmo possíveis interferências dessa longa investigação na preservação e na reconstrução da sua identidade psicanalítica, arduamente realizada. Sentimentos de desafio e resistências pessoais no enfrentamento das hostilidades geradas pelo encontro com o novo, no confronto ideológico entre colegas psicanalistas e historiadores contrários aos estudos das interfaces, foram motivos de atenção e cuidado. Havia um conjunto de fatores excitantes no enfrentamento dos desafios conceituais e metodológicos ao mobilizar certa dose de ousadia e espírito pretensioso. Com o passar do tempo, foi possível assimilar e integrar à identidade psicanalítica um perfil histórico como parte do instrumental de avaliação. Foi preciso trabalhar psicologicamente as pressões decorrentes das diferentes formas de processar a elaboração psíquica – maneiras como o aparelho psíquico recebe, associa, transforma e transmite as excitações, racionais ou vivenciais, direcionadas ou espontâneas, próprias de cada uma dessas áreas do conhecimento.

Contidas parcialmente as angústias, com motivação, boa vontade e paciência, poderia caminhar. Encontrado o documento válido, era preciso estabelecer um certo número de conceitos que pudessem balizar o desenvolvimento da pesquisa, que ajudassem a esclarecer melhor as transformações impostas pela cultura sobre a atividade psíquica e vice-versa. Tais objetos da investigação, para cada um, historiador e psicanalista, sugerem a busca de conceitos e métodos que se complementem dentro de limites por construir.

Alicerces e andaimes

Os alicerces desta investigação estão embasados nos conceitos de constituição e construção do sujeito psíquico, subjetividade, mentalidade, imaginário, identidade. São processos que sempre estiveram presentes na história do homem simbólico, portanto civilizado, de forma consciente ou inconsciente. Por conseguinte, as transformações do conhecimento têm possibilitado discriminar, nomear e criar conceitos que alimentam, ampliam e modificam as novas percepções do homem sobre si mesmo e o mundo que o cerca. Mundo do qual ele é membro integrante, sofre influências e influencia a partir de capacidades relacionais, criativas e tecnológicas. O homem social é mobilizado por necessidade de alcançar identidade e inserção social, pelo processo de identificação "conhecida em psicanálise como a manifestação mais precoce de uma relação afetiva com outra pessoa, e desempenha um importante papel na pré-história do complexo de Édipo".[12] A identificação é um "processo psicológico pelo qual um sujeito assimila um aspecto, uma propriedade, um atributo do outro e se transforma, total ou parcialmente, através daquele modelo. A personalidade se constitui e se diferencia por uma série de identificações".[13]

O aparelho psíquico, modelo de funcionamento mental elaborado por Freud, refere-se à capacidade humana de transmitir e transformar energias, diferenciando-as em sistemas. Por meio da elaboração psíquica, da atividade simbólica, do jogo de investimentos e desinvestimentos, essa energia permite o funcionamento do "aparelho" dentro de princípios próprios, como os de prazer, de realidade e de constância.[14] A produção da constituição psíquica

> *é dada por variáveis cuja permanência transcende certos modelos sociais e históricos ...(e) é determinada por variáveis que podem ser delimitadas dentro de seu campo conceitual específico. A produção da subjetividade,*

12 Idem. Psicología de las masas y analisis del yo, op. cit., vol. III, pp. 2585-2588.
13 Grinberg, L. (1976). *Teoría de la identificación* (p. 7). Paidós.
14 Freud, S. La interpretación de los sueños, op. cit., vol. I, pp. 343-752.

> *por sua vez, inclui todos aqueles aspectos que pertencem à constituição social individual em termos de produção e reprodução ideológica tanto quanto de articulação com as variáveis sociais que o inscrevem num tempo e espaço específico do ponto de vista da história política.*[15]

Tem-se por sujeito psíquico a pessoa em sua totalidade histórica e individualizada, egoica, que decorre da relação afetiva com o mundo exterior.[16] Porém, dentro de um determinado grupo social, há uma certa maneira de sentir, pensar e agir que faz parte do consciente ou do inconsciente. Freud esclareceu essa condição ao explicitar sua ligação ao judaísmo: "intensas potências sentimentais obscuras, tanto mais poderosas quanto mais difíceis de expressar em palavras; a clara consciência de uma íntima identidade, a secreta familiaridade de possuir uma mesma *arquitetura anímica*" (grifo do autor).[17]

Franco Júnior propõe um conceito paralelo e complementar ao de arquitetura anímica, contendo um elemento temporal, ao sugerir que a mentalidade

> *indica o primado psicológico nos seus aspectos mais profundos e permanentes, mas sempre manifestados historicamente, dentro e em função de um determinado contexto social, que por sua vez passa a agir a longo prazo sobre aquele conjunto de elementos psíquicos coletivos... os significantes (palavras, símbolos, representações) que o imaginário utiliza alteram os significados*

---

15 Bleichmar, S. (1999). Entre la producción de subjetividad y la constitución del psiquismo. *Revista del Ateneo Psicoanalítico*, 2, 59.

16 Freud, S. Los instintos y sus destinos, op. cit., vol. II, pp. 2039-2052.

17 Idem. Discurso a los miembros de la sociedad B'nei Brit, op. cit., vol. III, p. 3229.

> *(conteúdos essenciais) da mentalidade, decorrendo disso a dinâmica dela.*[18]

Sugere quatro traços básicos da mentalidade: 1) a interseção entre o biológico e o social; 2) a relação entre as emoções primitivas e uma forma específica de racionalidade, vide certos estados mentais presentes em sociedades como a medieval, com predomínio do pensamento analógico; 3) a predominância dos fatores biopsíquicos na mentalidade, o que faz dela "o nível mais estável, mais imóvel das sociedades", revelando seu papel de "inércia, força histórica capital"; 4) a abrangência: uma vez que constitui o conjunto de automatismos, de comportamentos espontâneos, de heranças culturais profundamente enraizadas, de sentimentos e formas de pensamento comuns a todos os indivíduos, independentemente de suas condições sociais, políticas, econômicas e culturais, a mentalidade é a instância que abarca a totalidade humana. Realça a impossibilidade de o estudioso ter acesso à psicologia coletiva profunda de um período, visto que suas transformações são de longuíssima duração, com seu ritmo quase inerte. O que se pode dela detectar são fragmentos expressos culturalmente, por meio dos imaginários reveladores de como cada situação da mentalidade é vivenciada e pensada.[19]

A mentalidade é, portanto, o conjunto estável de elementos psíquicos inconscientes e conscientes que caracterizam o sentir, o pensar, e o agir, expressos nos imaginários e captados pelos tipos de raciocínio, manejo e conceitos das palavras, dos signos, dos significados das relações temporais e espaciais. Uns se preservam

---

18 Franco Júnior, H. *A Idade Média – nascimento do Ocidente* , op. cit., pp. 149-150.

19 Idem. (2003). O fogo de Prometeu e o escudo de Perseu. Reflexões sobre mentalidade e imaginário. *Revista Signum da Associação Brasileira de Estudos Medievais*, 5, 73-116.

no longo tempo da história; outros sofrem lentas e progressivas transformações nas suas transmissibilidades. Os de rápida transformação são facilmente identificáveis nas mudanças de moda, em certos maneirismos e no linguajar tão nítido dos adolescentes na atualidade. Esses movimentos de curta, média, longa e longuíssima duração resultam das ações recíprocas entre a constituição biológica, o sujeito psíquico, o grupo social, a cultura e a sociedade. São processos estruturais, econômicos e dinâmicos do aparelho psíquico que, em sua interação com a realidade externa e objetiva, configuram os eventos e as memórias históricas e sofrem as pressões das motivações pulsionais presentes nos desejos e nas fantasias que mobilizam o consciente e o inconsciente. O aparelho psíquico, com suas leis e princípios de funcionamento, vive numa luta constante em busca de estados de equilíbrio interno, a "homeostase psíquica", fruto das relações com o meio exterior e consigo mesmo – o que me leva a indagar o que é estável ou lentamente mutável e o que é variável no tempo perceptível dessa arquitetura anímica.

Por meio desse processo complexo constrói-se a identidade do sujeito psíquico, fenômeno estruturante que tem lugar no ego e pelo qual são elaborados certos componentes incorporados que dão "lugar a uma matriz identificatória". Assim, define-se como um processo que tem por base a seleção, inclusão e eliminação de elementos provenientes dos objetos externos, dos objetos internos e de partes do próprio ego (self), a partir de fenômenos de internalização, externalização e identificação projetiva.[20]

O estudo da formação do sujeito e de sua subjetividade, por meio da análise do processo de identificação, implica acompanhar o desenvolvimento desse processo, cujo início ocorre antes mesmo do nascimento do indivíduo, mediante o filho imaginário que

---

20 Grinberg, op. cit., p. 7; Laplanche, J., & Pontalis, J. B. (1973). *Vocabulaire de la psychanalyse* (pp. 187-189). PUF.

os pais carregam dentro de si. Esse processo prossegue nos anos subsequentes com aquisições e transformações que configuram o conceito social das idades da vida, conjunto de fenômenos que tentaremos detectar e analisar nas linhas e entrelinhas do texto de Guibert e no contexto psico-histórico-social daquela época.

A ênfase dada na análise da transição para a vida adulta leva em consideração o fato de que as idades da vida já eram conhecidas na Antiguidade e na Idade Média. Shahar,[21] Levi e Schmitt,[22] Riché e Alexandre-Bidon[23] assinalam a existência de vários sistemas classificatórios das idades da vida no medievo. A transição da infância para a vida adulta era marcada por ritos de passagem ou diluída em comportamentos difusos na vida social. Em vários povos e períodos históricos, essa transição é coincidente com o surgimento da sexualidade reprodutora, manifesta na linguagem dos atos sociais, religiosos e folclóricos que marcam esse momento de passagem.[24]

> *Os jovens são por caráter concupiscentes e inclinados a fazer aquilo que desejam. E em relação às paixões corporais são especialmente submissos às de Vênus e, nestas, incontinentes. Também são instáveis e fáceis de se saciarem (aborrecerem) em suas paixões, e desejam ardentemente, mas se lhes passa rapidamente; seus caprichos são veementes, mas não duradouros, como a sede e a fome dos que estão enfermos. Também são apaixonados e de cólera repentina e capazes de obedecer a seus*

21 Shahar, op. cit., pp. 1-7, 9-20, 21-31.

22 Levi, & Schmitt, *História dos jovens – da Antiguidade à Era Moderna*, op. cit.

23 Riché, & Alexandre-Bidon, op. cit., pp. 16, 202-207.

24 Van Gennep, A. (1969). *Les rites de passage – étude systématique des rites.* Mouton & Co. and Maison des Sciences de l'Homme; Campbell, J. (1996). *O poder do mito.* Editora Palas Athenas; Idem (1997). *O herói de mil faces.* Editora Pensamento.

> *impulsos. E são dominados pela ira, porque por ponto de honra não suportam serem passados para trás, mas se enfurecem caso se considerem vítimas de injustiça. E são amantes da honra, e ainda mais do triunfo, porque a juventude deseja se sobressair, e a vitória é uma espécie de excelência. E são muito mais estas duas coisas do que avarentos, e são menos avarentos por não terem experimentado ainda a privação, como é a sentença de Pítaco sobre Anfiarao. E não são maliciosos, mas cândidos, por não haverem presenciado muitas maldades. E são confiados por não haverem sido enganados muitas vezes. E cheios de esperança, porque assim como os ébrios, os jovens estão aquecidos pela natureza, e também pelo fato de não haverem padecido muitos desenganos. E vivem em grande parte com esperança, pois a esperança é do futuro e a memória (é) do passado, e para os jovens o futuro é muito e o passado breve.*[25]

Santo Agostinho, aos 43 anos, em seu livro *Confissões*, descreve vivências e angústias do seu comportamento aos 16, como a falta de controle e a ebulição sexual, no relato que faz sobre "Os pecados da adolescência". A sensibilidade desse homem permitiu-lhe narrar os sofrimentos vividos, produtos das pulsões sexuais e agressivas emergentes e consequências do enfraquecimento de sua capacidade egoica de controle racional e irracional, as quais, na sua linguagem, eram identificadas como forças do mal. Suas reflexões contribuíram para a construção de uma teoria doutrinária e filosófica sobre o pecado e as dualidades entre o homem e Deus, o bem e o mal, o mutável e o eterno, reflexões viáveis quando o fogo sexual da adolescência se atenua e as capacidades crítico-analítica

---

25 Aristóteles. (1990). *Retórica (II 12)* (pp. 126-127). Centro de Estudios Constitucionales.

e reflexiva são retomadas por um ego mais estruturado. Agostinho diz sobre seus tormentos:

> *Quantas vezes, na adolescência, ardi em desejos de me satisfazer em prazeres infernais, ousando até entregar-me a vários e tenebrosos amores! A minha beleza definhou-se e apodreci a vossos olhos, por buscar a complacência própria e desejar ser agradável aos olhos dos homens.*[26]

Os medievos, durante a transição infantojuvenil, tinham comportamentos socialmente caracterizados como flutuantes, inflamados, indisciplinados, abusivos de si, de tudo e de todos.[27] Guibert terá a oportunidade de nos expor suas angústias juvenis.

A pergunta que se faz é: o que há de comum e de diferente entre a concupiscência do jovem descrito por Aristóteles, os pecados vividos por Santo Agostinho, as perturbações noturnas e comportamentais de Guibert de Nogent, os tormentos de nossa adolescência e as aflições de nossos adolescentes? O que os torna tão iguais e tão diferentes?

O estudo da adolescência na Idade Média, exíguo e dificultado pela carência de registros documentais, revela quanto mais se retrocede no tempo, menos os jovens escreviam e se escrevia sobre os jovens.[28] Entretanto, os gregos da Antiguidade já davam grande

---

26 Santo Agostinho. (1999). *Confissões* (p. 63). Nova Cultural. [*Exarsi enim aliquando satiari inferis in adulescentia et silvescere ausus sum variis et umbrosis amoribus, et contabuit species meã et computrui coram oculis tuis, placens mihi et placere cupiens oculis hominum*]; Idem (1997). *Confessionum L. II* (p. 52). In *Confessioni*. Lorenzo Valla/Arnoldo Mondadori Ed.

27 Pastoureau, M. Os emblemas da juventude: atitudes e representações dos jovens na imagem medieval. In Levi & Schmitt, op. cit., vol. I, pp. 245-263.

28 Jordan, W. C. (2001). Adolescence and conversion in the Middle Ages: A research Agenda. In Signer, M. A., & Van Engen, J. (Dirs.), *Jews and christians in*

importância à Paideia como processo educacional, no preparo dos seus jovens para o ingresso com eficiência, sabedoria e estética na vida societária das cidades.[29]

Na interface histórico-psicanalítica do caso clínico, a narrativa de Guibert estuda a história privada, a biografia, as situações traumáticas e suas repercussões, as articulações entre vários eventos e sistemas internos e externos ao sujeito e seu contexto que, deslocados no longuíssimo tempo, permitem falar de uma mentalidade medieval. Era a presença de outros tempos inseridos na história da subjetividade, do imaginário e da imaginação, condensados no texto e no contexto, objetos desta investigação. Os princípios prescritos pela metapsicologia freudiana facilitam a compreensão dos vários processos presentes nesses fenômenos, perscrutáveis em alguns dos seus aspectos pela análise das relações entre o texto e o contexto, segundo as concepções de Foucault e Guirado.[30]

Costuma-se dizer que o "adolescer" nos tempos atuais se equipara a um segundo nascimento, visto que as ansiedades e muitos dos movimentos psíquicos dessa fase da vida são inerentes ao início da vida psíquica e reeditados com grande intensidade durante a crise da adolescência. Esse "segundo desafio" é uma oportunidade para a reorganização da personalidade no processo de vir-a-ser adulto.[31] O primeiro desafio está no ato de nascer e sobreviver, período de angústias extremas que, uma vez superadas, possibilitam o desenvolvimento do ser. Os mecanismos primitivos da mente e suas vivências são preservados na memória inconsciente, recalcados ou

---

twelfth-century Europe (pp. 77-93). University of Notre-Dame Press, obra que não pudemos consultar.

29 Jaeger, W. (1995). *Paideia – a formação do homem grego.* Martins Fontes.

30 Foucault, M. (1998). *A ordem do discurso.* Edições Loyola; Guirado, M. (2000). *A clínica psicanalítica na sombra do discurso.* Casa do Psicólogo; Idem (1995). *Psicanálise e análise do discurso.* Summus.

31 Ferrari, A. B. (1996). *Adolescência – o segundo desafio.* Casa do Psicólogo.

reprimidos, e, em determinadas condições psico-históricas, podem se manifestar na conduta humana, como nos casos de fixação, regressão, trauma, fragilidade egoica, somatização etc.

Os conhecimentos atuais das Ciências Biológicas e Humanas levam a pensar que há uma tendência a aceitar a existência de interferências recíprocas entre fatores externos e a genética na constituição do sujeito psíquico, dos quais o aleatório e o imprevisível também fazem parte. O processo histórico está sempre presente na configuração do sujeito psíquico, mas as transformações que ocorrem num e noutro têm velocidades e intensidades diferentes. Umas são muito rápidas, transformam-se como as mudanças na moda, outras são muito lentas, de longuíssima data, e podem adquirir um caráter atemporal, como se fossem a-históricas, permanentes e imutáveis. O inconsciente capta e registra na memória as diversas influências dos processos psico-históricos, à semelhança das correntes marítimas que percorrem as profundezas dos oceanos, com temperaturas, velocidades, intensidades e direcionamentos variáveis, que repercutem na superfície e interferem nas manifestações conscientes.

Fenômenos que nos levam a concordar com a ideia de que

> *A forma pela qual um rei assírio reage à destruição de seu reino é exatamente igual à forma pela qual um rei moderno, um chefe de Estado ou governo moderno reagem. As grandes reações observáveis no curso da história, no que diz respeito a motivações fundamentais da psicologia humana, permanecem absolutamente constantes.*[32]

---

32 Jaguaribe, H. (12 set. 1999). Um estudo crítico da história. Caderno Mais. *Jornal Folha de S.Paulo*, p. 5. Ver também, Idem (2001). *Um estudo crítico da história*, vol. I (pp. 29-62). Editora Paz e Terra.

A expressão "absolutamente constante" é o que estamos chamando de a-histórica ou atemporal. A mentalidade enquadra-se entre aquelas manifestações que variam tão lentamente que só podem ser percebidas voltando-se o olhar para o passado longínquo. A adolescência, sugerimos, enquadra-se nessa condição. As variâncias são resultantes configuradas como expressividade da relação histórica entre o psico-físico e o contexto.

A narrativa autobiográfica

Guibert de Nogent, em sua narrativa, nos oferece a possibilidade de alcançar significados e significantes simbólicos conscientes e inconscientes apreendidos dos relatos e das reflexões que faz de sua vida cotidiana. No plano pessoal, emergem amores, ciúmes, paixões, agressões, invejas, traições, julgamentos, lutas pelo poder, rivalidades familiares, em meio a um mosaico de identidades daqueles que habitam seu mundo interior. No coletivo, estão os códigos éticos e simbólicos das instituições, da cultura, da religião, da economia, da política de sua região e do seu tempo. Aristóteles, na *Poética*, já havia declinado as formas de manifestação do homem na mimese, imitação ou representação do real na arte literária, ou seja, a recriação da realidade, se poesia, tragédia, história ou mito, por meio da catarse dos sentimentos e da recuperação de aspectos da memória histórica.[33]

As autobiografias na Idade Média eram formas isoladas de expressão até alcançarem a condição de expressão da vivência e da singularidade de cada indivíduo para se tornarem um gênero literário. Elas expressavam uma experiência histórica narrada por um processo sistemático saído dessa mesma experiência – processo que permitia alcançar conceitos históricos e favorecia a

---

33 Aristóteles. (1966). *Poética* (pp. 71-96). Editora Globo.

compreensão do desenvolvimento da individualidade humana por meio da utilização de um método psicológico. Recorrendo a elas, podemos alcançar a compreensão da vida espiritual graças ao encontro de conexões com a história do espírito realizada no processo de autorreflexão e de individuação presentes nesse gênero de narrativa. É um olhar psicológico que parte da totalidade vivida da vida, mediante a qual o sujeito abraça seu conteúdo individual, vivências, hábitos, crenças, moral, religiosidade, identidade, entre outros elementos projetados na tela da narrativa. É uma reflexão do indivíduo sobre seu próprio processo de desenvolvimento e uma tentativa de compreensão da relação com a vida, dentro de uma época e cultura.

A narrativa autobiográfica adquire características de gênero literário específico pela sua sistematização após 1760, com Rousseau, visto como um marco nesse gênero ao publicar *Confessions*, *Les rêveries* e *Rousseau juge de Jean-Jacques*. Dentre os fatos históricos, as narrativas biográficas e autobiográficas são as que mais sensibilizam, posto que permitem que conheçamos a natureza do homem e de sua sociedade refletida na

> *leitura das vidas particulares para dar início ao estudo do coração humano; porque, então, por mais que o homem se esconda, o historiador o segue por toda a parte; não lhe dá nenhum momento de descanso, não lhe deixa nenhum recanto para evitar o olhar pesquisador do espectador; e é quando um pensa mais bem se esconder, que o outro o faz mais facilmente reconhecível.*

Rousseau identificou a importância da compreensão da natureza humana para melhor entendimento das ações e pensamentos que mobilizam o indivíduo na organização de suas manifestações comportamentais, cognitivas e afetivas: "o gênio dos homens em sociedade ou dos povos é muito diferente do caráter do homem em particular"; todavia, acrescentou, "seria conhecer muito imperfeitamente o coração humano não o examinando também na multidão". Para julgar os homens, continua o autor, é preciso começar por estudar o homem, uma vez que "quem conhecesse perfeitamente as inclinações de cada indivíduo poderia prever todos os seus efeitos combinados no corpo do povo".[34]

Não se pode afirmar que houve na Idade Média um gênero literário autobiográfico.[35] Existem alguns textos de que se tem conhecimento: *Confissões,* de Santo Agostinho, *De vita sua,* de Guibert de Nogent, e *La conversion de Hermann le Juif,* de Jean-Claude Schimitt, que transmitem aspectos da vida interior desses autores, correspondendo ao que conhecemos hoje como gênero autobiográfico.

Guibert, como autor, é considerado um dos precursores do método histórico moderno: portador de grande probidade científica, indica a procedência e o grau de credibilidade dos dados referidos, faz o exame livre e crítico de suas ideias, expostas em sua obra *De pignoribus sanctorum*, um tratado sobre as relíquias dos santos, entre 1119 e 1120. Anedotas, visões, textos impregnados de mitos populares, em que o narrador imperturbável parece não conhecer nenhum ceticismo. Possuidor de uma escrita refinada e elegante, frases cuidadas e vocabulário exigente, trata com humor questões conjunturais e relativas aos seres humanos. Tem gosto pela ironia. Seus relatos são tomados como testemunhos por historiadores de várias épocas. É "o informante que mais revela de si mesmo para aquele que deseja entender o desenvolvimento da personalidade

34 Rousseau, J. J. (1968). *Emílio ou da educação* (pp. 271-272). Difusão Europeia do Livro.

35 Misch, G. (1950). *A History of autobiographie in Antiquity*, vol I. Routledge & Kegan Paul Limited; Misch, G. (1955). Idade Média até o século XIII, vol. II; Zink, M. (1985). *La subjectivité littéraire – Autour du siècle de saint Louis*. Puf.

na Idade Média".[36] Ele relata nascimento, infância, adolescência e entrada na vida adulta.

Monodiae, denominação dada por Guibert de Nogent ao seu livro, é extraído do grego e se refere a uma pessoa que canta sozinha (em latim *sicinium*, solo). Os primeiros extratos latinos desta obra surgiram com Duchesne, em 1631. A primeira edição latina completa de que se tem conhecimento foi publicada pelo beneditino de Saint Germain-des-Près, Dachery, em 1651. Todavia, não existe um manuscrito original, resultando na seguinte afirmação: "só me foi possível encontrar uma única cópia escrita por uma mão elegante, mas relativamente recente. Infelizmente ela contém muitos erros...". Dachery fez correções que se impunham e outras frutos de sua engenhosidade de espírito. Deixou parte de frases ininteligíveis e pulou, inexplicavelmente, várias passagens. Podemos indagar se tais falhas e omissões resultaram de censuras inconscientes ou voluntárias sobre trechos dos relatos de Guibert, mormente aqueles de cunho trágico, violento, de natureza sexual, denúncias de delitos que atingiam interesses da Igreja ou de outros setores.[37]

A primeira tradução francesa ocorreu em 1823, realizada por Guizot e colaboradores, numa coletânea de memórias relativas à história da França, desde a fundação da monarquia até o século XIII. O tradutor fez comentários sobre as dificuldades de tradução e as lacunas existentes no texto.

Em 1823, *Lettres sur l'histoire de France* são publicadas por Augustin Thierry, que revela que *De vita sua* é uma importante fonte sobre a história das comunidades no norte da França. *De vita sua* foi reimpressa com as falhas da edição de Dachery e outras falhas

36 Benton, J. (1970/1971). The personality of Guibert de Nogent. *Psychoanalytical Review, LVII*, 563-586.

37 Dachery, L. Cf. Labande, E. R. (1981). In Nogent, G. *De Vita sua – Autobiographie* (pp. XXIII-XXV). Société D'Édition Les Belles Lettres.

da impressão feita por Migne, em 1853, na *Patrologia latina*.[38] Em 1896, Gabriel Monod resgatou os trabalhos de Guibert e, em 1904, Bernard Monod, filho de Gabriel, publicou uma tese sobre Pascal II e Filipe I, abordando aspectos da obra *De vita sua*.

A primeira edição crítica de *De vita sua* – provável continuidade do projeto de Bernard Monod – é realizada por Georges Bourgin em 1907, constituindo um progresso incontestável sobre o estudo anterior, uma vez que abre novos espaços para os estudos sobre a história da França e seus desdobramentos.

John F. Benton, em 1970, publica a edição revisada para o inglês, com extenso e profundo trabalho de pesquisa histórica e análise psicanalítica, denominada *Self and society in medieval France*.[39]

Em 1981, surge a edição de Labande, *Autobiographie – De vita sua*. O editor justifica as razões dessa nova edição: esvaziamento da edição precedente e imperfeições inevitáveis das edições anteriores. Sua grande contribuição está no fato de o texto ser a primeira edição latina acompanhada de tradução meticulosa para o francês, realizada por um historiador respeitado. Essa tradução para o francês torna o texto acessível e amplia a gama de estudiosos a se interessarem por ele, uma vez que a língua de Guibert traz dificuldades notórias e tornaria praticamente impossível a realização deste trabalho.

Em 1996, Archambault publicou *A monk's confession – the memoirs of Guibert Nogent*, obra na qual faz comentários críticos à tradução de Benton, com base nos textos latino e francês publicado por Labande.[40]

---

38 Migne. (1853). *Patrologia latina*, vol. CLVI.

39 Benton, J. (1970). *Self and society in medieval France. The memoirs of Abbot Guibert of Nogent*. Harper & Row.

40 Archambault, P. J. (1998). *A monk's confession – The memoirs of Guibert of Nogent*. The Pennsylvanya State University Press.

Schmitt revela que o título da obra *De vita sua* é uma criação dos editores modernos ao título original dado por Guibert, *Monodiae*, traduzido como *Autobiographie* e *Memoirs* em francês e em inglês, respectivamente.[41]

A *Autobiographie* revela a sensibilidade de um homem que estabelece profundo contato com seu mundo interior e que retrata com preciosa capacidade de observação e crítica fatos que lhe ocorreram na sociedade em que vivia. Labande o considera um memorialista e pondera que o autor introduziu novos métodos de investigação: suas informações são fundamentadas sobre o escrito, a tradição oral e a coleta de dados arqueológicos, além de emitir pareceres sobre seus objetos de investigação. Guibert informa, observa, relata, reflete, conclui, mobiliza o leitor a reagir, a se interpor nas situações, a se inquietar. Descreve com detalhes suas opiniões sobre os sentimentos e sofrimentos maternos, especificamente em relação à sexualidade de sua mãe e aos controles e qualidades morais que a acompanharam desde o início do seu casamento, mobilizando no leitor profunda impressão. Relata o casamento de seus pais, ocorrido em 1040: ela com 12 anos de idade, limite mínimo permitido à mulher para estabelecer o ato conjugal segundo as leis canônicas e laicas; a idade do pai não é conhecida, mas casou jovem. A fase inicial desse casamento foi tumultuada. Évrard, pai de Guibert, pertence à aristocracia de segunda categoria e é cavaleiro do castelo de Clermont-en-Beauvaisis. A mãe de Guibert é filha do protetor do mosteiro Saint-Germer-de-Fly, homem importante e poderoso, um grau acima do pai de Guibert na hierarquia. Como a comprovação pública do ato conjugal, o lençol manchado de sangue, demora para acontecer, surgem insinuações, boatos e rumores diversos relativos à virilidade desse homem, e temores que ameaçam questões de linhagem e poder. Uma das interpretações

41 Schmitt. *La conversion d'Hermann le juif*, op. cit., p. 81.

correntes diz que a não consumação do ato carnal é vingança. Bruxaria perpetrada pela madrasta de seu pai, frustrada e invejosa, porque o enteado não se casara com uma de suas sobrinhas.[42]

Àquela época, um casamento sem filhos era duvidoso quanto à sua validade, uma vez que não produz herdeiros e não apaga o fogo sexual, a concupiscência da juventude. Diante desse fracasso, os pais de Guibert são orientados a entrar para a religião, irem ambos para um convento, para preservar a união consagrada por Deus. Evrard recusa essa ideia. Tenta-se outro caminho legal, autorizado pela Igreja: a separação de corpos. A impossibilidade de o homem conhecer sua mulher no leito conjugal permite que o ato matrimonial seja anulado pela Igreja. Outros aconselham-no a procurar outra parceira como concubina. Bigamia? Não. O concubinato seria tolerado, pois havia dúvidas quanto ao fato de esse homem estar ou não casado na realidade, visto que, pela legislação eclesiástica, o ato carnal ainda não se consumara. E, de acordo com os costumes da época, "A concubinagem subsistia intensamente em nível inferior ao casamento autêntico", pois interesses de herança estavam em jogo.[43] Assim, nasce um filho bastardo, que logo veio a falecer.[44]

Entre essas e outras questões, desconhecem-se as motivações que teriam levado Guibert a produzir sua autobiografia, escrita ao redor dos 60 anos, entre 1114 e 1117. A obra está dividida em três partes. A primeira (*Libellus primus*, como Guibert a denomina) é propriamente autobiográfica e, sobre ela, aplicamos o método histórico-psicanalítico devido à sensibilidade e à riqueza de aspectos emocionais ali revelados. Guibert é prioritariamente o sujeito e o objeto da narrativa e oferece precioso material histórico do

---

42 Idem, pp. XV-XXIII.

43 Duby, G. (1988). *O cavaleiro, a mulher e o padre* (pp. 104-105). Publicações Dom Quixote.

44 Benton. *Self and society in Medieval France*, op. cit.; Labande. In Nogent, G., *Autobiographie*, op. cit., pp. XXIII-XXV.

imaginário e da mentalidade medievais. Inúmeros aspectos da estruturação da identidade, da personalidade, das relações familiares, do processo educacional, dos conflitos e culpas, das angústias, dos valores éticos e morais, dos sonhos, das crenças, dos ritos e dos mitos, conscientes e inconscientes são transmitidos na narrativa. A primeira parte contém 26 capítulos, de uma a três páginas cada, e corresponde a 42% do total do documento; ela recobre o período de 1055 a 1104 (páginas 3 a 209, pares latinas – ímpares versão francesa).

A segunda parte trata das origens de Nogent, da criação do monastério e seus primeiros abades, da morte de sua mãe, de histórias que envolvem monges e manifestações diabólicas. No *Libellus tertius* descreve eventos histórico-políticos que envolvem Laon e seus religiosos como eleições, nomeações, destruições e assassinatos. Diversos milagres são relatados e atribuídos às relíquias vindas a esse monastério, para reparar a destruição ocorrida pela revolução urbana. Porém, esta análise restringiu-se a observar apenas as características histórico-psicanalíticas que pudessem caracterizar e influenciar o período de transição da infância para a idade adulta do nosso protagonista.

Atividade simbólica – memória – transmissibilidade

A análise histórico-psicanalítica da narrativa implica a investigação da atividade simbólica do homem Guibert, a detecção das imagos representativas das motivações e fantasias inconscientes que constituem as mentalidades, os imaginários, as crenças, as utopias, os sonhos, as estruturas fundamentais da psique em sua relação temporal com a sociedade e a cultura, da qual emergem vivências inconscientes, representações imagéticas de pulsões.[45] O caráter

45 Franco Júnior, H. O fogo de Prometeu, op. cit., pp. 73-116.

representacional e simbólico dessas imagos libera as pressões existentes no aparelho psíquico. As pulsões, quando transformadas em imagens, pensamentos, afetos, sentimentos e ações, graças a processos neuropsíquicos e psicológicos complexos de identificação, sublimação, sistemas defensivos e manifestações psicossomáticas, tentam preservar estados de equilíbrio psíquico diante de tensões. Em certas situações, há movimentos de regressão e fixação a sistemas primitivos de funcionamento psíquico, com reações do tipo estímulo-resposta, verdadeiras descargas de liberação da atividade pulsional na busca imediata de prazer. De maneira distinta, no processo secundário de pensamento, a resposta passa pelo crivo crítico-analítico, influenciado pelo imaginário, pela imaginação e mentalidade que interferem na organização da ação.[46]

O medo da morte, que acompanha o homem desde épocas ancestrais, foi vivido intensamente na Idade Média. Período dominado pelas crenças na reencarnação, na salvação, no Juízo Final, no Além, no Céu e no Inferno, influenciado por símbolos do imaginário e pela mentalidade da época. Cabe ao ego metabolizar "no processo sublimatório, uma série de conteúdos que se associam aos conteúdos inconscientes, e que vêm justamente da vivência social".[47]

As condições acima permitem afirmar que o discurso freudiano articula-se de maneira indissolúvel com a categoria de sujeito, com os registros da significação e da história, e é impossível a separação entre sujeito, sentido e historicidade. Estas são concepções

46 Klein, M. (1969). Primeiros estádios do conflito edípico e da formação do superego. In *Psicanálise da criança* (pp. 173-202). Mestre Jou; da mesma autora: Idem (1970). *Contribuições à psicanálise.* Editora Mestre Jou; Idem (1970). *Amor, ódio e reparação.* Imago Editora; Idem (1971). *Envidia y gratitud – emociones básicas del hombre.* Horme/Paidós; Freud, S. Lecciones introductorias al Psicoanálisis, op. cit., vol. II, pp. 2123-2412.

47 Mezan, R. Aula de número 34, ministrada na PUC-SP durante o curso "Criação e Sublimação", em 31 de março de 2004, e que me foi oferecida pelo autor.

que possibilitam a construção do conceito de inconsciente, cujo sentido inscrito nos sintomas e na vida simbólica precisa ser decodificado, uma vez que está fora do campo da consciência.[48]

A origem da religião, da moral, da justiça e da filosofia conduziram Freud a concluir que a história da cultura demonstra os métodos desenvolvidos pela humanidade para controlar desejos insatisfeitos, que, sob condições mutáveis, têm suas descargas modificadas pelos progressos tecnológico e cultural.[49] A compreensão dos movimentos messiânicos, assassinatos coletivos, caça às bruxas, êxtases místicos, práticas de puericultura e mitos nacionais, por meio dos métodos tradicionais do historiador, como a enquete, são beneficiados pela psicanálise aplicada. Tais instrumentos – conceituais, clínicos e hermenêuticos – dão a possibilidade de ampliar o campo do conhecimento e da investigação. Por exemplo, o levantamento de desejos inconscientes, frustrados pela realidade mutável, provenientes, entre outras origens, da própria arbitrariedade humana;[50] e, ainda, como certos componentes de um evento histórico perpetuam-se por meio de recordações ou dependências a resíduos de uma memória recalcada, presentes no inconsciente do indivíduo ou do grupo. Não são apenas lembranças, mas vivências de complexos emocionais inconscientes, linguagens que formam o pano de fundo constitutivo de utopias, imaginários e imaginações, que edificam o singular, o particular e o coletivo ao ligarem sujeito e grupo às suas origem e às origens de seus antepassados.[51] São percepções que contribuem para o desenvolvimento de novas técnicas de observação, avaliação e interpretação dos testemunhos presentes nos diferentes níveis de subjetividade.

---

48 Birman, op. cit., pp. 33-34.

49 Freud, S. Totem y tabu – Algunos aspectos communes entre la vida mental del hombre primitivo y los neuroticos, op. cit., vol. II, pp. 1745-1850.

50 Friedländer, op. cit., pp. 9-79.

51 Mezan, R. Subjetividades contemporâneas, op. cit., pp. 257-272.

A atividade simbólica, fonte riquíssima para historiador e psicanalista, recria a realidade, pelo discurso e pelo conteúdo presentes nas entrelinhas e nas representações do real nas artes, por meio de múltiplas linguagens. Essa recriação, a mimese, se dá nas narrativas, na comunicação não verbal, pré-verbal, no inefável, nas sintaxes e discriminações semânticas, nos gestos, nas configurações criadas pelo imaginário, reveladoras das condutas individuais e coletivas, suas relações e transformações, no decorrer dos diferentes tempos da história e inseridas em um determinado contexto.

A análise da linguagem dos ritos, das crenças, dos símbolos e das cerimônias alarga o campo de observação da história das atitudes mentais e reconstitui a memória histórica e sua transmissibilidade ao tornar presente algo do passado.[52] A narrativa de Guibert, no livro III, traz o relato de uma epopeia que narra em Laon o encontro de tumbas merovíngeas. "Nela vivia a tradição do passado. Não havia outra que estivesse ao alcance dos ouvintes."[53] Essa era a História.

A interpretação de documentos, de uma estátua ou de uma inscrição da Grécia Antiga é possível, pois "esse mundo de que eles nos falam é aquele de onde viemos, porque dele somos herdeiros".[54] Algo de um certo passado, vivido por Guibert no Ocidente medieval europeu, está presente em nossa memória, de tal forma que o identificamos como reflexo de nossas origens. A transmissibilidade da memória histórica permite confrontar momentos longínquos no tempo, mas próximos pelas semelhanças que conservam entre si.

---

52 Duby, G. (1961). Histoire des mentalités. In Samaran, C. (Org.), *L'histoire et ses méthodes* (p. 944). Gallimard.

53 Auerbach, E. (1994). A nomeação de Rolando como chefe de retaguarda do exército franco. In *Mimesis* (pp. 83-105). Perspectiva.

54 Vernant, J. P. (31 out. 1999). Os gregos inventaram tudo. Caderno Mais. *Jornal Folha de S.Paulo*, p. 5.

Freud distingue dois tipos de transmissão: a identificação com os modelos parentais e a transmissão genética constituída por traços mnemônicos das relações com as gerações anteriores. O primeiro processo refere-se à história; o segundo, à pré-história do indivíduo, na qual se inclui a transmissão dos objetos perdidos por aqueles que nos precederam, objetos que nos são transmitidos enlutados, mesmo que parcialmente.[55] Participam dessa transmissão registros mnêmicos de vivências factuais e afetivas presentes em eventos concretos ou virtuais, como mitos, crenças, ilusões, pensamentos, reflexões, sonhos, valores éticos e morais individuais e coletivos, fantasias inconscientes e conscientes, gratificantes ou traumáticas. Desse encontro entre o ser psíquico e a sociedade – com sua cultura e nos seus vários tempos – constituem-se as subjetividades humanas individual, coletiva e universal, compondo as histórias do indivíduo, da sociedade e da civilização.

Sobre as subjetividades incidem "significantes pré-formados, que nos precedem, e, particularmente, os significantes congelados, enigmáticos, brutos, sobre os quais não foi realizado um trabalho de simbolização".[56]

A atividade artística nos lembra de um tempo anterior, às vezes mais arcaico, que nos serve de base para novas aquisições. Gostamos de sentir a nostalgia de outrora, daqueles "que vieram antes de nós, ou seja, a tradição". Esta "nos apoia e ajuda a voar mais alto, sem medo de cair, já que estamos amparados pelas suas raízes". É uma forma de transmissão da memória cultural. Freud teria dito que a herança das disposições psíquicas necessita receber alguma espécie de ímpeto na vida do indivíduo, para poder ser despertada para o seu funcionamento real, que se complementa com uma

---

55 Freud, S. Totem y tabu, op. cit., vol II, pp. 1745-1850.

56 Kaës, R. *Os dispositivos psicanalíticos e as incidências da geração* citado por Eiguer, A. (1998). *A transmissão do psiquismo entre gerações* (p. 7). Unimarco Editora.

possível expressão de Goethe: o que herdastes de teus pais, conquista-o para fazê-lo teu.[57]

Em *Totem e tabu*, Freud afirma que

> *nenhuma geração possui a capacidade de ocultar à que a sucede processos psíquicos de certa importância. A psicanálise nos tem ensinado, de fato, que o homem possui em sua atividade espiritual inconsciente um aparelho que lhe permite interpretar as reações dos demais; isto é, retificar e corrigir as deformações que seus semelhantes imprimem à expressão de seus impulsos afetivos. Graças a essa compreensão inconsciente de todos os costumes, cerimônias e prescrições, a atitude primitiva em relação ao pai permaneceu e talvez tenha sido como as gerações posteriores puderam assimilar a herança afetiva das que a precederam.*[58]

O passado é constantemente refeito ao longo do tempo e o resgate dos elos perdidos com o presente dá-se, ainda que de forma parcial, por meio da análise da narrativa proposta pelo método histórico-psicanalítico, como é possível perceber nas projeções reveladoras do texto de Guibert.

Como sabermos quais os fatores que implicam a perpetuação da memória histórica, dos mitos, das representações simbólicas e dos papéis sociais? Mito é história ou a história faz o mito? Seria o mito resultante de uma configuração filo e ontogenética da mente humana, da capacidade criativa inata do homem e que independe do tempo, do seu passado? O complexo de Édipo descrito por

---

57 Elliot, T. S. Cf. Pagés, C. (2001). Os deuses de ontem – uma aproximação entre psicanálise e a poesia. In *Anais do IV Congresso de Psicanálise das Configurações Vinculares, NESME* (p. 7), Serra Negra, São Paulo.

58 Freud, S. Totem y Tabu, op. cit., vol. II, p. 1849.

Freud seria uma reincidência histórica de longuíssimo tempo que, ao se perpetuar de geração em geração, se transformou em mito?

Essas questões fundem-se e confundem-se ao ligarem o presente ao passado, ao se religarem às nossas origens na busca do mito original, o mito da criação, que se reedita no futuro, com suas permanências e lentas transformações, no longo tempo das histórias individual, coletiva e universal. Mito que transformará aquilo que somos e que já esquecemos, mas que se atualiza em nossas memórias pelo amplo e complexo sistema de redes – questões que envolvem as narrativas históricas, compreensíveis na medida em que são vividas como um misto de arte e ciência.

No retorno daquilo que está recalcado, um dos pilares do processo psicanalítico, colocamos em jogo a relação tempo-memória, tal qual Freud sugeriu como hipótese, nos casos de histeria. Neles o sofrimento e a conduta dos pacientes eram causados pelo aprisionamento num passado recalcado, fardo de sua própria história, registrado na memória como reminiscências inconscientes: "O trauma psíquico ou sua lembrança atua como um corpo estranho que continua exercendo sobre o organismo uma ação eficaz e presente, por muito tempo após sua penetração no organismo".[59]

A contraparte deste pensamento é formulada por Certeau, que salienta que a consciência é "a máscara enganadora e a marca efetiva de eventos que organizam o presente [...] Se o passado é recalcado, ele retorna, mas sub-reptício, no presente do qual ele foi excluído".[60] Portanto, a evolução do homem depende até certo ponto da influência do passado sobre o presente, bases certas para as incertezas que constroem o futuro.

Entretanto, o sofrimento humano não se restringe a um passado recalcado. Ele também depende de carências de experiências

---

59 Idem. Estudios sobre la histeria, op. cit., vol. I, p. 43.

60 De Certeau, op. cit., p. 97.

emocionais estruturantes ou de vicissitudes decorrentes das pulsões e fantasias ligadas à historicidade do sujeito. Conflitos traumáticos podem advir ao psiquismo provenientes de diferentes sistemas linguísticos incorporados, frutos da multiplicidade de heranças imagéticas em confronto com novas aquisições inscritas nas memórias inconscientes. São pressões internas e externas capazes de gerar sofrimentos e traumas.

Interfaces do método: psicanálise – história – cultura

O método de investigação histórico-psicanalítico é processual e procura acompanhar no tempo a evolução e a transformação dos eventos, assim como as estruturas, os sistemas dinâmicos e econômicos do psiquismo, cujas análises confluem para uma apreensão maior do homem e suas subjetividades e capacidades transformadoras. Duby exemplifica essa situação por meio da análise dos mitos:

> *no decorrer deste longo encaminhamento, suas deformações, enriquecimentos, sua progressiva esclerose deve ser observada minuciosamente e colocada em relação com as pulsões e as resistências que emergem dos elementos culturais, sociais e políticos, sem que sejam negligenciadas as influências que exercem sobre esta evolução as condições mais materiais de existência, de técnica, de todos os equipamentos de que o homem dispõe em sociedade [...] Mas, estas representações coletivas não podem ser atingidas a não ser por imagens, expressões que se fixam.*[61]

61 Duby, Histoire des Mentalités, op. cit., p. 961.

Detectadas entre os vestígios do passado, presentes nos rituais que "ordenam as relações entre os homens", elas preservam a polidez, as conveniências e os cerimoniais, mediante o uso de gestos, fórmulas e insígnias, como um conjunto de convenções expressivas que faz penetrar nas consciências uma certa imagem da sociedade. Por sua vez, esta contém todo o processo histórico das técnicas, das ciências, das filosofias e das religiões registradas na memória histórica arquivada, em grande parte no universo inconsciente do psiquismo.[62] Esse método histórico-psicanalítico pretende alcançar "os imperativos morais dominantes, das convicções religiosas difundidas, dos estilos culturais mutáveis".[63]

Nesse método há a possibilidade de serem revividos na transferência e, principalmente, na contratransferência conflitos de um passado recalcado, na medida em que ele promove no investigador a evocação de aspectos do seu inconsciente que possibilitam levantar hipóteses interpretativas capazes de fomentar e transformar conhecimentos.[64]

Esse método permite perceber diferenças entre a história das mentalidades e aquela restrita ao social, ao político, ao religioso e ao econômico, pois analisa a dinâmica constituída pelos tempos distintos de transformações das diferentes instâncias constitutivas das subjetividades. Estas se organizam em torno de eixos policêntricos, mutáveis segundo a prevalência dos afetos, dos significados e significantes, dos vértices privilegiados de observação e condições circunstanciais, sem que o ser humano deixe de carregar em si a alternância entre o bem e o mal, extremos de um amplo espectro de possibilidades nem sempre percebidas.[65]

---

62 Duby, em Samaran, op. cit., p. 961.

63 Dodds, E. R. (1951). *The greeks and the irrational*, cf. Gay, op. cit., p. 49.

64 Laplanche & Pontalis, op. cit., pp. 492-499.

65 Ogden, T. (1992). El sujeto dialécticamente constituido/descentrado del psicoanálisis, El sujeto freudiano y las contribuciones de Klein y Winnicott. In

A história tem posto em evidência personagens com os mais diversos perfis de personalidade. Depressivos, psicóticos, psicopatas, entre tantos neuróticos, que tiveram seus atos políticos modelados pelas circunstâncias factuais e pelas características das personalidades em ação, contando muitas vezes com o apoio silencioso ou ruidoso, parcial ou total de sua coletividade. Quantas vezes as sociedades têm fechado os olhos, fazendo vista grossa diante de uma realidade dolorosa que elas e seus participantes se negam a encarar, pois reflete a força dos seus próprios desejos, escusos e latentes, guardados nos labirintos do inconsciente, passíveis de serem percebidos nos sonhos e crises de angústia retratados com tanta sensibilidade por Guibert?

Há nas sociedades oscilações entre períodos de maior desenvolvimento e valorização da atividade intelectual sobre a afetiva e vice-versa, movimentos reveladores de mobilidade e transformação nas atividades mentais, com ritmos distintos, uns tão lentos que podem parecer imutáveis; outros, muito rápidos, sentidos como bruscos, violentos e revolucionários.[66] Os mecanismos defensivos do ego também sofrem a influência da cultura, por exemplo, na negação da realidade diante do determinismo religioso medieval, no racionalismo cientificista e na supremacia das gratificações narcisistas da contemporaneidade.

O imaginário, segundo Franco,

> *recorre a instrumentos culturais da sua época e a elementos da realidade psíquica profunda, quer dizer, da mentalidade. Assim, os significantes (palavras, símbolos, representações) que o imaginário utiliza alteram*

Libro anual de psicoanálisis (pp. 99-122). Escuta; Idem (1996). *Os sujeitos da psicanálise.* Casa do Psicólogo/Clínica Roberto Azevedo.

66 Duby, Histoire des mentalités, op. cit., p. 951. Febvre, L. (1977). *Combates pela história*, vol. I e II. Editorial Presença.

> *os significados (conteúdos essenciais) da mentalidade, decorrendo disso a sua dinâmica.*[67]

Transformações de longuíssima duração são imperceptíveis para o observador inserido no próprio processo, que só pode captar as mudanças de imaginários.[68] Cabe aqui uma consideração em relação à criança e ao adolescente, que, por estarem em plena fase de crescimento e de desenvolvimento evolutivo dos seus diferentes sistemas, sofrem processos maturacionais como mielinização, multiplicação celular e transformações hormonais que contribuem na geração de mentalidades próprias a cada uma dessas fases da vida. Assim, as funções cognitivas da criança pequena são predominantemente sensório-motoras, enquanto o adolescente apresenta condições de simbolização, abstração e reversibilidade do pensamento qualitativamente distintas daquelas encontradas nos bebês. A impulsividade do adolescente Guibert é uma característica da mentalidade e não apenas fruto do imaginário.

É bem provável que a arquitetura e a qualidade das relações vinculares ligadas aos processos evolutivos do desenvolvimento humano, incluindo o complexo de Édipo, tenham sido, no lento e longo tempo da história da civilização, um fenômeno que se estruturou como um componente inconsciente da memória humana. Talvez primeiro como um fato histórico, que permaneceu e se tornou lenda para transformar-se em mito e assim configurar modelos e sistemas psicossociais presentes na cultura do homem civilizado, cuja transmissibilidade genética (biológica) e histórica (cultural) preserva ainda resíduos das vidas animal e tribal prévias à vida aculturada. A análise da narrativa de Guibert será uma

67 Franco Júnior, H. *A Idade Média*, op. cit., p. 150.

68 Idem. *A Idade Média*, op. cit., p. 150, e O fogo de Prometeu e o escudo de Perseu, op. cit.

oportunidade para tentarmos avaliar a existência e as características da elaboração edípica do seu adolescer.

A aplicação do método histórico-psicanalítico à narrativa de Guibert dependeu de uma primeira leitura do texto e de alguns estudos sobre o contexto medieval dos séculos XI-XII. Isto é, marcamos "a primeira entrevista", que delineou a possibilidade de nosso "paciente" vir a ser submetido a esse método. Durante as "sessões subsequentes" houve a apreensão e a seleção dos parágrafos que sensibilizaram o investigador na direção do inventário psicanalítico, por meio da "escuta psicanalítica", cuja atenção flutuante está voltada para o processo de associação livre de ideias, manifestações corporais, atividade lúdica, manifestações não verbais e pré-verbais que se passam na relação "transferencial-contratransferencial". Destaca-se que "escuta psicanalítica" é uma expressão utilizada erroneamente para caracterizar a função perceptiva do analista, muito mais ampla do que aquela possível por meio da comunicação verbal do paciente e auditiva do analista. A "escuta histórico-psicanalítica" e o "processo de livre associação de ideias", motivados pela leitura da narrativa autobiográfica de Guibert de Nogent em seu contexto medieval, mobilizam no psicanalista-historiador associações, correlações, confrontações de ideias e de sentimentos. Estimulam-no a articular o conhecimento psicanalítico com os dados históricos.

Cria-se uma interface de conhecimentos interatuantes, complementares e dialéticos, no sentido de reconstruções de conhecimentos específicos de cada área. Isso significa dizer que os eventos históricos e seus personagens contêm aspectos inerentes às subjetividades existentes no contexto, num processo de interferências recíprocas entre o individual e o coletivo. Evidencia-se o predomínio ora do individual, ora do coletivo, além de sobreposições em processos dinâmicos de transformações multifatoriais que compõem a interface sujeito psíquico-cultura-pesquisador. Estabelece-se uma dinâmica relacional entre investigador e narrativa que faz emergir, em um como no outro, motivações profundas, conflitos, sentimentos e outros elementos do universo inconsciente (mitos, crenças, ideias, fantasias, sonhos, ações), até então recalcados na memória e implícitos nas entrelinhas do texto e do contexto. São elementos reveladores das várias vozes internas que os compõem e daqueles que recopiaram e fizeram as sucessivas edições e traduções, influenciados por diferentes subjetividades.

O pesquisador do método histórico-psicanalítico interfere e interage involuntariamente na percepção, elaboração, interpretação e narração dos fatos. É mobilizado e faz mobilizar diferentes reações cognitivas e emocionais no leitor, estreitando ou ampliando o campo da hermenêutica e o epistemológico. A tentativa de isenção do observador é relativa, pois, ao buscar certa distância para evitar o partidarismo, algo de sua subjetividade se faz presente na procura dos vértices de observação, na seleção do material, no emprego metodológico, nos conhecimentos armazenados, na triagem da memória própria, na interpretação e na comunicação dos achados. É um momento no qual a realidade objetiva e o mundo subjetivo se aproximam na busca da expressão da verdade do conhecimento histórico, factual e humano, que se transforma com a própria evolução das percepções e dos conhecimentos técnicos e de teorias. E mais: observadores diferentes podem gerar relatos distintos sobre os mesmos fatos, quer por subjetividade, tendências, vértices de observação, memória e criatividade de cada um, fenômeno também denominado de "parcialidade do olhar".[69]

No processo psicanalítico o paciente intervém, aceita ou refuta a proposição feita, sem que, no entanto, saiba definitivamente em que lugar está a verdade dos seus sentimentos. As associações livres subsequentes e posteriores do paciente e do analista poderão

69 Pires, F. M. (1999). *Mithistória* (p. 278). Humanitas – Fapesp.

confirmar ou infirmar as hipóteses interpretativas, influenciando a observação, a elaboração do pensamento, a interpretação e possíveis ações. Na investigação histórico-psicanalítica, ainda que não haja uma resposta direta do objeto que confirme se a interpretação é ou não pertinente, temos a possibilidade de, por meio de outras fontes, correlacionar e buscar aproximações que contextualizam e ajudam a iluminar caminhos. Neste ponto, é possível concluir que a investigação histórico-psicanalítica, em suas funções de observação, análise, interpretação, narração e leitura dos fatos – por mais neutros e mais conscientes que sejam os pesquisadores e leitores –, está sujeita às influências das refrações dos documentos, dos investigadores e dos leitores, graças à interferência de subjetividades, ideologias, imaginários, imaginações, fantasias, sonhos, temores, mitos, crenças, ilusões, utopias.[70]

O investigador do método histórico-psicanalítico, como no trabalho psicanalítico, necessita estar atento à natureza ambígua da mente humana, aos paradigmas da psicanálise que refletem momentos históricos da natureza do sujeito, seus paradoxos, aceitos ou não pelo self, em ritmos diversos de transformação das várias instâncias que o compõem em suas relações com o contexto. Partimos do conceito freudiano de conflito, inerente à condição humana, em suas buscas consciente e inconsciente de alcançar um estado de equilíbrio regido pelos princípios do prazer e das realidades interna e externa, apoiados nos conceitos da metapsicologia psicanalítica.[71]

70 Duby, op. cit. em Samaran, op. cit., p. 937.

71 Principais trabalhos de Freud relativos à metapsicologia psicanalítica: Proyecto para uma psicologia para neurologos, op. cit., vol. I, pp. 209-276; La interpretación de los sueños, op. cit., vol. I, pp. 656-720; Los dos principios del funcionamiento mental, op. cit., vol. II, pp. 1638-1642; Mas alla del principio del placer, op. cit., vol. III, pp. 2507-2541; "El 'Yo y el 'Ello", op. cit., vol. III, pp. 2701-2728; Compendio del Psicoanálisis, op. cit, vol. III, pp. 3379-3418; Los instintos y sus destinos, op. cit., vol. III, pp. 2039-2052; La represión, op. cit.,

Uma das tarefas mais difíceis na investigação histórico-psicanalítica é "explicar as causas dos eventos históricos . . . debate ininterrupto onde a psicologia solicita a atenção do historiador". Buscamos, com esse método, discriminar e entender as relações recíprocas existentes entre o singular e o geral, o comum e o extraordinário, o simples e o complexo, os movimentos individuais e coletivos, o constante e o mutável na constituição do "eu", dos grupos e suas dinâmicas no encontro das várias facetas do processo de identificação e de suas correlações com a cultura, mediante documentos e silêncios aparentemente despidos de sentido.[72] Torna-se necessário decifrar códigos, significados e significantes presentes nas diferentes linguagens existentes nos eventos, objetos da investigação, e, para isso, necessita-se "explicita e implicitamente de um sistema teórico que lhe dê [ao investigador] a chave do código; sistema que leva à validação do *status* científico das proposições [histórico-]psicanalíticas".[73]

O método histórico-psicanalítico certamente desperta fenômenos de "resistência" entre psicanalistas e historiadores; fenômeno que Freud descreveu como inerente à natureza humana.[74] Tal resistência se dá por meio de obstáculos espontâneos e atitudes de oposição inconsciente que se estabelecem frente a revelações indesejáveis, cuja percepção inflige ao homem um sofrimento moral ou de outra natureza, como a reconfiguração do pensamento, de ideias cristalizadas ou defensivamente estruturadas, uma vez que

---

vol. III, pp. 2053-2060; Lo inconsciente, op. cit., vol. III, pp. 2061-2082; Adicion metapsicologica a la teoria de los sueños, op. cit., vol. III, pp. 2083-2090; Duelo y melancolia, op. cit., vol. III, pp. 2091-2100.

72 Gay, op. cit., pp. 11, 142-145.

73 Rycroft, C. (1966). *Psychoanalysis observed*; Constable citado por Friedländer, op. cit., p. 34.

74 Freud, S. Estudios sobre la histeria, op. cit., vol. I, pp. 39-168; "Inibicion, sintoma y ansiedad, op. cit., vol. III, pp. 2833-2883.

resistências ultrapassam questões lógicas e racionais. Elas podem estar presentes em dogmas, crenças, tabus, fantasias, e de tal forma arraigadas na mente e na cultura que são capazes de resistir inconscientemente a novas possibilidades de posicionamento afetivo ou de ideias. Copérnico (1473-1543), em *De revolutionibus orbitum coelestium*,

> *transitava entre dois mundos, muito contribuindo, dessa forma, para a passagem da Idade Média ao Renascimento . . . (ele) abriu de modo irreversível o caminho para a explicação real da mecânica do sistema solar, . . .* esgrimindo *retoricamente entre um pensamento que se traduzia por conclusões inquestionáveis e um pensamento que se abria a novas solicitações existenciais, sociais e políticas.*[75]

São instituições simbólicas que permanecem registradas profundamente nas memórias individual e cultural. Ao depararmo-nos com o novo, com a possibilidade de desconstruir e remontar sistemas internos de funcionamento mental na busca de novos paradigmas, pressões contrárias inconscientes podem ser geradas na tentativa de preservar o status quo.

Enfrentadas as resistências em vários níveis – oriundas da própria investigação, de sentimentos antagônicos e persecutórios, nem sempre pertencentes ao mundo racional ou ao universo das divergências conceituais e metodológicas –, com o discernimento adquirido ao longo do tempo, foi possível apreendermos a interface histórico-psicanalítica. São inestimáveis suas contribuições para a

---

75 Cf. Tassara, E. T. (2000). Globalização, paradigmas e utopias: questões de método na pesquisa social contemporânea. In *Noites Brasileiras na Sociedade Brasileira de Psicanálise de São Paulo* (p. 1). São Paulo (grifo meu).

Psicanálise e para a História: o conhecimento de um novo vértice de percepção, de investigação pessoal e profissional que resulta em evidência, criatividade, prazer, realização e recompensas diante dos esforços empenhados no trabalho.

O método histórico-psicanalítico trabalha na interface psicanálise-história-cultura. Mezan sugere que

> *a Psicanálise revela um certo número de aspectos universais do funcionamento psíquico, como por exemplo, a sexualidade, a relação com a linguagem, a relação com o imaginário, a existência de ideias inconscientes, o recalque – que independem do conteúdo específico que podem assumir na organização psíquica de cada pessoa.*[76]

Também convergimos nas ideias de que a Psicanálise revela a maneira subjetiva, própria, como cada sujeito apreende e reage a si mesmo (intrasubjetividade), nas relações com o outro (intersubjetividade) e, num contexto maior, com a cultura e com a sociedade (transubjetividade).

A primeira delas depende das relações entre as várias instâncias psíquicas: id, ego e superego; e consciente e inconsciente, que se estruturam numa dinâmica funcional dentro de princípios próprios, a partir de vínculos afetivos precoces estabelecidos entre o bebê e seus pais ou equivalentes, primeiros representantes do sistema social. O desenvolvimento sofrerá progressivamente as interferências do meio familiar, das instituições sociais que compõem a comunidade e a grande sociedade – condições que interferem no mundo dos afetos, da cognição e da sociabilidade, vias pelas quais

76 Mezan, R. *Interfaces da psicanálise*, op. cit., pp. 447-448.

são incorporados os primeiros elementos identificatórios, os valores, os costumes, os ideais, os imaginários, a mentalidade.

É curioso pensar, mas é fato que os processos mentais relativos à formação do novo sujeito psíquico numa dada sociedade, o bebê, têm início antes mesmo do seu nascimento, visto que há uma criança presente no imaginário dos pais e no imaginário da comunidade. Guibert retrata sistemas de valores e de imaginários que formam o cenário da época e que foram projetados sobre ele, ainda por nascer, pelos integrantes do contexto. Percebemos como a estrutura da Igreja e a organização feudo-vassálica dos imaginários familiar e social influenciaram seu desenvolvimento em conflito franco com as pressões da vida pulsional. Esses sistemas simbólicos e de imaginários direcionam a estrutura de poder, a transmissibilidade de bens e valores, o lugar do homem, da mulher, da criança, do jovem, do adulto e do velho naquele contexto cultural. São elementos que participaram da estruturação dos aspectos coletivos e transitórios da ética e da moral vigentes naquele tempo e espaço.[77] São pressões que tendem a direcionar e a satisfazer certas necessidades individuais e grupais, enquanto outras são recalcadas ou reprimidas em uma dada coletividade.

Certamente, alguns sujeitos escapam desses controles impostos pela cultura e podem, de forma criativa, muitas vezes transgressora e violenta, mobilizar a formação de novas influências e grupos de ideias, poder e ação. Cultura, conceito este entendido como expressão da projeção de desejos, uns sublimados, outros recalcados ou reprimidos, ou, ainda, projetados sob formas de imaginários e de atuações inconscientes de descarga pulsional. A liberação das

77 Silva Júnior, N. (1998). *Modelos de subjetividade em Fernando Pessoa e Freud. Da catarse à abertura de um passado imprevisível* (pp. 3-4) (Trabalho de pós-doutorado). Universidade Federal de São Paulo (Unifesp), São Paulo. O autor chamou de "vulnerabilidade da ética" a mutabilidade que nela se verifica.

pulsões ocorre quer por meio de atuações (*acting out*), processo primário de pensamento regido pelo princípio de prazer, quer por manifestações ideativas, elaboradas, que passam pelo crivo e pelas transformações crítico-analítica e reflexiva do processo secundário, regido pelo princípio de realidade. Esses processos dialéticos de inter-relações contínuas entre os três níveis de subjetividade possuem velocidades e intensidades de interferência e de transformação que dependem da interação de múltiplos fatores externos e outros inerentes ao próprio sujeito, assim como ao acaso da imprevisibilidade e da imponderabilidade.

Para gerenciar essa complexidade relacional é preciso que o sujeito tenha um ego capaz de exercer certo domínio sobre o mundo interno e objetivo, sobre as relações entre o ideal, o desejável, o possível e o ocorrido. A realidade é, em geral, frustrante. E requer do sujeito, da comunidade e da sociedade recursos internos e sociais capazes de lidar com certa dose de frustração frente aos anseios individuais e coletivos. As atividades defensivas são pistas valiosas para a compreensão do passado e das transformações adaptativas que sofrem o homem e os animais na dependência de suas relações com o meio.[78] A prevalência, a dinâmica e a economia psíquica geradas pelos mecanismos de defesa do ego frente às angústias do viver se alteram em função da tecnologia, do desenvolvimento da cognição e dos controles sociais definidos pela cultura sobre a atividade pulsional.

Exacerbação, inibição, fixação, rigidez, flexibilização, perda de contato com a realidade e transformação são variações que buscamos identificar nos mecanismos defensivos do ego de Guibert ao lidar com o sofrimento mental, nas várias etapas da vida. Na maturidade, ele deixa transparecer conflitos profundos em seu desenvolvimento egoico, inclusive intensa crise emocional vivida

---

78 Thomas, K. (1988). *O homem e o mundo natural*. Cia. das Letras.

na transição para a vida adulta, cujas marcas estão presentes na memória.[79]

Análise da narrativa e Psicanálise

A narrativa é feita na primeira pessoa do singular; entretanto, percebemos a presença de outras vozes que compõem o seu eu confesso. É preciso identificar quem fala: "a voz do dono pode ser a resultante de várias vozes internas, vozes do dono da voz".[80] Esse eu seria um eu coletivo, característico do imaginário religioso medieval, presente nas confissões coletivas e na submissão universal a Deus, tingido pela forte influência do pensamento agostiniano? Seria o eu hierárquico das organizações feudo-vassálicas presentes na família e na sociedade, o que levaria nosso protagonista a se expressar de um modo aparentemente pleno de humildade? Um eu memorialista ou lírico? Um eu autêntico ou um eu ventríloquo, reprodutor de um modelo coletivamente imposto? Ou, ainda, esse eu revelaria, também, a intimidade de tendências pulsionais de Guibert, muitas vezes antagônicas, expressões de desejos profundos, sintônicos e discordantes em relação à sua personalidade, presentes nos significados latentes dos sonhos e pesadelos, nas angústias projetadas em personagens refletores de sua própria voz? Vozes que nunca estão isoladas de outros "eus" incorporados pelo narrador de si mesmo e que compõem o contexto histórico-psicossocial medieval vivido pelo protagonista.

Estamos analisando as vozes de Guibert, por meio das quais pensamos ser possível identificar estruturas, dinâmicas e conflitos psíquicos inconscientes e conscientes, descritos dentro do contexto

79 Freud, S. La interpretación de los sueños, op. cit., vol. I, cap. VII, pp. 702-713.

80 V. Veras, comentário feito pela revisora da tese de doutorado, num momento de inspiração poética.

medieval e à luz da Psicanálise para caracterizar sua transição infantojuvenil. Assim, fixamos nossa atenção nos relatos que expressam o passado presente sobre sua biografia, antecedentes perinatais, condições de parto e de desenvolvimento, questões educacionais familiares e escolares, relações com outras crianças, manifestações da sexualidade infantil, transformações corporais e transtornos vividos com a entrada na puberdade, traços da personalidade dos pais, mecanismos de controle social. Manifestações que são acompanhadas pelo coro de vozes da Igreja e do Deus agostiniano, presentes no imaginário do Ocidente medieval.

O investigador desse método enfrentou o desafio de deslocar-se no tempo e imaginar o espaço, o quanto lhe foi possível, para afastar-se de seus próprios valores – ainda que consciente de tal limitação – e tentar alcançar um olhar e uma vivência do passado mais isentos de suas próprias influências.[81] Esse distanciamento assemelha-se àquele tomado pelo psicanalista em sessão de análise, na busca de uma neutralidade relativa, para não confundir seus próprios conflitos e valores com os de seu paciente. Entretanto, temos um sentimento de que algo daquele passado não nos é de todo desconhecido, visto que percebemos em nosso cotidiano, na forma de ser, de pensar e de agir, traços daquela época.

Encontramos vivas em nós heranças medievais presentes na memória esquecida: violência, carência, abandono, turbulência, religiosidade, irracionalidade para uns, ideologias e fanatismos para outros. Condições que, pouco a pouco, nos fazem ver quão medievos somos, apesar de todas as mudanças tecnológicas e culturais que interferem nos modos de elaboração do complexo de Édipo, cuja figura totêmica, unívoca de outros tempos, parece estar sendo

81 Lett, op. cit., pp. 11-18.

pulverizada em múltiplos e diferentes ícones distribuídos pela cultura atual, globalizada.[82]

Para alcançar essas condições, o jovem, a partir da eclosão da sexualidade reprodutora, necessita desenvolver recursos internos para lidar com a evolução da sexualidade (libido) na busca de novos objetos amorosos (da oralidade à genitalidade propriamente dita); o processo de perdas ou lutos do corpo infantil e das imagos própria e parentais da infância; a reorganização egoica e narcísica; a ruptura entre partes não discriminada e discriminada do eu (self); a discriminação entre o falso e o verdadeiro eu (self); as transformações cognitivas; o aprender com a experiência; a busca da identidade adulta e as alternâncias de humor devido à oscilação entre mecanismos esquizoparanoides e depressivos. São fenômenos das vidas psíquicas inconsciente e consciente que durante a adolescência sofrem a ação de dois tipos de pressões: uma, proveniente do processo evolutivo e maturacional da puberdade em níveis de potencialidades bio-psicossociais; outra, oriunda das forças externas que interferem na produção desse processo de construção da identidade adulta: cultura, tecnologia, economia, religião etc. Isso faz com que a transição seja permeada por conflitos inconscientes entre aspectos primitivos e as novas aquisições da mente, cuja tendência é ser tão mais turbulenta e intensa quanto tiverem sido as vivências emocionais dos primeiros anos de vida.[83]

---

82 Levisky, R. B. (mai. 2004). Casamento ameaça? Um conflito de heranças. In *I Congresso Psicanalítico de Terapia Familiar*, Paris, França; Touraine, A. (1997). *Pourrons-nous vivre ensemble?* Fayard; Morin, E. (1994). *La complexité humaine.* Flammarion.

83 Aberastury, A., & Knobel, M. (1971). *La adolescencia normal.* Paidós; Bleger, J., Giovacchini, P., Grinberrg, L., Grinberg, R., Horas, E., & Horas, P. (1973). *La identidad en el adolescente.* Paidós-Asappia; Levisky, D. L. (2001). *Adolescência – reflexões psicanalíticas* (pp. 85-144). Casa do Psicólogo.

Para a investigação histórico-psicanalítica da narrativa de Guibert de Nogent, focada na análise da transição da infância para a vida adulta, foi necessário definirmos, arbitrariamente, pontos de referência da estrutura e da dinâmica mentais dos processos inconscientes, com base naqueles obtidos na experiência clínico-psicanalítica (microscopia fenomenológica) com adolescentes e na epistemologia psicanalítica geral, logo mais descritos, na psicanálise de adolescentes do século XXI. A tentativa era identificarmos na *Autobiographie* de Guibert estruturas e dinâmicas psicológicas inconscientes similares e/ou distintas daquelas identificáveis no adolescente da atualidade.

Esses fenômenos foram pesquisados por meio da técnica psicanalítica adaptada e aplicada à relação dual estabelecida entre o pesquisador e a intimidade do texto selecionado, acompanhada de vasta bibliografia histórico-social dos séculos XI-XII e de trabalhos históricos voltados para a compreensão daquele período.

A psicanálise da adolescência identifica um conjunto de fenômenos inconscientes complexos quanto a estruturação, dinâmica e economia psíquica, conjunto de fenômenos que atinge o ego, o superego, a identidade e a organização narcísica no desafio e conquista da emancipação e autonomia. Emancipar (do latim *emancipare*) significa tirar a mão, eximir, livrar-se do pátrio poder ou da tutela, libertar-se dos pais da infância e adquirir autonomia. Isto é, ter a faculdade de se organizar e de se administrar, dentro de certos limites, motivado pela vontade oriunda de sua essência e da liberdade proveniente do esforço de sua própria reflexão, assim como dar a si mesmo os próprios princípios de ação dentro das expectativas de cada cultura para seus jovens, até a entrada na vida adulta.[84]

---

84 Corominas, J. (1994). *Breve dicionário etimológico de la lengua castellana* (pp. 73-226). Gredos; Lalande, A. (1993). *Vocabulário técnico e crítico da Filosofia* (p.115). Editora Martins Fontes.

O processo de transição para a vida adulta tem início na puberdade, com a eclosão da revolução hormonal e o surgimento da sexualidade reprodutora, primeira fase da adolescência. A segunda fase é caracterizada pela crise da adolescência, também chamada "síndrome normal da adolescência".[85] Seu término é variável e depende das expectativas e exigências que o contexto histórico-psicossociocultural tem sobre seus jovens, o que implica a mentalidade e o imaginário de cada povo. No caso de Guibert, observa-se, com evidência, o período no qual ele passa a assumir posições adultas, não pelo vértice cronológico, mas pelas atitudes psíquicas sugestivas de melhor definição da identidade, com emancipação e autonomia.

Durante a fase de transição são frequentes manifestações comportamentais de descargas agressiva e libidinal descontroladas, *acting out*, decorrentes da quebra da harmonia entre os ideais do ego, o ego e o ambiente. Nessas condições pode surgir um estado de urgência pulsional decorrente da fragilidade egoica acompanhada de um quadro regressivo, com a emergência de aspectos pré-genitais do desenvolvimento libidinal. Nesse remanejamento das relações objetais infantis e adultas, vem à tona a curiosidade genital e intelectual, a princípio ambígua e mal discriminada, manifesta nas atitudes, nos sonhos e pesadelos ou projetadas no ambiente. São frequentes os estados ambivalentes com a presença de impulsos e sentimentos contraditórios, até que seja alcançada maior discriminação e definição objetal, de identidade e de humor.[86]

O superego e o ego, em plena reformulação, atravessam fenômenos de dessimbiotização, desidentificação infantil e reidentificação adulta, na tentativa de alcançar valores próprios e novas

---

85 Aberastury & Knobel, op. cit.

86 Bleger, J. (1972). *Simbiosis y ambigüedad*. Paidós. Ver também Mahler, M. (1973). *Psychose infantile: symbiose humaine et individuation*. Payot.

potencialidades, frequentemente projetados na cultura e externalizados em comportamentos oscilantes, turbulentos, desafiadores, arrojados e amedrontados. Tomados por estados oscilantes de passividade e excitabilidade, os jovens, durante parte da transição, vivem a indagar quem são, o que querem e o que podem fazer. São condições que podem conduzi-los a se defender do próprio crescimento por meio de regressões, fixações e outros mecanismos defensivos do ego, influenciados pela cultura. Ambiguidade também observada nas relações entre o eu (self) primitivo, ainda mal integrado e conflitante com outros aspectos organizados e integrados de partes mais desenvolvidas do ego.

Nesse processo de remanejamentos e perdas, durante a transição para a vida adulta, os ideais de ego infantil são paulatinamente substituídos por novas ideias, ideais e idealizações que se organizam, frutos da elaboração das experiências emocionais. Tais vivências adquiridas por meio das descobertas, conquistas e fracassos entre vida real e idealizações produz o amadurecimento do ego. Os jovens tendem a buscar amparo emocional em pensamentos racionais, filosóficos, ideológicos e míticos no encontro de heróis e na busca de novos modelos que espelhem seus ideais, por meio dos quais possam incorporar e desenvolver suas potencialidades. Líderes espirituais, religiosos, políticos, artísticos preenchem o espaço interior em processo de reestruturação. Atividades grupais os atraem. Daí

> *o distúrbio central da adolescência é o de uma confusão de identidade ligada à reemergência de severa divisão interna do eu, tão característica dos períodos pré-edípico e prégenital do bebê e da criança pequena. . . . O* splitting *existente na puberdade seria uma forma de enfrentar melhor a onda de desejos genitais em todas as formas infantis, polimorfas e perversas, ainda pouco*

> *modificadas pelo eu* (self) *adulto e pela identificação introjetiva.*[87]

A excitação diante de situações geradoras de ansiedade, como expectativa e medo, no início da fase de transição, pode elevar o nível de tensão difusa e generalizada e conduzir à ereção ou polução diurna e noturna, sem que o jovem esteja, obrigatoriamente, vinculado à erotização genital. É um meio de descarga de catexias. Progressivamente, surgem fantasias masturbatórias na busca de novos objetos de investimentos sexual, amoroso e agressivo. O *acting out* é frequente e pode adquirir um colorido delinquencial (alcoolismo, drogas, furtos, badernas).

Esse movimento regressivo tem também função na economia psíquica ao dar tempo para o ego desenvolver condições de enfrentamento e elaboração das novas configurações internas e externas, intra e interpessoal. São sentimentos que decorrem da intensidade das manifestações pulsionais, dos mecanismos de ruptura em relação aos objetos primários de amor (pais da infância) e do reinvestimento dos pais atuais (da vida adulta), bem como do sistema de valores sublimados e consequentes a essas novas relações afetivas e sociais.

Múltiplos aspectos contraditórios da personalidade do adolescente emergem nessa situação e são vividos como verdadeiros corpos estranhos ao próprio sujeito, como querer crescer e permanecer criança; ou, então, partes do eu (self) são cindidas e projetadas fora dele. Ao mesmo tempo, observamos a existência de ataques aos pais internos (imagos parentais infantis) e aos pais reais, aconchegantes, protetores e guias, mas também os mais terríveis dentre

---

87 Meltzer, D. (1979). *Estados sexuais da mente* (p. 73). Imago. Ver conceitos kleinianos em Hinshelwood, R. D. (1992). *Dicionário do pensamento kleiniano* (pp. 257-260, 287, 380-393). Artes Médicas.

os inimigos a serem destruídos. Há momentos diante dos quais real e imaginário se confundem, podendo criar quadros de difícil distinção entre os limites do normal e do patológico. Tais configurações psíquicas vão depender da estruturação das bases da personalidade primitiva, da biografia da pessoa e do modo como a família e o ambiente lidam com esse processo de transformações que atingem o jovem na sua totalidade. Quadros clínicos de natureza neurótica, deficitária, psicótica, borderline, psicopáticos ou "estados confusionais" podem ser identificados nessa fase, sendo necessário um tempo prolongado de observação para que se possa avaliar a organização e a rigidez dessas estruturas, se transitórias ou estáveis, na configuração da personalidade. É um período de extrema vulnerabilidade e propício para o desencadeamento de quadros clínicos que podem se tornar rigidamente estruturados, a depender da intensidade e da duração, da prevalência dos mecanismos defensivos e da maneira como o meio ambiente lida com essas situações angustiantes.[88]

Guibert e as estações da vida

Observamos o desenvolvimento da personalidade de Guibert nas diferentes idades da vida, no intuito de identificarmos nas linhas, entrelinhas e silêncios do texto e do contexto os conflitos entre o primitivo e o mais evoluído de sua personalidade. Levamos em conta sua biografia e o contexto psico-histórico-sociocultural.[89]

Utilizamos as estações do ano para definir as idades da vida. Compreendê-lo na velhice (*senectus*), OUTONO, e nos primeiros

---

88 Levisky. *Adolescência – reflexões psicanalíticas*, op. cit., pp. 161-183. Jeammet, P. H., & Corcos, M. (2005). *Novas problemáticas da adolescência: evolução e manejo da dependência*. Casa do Psicólogo.

89 Shahar, op. cit., pp. 21-31.

anos de vida (*infantia, pueritia*), INVERNO, contribuiria para esclarecermos características dos conflitos existentes na *pubertas/adolescentia*, PRIMAVERA, até tornar-se um jovem adulto (*vir*) VERÃO.

Partimos da revelação de aspectos mais atuais e conscientes de sua mente para outros mais regredidos e primitivos, profundamente recalcados ou reprimidos no inconsciente. Na transição para a vida adulta (estamos propositadamente evitando chamá-la, neste momento, de adolescência), o jovem passa por intensa crise de angústia, até atingir processos que caracterizam sua autoafirmação, emancipação e autonomia. Encontramos em múltiplas sociedades arcaicas e complexas a existência de ritos de passagem, evidentes ou diluídos na cultura, que coincidem com a fase de transição para a vida adulta. Suspeitamos que a puberdade social, descrita por Van Gennep, seja um equivalente social do que estamos descrevendo e tentando identificar em Guibert, sob o vértice da Psicanálise, hoje chamada de adolescência.[90]

90 Freud, S. Tres ensayos para una teoria sexual, op. cit., vol. II, pp. 1169-1237, e Psicoanalisis y teoria de la libido, vol. III, p. 2661. Van Gennep, op. cit., p. 4.

Segunda parte

A trajetória de um adolescer na Idade Média Central

A ordem social do continente europeu, por ocasião do nascimento de Guibert, está dividida em uma multiplicidade de senhorios e castelos, cuja fragmentação do poder, desorganização e "pobreza de raiz" possibilitaram que a "Europa invertebrada do século X" suporte tantas invasões. Não há "centros vitais, artérias principais ou núcleos econômicos cuja perda pudesse levar ao desmoronamento de toda uma província. Para destruir uma a uma tantas células minúsculas, fora preciso um plano de ação e uma continuidade de desígnio que os agressores por certo não possuíam".[1] O Ocidente medieval, nos séculos XI-XII, viveu as consequências da reforma eclesiástica e de conflitos existentes entre a Igreja, o poder laico e o papado, num clima de enrijecimento religioso, Cruzadas e muitas reconfigurações da liturgia e da moral na prática da fé cristã presentes na cultura e que interferem na construção da subjetividade individual e coletiva.[2]

---

1 Lopez, R. (1965). *O nascimento da Europa* (pp. 112-114). Cosmos.

2 Arnaldi, G. (2002). Igreja e papado. In Le Goff, J., & Schmitt, J. C., *Dicionário temático do Ocidente medieval*, vol. I (pp. 567-589). Imprensa Oficial/Edusc.

Nasce Guibert em 15 de abril de 1055, na região de Clermont (Oise), num castelo próximo a Catenoy, nas cercanias de Laon, em Saint-Germer-de-Fly, região de Beauvais, a cem quilômetros de Paris, em direção à Normandia. Em 1105, aos 50 anos, é eleito abade pelos monges do pequeno monastério beneditino de Nogent-sous-Coucy, diocese de Laon. Exerce essa função durante os últimos vinte anos de sua vida. Abandona sua abadia durante certo tempo e retorna ao local de infância, Saint-Germer, pelo qual conserva intensa nostalgia. Entre os 50 e os 70 anos escreve a maior parte de sua obra. É difícil precisar a data de sua morte, mas, com certeza, em 1125 está morto.[3]

3 Chaurand, J. (1992). *Les parles et les hommes: Recueil de travaux inédits ou publiés revus et augmentés* (pp. 15-96). SPM. Ver também a nota de rodapé n. 1 em Labande. *Autobiographie*, op. cit., p. 168.

Outono

Eu confesso[1]

1114. Guibert, 60 anos, obeso, melancólico, sentado numa pequena mesa iluminada por um candeeiro, cuja luz trêmula embaça sua vista cansada, dedica-se, nos intervalos entre as rezas matinais e as do entardecer, a escrever nas tabuletas de cera a sua monodia.

Em sua cela, no alto e à esquerda das grossas e úmidas paredes do pequeno monastério de Nogent-sous-Coucy, o velho abade recebe nos dias de outono uma nesga adicional da luz pálida do sol, que se deita prenunciando a aproximação do solstício de inverno. O convento é cercado de bosques e áreas cultivadas de trigo, centeio, cevada e vinha, que se alternam a cada três anos para melhor aproveitamento da terra.

As badaladas do sino mobilizam o corpo e a mente desse homem que, durante três longos anos, recorda seu passado, além de fazer o registro das batalhas e mortes havidas na região e das descobertas das tumbas da dinastia merovíngia, escondidas nas

---

1 Os subitens em negrito e itálico reproduzem capítulos da *Autobiographie*.

catacumbas da igreja da diocese beneditina de Laon, um centro de formação cultural na região.

Algo profundo emana de sua alma na busca da luz interior, força secreta que o mobiliza a confessar suas memórias, essência da mentalidade medieval:

> *Eu confesso à tua grandeza, ó meu Deus, os desprezos pelas minhas inúmeras faltas, bem como o retorno repetido do meu sofrimento interior voltado para ti,*[2] *retorno que tu me tens, na verdade, inspirado. Confesso a uiniquidade de minha infância e de minha juventude – ela me perturba ainda no presente em minha idade madura – bem como minha tendência inveterada aos atos culpáveis: a letargia de um corpo fatigado que não tem fim. Cada vez, Senhor, que evoco a persistência contínua de minhas impurezas, e como tu me tens sempre permitido ser a esse respeito tocado de compunção, a extrema paciência de teu coração em relação a mim ultrapassa toda imaginação e me consterna. Se é verdade que a compunção e o zelo da oração somente se produzem pela penetração do teu Espírito, como tu sofres ao fecundar tão livremente corações pecadores e ao oferecer graças àqueles que se desviaram de ti ou mesmo que te provocam? Tu sabes, Pai grandioso, quanto nosso coração se obstina contra aqueles que vêm a nós ofender-nos e quanto nos é constrangedor perdoar a alguém, uma ou mais vezes, que nos feriu em uconsequência de sua atitude ou palavras. Mas tu não és somente bom, tu és mesmo a bondade, muito mais, tu és a fonte. Tu, que*

2 Foram preservadas as letras minúsculas e maiúsculas de acordo com o documento original.

> *vens diante de todos sem nenhuma distinção, poderias satisfazer cada um? Quando o mundo vivia na ignorância de Deus, quando ele se encontrava na escuridão e à sombra da morte, quando a noite prosseguia sua carreira, o silêncio absorvia todas as coisas; graças a quem, graças ao apelo de quem tua Palavra toda-poderosa pôde ser incitada a deixar seu trono majestoso? Se a indiferença da humanidade inteira não podia te desviar do exercício de tua misericórdia; não é surpreendente que tu testemunhes grande piedade a um único, que foi, sem medida, pecador. . . . Se peco, tu sabes bem, não é porque te sinto misericordioso, mas te proclamo misericordioso com plena confiança, pois tu és acessível a qualquer um que implore de ti o perdão. . . . É verdade, eu peco, mas uma vez a razão recuperada, repenso por ter me deixado seguir a concupiscência do coração e, se minha alma escolheu um poço de esterco, é absolutamente contra tua vontade.*[3]

Estar vivo é ser pecador. Guibert, no crepúsculo da vida, sente-se ameaçado pela morte e pelo Juízo Final. A confissão é a esperança que Deus dá ao ser humano para se redimir. As confissões já não são mais praticadas em ato público ou canônico, mas a narrativa pode conter algum resquício inconsciente dessa forma de buscar o perdão, reminiscências de ações que se preservam em sua memória, transmitidas pela cultura religiosa de seu meio. Confessar é ter em Deus, em qualquer idade da vida, a esperança da misericórdia divina.

O costume bíblico subdivide as idades da vida em quatro, número que permite a mais perfeita combinação, em concordância

---

3 *De vita sua*, op. cit., pp. 3, 5, 7.

com o *Gênesis*.[4] Pois Deus criou o ano com as quatro estações.[5] Segundo um contemporâneo de Guibert, Aldebrandino de Siena, os quatro estágios na vida do homem são *adolescentia*, do nascimento até os trinta anos; *juventus*, dos trinta aos quarenta e cinco; *senectus*, até os sessenta, e daí até a morte, os *senium*. O primeiro estágio, *adolescentia*, é dividido em quatro subfases: *infantia*, até os dois anos; *dentium plantativa*, dos dois aos sete; *pueritia*, dos sete aos doze/quatorze; *adolescentia*, dos quatorze aos trinta, que Guibert tão bem discrimina em sua madureza.[6]

Há um sentimento de que a morte se acerca e, ainda mais, do julgamento por que todo ser humano passa, segundo sua crença, para alcançar no Além a paz celestial. Essa condição limítrofe faz emergir medos arcaicos, provenientes de ideias vividas, de geração em geração, de que o homem, feito à imagem de Deus, é pecador pela imperfeição do espírito e pela impureza da carne. A confissão tem na dor da revelação um sabor de penitência, como é o hábito de sua gente e de sua Igreja.

As palavras de Guibert são lamentos e catarse que retratam a vida interior de um homem pesaroso, insatisfeito, pleno de culpas, de um passado-presente carregado de dor, angústia, incerteza e decepção que o torturam ao longo dos tempos. Ele abre o coração a Deus, a quem retorna pela própria inspiração divina, com o sentimento de que as maldades e as perversões estão nele também, sem, no entanto, especificá-las, e conclui:

---

4 De Novara, F. (1888). *Les quatre Ages de l'homme*. Ed. M de Eréville. In Gallica, *Anthologie des Collections*.

5 Bagliani, A. P. Idades da Vida. In Le Goff & Schmitt, *Dicionário temático*, op. cit., vol. I, p. 557.

6 De Siena, A. *Les régime du corps de Maître Aldebrandin de Sienne*, ed. Andouzy, L., & Pépin, R. (1911), p. 79, citado por Shahar, op. cit., pp. 264-265.

Eu me arrependo

> *Estamos todos em meio a essas misérias cotidianas; quando me levanto de uma queda qualquer, que devo fazer? Desesperado, jogar-me deliberadamente no lamaçal de toda ignomínia? Lá, de fato, o espírito não opõe qualquer resistência à carne, substância da alma desafortunada, sustentada pelas paixões que a enfraquecem. O homem, então, encontra-se submerso pelo redemoinho das águas que o arrastam para o fundo. Ultrapassada a boca do poço, sua alma é jogada no abismo das perversões.*
>
> *Ó Deus da bondade, quando, após essas volúpias do homem interior, retorno consciente diante de ti, mesmo que em outros momentos eu não progrido nada, pelo menos não falho durante esse tempo em que tenho o conhecimento de mim. . . . Certo, sou (como diz Jeremias) um homem que vê sua própria pobreza. . . . Duas coisas são bem evidentes: na medida em que me conheço, procuro te conhecer; mas quando me rejubilo de te conhecer, não perco, portanto, o conhecimento que tenho de mim. É, então, verdadeiramente justo e salutar que, através de uma tal confissão, a busca assídua de tua luz dissipa a obscuridade de meu entendimento: assim, longamente iluminado, este aqui, não perderá, então, seu próprio conhecimento.*[7]

O flagelo do corpo, o isolamento e o ascetismo são formas exemplares de aliviar o sofrimento imposto pelo pecado, métodos estes que, no entanto, nem sempre eram suficientes pelo rito da confissão

---

7 *De vita sua*, op. cit., pp. 7, 9.

realizada entre a Quarta-Feira de Cinzas e a Quinta-Feira Santa. A reconciliação com Deus, por meio da confissão, também não é mais única e feita na hora da morte. Agora é semanal e até mesmo diária. João Batista já dizia para os fiéis: "fazei vossa metanoia, porque o Reino dos Céus está próximo", como forma de arrependimento e penitência. Com a reforma eclesiástica iniciada por Gregório VII, próxima ao nascimento de Guibert, influências comportamentais ocorrem progressivamente em vários segmentos da vida social. O sistema confessional sofre mudanças: passa a coibir excessos e a proibir a confissão encomendada, que, mediante o pagamento de certa quantia em dinheiro ou um certo número de missas ou ainda o simples pagamento ao vigário, permitia obter o perdão, numa troca de interesses.[8]

Guibert, entretanto, procura no ato confessional e na revisão do passado um efeito reconfortante, um sentimento de retorno ao Pai e de aconchego filial no calor materno.[9] Sua confissão, por mais que represente a voz da Igreja, tem algo de si, de sua própria individualidade e privacidade, expressas no conteúdo de suas revelações. Carrega o peso de uma infância sofrida e marginalizada. Revela no traço atormentado da narrativa culpas irracionais, desejos impronunciáveis, acrescidos do peso do pecado imanente do pensamento filosófico e da moral cristã que controlam os comportamentos e as atividades sociais de sua sociedade. Torna pública sua privacidade, rara no restrito meio monástico, na busca de um estado interior de reconciliação solitária e perene dirigida a Ele e aos seus representantes na terra: Cristo, a Virgem, os santos, as relíquias.

---

8 Borobio, D. (1993). Penitência. In Borobio, D. (Org.), *A celebração na Igreja – Os Sacramentos*, vol. II (p. 384). Loyola; Casagrande, C., & Vecchio, S. Pecado. In Le Goff & Schimtt, *Dicionário temático*, op. cit., vol. II, pp. 337-351.

9 Le Goff, J. (1995). *A civilização do Ocidente medieval*, vol. I (p. 33) e vol. II (p. 87). Editorial Estampa.

Sua confissão traz palavras de reflexão e doação de experiências emocionais, conceitos, concepções e denúncias com funções reparatórias. Guibert quer sair das trevas do pecado, da dor e da culpa para, assim, ganhar o Reino dos Céus. Desejos insaciados, mal reprimidos, insuficientemente sublimados ou manifestos pela presença de prazeres escusos, refletidos na letargia encobridora de uma sexualidade mal resolvida desde a infância, traduzem a presença de manifestações autoagressivas e censoras intensas. Conflitos familiares, turbulências no início da vida, quando da transição para a vida adulta, podem ter-lhe deixado marcas insuportáveis na personalidade.

Teria sido indesejado, mal amado? Parece estar mobilizado por fantasias primitivas inconscientes, cujo material é produzido pela atividade pulsional e dependente do patrimônio transmitido pela evolução histórica das espécies. São configurações emocionais que dependem da evolução ontogênica, de acordo com os elementos simbólicos implementados pela cultura, na busca do prazer e do menor nível de tensão. Os sonhos, visões e premonições de Guibert são equivalentes masturbatórios na busca de descargas que abalam a paz interior e o ameaçam com o peso do pecado?[10]

O sentimento de culpa e o medo que o acompanham têm origens longínquas, que antecedem o pensamento cristão. Talvez proveniente de Eva, a pecadora? Até que ponto Guibert correlaciona racional ou irracionalmente esse passado longínquo com o seu passado, não se sabe. Mas Guibert talvez carregue uma culpabilidade massiva, marcada por uma promoção inédita da interiorização e do desenvolvimento da consciência mora, que permeia a cultura monástica cercada de inimigos. O maior deles é "o medo de si",

---

10 Laplanche, J., & Pontalis, J. B. (1973). *Vocabulaire de la psychanalyse* (pp. 152--159). PUF; Hinshelwood, R. D. (1992). *Dicionário do pensamento kleiniano.* (pp. 46-50). Artes Médicas; Lebovici, S., & Soulél, M. (1972). *La connaissance de l'enfant par la psychanalyse* (pp. 161-183). PUF.

inimigo muito próximo, porque não há nada mais difícil de vencer do que a concupiscência da carne, pois de sua natureza é que provêm todos os males, fato gerador de uma luta incessante entre a busca do amor de Deus e o controle do desejo.[11]

Parece que o encontro do amor a Deus na fé e do amor de Deus na obtenção da graça divina têm raízes no amor-próprio de cada um e nos recursos internos que cada um encontra em si para se perdoar e aceitar sua condição, projetados nas doutrinas da casa de Deus e do imaginário da coletividade. A Igreja parte da ideia de que o homem é um pecador por essência, com base no Pecado Original, que o afasta de Deus à medida que busca prazeres e desejos proibidos. A repetição das pressões internas sofridas por Guibert deve-se, provavelmente, à tendência inconsciente da compulsão a repetir os conflitos psíquicos que estão na base dos sintomas neuróticos, devido a um processo incoercível e inconsciente, no qual o sujeito se coloca ativamente em situações de sofrimento. Repete experiências antigas sem se recordar do protótipo, com impressão viva de que se trata de algo motivado na atualidade como fator autônomo e irredutível, restrito a uma dinâmica conflitiva do jogo dialético entre princípio do prazer e da realidade.[12] Guibert, inconformado, vive o paradoxo dessa repetição, que se revela nas queixas e na busca contínua de proteção pela oração.

> *Deus se faz presente no coração dos pecadores para perdoá-los.*

Não há em Deus lugar para o mal, julga Guibert, e iguala-se a Ele deixando transparecer seus aspectos narcísicos e onipotentes, prováveis revivescências de sentimentos arcaicos, fantasias de

---

11 Delumeau, J. (1983). *Le péché et la peur – La culpabilisation en Occident (XIIIe-XVIIIe siècles)* (p. 7). Fayard.

12 Laplanche & Pontalis, op. cit., p. 86.

controle onipotente do bebê, resíduos que persistem na mente humana. A luz interior, projetada pela sabedoria, é a fonte que alimenta o ser humano nessa passagem da vida para o Além. É a luta da libido contra forças destrutivas assustadoras, mais evidentes e talvez até desejadas pelo ser humano no final da vida. É a presença da capacidade amorosa proveniente do perdoar e do perdoar-se, função reparadora que emerge no acerto de contas, na hora do balanço final, na busca da paz interior a caminho do Paraíso Celestial.

Os sentimentos depressivos de Guibert são, em parte, frutos do seu próprio julgamento, balanço de vida frequente na velhice, quando a experiência manifesta a humildade entremeada de possíveis sentimentos de arrogância, detectados pela convicção irrefutável e absoluta que Guibert tem de si ao concluir que:

Eu tudo recebi de Deus

> *Recebi tudo de Deus . . . nada vem de mim; eu fui, nos dois sentidos, o último de seus filhos; sou um submisso da desesperança; tu me deste o direito de nascer, a mim, o pior de todos aqueles que ela [sua mãe] colocou no mundo.*[13]

Essa afirmação dogmática e filosófica de subserviência e humildade é característica desse imaginário e foi incorporada por Guibert a partir do meio familiar e da atitude propagada pela Igreja, que define o ideal divino e o de seus seguidores. Parte-se, portanto, da configuração da ideia de perfeição do ser humano feito à imagem de Deus, ideal narcísico que ilumina as esperanças e aconchega o desamparo diante do desconhecido que é o Juízo Final. *Se tudo vem de Deus* e Guibert sente-se *o pior de todos*, confirma-se a

---

13 *De vita sua*, op. cit., p. 9.

hipótese da existência de afetos contraditórios como onipotência e submissão, complementares ao ideal narcísico, defesa diante da vivência de desamparo que acompanha Guibert ao longo da vida.

O Deus de Guibert protege, dá-lhe energia por meio da fé, da graça, mas o faz com arbitrariedade e dogmatismo, condições da cultura presente na crença coletiva da verdade proclamada – possível forma defensiva, talvez fruto das angústias emergentes diante dos sentimentos de impotência, ignorância e incertezas que constituem sua visão de mundo. Esta é uma forma de pensar restritiva, que canaliza as possibilidades de novas experiências, observações e hipóteses, direcionando-as para o viés possível, definido pela prevalência da vida religiosa nesse contexto. Porém, sempre há escapes, e Guibert mesmo os revela nas associações livres, nos relatos sobre condutas de certos parentes, no comportamento paterno, em seu mestre e, principalmente, quando aborda a sexualidade de sua mãe e a própria.

Letargia e ideias de autodetrimento são sintomas de depressão e baixa autoestima, concomitantes a sentimentos de piedade e submissão aos clamores divinos, manifestações punitivas de um superego exigente e violento. São identificações com modelos e valores eclesiásticos incorporados, mobilizadores de intensas frustrações pelas distâncias que o indivíduo sente existir entre os ideais que tem em si e suas reais possibilidades. Essa defasagem entre o ego e os ideais de ego desperta hostilidade contra o próprio ego e contra a autoestima, que se torna rebaixada. Tal estado de espírito Guibert acredita ser fruto do seu amor a Deus, mas gera um profundo estado de solidão interna frente ao anseio onipresente de alcançar o Paraíso Terreno e o Celestial. A consequência, diante desse fracasso movido pela realidade interior e secular, mobiliza ansiedades persecutórias, ameaçadoras e depressivas, reprimidas e recalcadas desde longa data, capazes de dispersar e cindir a curiosidade, a arrogância e a estupidez, e gerar um estado de desastre psicológico, terrores, visões, alucinações e pesadelos, devido ao sentimento de culpa e ao predomínio da pulsão de morte.[14]

Mas, por outro lado, Guibert ancora-se numa fé indiscutível, produto da resiliência inspirada no amor proveniente da graça divina e da fé depositada nas relíquias, na Virgem, na luta para vencer as tentações do pecado e a letargia que o ameaçam. São forças intensas, que ele identifica na mãe santa que carrega dentro de si.[15] Ele vive a presença de sentimentos contraditórios entre esperança, fé e compreensão divinas e o ódio, aplacado, transformado ou exacerbado ao ter que enfrentar *misérias e perversões* constituintes de suas fraquezas.

O estatuto do perdão, obra de Deus, é a possibilidade reparatória da reconstrução do objeto interno destruído: em sua linguagem, o encontro da luz interior. A dialética do Bem e do Mal, da graça e do pecado, do céu e do inferno, opostos cindidos na sua visão de mundo, resultado do proselitismo da Igreja, está presente, também, em Guibert. Ele é um fiel discípulo, fruto da escola beneditina de Laon, numa época em que a Igreja vem realizando amplas reformas, impondo-se na vida cotidiana fazendo uso de princípios sofistas e de dialética platônica.[16] O Diabo de Guibert, imago de suas perversões, tem aparência antropomórfica e horripilante, deformada e animalesca, com chifres, rabo, pelo e garra, expressão, em suas várias formas, de sua consciência atormentada, perseguida por forças hostis que o ameaçam. Maus desejos, pulsões sexuais angustiantes, poluções noturnas, simonias e manipulações são frutos

---

14 Klein, M. (1975). *O sentimento de solidão – nosso mundo adulto e outros ensaios* (p. 133). Imago. Ver também Bion, W. R. (1958). On Arrogance. *International Journal of Psychoanalysis*, *39*, 144-146.

15 Grunspun, H. (2002). Violência e resiliência: a criança resiliente na diversidade. *Bioética*, *10*(1), 163-171.

16 Klein, M. *Envidia y gratitud – emociones básicas del hombre*, op. cit.; Idem. *Amor, ódio e reparação*, op. cit.

das intervenções do Diabo, que pode, ainda, ordenar ações violentas contra outras pessoas ou ao pecador contra seu próprio corpo.[17]

São expressões de processos emocionais, cujo ódio camuflado fragiliza o ego de Guibert e mobiliza fortes mecanismos de identificação projetiva, cisão, negação da realidade, adesão ao objeto de desejo. Tais processos são estimulados pelas crenças religiosas e beneplácito dos humildes, dos ignorantes, dos poderosos e dos interesseiros. Em consequência, sentimentos e desejos considerados negativos são colocados fora do sujeito, no Diabo e em seus asseclas, que ameaçam Guibert sem que ele possa perceber que o mal exterior é proveniente de si mesmo.

Dentro da dialética de Guibert, o mal internalizado no ser humano é fruto do Pecado Original. Enquanto Deus é a expressão do bem e da bondade, virtude a ser incorporada pela graça divina, o mal deve ser excluído do seu interior pela ação do livre-arbítrio. A vida é sofrimento e a salvação está no Paraíso Celestial, após o Juízo Final, no encontro com Deus, essência do pensamento agostiniano, que ilumina o caminho diante das tentações, frustrações e sentimentos de desamparo, mobilizados pelo confronto entre as pulsões de vida e de morte.[18] A mente de Guibert está configurada dentro de uma visão teocêntrica do mundo cristão, o Deus da Revelação judaico-cristã, ou seja, o Deus de Abraão, de Isaac e de Jacó, e não os deuses de outros tempos.[19]

O Deus de Guibert e de sua gente contém um grande plano idealizado, com início (Criação), ápice (Encarnação e Redenção) e fim (Parúsia), diferente dos sábios da Antiguidade, que dificilmente

17 Baschet, J. Diabo. In Le Goff & Schmitt, *Dicionário temático*, op. cit., vol. I, pp. 319-331.

18 Freud, S. Mas allá del principio del placer, op. cit., vol. III, pp. 2507-2561; Idem. El yo y el ello, op. cit., vol. III, pp. 2701-2728.

19 Rocha, Z. (1996). *Paixão, violência e solidão – o drama de Abelardo e Heloísa no contexto cultural do século XII* (pp. 24-27). Editora UFPE.

podiam conceber a ideia de um progresso histórico, dinamizado pela dialética do novo e do imprevisível. A verdade cristã, baseada nos Evangelhos e nas Epístolas de Paulo, combina a ideia de uma aceitação intelectual ou afetiva da verdade da mensagem cristã como um ato voluntário, sustentado pela inspiração divina, de confiança naquele que transmite essa mensagem direta – Jesus – ou indiretamente – a comunidade dos fiéis e a Igreja – com base na afirmação de Cristo "Eu sou a verdade".[20]

A crença de Guibert na fé cristã sofre impactos de outras fontes do contexto, resíduos da presença pagã e das invasões ocorridas na Europa. Além, certamente, da Reforma da Igreja, em franco processo e que intervém diretamente na vida das comunidades, dentro das pretensões expansionistas de ampliação do império de fiéis, e na conquista de maior autonomia em relação ao Estado. Tais poderes se ampliam e são sentidos na vida cotidiana das pessoas, por meio dos controles sociais presentes no casamento e nos processos educacionais, jurídicos, laicos e eclesiásticos. Medo, insegurança e culpa são instrumentos e sentimentos protagonizados nessa dialética cristã – a luta do Bem contra o Mal –, cujas características se difundem e influenciam o imaginário europeu, dominado pelo ritmo frenético de mudanças, com as expansões demográfica e cultural, o sedentarismo e a formação de cidades dentro do sistema feudo-vassálico.

A Igreja fortalecida impõe com energia e violência as vicissitudes das pulsões. Tenta coibir e direcionar por meio de punição a expressão livre do desejo, até mesmo em pensamento, visto que pensamento e palavra emergem do corpo em unicidade com a alma, capaz de refletir e denunciar a presença de impurezas, estado inconcebível para o pensamento agostiniano.

20 Boureau, A. Fé. In Le Goff & Schimtt, *Dicionário temático*, op. cit., vol. I, p. 412.

O pensamento cristão está repleto de contradições e racionalizações convincentes e convenientes para essa realidade social. Há um contexto caracterizado por um estado de insegurança e assombro, no qual indivíduo e comunidade estão envoltos. Novos interesses e conflitos surgem entre camponeses, senhores feudais, cavaleiros, burgueses e Igreja. O desenvolvimento das comunas urbanas representa progresso das atividades comerciais, circulação de moedas, divisão crescente do trabalho, tentativa de organização profissional por meio de confrarias e progressivo enfraquecimento do sistema tripartite da sociedade feudal. De forma paulatina, a Igreja transmite a existência de um Deus mais popular e democrático, uma vez que todos os sistemas sociais podem expressar os desejos divinos e levar o ser humano à salvação. Esse processo de transformação traz mudanças na interpretação teológica, nos manuais de confissão, na penitência, no casamento, nas legislações civis e eclesiásticas, ampliando e diversificando as classes sociais existentes. A sociedade é palco de uma luta entre unidade e diversidade, a cristandade e as divergências entre o Bem e o Mal. O sistema totalitário da cristandade medieval identifica, durante muito tempo, o Bem com a unidade e o Mal com a diversidade, embora, na vida cotidiana, na dialética entre teoria e prática, venha a se instaurar nos pormenores uma condição: a tolerância.

A sociedade feudal e a sociedade cristã vivem um choque de valores. O campo representa o enraizamento das tradições e o culto ao passado; a cidade torna-se o lugar da liberdade e da perdição. A Igreja tem na aristocracia seu braço secular e lava as mãos diante do sangue derramado pelo uso da força física e da violência praticada pela aristocracia, que, por sua vez, luta pelos interesses terrenos e se protege dos pecados na Igreja. Sonegações, fugas, heresias, simonias são atitudes reveladoras de insatisfações e da impossibilidade de os ideais eclesiásticos manterem total controle das vidas pulsional e social. A Igreja age sobre aspectos da vida privada, interfere nas individualidades e no imaginário que permeia os coletivos inconsciente e consciente da sociedade. Surgem tensões entre os interesses dos sistemas laico e clerical quanto à transmissibilidade das heranças, questões de linhagem, posse das riquezas dos camponeses e vassalos. As liberdades e miscigenações culturais trazidas pela vida nas cidades contribuem para reações do clero. O surgimento das cidades traz outros imaginários à medida que elas passam a ser a sede dos poderes políticos e religiosos, de uma vida social intensa, e que produz conflitos ideológicos. A vida monástica ainda se concentra no campo, com tranquilidade e introspecção no espírito evangélico.[21]

Há uma massa campesina de cujo trabalho agrário provêm os recursos. A Igreja, maior detentora de terras nessa sociedade agrária, participa, incentiva e exerce forte influência de poder sobre o sistema feudo-clerical. Ela detém um papel central nesse sistema e funciona como meio de conexão no jogo de concessão e recepção de feudos e no controle das manifestações mais íntimas da vida dos indivíduos por meio da confissão, dos hábitos sexuais e do casamento. O tempo é dirigido pelo calendário litúrgico, que rege as artes, as festas e os pensamentos individual e coletivo. A vida e a morte estão compromissadas com os sacramentos, as pessoas nascem verdadeiramente com o batismo e só têm o descanso eterno no solo sagrado do cemitério. A Igreja também se faz sentir presente ao legitimar as relações horizontais, sacralizando o contrato feudo-vassálico, e as verticais, justificando a dependência servil. A instituição norteia a imagem que a sociedade deve ter de si mesma.[22] Os controles eclesiásticos são intensos, mas não são totais nem estanques; portanto, algo da subjetividade individual e grupal

---

21 Le Goff. *A civilização do Ocidente medieval*, op. cit., vol. II, pp. 19-30, 27.

22 Franco Júnior, H. *A Idade Média – nascimento do Ocidente*, op. cit., p. 71.

encontra vias de escape, apesar da repressão dos sistemas ético e moral, instituídos em nome de Deus.

Há movimentos de oposição dentro da própria Igreja – os heréticos, que, ao ameaçar a verdade de uns, defendem sua autonomia de interpretação dos Evangelhos e ferem autoridades civis e eclesiásticas dominantes. Imperador e papa estão longe de representarem lideranças incontestáveis da sociedade. Confrontos, contradições, lutas de interesses e de poderes entre reis, imperadores, papa e Igreja fazem com que o papa, ao coroar o imperador, não esteja interessado na afirmação daquele que seja o mais forte, mas daquele que possa ser manipulado, devido às próprias pretensões políticas do meio sacerdotal. Filipe I, excomungado em 1094, cuja excomunhão foi reconsiderada, porém repetida em 1099 – por questões de adultério, entre outras de ordem moral –, torna-se inconveniente para os interesses da Igreja. Porém, Filipe, temendo a hora do julgamento final, acaba por entrar em acordo com a Igreja que o expulsou.[23]

De onde vêm os perigos? Que forças misteriosas vagam pela escuridão do desconhecido, das trevas da mente, instigadora de desejos impensáveis? Do Além? Do Juízo Final?

Guibert deixa claro que, no meio monástico, as formas de controle são severas: os sexos são separados, as fantasias e práticas homo e heterossexuais são coibidas e escondidas. Quem escreve são os religiosos; portanto, a verdade secular não é conhecida. As transgressões carnais são passíveis de extrema punição e podem levar a castração, apedrejamento, linchamento e morte. Há sinais expressivos de violência – lícita – cometida pela Igreja contra os transgressores.[24] Há um movimento, "paz de Deus", criado para

---

23 Duby, *O cavaleiro, a mulher e o padre*, op. cit., p. 9.

24 Gauvard, C. Violência. In Le Goff & Schimtt, *Dicionário temático*, op. cit., vol. II, p. 611; Abelardo, P. (1997). Primeira carta ou História das calamidades de

preservar os bens da Igreja, sua reputação e as questões que envolvem o intercâmbio entre os sexos e a ação de setores que a congregam. O cristianismo alicerça-se na doutrina da salvação e tudo ou quase tudo se justifica em nome da preservação daquilo que se crê ser a palavra Dele. A preocupação com a vida após a morte é um elemento essencial que atinge todos. "A presença do Além deve ser sempre consciente e viva para o cristão, pois ele arrisca a salvação a cada instante de sua existência, e mesmo se ele não está consciente, esse combate por sua alma é travado sem trégua aqui embaixo."[25]

O imaginário medieval pressiona e controla a subjetividade de cada sujeito, dos grupos e das instituições no que se refere a pecado, julgamento, penitência, abandono, excomunhão. Este sistema doutrinário imposto pela Igreja na dominação dos homens interfere no desenvolvimento dos elementos psíquicos defensivos contra as angústias, no controle das tentações com vistas ao pós-morte, na hora de enfrentar a decisão do seu destino eterno, o Paraíso para os bons, os justos, e o Inferno para os maus, com o Diabo e seus demônios. A absolvição e a reconciliação decorrem da trajetória do sofrimento imposto.

Guibert reflete o clima penitencial e a busca do perdão divino, reparador e incorporado a seu mundo interior à procura de luz, penalizado pelos sentimentos profundos da alma posta em conflito entre os vértices de sua identidade monástica e a de homem secular. Busca no acolhimento divino compreensão e atenuação do sofrimento, um verdadeiro cristão. Mas Guibert percebe-se distante dos ideais cristãos e em confronto com as fragilidades da natureza

---

Pedro Abelardo escrita para um amigo. In Rocha, Z., *Cartas, Abelardo – Heloísa (As cinco primeiras cartas traduzidas do original, apresentadas e comentadas)*. Editora UFPE.

25 Le Goff, J. Além. In Le Goff & Schmitt, *Dicionário temático*, op. cit., vol. I, pp. 21-33.

humana. Ele se angustia, resultado de confrontos inconscientes entre sentimentos narcíseos, identificações com as imagos parentais, com os ideais coletivos que atingem sua autoestima, o autêntico e verdadeiro do seu ser e suas idealizações, que refletem a turbulência do seu espírito. Guibert não está só nesse conflito entre os ideais cristãos e as possibilidades reais do cristão, pois abrange a comunidade e a própria Igreja. Porém, a esperança da paz interior está no alcance da introspecção, na oração – um estado de espírito que provém do diálogo que se estabelece entre o sujeito, no caso Guibert, e sua luz interior, um alter ego inspirado pela graça divina e estimulado pelos Livros Sagrados.

Entre as imagos que sustentam Guibert, além de Deus, há uma em particular que Ele lhe ofertou: a da mãe, por quem nutre profunda gratidão e temor. A beleza física que ela apresenta, considerada *profana e contundente*, contrapõe-se pela *austeridade, testemunho de sua castidade*, pois, mesmo sendo bela, *resiste às seduções quando se sente cortejada*, uma expressão de sua beleza moral. Grato, por *[Ele] ter-me dado uma mãe tão bela, porém casta, pudica e imersa no temor ao Senhor.*[26]

Guibert aproxima a beleza da mãe à pureza da Virgem Santa e à presença de forças que sustentam a retidão materna. Ele percebe a natureza humana do desejo em conflito com a inspiração divina de castidade, atingido pelas pressões condutoras do pecado. Deposita em Deus a energia necessária para livrá-lo, e a ela também, das *tentações do pecado.*[27]

Como medievo, Guibert vive um sentimento aparentemente dissociado entre corpo e alma, cujo ponto de união está no pecado. Os impulsos provenientes do corpo, dificilmente refreáveis, chocam-se com a fragilidade do espírito na contenção e adequação de

---

26 Idem, p. 13.

27 Idem, p. 13.

seus desejos por meio de forças repressoras e de obediência a Deus. A inspiração religiosa é a forma praticamente exclusiva de sublimação e de condições geradoras de sofrimentos, medos, incertezas, mas também de esperança no Além.

Prevalece, nas visões filosóficas de mundo individual e coletiva, a exclusão entre o corpo e a alma, entre o bem e o mal, entre a crença fanática e a discriminação do mundo concreto, numa convivência ambivalente, ora mais, ora menos cindida de aspectos do eu espiritual. São pontos de referência internalizados como ideais e idealizações íntimos, utopias que inspiram Guibert e a cristandade medieval, inspirados no pensamento agostiniano: o Bom é de Deus, o Mal arbitrado por Deus e pela Igreja é para ser excluído do ser humano. São condições que restringem as possibilidades de uma pessoa imersa na fé encontrar formas criativas, individuais e espontâneas de sublimação distintas desse contexto. Até mesmo pequenas transgressões são vividas como ameaça, pois o castigo divino pode gerar a morte súbita, e a alma não terá oportunidade de passar pelo julgamento final.

A beleza da mãe de Guibert, expressão da obra divina, é acompanhada de castidade e de retidão, virtudes que ele enaltece, pois nesse imaginário a mulher que usa da beleza para seduzir é considerada portadora do mal encarnado. Um corpo belo e a alma pura são sinais da presença de Deus, tributo à perfeição divina, mas exigem cuidados, visto que as contradições permeiam os pensamentos e as ações – nenhuma mulher é bela e sedutora inocentemente e Guibert, intuitivo, tem essa noção dentro de si, expressão inconsciente de sua malícia. A beleza pura e inócua é atributo exclusivo da Virgem Maria e sua mãe tem esse dom incorporado ao eu, pois ela é fiel a Deus e à Igreja. Esta engloba "a hierarquia eclesiástica e a massa de leigos", uniformiza e universaliza os crentes no controle da dialética do desejo.

Há, entretanto, correntes cristãs que toleram o coito com finalidade reprodutora exclusiva.[28] Entre as seitas puristas, os heréticos cátaros restringem a reprodução aos segmentos inferiores da comunidade; a casta superior, os "perfeitos", estão impedidos da procriação.[29] Influenciados pelo pensamento de São Jerônimo (340-420) ainda presentes, dizem que o casamento pertence ao mal, razão pela qual muitos casamentos são desfeitos por temor ao Juízo Final.[30]

Para os que seguem essa moral, o casamento é visto como corrupção, poluição do desejo divino de perfeição da alma. Os prazeres do corpo são vividos como obra do mal, da danação e do demônio, enquanto os desejos, pensamentos, fantasias e sonhos eróticos são expressões do obsceno. Não há diferença no mundo eclesiástico entre o que se pensa e o que se faz, entre a imaginação e a ação nas condutas humanas. O pecado não está na ação, mas no corpo, e o pensamento é uma expressão do corpo, portanto, fruto da obra divina. A lógica conduz ao fato de que o pensamento inconveniente é o pecado.

A prescrição do celibato entre os religiosos torna-se cada vez mais forte. Concomitantemente, há o ressurgimento intenso e popular da simbologia da maternidade e da virgindade de Maria, que ocupa bastante espaço no imaginário de Guibert, por meio da figura de sua mãe. Há também indícios no imaginário popular de manifestações amorosas transgressoras, que retratam desejos e amores dos jovens manifestos nos cancioneiros, nas danças e por alguns poucos poetas e escritores audaciosos, transgressores, diferentemente dos escritores eclesiásticos. Os *fabliaux* e as manifestações folclóricas, entre cavaleiros ou camponeses, refletem a

---

28 Franco Júnior, H. *A Idade Média – nascimento do Ocidente*, op. cit., p. 107.

29 Ladurie, E. le R. (1997). *Montaillou – povoado occitânico*. Cia. das Letras.

30 Duby. *O cavaleiro, a mulher e o padre*, op. cit., p. 40.

presença perturbadora da libido, que, como a água, busca caminhos sinuosos para sua emergência.[31]

Guibert tem a consciência de sua natureza impura e mundana, ingredientes da fragilidade humana que geram sentimentos de abandono, de podridão do espírito, em decorrência de suas misérias afetivas, carências e desejos impensáveis que o levam à culpa e ao autoflagelo, ações provenientes da severidade dos ideais narcísicos e das censuras inconscientes.

Sexualidade, inveja, ciúme e vaidade são processos mentais geradores de mecanismos primitivos de recalque, repressão, negação da realidade, cisão, intensas identificações projetivas, condensações, adesões, fantasias sexuais e agressivas, capazes de gerar desequilíbrios emocionais favorecidos pela cultura. Nessas condições, o pecador afasta-se de si e, frente ao sentimento de desamparo, busca acolhimento em projeções no seu Deus protetor. Caso contrário, dominado pela impulsividade, passa ao ato, transgride e torna-se vulnerável às ações das pulsões. O ego-Deus, fragilizado, carente da ação do livre-arbítrio, deixa de exercer as funções organizadoras e adaptativas a necessidades e desejos. Faz com que o indivíduo, em consequência, se torne submisso às pressões das pulsões projetadas no Diabo, ou ações do superego-Deus, afetando sua autoimagem e autoestima.

Guibert intui a intensidade de energia amorosa necessária para superar sua estrutura depressiva, cristalizada e refletida nas expressões: "*a letargia de um corpo fatigado . . . sou o pior de todos*",[32] porém amparada profundamente na fé que o ajuda a soerguer-se do poço das amarguras e das perversões, reais ou imaginárias, no qual se encontra. É a guerra entre as pulsões e os ideais estabelecidos

---

31 Franco Júnior, H. (1998). *Cocanha – A história de um país imaginário* (pp. 25-55). Cia. das Letras.

32 *De vita sua*, op. cit., pp. 3, 9, 17.

em sua cultura, o tabu do incesto e seus derivados, ônus inerente ao mal estar das civilizações em conflito com possíveis resíduos inconscientes de fantasias das sexualidades infantil e adolescente. Eventos que se manifestam nos sonhos, devaneios, medos irracionais e visões frequentemente presentes nos conflitos neuróticos.[33]

> *Ó Deus da bondade, após essa embriaguez do homem interior, recomeço consciente diante de ti; mesmo se em outros momentos não progrido, pelo menos não falho durante esse período sobre o conhecimento a meu respeito.*[34]

Seria o homem interior do qual fala Guibert um equivalente do mundo interno, expressão da realidade psíquica? A capacidade analítica de Guibert se reflete na percepção que tem de seus conflitos internos, entre vivências da vida secular e monástica, ao identificar fragilidade e dificuldade para realizar transformações mentais e superar suas falhas. A esperança para superar conflitos e falhas emana da luz que o inspira a partir da fé em Cristo, *luz que ilumina todo homem vindo a este mundo.*[35] Embebido dos preceitos beneditinos, Guibert sofre as pressões provenientes da "trilogia monástica da castidade, pobreza e obediência", na qual a "castidade é a negação da posse do próprio corpo; a pobreza é a negação do usufruto do próprio corpo, e a obediência é a renúncia, uma forma de castidade".[36] Deus é pai, conselheiro, interlocutor. Ele é a lei, o perdão e a absolvição. Imagos que preenchem o ser humano

---

33 Freud, S. El malestar en la cultura, op. cit., vol. III, pp. 3017-3067; Idem. Los instintos y sus destinos, vol. II, pp. 2039- 2052; e Idem. El yo y el ello, vol. III, pp. 2701-2728.

34 *De vita sua*, op. cit., p .7.

35 Idem, op. cit., p. 11.

36 Franco Júnior, H. *A Idade Média – nascimento do Ocidente*, op. cit., p. 112.

interior, "porque me deleito na lei de Deus, segundo o homem interior" (Epístola aos Romanos, VII, 22).[37]

O mundo dos pesadelos, dos sonhos, das atividades criativas reveladoras das fantasias, no qual a criança encontra-se envolvida, relacionado com o interior do seu corpo e do corpo de sua mãe, faria parte do ser humano interior, do mundo interior do ser humano? Este, espaço virtual e simbólico, no qual bons e maus objetos são retidos, destruídos, despojados, incorporados? Nesta realidade interna há a convicção ou a crença inconsciente de que tais elementos são sentidos como situados dentro da pessoa. Eles são vivenciados como concretos, reais e internos ao eu, "uma experiência dentro do corpo".[38]

Mas Guibert vai ao encontro de uma outra instância psíquica, mais elevada, quando ele *retorna consciente diante de ti*, a um patamar psíquico pleno de idealizações, em que os desejos da pureza e da perfeição se encontram diante de um juiz ou de um censor em relação ao eu – eu quero, eu posso, eu faço. É a consciência moral, a auto-observação, a formação de ideais, consideradas as herdeiras do complexo de Édipo. É a interiorização das exigências e das interdições parentais, em Guibert representadas por Deus, pela fé e pelas virtudes de sua mãe.[39] Entretanto, onde está a imago edificada a partir do pai biológico?

Guibert, ao ver *a própria pobreza*,[40] dá um sentido concreto à realidade psíquica polarizada entre o bem e o mal, reveladora de maior integração do eu graças ao processo de elaboração psíquica. A percepção de forças antagônicas depende das capacidades

---

37 Epístola aos Romanos, (1951). VII: 22, *Bíblia Sagrada – Antigo Testamento* (p. 1.527). Traduzido da Vulgata e anotado pelo Pe. Matos Soares. Pia Sociedade de São Paulo.

38 Hinshelwood. *Dicionário do pensamento kleiniano*, op. cit., pp. 82-98, 454.

39 Laplanche & Pontalis, op. cit., pp. 471-474; Hinshelwood, op. cit., pp. 82-98.

40 *De vita sua*, op. cit., p. 7.

de tolerância, humildade, reparação e reconstrução da autoestima, sendo que a prevalência dos sentimentos amorosos possibilita a coesão de suas partes contraditórias. Porém, a luz interior não se restringe à consciência dos aspectos antagônicos, mas à procedência dissociada entre o que vem de Deus e o que vem do Diabo, o primeiro a ser incorporado, pois é ação da graça divina, e o segundo a ser expelido, obra do Mal segundo as leis divinas e a manifestação do livre-arbítrio. Guibert só tem um caminho: seguir as leis de Deus e da Igreja. O nível de percepção/reflexão que tem de si mesmo indica a presença de um elevado grau de maturidade. Ele demonstra ter construído na velhice uma experiência emocional e uma capacidade psíquica que lhe permitem fazer uma autoanálise utilizando instrumentos e valores disponíveis em sua cultura. A humildade faz-se presente ao reconhecer suas limitações e o antagonismo entre partes do eu, o belo e o odioso, componentes de uma unidade, condições que caracterizam um momento de elaboração depressiva propício ao desenvolvimento do sujeito.[41]

Guibert, sensível, generoso e privilegiado no saber, estabelece íntimo contato com seu mundo interior. Faz indagações e reflexões angustiadas ao identificar a universalidade da condição humana: sexualidade, fracassos, falhas, frustrações e a reparação, por meio da consciência de si e do ato do perdão, a semente de vida da obra criadora e criativa. Sua bondade advém da inspiração divina e reflete um objeto externo bom, precocemente incorporado, que o ama e o protege e que é amado e protegido por ele, fruto da confiança básica estabelecida com sua mãe.[42] Porém, o antagonismo de sentimentos e de pensamentos, reflexos da vida pulsional, incitam-no a equilibrar-se entre forças construtivas, destrutivas, reparadoras

---

41 Klein, M. *Amor, ódio e reparação*, op. cit.

42 Idem (1971). *Envidia y gratitud – emociones básicas del hombre* (pp. 40-41). Ed. Paidós.

e criativas, decorrentes dos confrontos existentes entre princípio de prazer e de realidade. Quem sabe entre Deus e o Diabo, entre o Céu e o Inferno.[43]

Essas condições são distintas daquelas existentes em Guibert nos momentos em que prevalecem identificações projetivas intensas, que cindem o mundo interno, o ser humano interior em bom ou mau. O objeto interno é danificado pela ação do mal, fruto das forças diabólicas detratoras do bem. Nos momentos de maior integração mental, predomina a posição depressiva, na qual há a confluência de ódio e amor na direção do objeto que dá origem a uma tristeza - ansiedade depressiva -, conceito que pensamos estar próximo de um estado doloroso de piedade, misericórdia, compaixão. Ela expressa a forma de culpa mais arcaica e angustiada, consequente a sentimentos ambivalentes para com um mesmo objeto. Quando os objetos parciais, exclusivamente bons ou maus, são reunidos num todo, formam o objeto total, com elementos bons e maus integrados. É o elemento decisivo nos relacionamentos maduros, a fonte dos sentimentos generosos e altruístas que são devotados ao bem-estar do objeto. Na posição depressiva são mobilizados esforços para maximizar o aspecto amoroso do relacionamento ambivalente.[44]

Essa capacidade de reparação resulta dos impulsos construtivos e criativos baseados no amor e no respeito pelo objeto amoroso. Os impulsos de crueldade são substituídos por piedade e remorso, graças ao amor e à elaboração da culpa. A reparação fantasmática do objeto permite superar a posição depressiva que assegura ao ego uma identificação estável com o objeto de amor, quando surgem sentimentos de confiança, bondade e reciprocidade.[45]

43 Freud, S. Mas alla del principio del placer, op. cit., vol. III, pp. 2507-2541.

44 Hinshelwood, op. cit., p. 152.

45 Idem, p. 456-458; Laplanche & Pontalis, op. cit., p. 409.

Guibert, dominado pelo Diabo, vive a prevalência de estados mentais cindidos, equivalentes à posição esquizoparanoide, cuja ansiedade persecutória ameaça fragmentar a mente. São processos que conduzem à projeção de partes de si mesmo para dentro dos objetos, resultando num esvaziamento do eu e consequentes dificuldades de introjeção e de identificação introjetiva, prejudicando a relação com o mundo externo e sua apreensão.[46]

Ao perceber sua pobreza, Guibert está num outro estado mental, de certo teor depressivo e elaborativo, capaz de abrir caminho para a reparação e a sublimação e de sentir maior confiança em si, com possibilidade de encontrar recursos pessoais, inspirado no encontro da luz interior, mobilizado pela fé. Perseguido pelo Diabo, na prevalência da posição esquizoparanoide, vive a limitação afetiva que restringe as possibilidades de aprender com a experiência, de pensar, de sentir com espontaneidade, com consequente sentimento de desamparo e ameaça das trevas do desconhecido diante das possibilidades da morte súbita e do encontro com o Além. Esse estado mental que afeta seu desenvolvimento e a elaboração das ações se manifesta *quando em outros momentos eu não progrido*, mobilizado que está pela intensidade de sua destrutividade interior e que produz *atos culpáveis* diante da *letargia de um corpo fatigado que ainda não encontra fim*.

Guibert, apesar da consciência que tem da oscilação de seus estados espirituais, carrega consigo a esperança evidenciada no diálogo que estabelece entre partes de si e seu Deus interior/exterior, visto que

> *Na medida em que me conheço, procuro te conhecer; mas quando me rejubilo em te conhecer, não perco dessa forma o conhecimento que tenho de mim. É verdadeiramente*

46 Idem, op. cit., p. 170.

> *justo e salutar que, através de uma tal confissão, a busca assídua de tua luz dissipa a obscuridade do meu entendimento, aquele que, longamente iluminado, não perderá, então, seu próprio conhecimento.*[47]

Pois a metafísica da luz diz que ela é bela em si mesma, porque sua natureza é simples. É a fonte de tudo o que é belo e traduz em sua metáfora a natureza de Deus, indivisível e bela.[48] O Sol, que já era cultuado como Deus na Antiguidade, por outros povos, interioriza-se como a luz divina no conhecimento de si mesmo.

A propósito da beleza

O sentimento poético de Guibert revela a percepção de um estado de espírito mais realista de si e do mundo dos seres humanos, das instituições, das questões feudais e eclesiásticas, das simonias, traições, barganhas, mentiras, lutas pelo poder. Tal inspiração é proveniente da fé, da esperança em Deus, tela de projeção do ideal narcísico do ser humano feito à Sua imagem. Ele nutre-se dessas imagos parentais geradoras da luz que possibilita alcançar um insight, a consciência de um novo conhecimento de si favorecedor de novas experiências emocionais, reorganizadoras do ego, dentro de um universo determinado pelas restrições desse mundo no qual o Bem e o Bom vêm de Deus.[49] A luz divina liga-se à perfeição e ao belo, sentimento estético da alma, distinto do insight, cujas luz e estética estão relacionadas com o conhecimento que se tem da alma.

---

47 *De vita sua*, op. cit., pp. 7-9.

48 Rocha, *Paixão, violência e solidão*, op. cit., p. 71.

49 Lebovic & Soulé, op. cit., p. 118.

> *Ainda que a beleza efêmera esteja sujeita a mudanças diante da instabilidade dos humores, não se poderá negá-la, ao se considerar o comportamento do perfeito Escultor, que ela não seja boa. Se, de fato, tudo aquilo que é da ordem do eterno, organizado por Deus, é bom, então, cada elemento secular possui uma bela aparência e constitui-se no espelho desta eterna beleza. O Apostolo diz: "O invisível que é Deus torna-se inteligível por intermédio das coisas criadas. Vejam os anjos: assim que eles se manifestam ao olhar dos homens, eles apresentam sempre uma aparência radiante."*[50]

Há uma beleza única na obra do Criador que é a própria criação do que aí está. Essa é uma verdade contraditória, na medida em que exclui da beleza aquilo que, supostamente, contraria o desejo divino de perfeição, mas tolerável como variações efêmeras de estados anímicos. Essa percepção, quando voltada para a realidade interior do ser humano, cujo conhecimento e estética podem ser muito dolorosos, abre caminho para transformações. Novas motivações, recursos pessoais e opções do indivíduo iluminado e que recebe a graça de Deus manifesta no livre-arbítrio, fruto do uso da razão no controle da vida espiritual.

O manejo da vida afetiva, diante da potencialidade humana dividida entre o bem e o mal, resulta de uma percepção estética do desejo de perfeição do que deve ser o ser humano, obra inacabada de Deus. É a confluência interna/externa de Deus que dá a Guibert a energia necessária para enfrentar seus aspectos demoníacos, oscilantes e excludentes entre misérias e pureza, sem possibilidades de integração de opostos complementares. Porém, o contraditório se faz necessário, pois, para se fazer o bem, necessita-se do mal para

---

50 *De vita sua*, op. cit., p. 13.

excluí-lo, e, assim, alcançar o ideal da obra divina. A luz divina necessita da obscuridade para existir.[51] Tudo que for contrário a ètica e à moral cristã deve ser excluído, apesar de haver em Guibert momentos de integração e aceitação inconscientes de aspectos opostos e complementares, visto que, por mais que se esforce no encontro da Luz, o Diabo não o deixa.

A ambiguidade e a ambivalência de sistemas psíquicos estão presentes em Guibert, mas no espaço mental nele existente, expressão da mentalidade medieval do século XI, há uma baixa tolerância ao diálogo interno entre partes na busca de integração do eu; predomina a exclusão do indesejável numa dada situação. O pensamento platônico representado pela Igreja e pela aristocracia clerical dominante segue o pensamento agostiniano, filosofia que defende "o banimento para fora da Polis de toda a arte que não cumpra uma função estritamente pedagógica. . . . Aristóteles admite que uma solução estratégica é possível através da catarse...".[52]

No mundo do homem interior de Guibert, a catarse é platônica e implica o banimento de tudo que é indesejável para a alma. Sua confissão é seguida de penitência e autoflagelo na busca da perfeição e da pureza. Acredita na correção da alma e na imutabilidade da ética defendida pela Igreja.

A confissão de Guibert revela a existência de um certo espaço para a subjetividade individual, mas todos devem seguir os ensinamentos da Igreja. Nessa sociedade tripartite, a estrutura social está dividida em *oratores, bellatores, laboratores*. A Igreja não nega a desigualdade existente entre as diferentes instâncias, justificada pela reciprocidade de obrigações: "A casa de Deus . . . está dividida em

---

51 Rocha. *Paixão, violência e solidão*, op. cit., pp. 151-169.

52 Silva Júnior, H., op. cit., pp. 3-4. Ver também: Idem (1995). Um estado de alma é uma paisagem... – Explorações da espacialidade em Fernando Pessoa e Freud, *Percurso*, 15(2), 26-34.

três: uns oram, outros combatem e os outros, enfim, trabalham...é assim que a lei tem podido triunfar e que o mundo tem podido gozar de paz".[53] Entretanto, "na iminência do Juízo Final a política e a ética confundiam-se", pois todos são iguais perante Deus.[54]

Guibert afirma *ter tudo recebido de Deus* e põe em evidência o imaginário teocêntrico, de predomínio platônico de exclusão entre o bem e o mal dessa sociedade. A Igreja parte desse imaginário e utiliza a dialética sofista na arte de vencer as causas pelos argumentos empregados no discurso que é voltado para a preservação do exercício do poder.[55] Pretende-se alcançar a verdade divina a partir de dois movimentos: um ascendente, processo pelo qual a alma se eleva das aparências do mundo sensível às realidades transcendentais do mundo inteligível; outro descendente, ao revelar o lugar que os seres ocupam na harmonia do universo. Os sofistas defendem a ideia de que "a dialética nunca deveria esquecer sua condição de escrava diante da senhora Teologia", devendo, portanto, usar seus argumentos em defesa dos pontos de vista e interesses da ciência divina ou sagrada.[56]

Os pecados e as misérias humanas viriam de onde, se tudo vem de Deus? De onde emanaria a produção do pensamento de Guibert, se corpo e mente, nesse pensamento cristão medieval, são elementos da criação divina? A cisão preconizada pela Igreja entre o bem e o mal não é fruto da idealização humana projetada em um Deus único e salvador? Não há ambiguidade ao admitir a natureza humana, mas ao negar as características destrutivas e sexuais com as quais o sujeito necessita lidar para sobreviver.

---

53 Franco Júnior, H. *A Idade Media – nascimento do Ocidente*, op. cit., p. 72.

54 Duby. *O cavaleiro, a mulher e o padre*, op. cit., p. 46.

55 Foucault, M. *A ordem do discurso*, op. cit., pp. 14-15, 62.

56 Rocha. *Paixão, violência e solidão*, op. cit., pp. 151-169; ver também Franco Júnior. *A Idade Média – nascimento do Ocidente*, op. cit., pp. 107-148, 151-169.

Guibert, grato, submisso e devedor, curva-se à figura ambígua, poderosa, masculina-feminina que é Deus, origem de todas as coisas contraditórias, pois *nada vem de si, tudo vem de Deus*, para posteriormente dizer que os esforços humanos podem contribuir para a aquisição de riquezas e talentos. Contradição que se desfaz quando se entende que as potencialidades vêm de Deus, ao ser humano cabe direcioná-las para o Bem e para o Mal, pela ação do livre-arbítrio. Esse conceito está fundamentado nas doutrinas de Santo Agostinho, que, preocupado em defender-se do maniqueísmo, produz *De libero arbítrio* (388-391), para discutir o problema da liberdade humana e do mal moral. Nesse pensamento, não há lugar para se admitir que Deus é a causa do mal, e isso conduz Guibert a crer na existência de um *Escultor*, criador bom e poderoso, fonte de toda a realidade: "Desse modo, o mal não podia ter lugar entre os seres, nem prejudicar a excelência da obra divina". Por meio do mal, do pecado, o ser humano pode alcançar Deus, a perfeição, ao dele se redimir. "O mal não é um ser, mas deficiência e privação de ser". O mal moral é o pecado, "Cada pessoa ao cometê-lo é o autor de sua má ação".[57]

Três escolas eclesiásticas dominam os fundamentos do pensamento religioso dos séculos XI-XII: os realistas, liderados por Guilherme de Champeaux, que vê nas ideias a essência das coisas; os nominalistas, encabeçados por Roscelino, que explica os universais como um efeito de linguagem, sem uma fundamentação na própria realidade; e os conceitualistas, liderados por Pedro Abelardo, que ocupa uma posição intermediária entre os dois anteriores.[58]

As características filosóficas e doutrinárias da fé cristã dominadora da escrita e da palavra no Ocidente medieval configuram

57 Santo Agostinho (1995). *De libero arbítrio* (pp. 5-21, 25-42) (Tradução, organização, introdução e notas de Nair de Assis Oliveira). Paulus.

58 Rocha. *Paixão, violência e solidão*, op. cit., pp. 130-131.

nos inconscientes coletivo e individual, no imaginário, a ética e a moral, valores que interferem nas maneiras de apreender, refletir e agir em relação a si, ao exterior e a Deus.

Sendo o ser humano e a sociedade criados à imagem e semelhança de Deus, eles precisam se esforçar para alcançar a imagem do Criador. Nesse sentido, Guibert considera que *há outros elementos que os esforços humanos podem às vezes contribuir para sua aquisição, tais como a riqueza e os talentos,*[59] pensamento reforçado por um dos intérpretes espirituais do feudalismo, Bernardo de Claraval (1090-1153) – posteriormente canonizado e, a partir de então, conhecido como São Bernardo –, defensor de uma vida ascética e da necessidade de total humilhação do corpo e do espírito para se chegar a Deus. Acredita ele que, "quando a alma se torna dessemelhante de Deus, ele (o homem) também se torna dessemelhante de si mesmo".[60]

O conceito poético e espiritual do que é belo se relaciona diretamente com o divino. Tal posicionamento idealizado, do ponto de vista social, pode valorizar as aparências em detrimento das essências e tornar o falso predominante, em detrimento da espontaneidade e da autenticidade do ser. Quando esse fenômeno é dominante na cultura, ao preservar crenças e o poder, faz prevalecer o politicamente correto e avalizado pela Igreja, restringindo a expressão das subjetividades individual e interpessoal.

Na imaginação de Guibert, o destino idealizado da libido de sua mãe é a sublimação na estética do espírito presente na ternura, na admiração e na devoção, afetos destituídos de qualquer elemento erótico. Os impuros, como Guibert, e os que cortejam sua mãe

---

59 *De vita sua*, op. cit., p. 9.

60 *Inde anima dissimilis Deo, inde dissimilis est et sibi* (no original). Bernardus. *Sermones in Cantica Canticorum*. In Migne, *Patrologia latina* (vol. 183, col. 1179D, pp. 1844-1855).

sofrem na dor que cura a dor do pecado. É possível escutar nesse relato que, para sobreviver aos temores e desamparos da alma, especialmente quando se trata da mulher, é preciso satisfazer mais os anseios da Igreja e da comunidade e transfigurar suas carências e desejos num único e profundo amor a Deus. Só há um único destino para os aflitos: a conversão e o refugio na fé, abstrair-se da vida secular.

Decepção, frustração e impotência são sentimentos que acompanham Guibert na percepção que tem de si, de que é igual aos demais pecadores que anseiam pela misericórdia divina. Guibert sente-se distante do mundo idealizado pela Igreja, que se nomeia continente das idealizações e utopias humanas projetadas no divino, um estado de fusão entre idealização humana e o suposto desejo divino projetado em Cristo, o filho de Deus. A identificação dos fiéis com o objeto idealizado, Cristo, contribui para a formação e enriquecimento das instâncias psíquicas que representam os ideais individuais e coletivos incorporados ao superego e ao ego ideal – instâncias psíquicas nas quais o objeto de investimento afetivo é engrandecido e exaltado, sem que sua natureza narcísea do sujeito seja considerada.

Guibert salienta que:

> *Há outros elementos que os esforços humanos podem, por vezes, contribuir na aquisição, tais como as riquezas, tais os talentos, também Salomão disse: "Quando a espada está cega vale a pena afiá-la". Mas minha observação é totalmente anulada pela constatação seguinte, na verdade fácil de fazê-la: se a Luz que ilumina todo homem vindo a este mundo não impregna a razão, se o Cristo, chave de toda ciência, não abre a porta do conhecimento, ninguém duvida que os*

> *mestres irão se desgastar em combates inúteis contra os ouvidos insensatos.*[61]

É preciso excluir os insensatos, marginalizá-los, puni-los, eliminá-los, pois nessa sociedade há pouco espaço para a diversidade e nenhum espaço – entenda-se "tolerância" para com os diferentes – para as minorias, sejam eles pagãos, judeus ou outros que não se irmanam em Cristo e que representam uma ameaça ao bem comum, ao poder. O elemento persecutório faz-se presente ou amplia-se, promovido pelo processo de idealização cristã de universalização e expansão de seus princípios e domínios, cujo papel defensivo autoriza a ação das pulsões agressivas contra aqueles que na perspectiva cristã encarnam o mal, obra do Diabo. Tais pulsões agressivas são capazes de gerar mecanismos de cisão, que, levados ao extremo, promovem de um lado um bom objeto, idealizado e provido de todas as qualidades, e, de outro, um objeto mau, cujos traços persecutórios são igualmente levados ao paroxismo.[62]

Guibert, como filho dessa Igreja e seu fiel servidor, reflete inconscientemente a dualidade entre o que é transcendental e imanente e o que é racional e dependente da dedicação do ser humano, conciliação que resulta da aplicação da doutrina agostiniana e do uso da razão.

> *A iluminação divina . . . não dispensa o homem de ter um intelecto próprio; ao contrário, supõe sua existência. Deus não substitui o intelecto quando o homem pensa o verdadeiro; a iluminação teria apenas a função*

---

61 *De vita sua*, op. cit., p. 11.

62 Klein, M. Some theoretical conclusions regarding the emotional life of the infant. In *Developments*, op. cit., p. 222; Laplanche & Pontalis, op. cit., pp. 186-187.

> *de tornar o intelecto capaz de pensar corretamente em virtude de uma ordem natural estabelecida por Deus.*[63]

Agostinho e seguidores de sua doutrina creem que somos "um peregrino neste mundo a caminho do Reino Celeste", ideia herdada das Escrituras, que profetizam que, no período de mil anos, Cristo e os justos trarão a paz e reinarão na terra antes do Juízo Final. Porém, o Fim dos Tempos aproxima-se e rompe a ideia de tempo circular concebida pelos pagãos, passando-se a professar a linearidade temporal, com a Criação, a Redenção e o Apocalipse.

Virtudes de minha mãe

Guibert deixa claro que na mesma linhagem existem diferenças de pensamentos e de atitudes entre seus membros, fatos reveladores de que há uma certa diversidade na maneira de pensar e de agir, em relação a valores éticos e morais, entre pessoas de uma mesma família e *ordinis*. Não há uniformidade nem de atitudes nem de comportamentos numa sociedade, quando se pensa em vidas privadas, indivíduos, famílias, comunidades específicas, escolas religiosas, confrarias, apesar de existirem como pano de fundo as proposições doutrinárias éticas, morais e comportamentais defendidas e fiscalizadas pela justiça eclesiástica, paralelamente à laica. Entretanto, sua mãe é diferente pela beleza e virtudes recebidas de Deus, e por *ter me oferecido uma mãe tão bela, pudica e casta*:

> *Graças te sejam rendidas, meu Deus, a ti que havias profundamente instilado a virtude na beleza de minha mãe! A seriedade que a mantém seria suficiente para revelar, de fato, seu desgosto por toda ostentação. É certo*

63 Pessanha, J. A. (1999). Vida e Obra de Sto. Agostinho. In Santo Agostinho. *Confissões* (pp. 11-23). Nova Cultural, 1999.

> *que a gravidade do olhar, a sobriedade na palavra e a moderação de expressões fisionômicas não se prestam às investidas dos admiradores. Deus todo poderoso, tu a tinhas inspirado desde tenra idade, tu o sabes, tanto o temor ao teu nome quanto um espírito resoluto a resistir a todos os impulsos. Notemos, isto ocorre raramente e não acontece em nenhum outro lugar, encontrar em mulheres de alta condição, uma retidão tal como a sua, efeito de tua graça, e também, grande repugnância a denigrir aquelas que não a possuem. Quando, às vezes estranhos ou pessoas de sua casa faziam qualquer manifestação desta natureza, ela se desviava, retirava-se e se mostrava muito contrariada por tais sussuros como se eles tivessem denegrido e esgarçado sua própria pessoa. . . . Os outros membros de minha linhagem, de fato são realmente brutos ou pessoas que ignoram Deus ou são cruéis guerreiros, culpados por mortes e estamos todos afastados para muito longe de ti, a menos que, como tu nisso estás habituado, tu não manifestes a eles tua imensa misericórdia.*[64]

Nessa sociedade não há sistemas institucionais autônomos e suficientemente organizados na economia, no direito e na política. O parentesco desempenha um papel importante como formação organizacional da coletividade. A noção de parentesco envolve consanguinidade, alianças no casamento, na adoção, na união espiritual cristã. São práticas instituídas desde o século IV, com a introdução do batismo, do apadrinhamento e da confirmação, características cruciais na estruturação dessa sociedade que, na prática, se organiza por meio da conexão entre os homens e Deus, bem

64 *De vita sua*, op. cit., p. 15.

como as interações entre os próprios homens mediadas por Deus. A Igreja é a instituição central e sagrada que busca organizar a grande família universal. Ela e o padre, como genitores espirituais, são fundamentais e insubstituíveis, pautados na doutrina agostiniana e na luta contra aqueles que negam a transmissão do Pecado Original em toda a procriação carnal, o pelagianismo.[65]

Nessa sociedade patrilinear, as questões patrimoniais agem no cerne dos encaminhamentos das relações conjugais, das filiações, da primogenitura, da transmissão e distribuição de cargos e bens, cuja dominação no sistema feudal é exercida sobre as terras e os seres humanos. Os filhos varões são preferidos como herdeiros patrimoniais e sucessores dos cargos relacionados aos bens. Às filhas cabem um dote e bens que são retransmitidos aos seus descendentes. A comunidade familiar gira em torno da figura do chefe patriarcal ou tribal. Centrada no casal, a vida familiar está inserida em um grande clã ou parentela, dentro do modelo conjugal romano-cristão, em que a endogamia e o consentimento dos pais regem o estabelecimento das futuras uniões matrimoniais.[66] O chefe da família abafa o indivíduo, que é tratado como propriedade da família, a quem se impõem responsabilidade e ações coletivas. O peso do grupo familiar é bem conhecido pela camada senhorial. A linhagem, comunidade de sangue composta de parentes e de amigos – estes considerados parentes por afinidade –, estabelece as suas realidades, deveres e moral e confirma seus laços de solidariedade na batalha, na honra, na vingança (*faides*), nas vinganças privadas e na rivalidade entre famílias (*vendettas*). A riqueza secular depende do tamanho da família.[67]

---

65 Guerreau-Jalbert, A. Parentesco. In Le Goff & Schmitt, *Dicionário temático*, op. cit., vol. II, pp. 334 e 322.

66 Le Goff, J. *A civilização do Ocidente medieval*, op. cit., vol. II, pp. 34-42.

67 Rossiaud, J. Sexualidade. In Le Goff & Schmitt, *Dicionário temático*, op. cit., vol. II, p. 483.

O parentesco espiritual é parte dos objetivos universais da Igreja, que idealiza a existência de uma irmandade única, uma grande família na qual todos estão unidos em Deus e cuja casa é a Igreja. Uma rede de paróquias difunde-se pela Europa medieval, com função primordial no quadro de organização espacial e social das comunidades de aldeias e na generalização das confrarias. Essa rede formativa e informativa da Igreja age com vigor em relação a questões sobre a ética e a moral da separação entre o carnal e o espiritual, presente nas relações sociais.[68]

A linhagem segue o fundamento da família agnática entre aristocratas e campesinos, parentesco de consanguinidade por linhagem masculina, cujo objetivo é a preservação do patrimônio comum. As funções militar e econômica e as relações pessoais estão centradas na fidelidade. Esse complexo de interesses e sentimentos desencadeia na família feudal tensões de excepcional violência, plena de dramas, invejas, ciúmes, mentiras e traições, com excepcional rivalidade entre irmãos e entre pais e filhos, principalmente homens. O laço que une o tio materno ao sobrinho e a figura do padrinho são fortes na medida em que estes podem assumir o papel de tutores e se sobrepor ao do pai biológico. Todos se agrupam na mesma casa, em torno do castelo, da terra e da produção. Os chefes de linhagem impõem às famílias algum tipo de controle sexual, para evitar a mácula e a multiplicação dos núcleos familiares que possam ameaçar o controle da propriedade e da produção.

O pensamento cristão dessa época não estimula a prole. Entretanto, opõe-se enfaticamente ao infanticídio e ao aborto, como violações do amor a Deus e do pensamento cristão.[69] Por outro lado, existe condescendência e espírito de solidariedade caso uma grávida criminosa seja condenada à morte: ela tem a prerrogativa

---

68 Idem, pp. 321-336.

69 Huizinga, J. (1978). *O declínio da Idade Média* (pp. 31-52). Ed. Verbo/USP.

de ter seu filho protegido, com direito à vida, e só será executada após o nascimento do bebê.[70] As proles são grandes entre os aristocratas, para preservar heranças e poderes sobre a terra. Entre os camponeses, as proles são menores pela carência de recursos, e muitas crianças morrem precocemente. A prole, em geral, representa uma força de trabalho.

Enquanto a plebe trabalha e os cavaleiros lutam ou pilham, os doutos discutem a questão dos universais, ao questionarem se as palavras designam a própria realidade ou têm apenas uma função significante. O peso dos valores éticos, morais e religiosos não é o mesmo em todas as classes sociais e regiões. Ele repercute de forma distinta na constituição das subjetividades individuais e coletivas. Tais variações dependem dos contextos, que, por sua vez, estão passando por dinâmicas de transformações provenientes de vários fatores: guerras, processos migratórios, demográficos, comerciais etc. As distâncias entre os feudos, as comunas e as cidades são longas. Não há hegemonia na comunicação entre as várias comunidades. A cultura pagã, os movimentos heréticos, as diversas escolas eclesiásticas, como Laon, Paris e Chartres, interferem na incorporação de valores nos vários níveis de constituição das subjetividades, o que direta e indiretamente influencia a configuração do contexto e dos imaginários do Ocidente medieval dessa época.

Guibert é a expressão de um viés, dentre vários, dos movimentos eclesiásticos existentes, expressão de um conjunto de condições que sugere, com grande probabilidade, que a pulsão e a criatividade estão sempre buscando vias de expressão para extravasar tensões, buscar o prazer imediato ou sublimado. São formas de gratificação e de equilíbrio do sistema psíquico, modeladas pelas condições culturais, em seus vários níveis de atuação na constituição da identidade do sujeito, do seu grupo e da sociedade. É preciso

---

70 Shahar, op. cit., pp. 9-20.

considerarmos que, por mais que o ser humano busque realizações coletivas por meio de organizações sociais, há sempre certas individualidade e singularidade buscando uma forma de expressão, caracterizando a identidade de cada um. Esse fenômeno imprime dinamismo e transformação à cultura, visto que, acolhendo o sujeito, a cultura se transforma e age sobre a singularidade e a individualidade dele. Num processo contínuo, constante e recíproco, as repercussões ocorrem, em tempos distintos, entre os vários níveis de subjetividade.

Por conseguinte, entre as várias qualidades da subjetividade, configurada pelo pensamento agostiniano e encontrada em Guibert, a virtude, que ele enaltece e identifica na mãe, é tida como obra de ação da graça divina.

A mãe de Guibert, modelo exemplar do belo, virtude manifesta pela conjunção das belezas física e moral de mulher casta, contém a unidade da perfeição aos olhos do filho, cego e castrado pela devoção e negação do feminino da mãe-mulher, expressão da castração civilizatória, edípica e concomitante à estrutura religiosa feudo-vassálica.

A imago materna incorporada representa uma força interior capaz de norteá-lo diante das tentações da vida mundana. Possuidora de um ego forte, personalidade bem definida e determinada, tem qualidades psíquicas que, segundo a visão de Guibert, decorrem do temor a Deus e da coragem para enfrentar todas as pressões dos desejos perversos. Há, portanto, instâncias psíquicas que a protegem em níveis superegoico e egoico, capazes de gerar tenacidade, coragem, medo, ansiedade, culpa e reparação na busca da paz interior e diante do calor dos desejos que ele identifica nos admiradores, provavelmente na própria mãe e, por certo, em si mesmo.

A veneração de Guibert às qualidades maternas sugere que ele a tem como seu ideal identificatório, no qual tenta se espelhar, inspirado na veneração ao Grande Pai, imagem coletiva internalizada por ela, presente em seu imaginário como projeção proveniente das doutrinas da Igreja. Cristo é na terra o ícone dessa retidão moral inabalável.

A intensidade da presença da imago materna, inspiração e representação da fé e da moral, são os valores que dão suporte ao caráter de Guibert. Suas imagos parentais estão configuradas pela pureza e ingenuidade de olhos inspirados nos ideais da fé cristã. Imagens sublimes que refletem profundo laço de amor, admiração e devoção. Há um enlevo sensual na maneira como ele a descreve e também na relação dela com Deus, revelador de um estado de paixão, de um amor ilimitado (pregado por Agostinho), de uma satisfação narcísica dos pudicos e dos castos, impregnados pela crença no Senhor. Esse estado embevecido de amor gera uma diminuição da capacidade crítica, que conduz os envolvidos, os crentes e os tementes ao Senhor à perda do contato com a realidade, temporária ou de forma cristalizada.[71]

O peso da culpa é uma constante diante de qualquer percepção considerada indesejável, como a beleza impura, que, dissociada da perfeição da alma, permeia as manifestações da sexualidade inconsciente de Guibert, projetadas nas entrelinhas dos comentários acerca da mãe. O recalque da voz institucional incorporada manifesta-se nele, que é um temente dos desígnios soberanos de Deus e de sua representante terrena, a Igreja.

A percepção que Guibert tem da mãe é reveladora de ambivalência, imagem de mulher bela, jovem e rica, ora casta e virginal, idealizada e projetada em Maria, ora em Eva, pecadora, porém controlada diante das investidas dos seus admiradores. "O hino

---

71 Sobre os efeitos clínicos, positivos e deletérios, da paixão: Bartels, A., & Zeki, S. (2004). The neural correlates of maternal and romantic love. *NeuroImage, 21*(3), 1155-1166.

'Salve Regina' chama as devotas de Maria de 'filhas de Eva', e opõe a mãe pecadora à mãe redentora, ao fazer referência ao 'bendito fruto de vosso ventre' oposto ao 'maldito fruto' ingerido por Eva".[72] Maria é a mulher idealizada pela cultura eclesiástica ao se impor à cultura pagã. Essas imagos maternas refletem a existência de fantasias infantis amorosas, parcialmente erotizadas e sublimadas – transformadas em afetos, fato que Guibert não nega ao identificar os desejos que ela desperta nos aduladores e as defesas de que se utiliza. Angustiada diante de fantasias e cortejos, ela prefere a solidão dos claustros a servir de pretexto para más línguas e adulações. Defesa consciente ou medo inconsciente do próprio desejo, que se impõe quando decide pelo retiro monástico, temerosa de que os controles psíquicos ou morais pudessem falhar? O convento é aparentemente o lugar mais seguro diante das fraquezas da alma.

Se votos de castidade, de pobreza e de obediência são formas de controle religioso para aqueles que têm recursos para viver num convento, outros, menos dotados economicamente, tornam-se eremitas ou apenas se autoflagelam, perambulando pelos campos e burgos para pagar as culpas das impurezas que rondam corpo e mente. O denominador comum está numa forma deslocada de realização perversa, masoquista do pecador; sádica, da deidade incorporada; conjugam-se na expressão primitiva do desejo controlador que se concretiza na realização erótica, que vai além do prazer, da dor da culpa e da penitência, tão valorizadas pela cultura religiosa em expansão.

Dentro desses parâmetros, cabe às funções do ego do ser humano medieval encontrar e organizar no sujeito os recursos

72 Franco Júnior, H. (1996). Ave Eva! – Inversão e complementariedade de um mito medieval. *Revista da Universidade de São Paulo*, *31*, 55.

intelectuais, simbólicos, representacionais, afetivos e sociais no manuseio das pressões internas e externas, na busca do equilíbrio psíquico.[73]

Alternativas diferentes das encontradas nesse contexto representam uma ameaça para as vidas afetiva e social desses dois seres, mãe e filho, unidos na solidão incestuosa e na clausura de suas crenças. A reclusão à vida monástica é a saída para o desamparo e o sofrimento dessa mãe mobilizada por angústias profundas.

Guibert parece não perceber que, ao falar da mãe, também está falando de si. Os elementos antagônicos do eu e do objeto, como bem e mal, construção e destruição, libido e agressividade, não são percebidos como complementares de uma mesma realidade interior do indivíduo e das massas, mas algo a ser excluído na conclusão da obra do Escultor. Essas imagos são vividas como elementos cindidos e projetadas nos demônios por conflitos inconscientes que atingem o ego, o superego e o núcleo narcísico do fiel. Este, dominado pela fusão indiscriminada entre o eu e o objeto primitivo, materializada nos perseguidores externos/internos, desenvolve sentimentos persecutórios e reações defensivas manifestadas em atos, nos massacres religiosos, nas Cruzadas e depois na Inquisição.

Essas imagens cindidas e projetadas no mundo exterior ou no exterior do próprio eu, no corpo sentido como estranho, por meio de somatizações e autofagelos, levam muitos fiéis a se torturar, numa autoinquisição coletiva diante do medo e do pecado, além dos prazeres sadomasoquistas, já assinalados e reforçados pelos elementos de cultura.[74]

Esse complexo de imagens e afetos transmitidos por Guibert reflete a maneira como ele pôde elaborar o conflito edípico ao

73 Freud, S. El malestar en la cultura e Moisés y la religión monoteísta, op. cit., vol. III, pp. 3017-3067; pp. 3241-3324, respectivamente.

74 Delumeau, *Le péché et la peur*, op. cit.

transformar desejos primitivos em sentimentos, alguns humanos, na percepção das sexualidades própria e materna, e outros quase divinos, sublimados na devoção, na fé e na crença da pureza, daquela que o pariu. Curiosamente, nesse momento, Guibert entende a sedução e os desejos instintivos do "outro" como *humanos e normais de serem sentidos*:

> *Eu desejo afirmar que as seduções exteriores se somam aos movimentos instintivos que são humanos e normais, de intenso sentir. Portanto, a alma desta jovem virgem, sempre voltada a se conter, não foi desviada por nenhum estímulo. Isto estava bem, não é verdade? Tua obra a ti mesmo, Senhor, pois ela se encontrava no ardor da juventude*[75] *e continuamente situada dentro do estado conjugal, tu a mantiveste sete anos inteiros num perfeito estado de continência, que, para retomar a palavra de um sábio, mesmo a voz do povo temia mentir a seu respeito.*[76]

Surpreende a percepção e compreensão que Guibert tem da sexualidade materna e do feminino durante a juventude da mãe. Por livre associação de ideias, ele evoca com nitidez situações da fase inicial do matrimônio e da história familiar, fatos que sugerem encontros da família reunida. Vê-se um Guibert tolerante e admirador da retidão materna, mas não sem reconhecer nela algo que também lhe fora muito presente na juventude, o fervor da sexualidade.

Fica evidente que, apesar dos esforços institucionais, o cristianismo não consegue o êxito de reprimir de forma universal a

75 "primaevae aetatis calore".

76 *De vita sua*, op. cit., p. 79.

sexualidade de todos.[77] O clero tenta influir e determinar a conduta social identificada por Guibert na mãe, todavia, constatamos nessa mesma sociedade a existência de uma outra utopia. Ela é expressa num poema anônimo do século XIII, *Fabliau de Cocagne*, redigido na Picardia, e que retrata os desejos idealizados, encontrados no Paraíso Terrestre, de prazeres ilimitados, quem sabe semelhantes aos do Paraíso Celeste, que vão da oralidade à genitalidade:[78]

(108) Lá ninguém compra nem vende.
As mulheres dali, tão belas,
Maduras e jovens,
Cada qual pega a que lhe convém,
Sem descontentar ninguém.
Cada um satisfaz seu prazer
Como quer e por lazer;
Elas não serão por isso censuradas,
Serão mesmo muito mais
(116) [honradas.
E se acontece por ventura
De uma mulher se interessar
Por um homem,
(120) Ela o pega no meio da rua
E ali satisfaz seu desejo.
Assim uns fazem a felicidade dos outros.

---

77 Rossiaud. Sexualidade. In Le Goff & Schmitt, *Dicionário temático*, op. cit., vol. II, pp. 477-493.

78 Franco Júnior, H. *Cocanha*, op. cit., pp. 28-32.

A utopia medieval da existência de um mundo paradisíaco cristão permeia o imaginário de Guibert, no qual retidão, virtude, beleza e pureza são atributos inconciliáveis com outro aspecto utópico da natureza humana retratada no poema acima. Ambas as utopias, religiosa e laica, estão presentes no inconsciente coletivo do imaginário medieval, predominando uma ou outra na interdependência dinâmica de fatores religiosos, sociais e culturais entre as *ordinis*. Uma e outra utopia, religiosa e popular, expressam a presença de mecanismos de defesa como idealização, cisão, identificação projetiva, negação da realidade, de tal forma que a presença de uma exclui a outra, mas ambas se manifestam na subjetividade. O conflito de Guibert, em parte, explica-se pela ameaça que essas imagos inconscientes, antagônicas e complementares da mente, representam para o ego e para o ideal de ego (elemento superegoico), sendo inaceitáveis para a cultura religiosa dominante.[79]

Que forças estão presentes nessa jovem, mãe de Guibert, para contê-la diante dos ardores da adolescência e da juventude? Seria ação exclusiva da convicção religiosa, da crença no amor a Deus? Ou os medos, o peso das culpas, a ameaça do Juízo Final, do desconhecido condenatório que pode se revelar a qualquer instante também confluem para freá-la e norteá-la em sua conduta, condizente com as expectativas e os valores de sua cultura? Castidade, abstinência, amor pelo falecido, fidelidade à alma do marido defunto que vagueia no Além? Austeridade vinculada a conflitos de uma mulher cujo amor-próprio e feminilidade estão profundamente feridos e ameaçados pelas traições sofridas, hostilidades diversas, sentimentos de culpa e desejos de vingança reprimidos no inconsciente?

---

79 Bion, W. R. (1966). Elementos de Psicoanálisis. In *Teoria da Grade*. Ediciones Hormé. Ver também Hinshelwood, op. cit., p. 252; Grinberg, L., Sor, D., & De Bianchedi, E. (1973). *Introdução às ideias de Bion*. Imago.

A narração de Guibert sobre a sexualidade juvenil da mãe mobiliza algo de inspiração amorosa e sensual, possíveis reflexos da sexualidade infantil e adolescente, parcialmente transformada em afetos e recordações.

Essas percepções de Guibert quanto às necessidades da jovem mulher casada e virgem, mais tarde viúva e casta, são bastante realistas quanto às tentações e necessidades de controle. Instalada nas instâncias controladoras do psiquismo, graças às ações do superego e dos mecanismos defensivos do ego, a mãe de Guibert agarra-se a Deus, por meio da fé na doutrina cristã, uma forma de resolução do conflito interior dentro de certo grau de coerência e de adaptação social. Porém, há uma contradição perturbadora no inconsciente de Guibert, pois "*tudo que é da ordem natural foi organizado por Deus, e é bom . . . nada vem de mim . . . o pior de todos que Ele colocou no mundo*". Portanto, a sexualidade é um fenômeno de Deus, e como desfrutá-la depende do ser humano e dos significantes e significados dados por ele a ela.

A mãe de Guibert está viva na imagem sublime, eixo em torno do qual Guibert se organiza e se inspira e tenta atenuar suas fraquezas humanas. Guibert, estimulado pela crença e pela fé, inspirado pelo ego firme e pelo superego forte da mãe, esforça-se no do livre arbítrio. A devoção à imago materna, fusão narcísica e edípica, está amparada no mito religioso da Virgem – comunhão entre Deus, Cristo, a Virgem Santa e a santa mãe de Guibert, projeções fantasiosas de figuras poderosas, perfeitas, protetoras e exigentes, revividas nos ideais da espiritualidade da Igreja. São todos ícones representativos, síntese da visão de mundo do ser humano medieval, Deus, todo-poderoso, onipresente, onisciente, verdadeiro, criador e eterno é único – não há lugar para outros deuses. *Theos*, o celeste, o luminoso, se contrapõe a *húmus*, da terra. O Deus de Guibert dialoga e mantém uma relação afetiva e intimista com o homem Guibert, sem perder sua autoridade e superioridade, numa "relação de amor entre o Filho do Homem, isto é, o Filho de Deus que se faz homem por amor aos homens e a cada ser humano em particular".[80]

Existe uma violência divina imposta a Guibert e que retrata, de um lado, o filicídio e, de outro, o parricídio. É a violência própria do ser humano, projetada em Deus, em nome do amor por Ele e fruto do narcisismo e da ambição como filho de Deus, de ocupar o lugar do Pai, modelo identificatório e rival? Estados mentais ou espirituais extremos, de pessoas dominadas pela devoção, psicóticas ou em transe hipnótico, faz com que vivam funcionamentos mentais primitivos, que reduzam as capacidades perceptivas de julgamento e crítica, transitórias ou duradouras, e não discriminem ou discriminem mal a relação entre o eu e o objeto de investimento afetivo. Há um grupo de fenômenos psíquicos, relacionados à organização narcísica da personalidade e ao desenvolvimento das relações de objeto, que ajuda a compreender como as projeções narcísicas dos ideais parentais e divinos podem se confundir na organização das estruturas egoicas e superegoicas, estimuladas pela cultura. Certas desconfianças paranoides e sensações físicas delirantes estão relacionadas a esse processo.[81]

São estados mentais regressivos ou paradas de desenvolvimento, observados nas regressões narcísicas funcionais, facilitados ou inibidos pela cultura. "A atividade mental é narcísica no grau em que sua função é a de manter a coesão estrutural, a estabilidade temporal e a tonalidade afetiva positiva da representação do eu (self) . . . nas relações objetais narcísicas, o objeto funciona como

---

80 Schmitt, J. C. Deus. In Le Goff & Schmitt, *Dicionário temático*, op. cit., vol. I, pp. 301, 302 e ss.

81 Kohut, H. (1988). *Análise do self* (pp. 13, 17-19 e ss.). Imago.

um eu (self)/objeto" – isto é, como um substituto da estrutura psíquica reguladora da autoestima ausente ou deficiente.[82]

A relação eu/objeto desempenha funções básicas no domínio da regulação da autoestima. Por ocasião de configurações arcaicas narcísicas da personalidade, o indivíduo pode necessitar de um objeto que seja o reflexo especular contínuo de suas fantasias grandiosas ou de um estado de fusão com o objeto onipotente e onipresente, solicitado pelo eu como forma compensatória e de contenção, diante de um sentimento de fragilidade de coesão do eu e da autoestima. Portanto, esse processo tem como finalidade afastar a ameaça de fragmentação da representação estrutural do eu.

Temores escatológicos, agregados à devoção alucinatória das imagos do Criador projetadas em Cristo ou no culto obcecado à Virgem, podem contribuir para a organização de tais estados regressivos, descritos por Guibert em suas visões e sonhos perturbadores. São reflexos de medos primários de desamparo e de sentimentos persecutórios ligados a fantasias orais destrutivas contra o eu e os objetos primários de investimento afetivo. Existir é perigoso, é ser pecador. Sombra que acompanha Guibert e que submete os fracos que anseiam pela salvação da alma, na paz do Além prometida pela Igreja. Guibert, em contrapartida, diz que os anjos vêm para salvar e proteger aqueles que Nele crêem:

> *A mulher de Manué [Saraa] disse: "Um homem de Deus veio em minha direção, ele tinha uma fisionomia de um anjo". Por outro lado, os demônios que, segundo a expressão do primeiro Pedro, serão mantidos nas trevas até o dia do grande julgamento, eles aparecem habitualmente com fisionomias inteiramente horripilantes,*

82 Storolow, R. D., & Lachmann, F. M. (1983). *Psicanálise das paradas do desenvolvimento – teoria e tratamento* (pp. 22, 25). Imago.

> *a menos que pela fraude eles se transformem em anjos de luz.*[83]

Guibert utiliza trechos bíblicos (*Juízes*, XIII e *II Pedro*, II, 17)[84] para salientar imagos amorosas e destrutivas projetadas nas figuras dos anjos e dos demônios. Essa cultura promovida pela Igreja favorece uma aproximação entre os ideais narcísicos do indivíduo e os ideais da Igreja, na ilusão de controlar conflitos entre pulsões de vida e morte, amor e agressão. É o universo interior projetado em imagens, partes do eu vivenciadas inconscientemente como forças estranhas ao indivíduo, projetadas em objetos externos, persecutórios ou salvadores, demônios e bestas, anjos e milagres. São fenômenos carregados de fantasias onipotentes, sádicas ou masoquistas, que se transformam em luz divina ou em imagens odiosas. *Anjos de luz*, como diz Guibert, clareiam o conhecimento a respeito de si, trazendo revelações do Criador que transcendem a simples razão, refletidas na expressão de vivências emocionais primitivas, em preconcepções que se transformam em pensamento ou imagens a partir da evocação e da experiência emocional resultante do encontro com o sagrado. Anjos, imagos representativas de uma visão pura e ingênua da criança cristã, são residuais no inconsciente de Guibert, que luta para conquistar a condição interior idealizada ao enfrentar suas próprias resistências, impostas pelas características da natureza humana. Seria a tese e a antítese dos ideais racionais e religiosos de sua Igreja? Imagos de seres assexuados, cindidos de desejos eróticos e impregnados pelo êxtase das visões alucinatórias da devoção, em contraposição às imagos dos demônios, representantes do erótico e das perversões?

---

83 *De vita sua*, op. cit., p. 13.

84 Juízes: XIII, 6, *Bíblia Sagrada*, op. cit., p. 303; II Pedro: II, 17, *Bíblia Sagrada*, op. cit., p. 1655.

> *É dito também que nossos corpos, uma vez aceito entre os eleitos, serão configurados como parte do corpo de Cristo, de tal forma que o repugnante contraído por acidente ou por corrupção de nossa natureza será corrigido de modo a nos configurarmos ao Filho de Deus transfigurado sobre a montanha.*[85]

Há na mentalidade medieval algo de oculto por acontecer. É o sagrado que permeia as relações. O pensamento acima reflete a presença de uma imago poderosa e modelar, projetada e condensada na figura de Cristo incorporada nos sacramentos. Assim, o batismo, por exemplo, é compreendido como uma marca espiritual superior, não apenas uma marca ritual do corpo, concepção que tende a fazer dele uma imagem visível da alma, mas também hábito que convém ao corpo, expressão da conformidade entre o ético e o social, este como testemunho exterior da relação harmoniosa entre a alma e o corpo.[86]

Guibert, assim como seus correligionários, acredita que a alma está em todo o corpo e condena aqueles que tentam localizá-la em um ponto específico. Tem na imagem de Cristo a inspiração e o estímulo para alcançar o ideal do ser humano cristão desse tempo que, para muitas escolas heréticas ou não, deve ser assexuado. Para Guibert, os eleitos e os justos estão livres da turbulência e da dor, pois alcançam esse equilíbrio no encontro com Deus. Entretanto, ele, como a maioria, deve pagar em vida para alcançar esse estado de alma no porvir, em algum lugar do Além. Parece haver em Guibert um jogo mental inconsciente e oscilante entre maior ou menor integração de afetos opostos, na dependência das ansiedades.

---

85 *De vita sua*, op. cit., pp. 13-15; Marcos: IX, 2, *Bíblia Sagrada*, op. cit., p. 1375.

86 Schmitt, J. C. Corpo e Alma. In Le Goff & Schmitt, *Dicionário temático*, op cit., vol. I, pp. 253-267.

Qual o preço que Guibert e aqueles que pensam como ele pagam para entrar no Paraíso, sabendo-se que o sofrimento é um valor de elevada estima? A submissão ao poder absoluto e universal exercido pela Igreja pode ser uma dessas moedas na crença de paz no Além? Doutrina esta que parece se valer, ainda que parcialmente, de mecanismos defensivos onipotentes, fruto de vivências ancestrais ligadas a sentimentos de desamparo e medo ao desconhecido, em que dogma e promessa servem de garantia para os que creem.[87]

Sentimentos de submissão, ignorância e capacidade para suportar a dor conduzem esse cristão, aparentemente humilde, a mal se conformar com a frustração de não ser acolhido e escolhido pela graça divina como um dos eleitos, um dos justos. São características que para uns fragilizam o ego, para outros, os que têm fé e graça divina, os tornam fortes para enfrentar o sofrimento. Guibert, invejoso da admiração que sente pela mãe, infantiliza-se diante dos poderes que atribui a Deus e à Igreja, na apreensão, nem tanto pela vida, mas pelo futuro, após a morte, na esperança de alcançar a beleza da alma, graça da inspiração divina.[88]

A distância concreta dos pais mortos contribui na transformação destes em objetos internos idealizados pelas aspirações narcísicas e superegoicas incorporadas e transformadas por Guibert, inconscientemente, em qualidades psíquicas identificatórias, a partir da elaboração dos lutos. Porém, o estado letárgico a que Guibert se refere no início da narrativa, e que o acompanha ao longo da

---

87 Relendo este trecho, sinto-me dentro de uma neutralidade relativa. Há uma certa irritação de caráter contratransferencial ou contraidentificatório devido a sentimentos hostis e ambivalentes, provavelmente de natureza similar às de Guibert. São aspectos emergentes que habitam as profundezas de meu self, e que estão em confrontação com elementos da narrativa, talvez relacionados à luta que cada um realiza para encontrar seu equilíbrio interior.

88 Santo Agostinho. *De doctrina christiana*, IV, 28, citado por Guibert, p. 15.

vida, pode ser resultante de intensas projeções destrutivas e cisões do ego contra estes objetos internos, parcialmente transformados em figuras persecutórias e delirantes, carregado de sentimentos de culpa. Podemos criar profundo abismo no ego entre figuras enaltecidas e idealizadas e a frustação decorrente de um ego insuficiente ou vazio, consequência do aniquilamento daquelas figuras internas ou decorrência de um superego avassalador e que perdeu a imagem idealizada de si, conduzindo-o à melancolia ou mesmo ao risco de suicídio. A realização da narrativa pode ser entendida como um ato reparador do sentimento de si mesmo.[89]

Guibert identifica que nem todos seguem os preceitos religiosos da forma como foram assumidos por sua mãe, levando a pensar que sexualidade, crença, retidão e fé são interdependentes e variáveis no contexto social. A essência da natureza psíquica de sua mãe não se confunde com a essência da natureza psíquica das demais pessoas da casa, fato que caracteriza a existência de subjetividades intra e interpsiquicas distintas, apesar do esforço da Igreja para conduzir os seres humanos, de forma universal, ao ideal que ela preconiza.

Ao identificar diferenças entre as pessoas, Guibert estabelece categorias humanas. Alguns são superiores como sua mãe, os justos, os eleitos, os santos, os que recebem a graça divina. Guibert, apesar de se colocar entre os miseráveis e impuros, critica os membros da família que veem na mãe dele uma mulher como as demais, inferior aos homens, suceptível a seduções e perigosa por ser mulher. Aliás, a mulher é habitualmente colocada em segundo plano nessa estrutura social e moral. Com as reformas gregorianas iniciadas próximas do nascimento de Guibert, os controles sobre a vida social aumentaram, especialmente sobre a mulher, vista como responsável por uma série de descaminhos, devido a sua

89 Freud, S. Duelo y melancolia, op. cit., pp. 2091-2100.

impetuosidade, provocação, impureza, fragilidade e oscilações de humor e de comportamento. A mulher coloca os ideais da Igreja em risco. Casá-la rapidamente é uma possibilidade de evitar descaminhos e o peso da desonra. Entretanto, a mulher e a criança têm lugares específicos nessa sociedade machista. São as mulheres que dirigem os castelos, a economia doméstica, as provisões, a roupa, a alimentação, o controle sobre os serviçais. Na vida monástica, o lugar da mulher é sempre secundário, jamais ascenderá na carreira eclesiástica, reservada aos homens. Entretanto, para Guibert, sua mãe é a figura forte e valorizada à imagem da Virgem na castidade.

Guibert enaltece a mãe e Deus, imagos parentais fortes e protetoras, incorporadas ao eu, na condução da vida. Deus ora é tratado como *tu, você,* ora como *Tu, Senhor Todo poderoso.* Tem Nele um pai, próximo e inalcançável, terno e severo, cuidadoso na construção da fé e no direcionamento da vida, íntimo e sagrado. Do diálogo com Deus emerge um clima de acolhimento, respeito, cumplicidade afetiva, energia e encorajamento, em contraste com poder, temor, submissão e humildade. A ambiguidade da imago paterna projetada em Deus, divino e terreno, é presente na mente de Guibert e na cultura. Deus está em todos os lugares, mas é vivido de forma distinta por pessoas e épocas diferentes. Assim, Raul Glaber, monge da primeira metade do século XI, descreve Jesus na cruz não como um sofredor, mas como o rei do mundo, que sinaliza para os seres humanos que se preparem para o encontro com Deus diante do apocalipse que se aproxima. O Deus de Guibert é mais ameno e próximo. São sentimentos distintos em relação a um Deus único.[90]

Na configuração mental de Guibert, Deus é pai, uma dualidade que se expande no culto à Virgem e ao Cristo, figuras parentais terrenas unidas pelo divino. A valorização de Jesus-criança é efêmera

---

90 Schmitt. Deus. In Le Goff & Schmitt, op. cit., p. 311.

nessa época, mas essas imagos traduzem a incorporação de valores cristãos na mente de Guibert, cujas idealizações de si e da humanidade se encontram em Deus, na Virgem, em Cristo e nas relíquias, convergência do ideal narcísico, infantil e onipotente, projetada nos ideais coletivos. Guibert investe essas imagens, e as de seus pais ou substitutos, a partir da identificação primária estabelecida com um ser investido de todo o poder, isto é, a mãe.[91]

Guibert, até o presente, nada pôde revelar sobre seu pai terreno. As imagos paternas de onde provêm? São frutos de introjeções feitas a partir de seu próprio pai? Da imagem paterna retida na memória da mãe e projetada em Guibert? Do avô materno, figura importante da aristocracia na hieraquia feudo-vassálica, incorporado por sua mãe e identificado em Guibert? Do pai grandioso, universal e único, que paira na mente materna, no contexto familiar daqueles que patrocinam a abadia de Saint Germer de Fly?

A imago paterna de Guibert parece ser a conjunção resultante dessa multiplicidade de possibilidades. Todas essas imagens, direcionadas desde o seu nascimento por um ato de intenso significado afetivo, de ação de graças à Virgem, geraram um *imprinting* precoce, um registro profundo na memória afetiva, marcando-o definitivamente para ser um servo-filho, fiel seguidor dos mandamentos divinos. Guibert prossegue dirigindo-se a Deus.

Uma mãe perfeitamente correta

> *Desta mulher que foi, tenho a persuasão e a esperança, perfeitamente correta, tu me tinhas acordado de nascer, eu o pior de todos aqueles que ela colocou no mundo. Eu fui, nos dois sentidos, o último de seus filhos: muitos dos meus irmãos estando mortos deram-lhe melhores*

91 Laplanche & Pontalis, op. cit., pp. 255-256; Idem, p. 186.

> *esperanças; sou eu quem resta vivo, e sou um sujeito da desesperança. Por mim, que continuamente cometi o mal, são seus méritos que, após aqueles de Jesus, da mãe de Jesus e de seus santos, constituem toda minha esperança de salvação.*[92]

Guibert retorna a essa assertiva categórica, que deprecia sua autoestima como expressão de humildade, subserviência e profundo amor a Deus e à Igreja. Os bons estão mortos em nome de Deus. Os irmãos, a quem Guibert se refere, podem ser tanto seus irmãos de vida religiosa, unidos em torno do Pai, quanto seus irmãos naturais, mortos em prol de justa causa, com o reconhecimento e a glória em Deus e ainda superiores a Guibert, que se diz *um sujeito da desesperança*. Quanta violência moral!

Vemos que há discrepâncias na aplicação do juízo de valor quando Guibert, por um lado, rebaixa sua autoestima classificando-se como impuro e, por outro, enaltece o comportamento de sua santa mãe, perfeitamente correta. Tal cisão na avaliação dos afetos pode obscurecer e inibir a percepção de possíveis sentimentos de ódio contra aquela que o pôs no mundo e que se desviam sobre si mesmo.

Que forças poderosas geram tamanha arrogância e prepotência, a ponto de levar Guibert a se anular e proferir um pensamento de verdade absoluta? Será esta a sua voz ou ele está reproduzindo a voz da Igreja, que toma para si poderes autoritários alicerçados numa doutrina que, ao querer se equiparar a Deus, despreza a sua própria essência e, quem sabe, a própria obra de Deus? As condutas assumidas pela Igreja parecem ser tão contraditórias e impuras quanto os homens que as pregam.

---

92 *De vita sua*, op. cit., p. 17.

As forças antagônicas são muito fortes em Guibert, entre o sentimento de ser um nada e a esperança de que as forças divinas o transformem. Suspeita-se de um falso eu, gerado pelas submissões quase total à mãe e ao meio eclesiástico circundante, imbricadas numa cegueira psíquica. Guibert é portador de um ego oscilante, frágil, com aspectos cindidos e aterrorizantes. Frustrado pela impossibilidade de satisfazer desejos narcísicos e submetido a ideais avassaladores inconscientes, manifesta-se com aparente ingenuidade angelical e hipocrisia, fenômenos capazes de gerar tensão psicótica e produzir visões deliroides e alucinações, frequentemente encontradas entre correligionários, em sua mãe e nos santos.

Há um ódio recalcado nesse filho de Deus. Em sucessivas passagens, Guibert repete a presença de sentimentos contraditórios do eu, inadmissíveis e inconfessáveis para esse imaginário e essa mentalidade. A intensidade do sentimento de autodesvalorização está amplificada pelas vivências infantis traumáticas, que podem ter produzido movimentos internos vicariantes de apelo à misericórdia divina. Porém, Guibert também pode estar identificado com o agressor – no caso, a mãe e Deus. Acrescem-se as exigências divinas pregadas pela Igreja que fazem com que Guibert se transfigure numa expressão demoníaca, cujo narcisismo projetado no superego está a serviço do Diabo.

Inverno

Meu nascimento

Dentro do processo de associação livre de ideias, Guibert põe-se a narrar as primeiras fases de sua vida: o nascimento, a morte prematura do pai e o processo educacional, componentes da *infantia* e *pueritia*. Tempos turbulentos, frios e sofridos, cujas marcas profundas se fazem presentes em recordações, atitudes e sentimentos. É o começo do inverno.

> *Minha mãe, próximo ao momento do nascimento, encontrava-se em difícil trabalho de parto durante quase toda a quaresma, com dores intensas e incomuns. Quantas vezes ela repreendeu-me pelos seus sofrimentos, quando via me desgarrar, precipitar-me na direção de situações fatais. Enfim, sábado brilhou o sol, aquele da vigília pascal. Entretanto, intermináveis torturas a transtornavam e próximo ao parto seus tormentos só cresciam. Quando se pensava que este trabalho atingiria o parto naturalmente, então retornava, remontando profundamente para o seu interior. Pais, amigos e*

> *parentes sentiam-se dominados pelas funestas angústias por um e por outro; a criança, estimavam eles, iria precipitar a morte de sua mãe, todos lamentando ainda sobre a perda de uma criança a quem seria recusada a entrada na vida. Nesse dia, além do único ofício solene celebrado no momento prescrito, os ofícios que habitualmente teriam lugar para aqueles de nossa casa não ocorreriam. A situação crítica na qual se encontravam provoca uma decisão. Precipita-se na direção do altar da mãe do Senhor, para a Virgem; que foi e sempre será a única a ter parido, a promessa seguinte é apresentada e o prometido lá é depositado, a título de oferenda, sobre o altar desta santa Dama: a saber, que, se a criança ao nascer for um menino, ele será consagrado como padre para que ele possa servir a Deus e a ela mesma; se ao contrário, ele for do sexo fraco, será destinado ao estado religioso correspondente.*[1]

Guibert não declara a idade da mãe por ocasião do seu nascimento, mas estimamos que ela tinha cerca de 30 anos e ele deve ter sido o oitavo filho. Com certeza, é o caçula da família. É nítido o conceito de família nuclear, bem como de parentela. Conta-nos de primos, tios, avós e sobrinhos de seus pais, mas são poucos os que ele nomeia, nem mesmo seus irmãos. Também compunham a comunidade familiar as presenças de Deus, de Cristo, da Virgem Sagrada, dos santos e dos mestres, constituída por meio de vínculos afetivos e de interesses. O grupo familiar e outros que vivem no castelo acompanham aflitivamente os momentos que antecedem o parto. A situação é tensa, visto que mãe e feto têm suas vidas ameaçadas. É uma família afetiva, continente e unida nos momentos de

---

1 *De vita sua*, op. cit., pp. 17, 19.

dificuldades. A trajetória de penúria e intenso sofrimento estimula a tomada de iniciativas dentro das crenças e das regras existentes. Os sofrimentos materno e fetal geram fantasias trágicas e de esperança na imaginação dessas pessoas, ao revelar a existência de um espaço interior, no qual mãe e bebê se vinculam e encontram-se diante da limitação de recursos para resolvê-los, restando o apelo a Deus e à Virgem. As causas das dificuldades não são explicitadas, se são decorrentes da dinâmica uterina, da arquitetura pélvica materna, da posição do bebê no útero ou de seu tamanho, ou ainda de alguma aberração de formação do bebê. Mães multíparas costumam ter partos fáceis e rápidos. Não há, na narrativa, ideias que associem conflitos conjugais ou outros às dificuldades ocorridas durante o trabalho de parto. Nem mesmo questões tensionais que pudessem interferir nesse momento e no desenvolvimento posterior do bebê devido à relação entre os cônjuges ou uma rejeição inconsciente da gravidez, fatos que poderiam gerar um período perinatal difícil.

Outros elementos estão presentes na história pregressa do nascimento de Guibert e podem ter influenciado o trabalho de parto, deixando marcas impressas em sua memória. Seu pai havia sido capturado durante uma batalha e libertado depois de um período de negociações. Ao retornar para o castelo, após ter estado como prisioneiro de guerra, logo engravida a esposa. Nesta situação nasce Guibert, em condições precárias de saúde, num Sábado de Aleluia, fato que incrementa de significados emocionais a complexidade afetiva do momento.

Mãe e feto atravessam a quaresma em intenso sofrimento, culminando com o nascimento no sábado da Vigília Pascal, data cujo objetivo é a veneração da paixão de Cristo a partir de seu ingresso messiânico em Jerusalém – momento de revisão de vida e de busca sincera de Deus, tempo de penitência e jejum preparatório para a Páscoa. Essa data marca a comemoração maior da cristandade, época em que se defende a libertação interior de tudo o que afasta o ser humano da obediência a Deus, fazendo-o voltar-se à caridade para com seus irmãos. Segundo o código litúrgico, neste dia não é possível rezar missa.[2]

Mãe e bebê não estão sós em seus dramas. A família está presente nesse importante e crítico instante, nas alegrias e nas dores do momento. Diante dos sofrimentos e temores de todos e na impossibilidade de se rezar missa, toma-se uma decisão grave e sagrada: caso sobreviva, entregar a criança em oferenda no altar da Virgem, promessa que a definirá como um fiel servo de Deus. Foi o único caminho encontrado pela família para conciliar o nível de ansiedade e desespero e as condições oferecidas pela Igreja para aquele momento, um Sábado de Aleluia. Teria essa atitude uma função de penitência, um equivalente religioso da função reparatória do objeto interno idealizado – Deus – e supostamente danificado pelo pecado e por culpas inconscientes? Menino ou menina, o destino do bebê era um só: servir a Deus ou à Virgem, por temor, obediência e gratidão.

Na tradição da aristocracia feudal, um dos filhos deve ser destinado à vida monástica. Porém, consta que um ou talvez dois dos irmãos de Guibert já estavam no percurso monástico. No entanto, a situação do recém-nascido é crítica e a solução encontrada nesses momentos que antecedem o parto são decisões marcantes na construção dos destinos da vida, da personalidade e da identidade de Guibert, gravados profundamente na memória, como ele mesmo nos faz sentir.

Nessa época, a filosofia dominante e imposta pela Igreja direciona os contratos sociais em todos os seus aspectos – o contratualismo –, cujas origens remontam a Platão e estão presentes nas palavras de Santo Agostinho: "Porém, as torpezas luxuriosas,

2 Adam, A. (1982). *O ano litúrgico* (pp. 99-101). Paulinas.

contrárias aos costumes humanos, devem-se repelir, em razão da diversidade de costumes, a fim de que, por nenhuma desvergonha de cidadão ou de estrangeiro, se quebre o pacto estabelecido pelo costume ou lei duma cidade ou nação". Dentro deste espírito, mãe e filho, para preservação da paz, em sinal de obediência e em nome do Senhor, têm seus destinos entregues às mãos da Virgem, isto é, a Deus. Assim fez Abrahão ao pretender sacrificar seu filho Isaac como prova de obediência e amor a Deus:

> *pois a obediência aos reis é um pacto geral da sociedade humana, com quanto maior razão se deve obedecer, sem hesitações, às ordens de Deus, rei efetivo de toda a criação? De fato, tal como nos poderes que existem na sociedade humana, o maior se impõe ao menor, para que este lhe preste obediência, assim Deus domina a todos.*[3]

A função social do contratualismo considera que a condição humana "gira em torno de uma natureza frágil e sua forte vontade em sustentar princípios morais que sejam aceitos por todos da maneira mais plausível ao alcance da espécie".[4] Nesse contexto medieval, o contratualismo é um elemento central da estrutura mental e social.[5] É dentro desse contexto (espiritual, social, filosófico, educacional, religioso, histórico e emocional) que Guibert construirá sua personalidade e sua identidade. Incorporará intensa e rigidamente tais valores éticos e morais que irão direcionar seus conflitos e tomadas de decisão ao longo da vida.

Autores de trabalhos médicos medievais recomendam que devem ser dados ao recém-nascido as melhores condições possíveis

---

3 Santo Agostinho. *Confissões*, op. cit., liv. III, cap. 8(15), p. 91.

4 Da Silva, A. R. *Ataque e defesa ao contratualismo*, http://www.geocities.com/discursus/textos/contratu.html, p. 1.

5 Franco Júnior, H. *A Idade Média*, op. cit., pp. 164-168.

e semelhantes às que tinha dentro do útero.[6] Há um certo número de trabalhos dessa época referentes a cuidados com os bebês e transtornos perinatais, reveladores da existência de um estado de preocupação com a saúde do recém-nascido e da mãe e de atitudes do entorno, sem especificar nitidamente o que é de natureza médica, psicológica, social ou religiosa. Eles abordam a alta mortalidade materno-infantil, doenças infecciosas, anomalias congênitas e trazem relatos de casos compatíveis com o diagnóstico de depressão pós-parto. Há uma orientação no sentido de que os padres, em suas paróquias, tranquilizem as grávidas, recebendo-as em confissão, para a eucaristia antes do parto, abençoando-as e rezando para que tudo corra bem.[7]

As mulheres da casa ou da vizinhança costumam se reunir na hora do parto para auxiliar no trabalho e acolher mãe e bebê de forma adequada: banhá-lo, higienizá-lo, aquecê-lo.[8] Em algumas circunstâncias, as parteiras cristãs eram chamadas para auxiliar no nascimento de alguma criança judia, prática interditada pelo Sínodo de Paris, em 1213.

Nessa época, é natural implorar a ajuda do divino, visto que o grau de recursos é limitado e a ansiedade quanto ao desconhecido e ao trágico é muito grande. A medicina, como outras áreas do conhecimento científico, está dominada pelos princípios da doutrina filosófica cristã.

---

6 De Villanova, A., citado por Migne, *Patrologia latina*, op. cit., col. 665.

7 (1905). *Mirk's Festial: A Collection of Homilies* (p. 193). Ed.T. Erbe (EETS); (1976) *Dives et Pauper*, vol. I (p. 306). Ed. P.H. Barnum (EETS); De Worms, B. *Decretorum Libri Viginti*, *Patrologia latina*, vol. 140, col. 762, citado por Shahar, op. cit., pp. 32-52.

8 Bartolomeu, O Inglês (1979). *Bartholomaeus anglicus on the properties of soul and body* (pp. 1-2). Ed. R. Long, citado por Shahar, op. cit., p. 34.

Nessa época, a escola médica de Salerno é considerada memorável, graças aos progressos contínuos, ainda que lentos, e à presença da medicina leiga, para a qual

> *convergiam sucessivamente todas as grandes correntes do pensamento médico . . . um conjunto de influências que foram absorvidas e amalgamadas numa atividade médica secular, para a qual trouxeram suas contribuições individuais pessoas de todas as classes e credos.*

Fundada por beneditinos em fins do século VII, desde cedo preserva sua tendência secular, com frequência de mulheres em seu curso. Os escritos médicos dessa escola não fazem qualquer alusão à magia ou à astronomia. Foram eles que fundaram o hospital de Laon, próximo ao castelo em que Guibert nasceu.[9] Mas não houve, na hora do parto e do pré-parto, qualquer indício relatado de que a família de Guibert tivesse tido preocupações de natureza médico-hospitalar.

À época do nascimento de Guibert, desde o século IX, o monastério de Laon, próximo a sua região natal, é o proprietário do hospital local, muito considerado, e que recebe miseráveis e latifundiários das redondezas, que são tratados "em enfermarias específicas, situadas nos prédios monásticos ou em pequenos hospitais rurais estabelecidos nas proximidades, por religiosos especialistas encarregados da enfermaria reservada aos monges".[10] Essa circunstância sugere que certos conhecimentos médicos podem estar difundidos nessa região, influenciando procedimentos e a formação de conceitos relativos ao parto e à saúde infantil, com a

9 Castigioni, A. (1947). *História da medicina*, vol. I (pp. 350-377). Companhia Editora Nacional.

10 Pouchelle, M. C. Medicina. In Le Goff & Schmitt, *Dicionário temático*, op. cit., vol. II, pp. 151-164.

concomitância de rezas, promessas, peregrinações e amuletos. Tais são os recursos do imaginário para suportar o medo e a desesperança e afastar os maus espíritos que ameaçam em momentos de aflição, desejo e pavor.

A penetração do pensamento aristotélico no Ocidente medieval ainda é tênue, de tal sorte que fé e razão não se discriminam, dificultando a apreensão das especificidades dos conhecimentos, de forma que medicina e seus processos de cura se vinculam à ocorrência de milagres, a taumaturgia.

Os tratados médicos latinos dessa época citam os estudiosos gregos e romanos: Hipócrates, Galeno e Sorano de Ephesus, ou ainda os estudiosos muçulmanos como Arib ibn Said, de Córdoba; os judeus Benevuto Grasso e Isaac Judeu; e Pierre Gilles, de Corbeil. Eles discutem questões obstétricas e ginecológicas, urinárias, cirúrgicas, infecciosas, cuidados infantis. Porém, a expansão desses conhecimentos é mais tardia. Ocorre a partir dos séculos XIII-XIV, devido ao maior número de traduções de textos árabes, à criação de novas faculdades de medicina, à difusão dos povos e dos conhecimentos.

A mortalidade materno-infantil é elevada, agravada por períodos de fome, miséria e guerra. Assim, o encantamento e o milagre são ideias populares, segundo as quais a criança morre ou vive pelo chamamento de Cristo.

Nessa época de milagres, as oferendas, pagamentos de promessas, benzeduras e amuletos são práticas usuais para prevenir abortos, deformidades, doenças e esterilidades, e para induzir o nascimento de meninos ou meninas, ou seja, um conjunto de pensamentos e ações que fazem parte desse pensamento mágico. Abortos e natimortos podem ser considerados como punição divina. Há a noção de causa, mas prevalece a ideia de que eles estão associados ao comportamento moral. A lógica religiosa e mística aplaca as angústias frente ao desconhecido.[11]

O que ganha credibilidade não são as leis naturais provenientes da observação, das provas, da repetição dos eventos, mas os frutos do sobrenatural, do inexplicável. "A prova pelo milagre define em primeiro lugar, sem dúvida, os próprios seres extraordinários, os santos. Aí juntam-se a crença popular e a doutrina da Igreja." A força do milagre é uma intervenção de Deus, realizada por meio dos santos e de seres sobrenaturais. Um exemplo dessa condição está na prova do ordálio, que consiste em segurar uma barra de ferro incandescente, ação exemplar para se saber de que lado Deus está na hora de julgar o infrator. É "a prova por excelência da verdade mediante o milagre (que) é dada pelo Juízo Divino".[12] Curiosamente, existem profissionais mercenários que em determinadas situações, por exemplo, no caso de algumas mulheres acusadas, podem substituir as barras em julgamento, condição condenada pelos moralistas.

A noção de vínculo afetivo precoce talvez passe pela questão do contratualismo, contrato simbólico presente nas oferendas e na doação de Guibert à Virgem. Se do ponto de vista histórico-religioso "o símbolo é um sinal de contrato"[13], do ponto de vista afetivo essas preocupações mostram que existem nessa cultura a noção da importância do vínculo relacional mãe-bebê e das condições do seu entorno como fundamentais para criar o apego, *attachment*.[14]

A revelação de Guibert sobre o encontro com o seio materno logo após o nascimento confirma o conhecimento, pelo menos

11 *The miracles of Simon de Montfort*, ed. J. D. Halliwell (Camdem Society), 1849, p. 48; *Acta Santorum*, ed. J. Bbollandus and G. Henschenius, 1863-1940, Abr. 3, p. 649, citado por Shahar, op. cit., p. 36.

12 Le Goff. *A civilização do Ocidente medieval*, op. cit., vol. II, pp. 91-92.

13 Idem, p. 93.

14 Bowlby, J. (1969). *Attachment and loss*, vol. I e II. Basic Books.

intuitivo, da importância do encontro do bebê com o corpo materno, forma de reeditar uma condição equivalente àquela vivida na vida intrauterina. A presença física da mãe ou de sua substituta afetiva tem a função primordial da presença de uma figura humana que se envolva afetivamente nas funções de maternagem do bebê, por meio da relação com o seio ou seu equivalente. O estabelecimento de vínculos afetivos estáveis e contínuos permite estimulá-lo física e afetivamente por intermédio do seio, do olhar, do contato de pele, do acolhimento gerador do apego, dando origem aos complexos mecanismos de formação da imagem de si e a incorporação do outro – graças à função especular do olhar materno ou figura substitutiva –, na constituição dos primórdios do aparelho psíquico, da subjetividade e da mentalidade.

Guibert tem a percepção da existência de momentos críticos do desenvolvimento humano, como o nascimento e a proximidade da morte, que podem deixar marcas nas memórias consciente e inconsciente e interferir na vida posterior do sujeito, na definição de certos destinos quanto a conduta, sentimentos e identidade. Isso fica patente quando Guibert relata o retorno do bebê ao interior do corpo materno. O encontro com o seio se torna seu equivalente na vida extrauterina e revela profundo saber psicológico de sua importância na configuração da vida afetiva do bebê – imago marcante na visão cristã representada e venerada pela Virgem amamentando seu filho. É a evocação de momentos regressivos, por meio dos quais se busca amparo materno, amor, estímulo, consolo diante das frustrações da vida cotidiana e realização utópica do prazer. Pressupõe-se que esse seja um modelo fundamental proveniente da primeira ruptura – cesura – em decorrência do nascimento e suas consequências para a organização e desenvolvimento do aparelho mental. A hipótese é de que essa ruptura promove no sujeito o desejo inconsciente de um eterno retorno ao primitivamente vivido no suposto, e desejado, paraíso uterino, que adquire significado a partir da cesura do nascimento ao ser contrastado com vivências extrauterinas. Surge, então, uma angústia catastrófica, de incerteza e desamparo na capacidade de lidar com a vida, que leva o indivíduo a desejar o retorno a um estado mental anterior, de proteção, equivalente ao que teria vivido no interior do corpo materno – um encontro, em última análise, com a morte.

Entretanto, a Igreja de Guibert está preocupada com o Paraíso Celestial, a ser vivido no Além, quando se retorna ao pó, do qual se veio. Essa vivência inconsciente de resgate acompanha o sujeito ao longo da vida e em momentos regressivos e frustrantes retorna como busca de prazer, por intermédio de equivalentes àquela primeira experiência,[15] graças à capacidade de rêverie materno – estado mental ou de espírito no qual a mãe é capaz de captar e ressignificar os sentimentos do bebê. O bebê, por meio de identificações projetivas sobre o corpo/mente materno, comunicará um estado de ansiedade e terror ao qual ele é incapaz de dar sentido e que é vivido como intolerável. A atuação mediadora e moduladora da mãe receptiva e compreensiva possibilitará que o bebê incorpore esse estado e possa, assim, desenvolver sua própria capacidade de incorporação e reflexão sobre seus estados mentais.[16]

Quem sabe a projeção da busca da origem e do sagrado está no reencontro com essa primeira experiência emocional? Aquilo que para uns pode ser resgatado pela religião, para outros é resgatado pelo conhecimento racional e desenvolvimento de uma capacidade psíquica continente das ansiedades que acompanham as pessoas. Ou seja, uma capacidade para suportar o desconhecido, o imprevisível, as incertezas, o Deus interior/exterior que cada um almeja

---

15 Meltzer, D. (1985). L'objet esthétique. *Revue Française de Psychanalyse*, 49, 185-189.

16 Bion, W. R. (1962). Theory of thinking. *International Journal of Psychoanalysis*, 43, 306-310; Idem (1970). *Volviendo a pensar*. Paidós; Hinshelwood, op. cit., p. 464.

encontrar, desenvolver, conquistar ou alcançar na fé racional ou irracional diante do desconhecido, das angústias primitivas e catastróficas que podem assolar o sujeito. Metaforicamente, seriam as incorporações mental e simbólica de um útero virtual, por meio do qual se busca alcançar um certo acolhimento e energia para enfrentar as vicissitudes ansiógenas da vida: desamparo, perda, ignorância, incerteza, impotência constituintes do eu. Guibert, nessas circunstâncias, tem pouquíssimas alternativas, a não ser amparar-se no sagrado e na fé cristã diante do contexto pessoal e medieval incerto e inseguro, favorecedor de projeções persecutórias nos vários níveis de subjetividade. Está no reencontro simbólico do renascer na imagem da Virgem ou de Jesus-criança no colo de sua mãe o retorno equivalente da proteção materno-uterina, na esperança da paz.

Reflexões sobre o dia de nascimento

> *No momento em que é posto no mundo surge um pequeno ser débil, uma espécie de aborto. É verdade, ele nasceu e a termo, mas era comparável aos mais deserdados de que se tem conhecimento, e só podia se alegrar de uma coisa: a liberação da mãe. Este pequenino homem que acabou de ver o dia, era tão lamentavelmente definhado, cuja impressão era mais de um prematuro nati-morto. Magérrimo, a tal ponto mais fino que os pés de junco dessa região, que emergem da terra em meados de abril, parecem mais espessos por comparação, que meus pequeninos dedos. Nesse mesmo dia, como iriam mergulhar-me na fonte da salvação, uma mulher (contavam-me isto com frequência como brincadeira durante minha infância, e mesmo mais tarde), uma mulher como disse eu, me fez passar de mão em*

mão, dizendo: "Ele viverá? O que você pensa? A natureza definhante delineada: mais que um corpo, ela lhe deu um esboço de corpo!"[17]

Entre os familiares, as preocupações com o aspecto físico imaturo do bebê falam a favor da presença de sentimentos ambíguos de preocupação, temor, piedade, repulsa, ódio, esperança e alívio em relação à chegada do recém-nascido. Há frustração entre a imagem esperada e a constatação do seu aspecto físico imaturo. O relato de Guibert não se prende apenas à descrição de um evento histórico-social, ele vai além. Apresenta o recém-nascido como nascido a termo e de aspecto prematuro quanto ao seu desenvolvimento pôndero-estatural e quanto ao tempo de gestação. Podemos perceber que Guibert e seu entorno têm noções de prematuridade ponderal e abortamento – diante das quais há carência de tecnologia médica –, mas não da percepção da precariedade da situação do bebê. As pessoas presentes no momento do nascimento buscam dentro dos recursos existentes no contexto o amparo possível. O que está disponível na mente dessas pessoas, diante das angústias emergentes, é destinar Guibert a Deus sem ferir a tradição, que restringe missas no Sábado de Aleluia.

Indagamos que fantasias conscientes e inconscientes podem ter tomado conta dessa mãe e seu recém-nato em tais condições, quando ambos correm risco de morte súbita, antes mesmo do batismo e da confissão. Seria uma punição divina por pensamentos ou atos indevidos? Ou obra dos demônios e de bruxarias? "Satã é príncipe somente dos pecadores, pois Cristo resgatou com seu sacrifício o direito que o Diabo tinha sobre a humanidade", é uma concepção dominante na época de Guibert, período em que prevalece o pensamento agostiniano de que a natureza humana é sombria,

---

17 *De vita sua*, op. cit., pp. 19 e 21.

com predomínio do pecado e do mal.[18] Satã e seus derivados – os demônios – são polimorfos, geralmente antropomórficos, com aparência de animais. Tais crenças são tão comuns à época para justificar ansiedades e temores, bem como desejos mascarados nas recordações encobridoras de fantasias inconscientes, que escondem lembranças de vivências infantis armazenadas na memória. Os efeitos das recordações encobridoras perduram e permanecem silenciosos ou oferecem apenas um número relativamente pequeno de lembranças isoladas. Isso porque há tendência a se esquecer das que causam profunda impressão, principalmente dolorosas, e que ficam reprimidas ou recalcadas na memória inconsciente, difíceis de serem resgatadas.[19]

Profunda intuição psicológica revela-se em Guibert:

> *Eu sei, e recusar de acreditá-lo não é permitido, como nessa vida ela particularmente me desejou, como teve sentimentos evidentes por mim. Afinal, as mães não se mostram sempre mais afetuosas com os seus caçulas? Com maior razão, agora, na presença de Deus, ela não me abandona. Após sua juventude ela esteve plena do ardor de Deus em Sion.*[20]

Ingenuidade ou não, Guibert entende que ocupa uma posição privilegiada junto a sua mãe, como filho caçula, e por isso é o filho mimado e talvez o preferido. Esse sentimento pode ser autêntico, porém pode não corresponder à realidade afetiva da mãe e nem mesmo à de Guibert. Essa ideia é bastante frequente, mas não assegura a exclusividade desse sentimento, pois pode camuflar a

---

18 Baschet. Diabo. In Le Goff & Schmitt, *Dicionário temático*, op. cit., vol. I, pp. 319-331.

19 Freud, S. Los recuerdos encubridores, op. cit., vol. I, pp. 330, 331-341.

20 *De vita sua*, op. cit., p. 17. Isaías, XXXI: 9, *Bíblia Sagrada*, op. cit., p. 933.

presença de outras manifestações afetivas da mãe em relação ao filho caçula. Atitudes superprotetoras podem acobertar outros sentimentos, como o de rejeição. Guibert retrata a existência de diferenciação nas relações afetivas precoces entre pais, ou, pelo menos, entre mãe e filhos e, consequentemente, entre irmãos. Denotam preferências que podem estar relacionadas ao sexo, ao temperamento, a identidades espelhadas ou cruzadas de aspectos de si admirados ou odiados, projetados sobre os filhos. Os filhos podem ser vividos como competidores, rivais, tanto por meio de conluios fantasiosos quanto concretos, de natureza agressiva ou sexual. Os sentimentos dos pais em relação aos filhos, por mais queridos que sejam, costumam ser ambivalentes e contêm, reciprocamente, forte componente hostil.[21]

O carinho e o zelo dedicados por sua mãe devido a ser ele o filho caçula, com os acréscimos da situação traumática do nascimento, podem ter gerado uma atitude materna e familiar superprotetora. São fenômenos capazes de gerar sentimentos contraditórios de amor, ódio, culpa, flagelo, penitência e reparação dos pais em relação ao filho e vice-versa. Trata-se, portanto, de um conjunto de afetos que carregam o peso do contratualismo presente nas relações feudo-vassálicas e do juramento de entregar o recém-nato a Deus. É dentro desse clima vincular afetivo, religioso, ético e moral que Guibert deve encontrar forças para sobreviver, viver e construir sua identidade.

Os binômios superproteção/rejeição, piedade/culpa são afetos que podem mascarar o ódio latente dos pais contra o bebê ao camuflarem sentimentos tidos como indesejáveis à consciência

21 Levisky, D. L. (1978). A criança negligenciada e a criança espancada. In Alcantara, P., & Marcondes, E., *Pediatria básica*, vol. 2 (pp. 913-914). Sarvier; Levisky, D. L. A crise dos pais na adolescência dos filhos. In *Adolescência – reflexões psicanalíticas*, op. cit., pp. 145-158; Rascovsky, A. (1975). *La matanza de los hijos y otros ensayos*. Kargieman.

ameaçada por amor e temor das provações divinas. Atitudes parentais, mesmo inconscientes, frente a um filho sentido por eles como ameaçador, podem deixar marcas na memória inconsciente do bebê. Situações traumáticas, isoladas ou repetitivas, intensas ou resultantes de microtraumas cumulativos agem no desenvolvimento da personalidade e da identidade de Guibert.

Apesar das situações traumáticas do período perinatal, Guibert parece não carregar sequelas neurológicas em seu desenvolvimento. As atitudes protetora e superprotetora materna e familiares posteriores podem ter compensado e atenuado as consequências dos sofrimentos traumáticos, devido à presença efetiva e contínua dos objetos amorosos, pais e substitutos, no desenvolvimento das primeiras relações afetivas de Guibert.

O monge Bartolomeu, o Inglês, do século XIII, enfatiza a importância do investimento afetivo materno no desenvolvimento do bebê. Diz ele: "Ela o concebeu na luxúria, ela o deu à luz no sofrimento, ela o ama e o beija. Por causa do seu amor, os cuidados dela são os melhores de todos e ajudam a reforçar a emoção materna".[22]

Guibert, um século antes, já havia deixado clara a percepção da importância da relação entre o bebê e sua mãe, fato que possibilita inferir a consciência psicológica dele em relação aos cuidados materno-infantis, o papel do bebê para sua mãe na continuidade da família. Sua autobiografia leva a pensar que as crianças não são abandonadas ou indiferentes para essa cultura. O que ele descreve é a existência de uma crise ou patologia social, mobilizada em parte pela Igreja, e que desloca o amor para a adoração divina, como expressão suprema da fé cristã.

22 Bartolomeu, O Inglês, op. cit., livro 6, cap. 7, tradução de John Trevisa, p. 303, citado por Shahar, op. cit., p. 55.

> *E o Senhor pronunciou todas estas palavras: Eu sou o Senhor teu Deus, que te tirei da terra do Egito, da casa da servidão. Não terás outros deuses diante de mim. Não farás para ti imagem de escultura, nem figura alguma do que há em cima no céu e do que há em baixo na terra, nem do que há nas águas debaixo da terra. Não adorarás tais coisas, nem lhes prestarás culto; eu sou o Senhor teu Deus forte e zeloso, que vinga a iniquidade dos pais nos filhos, até à terceira e quarta geração daqueles que me odeiam; e que usa de misericórdia até mil (gerações) com aqueles que me amam e guardam os meus preceitos.*[23]

Esse mandamento é vivido pelos fiéis cristãos, concretamente, adorando e racionalizando imagens e o filho de Deus na terra, fazendo com que populações, dominadas por um sentimento focal sobre essa ideia, ponham de lado filhos, família e bens para viver em plenitude o amor que salva. É um pensamento totalitário, um refúgio diante das ameaças que representa a vida secular.

Tudo leva a crer tratar-se de um estado regressivo e contagiante das massas, no qual o sujeito perde sua identidade individual e adquire uma identidade coletiva. Os pais crentes e tementes a Deus abandonam tudo, não apenas seus filhos, por amor a Deus, conduzidos pela fé.[24] Corroborando tais atitudes, Guibert narrará com detalhes que, aos 12 anos, sua mãe irá deixá-lo aos cuidados de terceiros para se refugiar no monastério de Laon.

Dos pontos de vista médico, histórico-psicanalítico e psicoeducacional, podemos sugerir que a infância nessa época tem seu espaço preservado em função de sua visão de mundo e da estrutura

---

23 Êxodo, XX: 1-6, *Bíblia Sagrada*, op. cit., p. 100.

24 Freud, S. Psicologia de las masas y analisis de yo, op. cit., vol. III, pp. 2507-2541.

social prevalente. Guibert descreve com absoluta nitidez as preocupações existentes em relação a seu processo educacional.

As condições afetivas e relacionais precoces são fundamentais para o desenvolvimento adequado das funções psíquicas do bebê, na formação dos organizadores internos e de suas potencialidades psíquicas, especialmente durante os primeiros anos de vida. A falta concreta e contínua do objeto real externo de investimento afetivo provoca consequências graves na organização psicopatológica. Perdas ocorridas ao redor do oitavo mês de vida podem gerar um quadro clínico denominado depressão anaclítica. Esse processo depressivo pode deixar sequelas que emergem em determinadas circunstâncias posteriores da vida. Isso porque o bebê traz em seu equipamento elementos inatos, as protorrepresentações, que se tornam representações resultantes do encontro estabelecido entre o bebê e o corpo materno, por exemplo, durante o ato da amamentação. Nos primórdios do processo de simbolização da criança, é fundamental a ausência do seio após um período de presença, para que o bebê tenha, ao evocar a lembrança do seio, a vivência alucinatória da satisfação, incorporada pelas experiências gratificantes proporcionadas pelo contato com o corpo e o leite maternos.

Outro conceito psicanalítico é o da preconcepção do seio na mente do bebê, algo que vem na sua carga genética e que se transforma em concepção no encontro com o seio real, que produz experiências emocionais gratificantes e frustrantes. A partir de um conjunto de reflexos inatos, como os cardinais, o bebê orienta-se na busca do seio e na apreensão do mamilo ou de seu equivalente. Temos a ilusão de que o bebê possui um controle onipotente sobre a mãe, fazendo-a estar lá onde ele necessita que ela esteja. Progressivamente, ele aprende a lidar com as frustrações, condições que estruturam o conceito "mãe suficientemente boa". Sobre esses primórdios da construção das relações de objeto que ficam armazenadas numa memória emocional, vinculadas à organização do eu e à construção do narcisismo, podemos afirmar a importância fundamental da qualidade dos vínculos afetivos precoces no desenvolvimento da personalidade, a partir do sentimento de confiança básica.[25]

Em condições orgânicas e afetivas saudáveis, e supridas as necessidades básicas para a sobrevivência, desenvolvemos a atividade simbólica, o universo das representações mentais ligadas à percepção de si e do outro, do esquema corporal, do imaginário, da mentalidade, das imagos parentais infantis, da identidade, da subjetividade. São complexos sistemas de integração e articulação de sentimentos, valores, características culturais, ações, pensamentos, processos conscientes e inconscientes, desenvolvidos entre as várias instâncias, que serão reelaborados durante a resolução edípica da infância e, posteriormente, na entrada para a vida adulta.

Entretanto, na história inicial da vida de Guibert, os períodos pré, peri e pós-natal mostram-se turbulentos, podendo ter comprometidas as condições iniciais de maternagem e gerando suspeitas sobre as condições de desenvolvimento do bebê. No pós-parto imediato e tardio, a condição desejável de "preocupação materna primária" está comprometida por um suposto quadro depressivo materno. O estado mental de "preocupação materna primária" está compensado em parte pela oferenda do bebê à Virgem. Essa condição mental materna inconsciente e necessária possibilita que a mãe estabeleça com o bebê uma relação psicológica que tende a substituir aquela existente na vida intrauterina, para, num momento

---

25 Spitz, R. (1983). *O primeiro ano de vida*. Editora Martins Fontes; Bowlby, J. *Attachment and loss*, op. cit.; Freud, A. (1976). *Infância normal e patológica – determinantes do desenvolvimento*. Zahar; Piaget, J., & Inhelder, B. (1990). *A psicologia da criança*. Bertrand Brasil; Piñol-Douriez, M. (1984). *Bébé agi-bébé actif: l'émergence du symbole dans l'économie interactionnelle*. PUF; Winnicott, D. W. (1975). *O brincar e a realidade*. Imago; Ogden, T. (1996). *Os sujeitos da psicanálise*. Casa do Psicólogo/Clínica Roberto Azevedo.

posterior, ajudá-lo também a aprender a lidar com as frustrações e, assim, desenvolver suas potencialidades.[26]

A mãe de Guibert também está em péssimas condições de saúde física e psíquica, podendo dar pouca atenção a ele, mas tendo a ajuda da parentela que veio em seu socorro, substituindo-a nas funções maternas, amenizando as angústias decorrentes desse parto traumático. Condições de extrema tensão por ocasião do nascimento podem gerar ansiedade intensa de natureza catastrófica, proveniente da primeira cesura, habitualmente atenuada pelos cuidados maternos, que buscam reproduzir uma certa equivalência da proteção na condição intrauterina. Quando essas funções falham, o ódio vivido pela criança afeta tanto a organização primitiva da relação eu/objeto primitivo quanto a estruturação do superego, que pode se tornar extremamente cruel: "a primeira defesa imposta pelo ego está em relação com duas fontes de perigo: o próprio sadismo do sujeito e o objeto (interno) que é atacado", precursores do sentimento de culpa.[27] Esses elementos da vida psíquica podem ser exacerbados pela cultura, ao valorizar a dor como penitência e provação, sinais de Deus lidos pelos sábios da Igreja como exigências divinas de provas de amor e fé.

Constatamos que esses processos da vida primitiva do bebê dependem da pulsão, do objeto, das transformações decorrentes das fantasias inconscientes, das interferências do imaginário sobre a construção da subjetividade em seus diferentes níveis relacionais, intra, inter e transubjetivos. São processos contínuos, interligados

---

26 Winnicott, D. W. (1978). Preocupação materna primária. In *Da pediatria à psicanálise* (pp. 491-498), Francisco Alves Editora; Levisky, D. L. (1995). Moral, superyo, delincuencia y democracia – aprehensión de una coyuntura emocional, a partir del pensamiento Winnicottiano y su interacción con la sociedad contemporânea In *Anais do Congresso da FEPAL*. Santiago do Chile.

27 Klein, M. (1970). A importância da formação de símbolos no desenvolvimento do ego. In *Contribuições à psicanálise* (pp. 295-313). Mestre Jou.

e interatuantes, que possuem diferentes velocidades de transformação em cada um dos seus níveis e aspectos envolvidos – egoicos e superegoicos, conscientes e inconscientes. Visto dessa forma, o complexo de Édipo torna-se apenas um dos componentes participantes da construção do sujeito e não mais o epicentro da interface entre a cultura e as organizações psíquicas consciente e inconsciente do sujeito.[28]

Além das situações traumáticas já assinaladas, o bebê Guibert necessita de pronto corresponder a uma intensa e determinante expectativa em relação à sua vida, ao ter de corresponder à determinação de seus pais e da comunidade de tornar-se monge e servir a Deus. Esperança, compromisso e temor fazem da maciça presença do sagrado e da fé componentes intrínsecos de sua formação ética. O sagrado é tudo que pertence ao divino e, por meio do sagrado, o ser humano estabelece com Deus uma relação viva, de sentimentos de pavor e de fascinação que podem ser vivenciados por intermédio de sensações provenientes do espaço, de um objeto ou evento, cuja revelação do divino faz o ser humano sentir-se nulo, pois é uma realidade que não pertence ao mundo natural e profano.[29]

As condições traumáticas vividas por Guibert, por ocasião do seu nascimento, podem ter despertado ódios materno e filial, que, enclausurados ou projetados, fazem parte do mundo oculto, das forças sobrenaturais, ocasionando situação de intensa penúria

---

28 Puget, J., & Berenstein, I. (1994). *Psicanálise do casal.* Artes Médicas; Berenstein, I. (1996). Releyendo "Família y estructura familiar" 10 años después. In Berenstein, I. y otros, *Familia e inconsciente* (pp. 13-33). Paidós; Bleichmar. Entre la producción de subjetividad y la constitución del psiquismo, op. cit., pp. 41-59.

29 Levisky, A. B. (2000). *Sinagogas: a sacralização do espaço e a espacialização do sagrado* (pp. 54-57) (Dissertação de mestrado). Departamento de Letras Orientais, Faculdade de Filosofia, Letras e Ciências Humanas, Universidade de São Paulo, São Paulo; Eliade, M. (1992). *O sagrado e o profano.* Editora Martins Fontes.

para ambos, mãe e filho. O mundo oculto é um mundo sagrado. É por meio dessa vínculação que se estabelece o valor simbólico da oferenda, uma hierofania na qual se busca a chave explicativa para se desvendar o mistério oculto nessa condição de nascimento.[30] Sofrer é uma prova de submissão divina, pois assim se pode estar entre os justos e os eleitos. Essas condições têm como consequência a exacerbação de aspectos narcísicos do ego ou a contraparte, a expressão simbólica do fracasso. Obra do Diabo que, ao carregar em si a fragilidade da natureza humana, torna o ser humano propenso aos pecados, vítima de mau-olhado e outros presságios. Trata-se de condições que podem direcioná-lo a pender para sentimentos excessivos de orgulho de si ou de intensa violência instalada no superego, capaz de destruir a autoestima, a iniciativa e a criatividade e determinar a perda da espontaneidade. Esta ainda pode estar relacionada a fatores externos, com capacidade para promover estados de submissão ao poder constituído pelos adultos e pela cultura. São estados mentais defensivos, de profunda violência contra si próprio, de apatia pelo sentimento de violação da natureza espontânea do ser.

A queixa inicial de Guibert, a letargia, pode ter tido origem nesses fenômenos inconscientes, que interferem no processo de identificação, no conjunto de sua economia e dinâmica psíquicas. O contexto da feudalidade, ao estabelecer uma relação de poder autoritário e vertical dentro do contratualismo, propaga-se nas relações familiares e institucionais e restringe a amplitude dessa espontaneidade.

---

30 Le Goff. *A civilização do Ocidente medieval*, op. cit., vol. II, p. 93.

Fui oferendado a Nossa Senhora

Venho te dizer, meu Deus, a ti, suprema Bondade, que tu me deste uma esperança, pelo menos uma espécie de esperança, por mais sombria que seja, ao permitir que eu nasça, e que eu renasça nos momentos que antecedem um dia tão glorioso, permitindo em seguida, minha oblação àquela que, depois de Deus, é a rainha do universo. Entretanto, Senhor Deus, a razão pela qual recebi de ti não é suficiente para me fazer ver que o dia do nascimento, não mais que o da morte, não confere nada àqueles que vivem sem trazer fruto? Se é evidente e irrefutável que os méritos não podem preceder o dia do nascimento, eles podem por outro lado, preceder o da morte. Mas se ocorre passar a vida sem fazer o bem, então declaro, não terá servido de nada o dia do nascimento ou mesmo o dia da morte, caso tenha sido um dia glorioso.

Se é verdadeiro, de fato, que é Ele que me fez nascer e não eu que me fiz por mim mesmo, se não determinei previamente o dia, nem mereci que ele fosse definido, este dia – dom de Deus, só me atinge de esperança e de honra, na medida em que minha vida responde à santidade que este dia implica, uma vez ocorrido o presságio. O dia do nosso nascimento refletiria plenamente a solenidade dessa data se o zelo de nossos atos realizasse integralmente a virtude à qual nós aspiramos; o caráter glorioso do dia de nascimento aparecerá como uma graça merecida pelo homem, se a perseverança de sua alma na virtude glorifica o dia de sua morte.[31]

---

31 *De vita sua*, op. cit., p. 21.

Guibert possui um conhecimento intuitivo e religioso quanto à importância das respostas psicológicas relacionadas às datas marcantes de uma experiência emocional significativa, como o dia do nascimento, que produz vivências relevantes e desdobramentos que ressurgem no aniversário dessa data. O indivíduo tenta "inconscientemente dominar os afetos consequentes à experiência, evitando sua rememoração consciente".[32]

No pensamento cristão, a data de nascimento é duplamente importante, visto que o batismo é o renascer em Cristo, protótipo da esperança revelado por Guibert em profunda gratidão aos pais internalizados, espirituais e terrenos, essências da capacidade reparatória inspirada Nele. Guibert nasce e renasce num dia glorioso, fonte de energia e de esperança necessárias para enfrentar as vicissitudes da vida que o acompanham desde o nascimento.

A data de nascimento também pode representar um determinismo interior presente na crença, na causalidade e na superstição de que "certas insuficiências de nossos funcionamentos psíquicos e certos atos aparentemente involuntários demonstram-se motivados e determinados por fatores desconhecidos da consciência". Eles expressam núcleos de conflito ativos no inconsciente e que remontam à consciência em determinadas circunstâncias.[33] São movimentos tanto regressivos, que permitem a reorganização do sistema psíquico para a retomada do desenvolvimento, como traumáticos, na dependência das vivências por eles despertados. Para Guibert, a renovação se dá a partir da bondade de Deus e da reparação dos objetos internos destruídos ou ameaçadores, que possibilitam a ele prosseguir sua trajetória de forma suportável.

---

32 Cassorla, R. S. (1986). Reações de aniversário. *Jornal de Psicanálise*, *XIX*(38), 25-39. O autor cita o caso de Vincent Van Gogh, que se suicidou em 29 de julho, no dia e mês do seu nascimento e data do falecimento do seu irmão. Van Gogh recebeu o mesmo nome e número de registro do falecido: 29.

33 Freud, S. Psicopatologia de la vida cotidiana, op. cit., vol. I, pp. 755-931, p. 906.

> *Quanto a ti, soberano do mundo e dos céus, depois do teu Filho único, como foram bem inspirados aqueles que me dedicaram a ti nessa extrema necessidade! E se tivesse me inspirado melhor por mim mesmo, tornando-me um homem, teria configurado meu coração no conteúdo desse voto! Reconheço sim, que fui dotado de um dom especial, mas por hora não nego que, frequentemente, de maneira sacrílega e consciente, eu me desviei de ti. . . . Ainda que me consumisse, pensando mil vezes nos pecados, por causa de tua incansável ternura, sinto renascer minha confiança, coragem e esperança pela caridade de tuas misericórdias anteriores. . . . Mas, por que qualificá-las de anteriores? Tantas vezes experimentei, experimentei a tal ponto, cada dia, a constância de tuas misericórdias! Tu me retiraste frequentemente da sedução do pecado! Uma vez que a repetição dos pecados gera em meu coração um cruel endurecimento, logo um retorno instintivo em tua direção suaviza-me.*[34]

Ter dado Guibert em oferenda à Virgem, ideal de mãe e de mulher, é uma forma simbólica do renascer, gratidão aos pais e, principalmente, a Deus. A devoção à Virgem remonta ao século IV, fervor que se expandiu com o tempo, materializado nas inúmeras igrejas e santuários construídos em seu louvor. Esses fatos ajudam a compreender a devoção de Guibert e a decisão de seus pais em prometê-lo à Virgem, naquele momento crítico entre a vida e a morte. São elementos da cultura incorporados como parte do processo identificatório nutriente de amor, fé, misericórdia, encorajamento, confiança e esperança ao longo da vida. Maria é para o povo

---

34 *De vita sua*, op. cit., p. 23.

cristão do Ocidente medieval um "sinal que manifesta as entranhas materiais de Deus, do Deus bíblico, que a um só tempo é Pai e Mãe". Nesse século (XI), o culto a Maria torna-se popular como um "símbolo da Igreja e vínculo unitário de comunhão" e Roma vê nessa condição uma possibilidade de fortalecer-se e à Igreja. Progressivamente, a missa e a reza das horas à Santa Maria, realizadas aos sábados, difundem-se entre as muitas ordens religiosas: cluniacenses, cartuxos, cistercienses, dominicanos, beneditinos.[35]

Com a reforma centralizadora de Gregório VII, surgem catedrais dedicadas à Maria, compartilhando as honras com o padroeiro das localidades, fenômeno que incrementa o culto aos santos. Entretanto, há aqueles que censuram essa tendência a venerar a imagem da Virgem, pois surgem temores de resgate das tendências pagãs, como o culto à Cibele – a mãe dos deuses –, fato que representa uma ameaça ao cristianismo, na medida em que ela pode ser confundida com a Mãe de Jesus. Por outro lado, a Igreja começa a modelar um Jesus mais humano, sofredor como os pobres, não majestoso como antes, e que acompanha a imagem de sua Mãe. A Virgem não será mais exaltada como *Theotokos*, Mãe de Deus, mas como a mãe que compartilha as alegrias e as dores da vida de seu Filho, misericordiosa, compassiva e acolhedora dos que sofrem.

A figura de Jesus criança não é tão popular no seio dessa coletividade medieval, porém há relatos que falam de crianças. São narrativas de milagres ocorridos com crianças que se curaram como consequência das preces feitas por seus pais a algum santo e de outras que são tidas como portadoras de poderes milagrosos, na contraposição entre criança divina e criança humana. Trata-se de

---

35 Borobio. *A celebração na Igreja III – ritmos e tempos da celebração*, op. cit., p. 206-209.

um fenômeno demarcatório para se compreender a história contemporânea da infância e da família no contexto de Guibert.[36]

Morte de meu pai

> *Eu havia nascido há pouco. Havia eu apenas aprendido a agitar os chocalhos, que tu, meu santo Senhor, viria me servir de pai, tu me tornaste órfão. De fato, eu tinha exatos oito meses quando a carne de meu pai expirou. Quantas graças te foram dedicadas por me ter permitido que este homem morresse dentro dos sentimentos cristãos, pois se ele tivesse vivido, teria, sem nenhuma dúvida, contrariado tuas determinações providenciais a meu respeito. De fato, minha presteza, bem como uma certa vivacidade natural numa idade ainda tenra, pareciam dever me orientar na direção da vida secular: também não era duvidoso para ninguém que, quando chegasse à idade adequada para o estudo das letras, meu pai quebraria a promessa que havia formulado sobre a minha pessoa. Tu a tens, boa Providência, disposto sadiamente de uma parte e de outra: eu não fui de nenhuma maneira privado dos cuidados rudimentares de tuas doutrinas, e ele não rompeu o juramento que havia prestado.*
>
> *Fui, então, criado graças aos cuidados atentos desta viúva que era fielmente tua.*[37]

36 Bonney, F. (1980). Enfance divine et enfance humaine. *Senefiance*, 9, 9-23; Lett, op. cit., p. 13.

37 *De vita sua*, op. cit., p. 25.

A perda prematura do pai, aos 8 meses de vida, tem repercussão aparentemente menos significativa em seu processo identificatório, pois Deus está lá presente, seu Grande Pai identificado nas figuras de Cristo e da Virgem. Seu nascimento é redobrado no ato do batismo e diante da cruz, expressão da dor no pecado de ter nascido, sofrido e sobrevivido. No cristianismo medieval, a questão não está em morrer, mas no estado da alma ao morrer, estigma que acompanha o imaginário e a imaginação de cada um desde o nascimento, ao longo da vida e, principalmente, na hora do Juízo Final.

As consequências dessas situações traumáticas no início da vida, associadas a vivências catastróficas, aliam-se na configuração de núcleos depressivos e lesivos à formação da autoestima. A letargia e a depressão que acompanham Guibert ao longo da vida são resultado desse conjunto de fatores internos e externos iniciados na tenra infância, que deixaram marcas na vida adulta e "constituem a causa mais profunda e a base dos sentimentos de culpa", como valores inconscientes incorporados. Instalados no superego, esses valores éticos e morais contribuem para a constituição do mosaico de afetos que integram a personalidade de Guibert.[38] São hipóteses que sugerem a complexidade das repercussões na organização, na dinâmica e na atividade simbólica de sua mente, que tem na religião determinantes contribuintes tanto na geração de aspectos ilusórios, insegurança e inferioridade, quanto na organização e na orientação da personalidade.[39]

Os medos do Juízo Final, da ocorrência da morte súbita sem o beneplácito do batismo, da presença de sentimentos hostis da e contra a mãe de Guibert são atenuados graças às ações reparatórias da crença e da fé em Deus. Percebemos ambivalência nas relações

38 Klein, M. *Psicanálise da criança*, op. cit., p. 28.

39 Freud, S. El malestar en la cultura, op. cit., vol. III, p. 3017. Ver também Totem y tabu e El Porvenir de una Ilusión, op. cit.

afetivas descritas por Guibert entre amor e ódio parentais por causa do sofrimento acarretado pelo bebê. O pai capaz de fazer e quebrar promessas. A mãe que se deitou e ofereceu seu corpo àquele que é feito prisioneiro, volta da batalha para fecundá-la e morre. São angústias que podem ter sido projetadas também sobre o feto, acumulando sentimentos hostis, peso de mais uma gestação – desejada ou não –, em meio a tantos conflitos pessoais e relacionais.

Guibert vive uma batalha emocional. Acredita que seu pai, caso tivesse sobrevivido, o teria encaminhado para a vida de cavaleiro e não à monástica, quebrando a promessa inicial de ofertá-lo a Deus – ofensa primordial às bases das relações sociais de interdependência, o contratualismo. Essa morte é vista por Guibert como positiva, pois Deus, Guibert e a comunidade foram poupados desse infortúnio. Todos lavam as mãos. Essa ocorrência leva a pensar na presença de uma imago paterna frágil, como o quebrador de uma promessa vital. Parece ser uma imagem mais autêntica a desse pai que, uma vez ultrapassada a fase de angústia devida aos perigos da morte, teria optado por sentimentos terrenos coadunados com suas origens militares, classe nem sempre cumpridora dos preceitos religiosos que impregnam a aristocracia feudal.

Na aparência, ninguém precisa se responsabilizar pelo pecado, pois tudo está como o esperado. Guibert parece não ter consciência de que o peso da culpa pode estar no ódio e no mascaramento dos reais sentimentos, justificado pela presença da Providência salvadora. Esse mecanismo defensivo mágico e sagrado é bem explorado pela Igreja, que parece assim preservar suas crenças e seus interesses doutrinários e outros, não tão santificados, como o domínio dos bens acumulados em seu nome.

O espaço que deveria ser ocupado pela imago do pai falecido na mente de Guibert é exíguo e foi ocupado por Deus e outros representantes terrenos, como São Gregório e o pedagogo que o acompanhou por inúmeros anos durante a infância. Sabemos da importância dada à figura do pai, transmitida pelo inconsciente materno, mesmo quando esse pai real está ausente ou é falecido. Quando a figura paterna não está adequadamente representada no inconsciente materno, os filhos ressentem-se pela falta de modelo identificatório. O fato de Guibert ter sido destinado a Deus e de viver numa família clerical pode ter contribuído para que ele construísse, pela representação de Deus, a figura interior de um pai bom e generoso.

A gratidão de Guibert à Providência divina, portanto salvadora, de um lado, pode ser parcialmente falsa, porém, de outro, esconde o ódio contra aquele que o submetera a tantas intempéries e que o privara precocemente do convívio com o pai. Mas sofrer não é uma prova de amor a Deus? Não haveria muitos subterfúgios enaltecidos por essa cultura de aparências? Essa relação de Guibert com Deus não é específica dele. Há uma realidade cultural, graças ao conjunto de valores pregados pela Igreja, reforçados pela aristocracia feudal e incorporados por sua família, que o estimula nessa direção.

Apesar da imagem negativa do pai terreno, há outra imagem, respeitosa, que Guibert carrega desse pai, cuja morte se deu dentro de valores cristãos. Precocemente órfão, há em Guibert Deus-Pai incorporado, norteando sua vida, desde os primeiros momentos. Guibert utiliza uma expressão que pode ter significado ambíguo, ao dizer que *a carne expira*, em seu aspecto terreno, isto é, o corpo que morre, mas que preserva a vida espiritual no pós-morte. Porém, *a carne expira* pode ser compreendida também como a carne horripilante, a concupiscência, a tentação do mal, a fornicação da qual o espírito se livra para se preservar no Além, no Paraíso Celestial.

Estar vivo é estar tomado pelo pecado, fruto da tentação, da sexualidade, da concupiscência, impurezas que Guibert reconhece no pai e, em última análise, em si mesmo. Évrard tem um passado suspeito: impotente, pai de um filho bastardo falecido por influências malignas de terceiros e suposto quebrador de promessas, fatos que o desvalorizam como pai. Prisioneiro, posto em liberdade graças às influências da família materna, logo depois veio a morrer. Guibert e a família preservam na memória uma imagem precária de Évrard como bom cristão. A relação de Évrard com a esposa é conturbada, pelo menos no início da vida conjugal, devido às suspeitas de que ele tenha sido impotente, pois vários anos se passaram (dizem sete) após o casamento sem a prova de sangue e sem filhos. Alguns questionam se o casamento se consumou e sugerem a ele provar sua virilidade e potência tentando com outra mulher. Um casamento sem herdeiros põe em risco a linhagem familiar, visto que a esposa é de nível aristocrático superior.

Nesse meio-tempo, Évrard teve um filho bastardo que logo veio a falecer e que foi cuidado pela mãe de Guibert. Distante de casa devido às jornadas militares, esse homem tem hábitos questionáveis, como a prevaricação, porém tolerados na vida militar, assim como pelas leis eclesiásticas e cíveis.

Cronistas da época notam a existência de relação entre o número de crianças abandonadas e vendidas e questões demográficas e econômicas. O rico deposita seus filhos bastardos em creches e orfanatos, enquanto os pobres assumem os legítimos e os bastardos na família. Nas casas de algumas amas de leite há crianças bastardas para serem criadas junto com os seus filhos, nem sempre bastardos. Há indícios de uma certa preocupação com as crianças órfãs e abandonadas. Conta-se que, no final do século XII, Guy de Montpellier funda a Ordem do Espírito Santo, cuja missão é cuidar delas. Há notícias de que crianças são exploradas sexualmente, no trabalho e de várias outras formas.[40] Entretanto, a Igreja pune

40 Bienvenu, J. M. (1966). Pauvreté, misères et charité en Anjou aux XIe et XIIe siècles. *Moyen Age*, *72*, 212-235, 408-409, citado por Shahar, op. cit., p. 101.

com excomunhão os pais que abandonam sua prole, e o direito canônico legisla que os filhos bastardos devem dividir direitos e responsabilidades, administrados pelo pai. Mães de crianças nascidas fora do casamento podem pedir ajuda à corte eclesiástica para impor ao pai as responsabilidades financeiras, de acordo com suas possibilidades. Enquanto a criança bastarda cuja mãe não é casada traz problemas, o filho bastardo de uma mulher casada é aceito na família e considerado legítimo. Nesse caso, nem o marido nem o juiz desejam investigar profundamente a questão, mesmo porque é muito difícil provar a bastardia. A Igreja distingue entre o bastardo nascido de um casal não casado e um nascido do adultério, do incesto ou de pai desconhecido.[41]

Guibert parece carregar um sentimento hostil contra o rival do mesmo sexo deslocado sobre Évrard, o que seria impossível de fazer sobre a figura de Deus. A imago paterna preservada em Guibert contém uma duplicidade: um pai celestial e outro terreno, à semelhança da dupla imagem materna. A dualidade parental é evidente em Guibert, a idealizada e a terrena, sendo que a idealizada se confunde com as figuras de Deus, Cristo e a Virgem Santa, de quem sua mãe se aproxima. A idealização dos pais celestiais é muito valorizada pela cultura. Há um jogo antitético de imagens que sugere a presença de pais idealizados, puros e inalcançáveis, e de pais da realidade, impuros perante a fé e frustrantes na vida secular, por serem terrenos. Porém, todos são provedores e demonstram amor.

Há, no amor de Guibert pela mãe, fantasias primitivas incestuosas transformadas em qualidades psicoafetivas: identidade, ternura e admiração, mas também alguma percepção da sensualidade

---

41 *Fleta*, ed. H.G. Richardson, G.O. Sayers, Selden Society, Londres, 1955, vol. II, cap. 5, p. 14; *Bracton on the Laws and Customs of England*, ed. and trans. S. Thorne, Cambridge, Mass., 1968, vol. II, p. 31; *St.Raymundi de Peniafort Summa de Poenitentia et Matrimonio*, Farnborough, 1967, pp. 579-581, citado por Shahar, op. cit., ver nota 188, p. 293.

dela, ao retratar a sua beleza física e a presença do ardor sexual da juventude.

Identificamos no imaginário infantil de Guibert a figura combinada dos pais, fantasia inconsciente que representa os pais unidos num coito perpétuo. Uma fantasia criada pela criança, num estágio muito precoce do seu desenvolvimento, de que seus pais estão unidos no prazer do encontro do corpo da mãe com o pênis do pai, característica dos estágios iniciais do complexo de Édipo – fantasia que desperta na criança profundo sentimento de ciúme e inveja, além do temor de vir a ser retaliada diante do desejo de se interpor entre eles. Essa condição se agrava em situações de intensa frustração, pois as vivências do bebê sugerem que esses pais são vistos como figuras muito temerárias.[42]

A presença de figuras combinadas de pais celestiais, protetores, poderosos, severos e inalcançáveis pode despertar sentimentos violentos, capazes de serem transformados em quadros delirantes, graças às atuações superegoica e narcísica. As tensões do bebê Guibert se agravam devido às vivências oriundas dos traumas de nascimento e do temor da morte súbita, que podem ter ocorrido na meio familiar antes do batismo. Além disso, há ainda o fato de ter nascido num Sábado de Aleluia. Esse conjunto complexo de afetos é capaz de gerar, no desenvolvimento dos processos edípicos precoce e tardio, conflitos identificatórios intensos, incrementados pelos valores da cultura relacionados a Deus, ao Além e ao pecado.

Tais hipóteses poderão ser confirmadas no decorrer do processo de desenvolvimento de Guibert, ao longo da infância e da passagem para a vida adulta. Entretanto, ele deixa clara a existência de identificações diretas e cruzadas a partir de suas relações com personagens concretos e virtuais, presentes em seu meio familiar

42 Klein, M. *Psicanálise da criança*, op. cit., pp. 101-102, 173-202.

e cultural, como modelos que exercem influências no seu direcionamento de vida.

As recordações de Guibert levam a pensar que a família se reúne e conversa sobre coisas do passado. Os pais são figuras importantes nessa família, fato corroborado no contexto medieval: Santo Agostinho, Bartolomeu – o Inglês e Tomás de Aquino escreveram sobre a importância da função parental para o desenvolvimento dos filhos. O pai é visto como provedor, esteio, educador, racional, possuidor de poder e autoridade e está destinado à tarefa de educar e punir os filhos. A mãe é tida como a provedora de afetos, a que oferece os primeiros cuidados e a que faz a administração da casa. É ela quem dá os primeiros ensinamentos e transmite os valores religiosos. Aos padrinhos também é atribuída fundamental importância na transmissão dos ideais cristãos.

A narrativa de Guibert põe em evidência que ele armazenou em sua memória vivências de cuidados maternos amorosos e estruturantes de sua personalidade, desde tenra infância. Caso contrário, não teria sido o que é como sujeito psíquico, demonstrando possuir uma capacidade reparadora admirável diante do sofrimento humano. A busca do perdão, da tolerância e da compreensão parece definir o sentimento de bondade divina profundamente incorporado por ele.

Guibert não menciona, mas há indicações históricas, em igrejas, de que em período posterior ao seu se tornou explícita a sugestão da presença de imagens e pinturas de Cristo, da Mãe Sagrada, de São João Batista e de João Evangelista, para que as crianças desde cedo pudessem aprender a amar a Deus. São imagens que, incorporadas como aspectos das imagos parentais da infância, passam a fazer parte do acervo das configurações histórico-psicológicas dessa cultura.

> *Se, aquele que do seio materno foi projetado entre teus braços, não tinha te procurado, quando ele [Évrard] se distanciou; se tu o rejeitaste, quando ele te retornou, então, será a ti que eu atribuirei, a justo título, a responsabilidade de minha perda. Mas, como ele te satisfez por querer e por poder e, como o poder do Filho emergido, nós o sabemos bem, de sua mãe, que poderia eu melhor solicitar para minha salvação, do que de ti, a quem aparentemente, por assim dizer, na minha condição de servidor, posso gritar: "eu te pertenço!"*[43]

Existem fases críticas do desenvolvimento humano que uma vez perdidas são difíceis, mas não impossíveis, de serem recuperadas, como a perda prematura do pai ou a depressão materna, desde que sejam precocemente compensadas por ações substitutivas e afetivamente estruturantes. Se não forem cuidadas dentro do tempo e da forma adequada, as estruturas psíquica e emocional tendem a se cristalizar com rigidez, maior ou menor, a depender de fatores pessoais, ambientais e culturais. O período ao redor do oitavo mês é crítico para o desenvolvimento de potencialidades psíquicas. É nessa época que ocorre a configuração do segundo organizador interno,[44] período no qual a criança adquire as noções de si, da mãe e do outro. Geralmente é o pai, ou alguém que ocupa o lugar do terceiro elemento, quem auxilia no processo de separação/individuação e na busca de autonomia, fenômenos inerentes às relações triangulares próprias do conflito edípico.[45]

---

43 *De vita sua*, op. cit., pp. 25. Ver também Salmos: CXVIII, 94, *Bíblia Sagrada*, op. cit., p. 743.

44 Spitz, op. cit

45 Mahler, M. (1973). *Symbiose humaine et individuation: psychose infantile.* Payot.

Certamente Guibert sentiu a perda do pai, direta e indiretamente, pela ausência concreta e pelo clima familiar gerados pelo falecimento, espaço prontamente ocupado pela vinculação a Deus-pai substituto, o terceiro elemento na triangulação amorosa familiar, atenuando o sentimento de orfandade. Em sua fantasia de bebê, Guibert pode ter se sentido responsável pelo desaparecimento do pai, graças ao seu ódio, fenômeno capaz de gerar medos e culpas intensos descritos ao longo da vida.[46] Crianças que perdem um dos genitores precocemente podem incorporá-lo em sua personalidade pela transmissão viva do ente ausente, presente no consciente e no inconsciente daqueles que dão continuidade ao processo afetivo-educativo. A escolha atenta das amas de leite, dos mestres e da figura de São Gregório magno como modelo de inspiração retrata os cuidados da viúva de Évrard para com seu filho Guibert.

Nosso analisando deixa clara a presença de cuidados destinados ao bebê, quer pela mãe ou por substitutas, as amas de leite e amas-seca, no seu processo de desenvolvimento. Cronistas comentam que na Baixa Idade Média os bebês podiam ser amamentados em suas próprias casas ou nas casas dessas pessoas contratadas, regularmente visitados pelos pais. Há uma preocupação de que essa relação seja contínua e constante, condição fundamental para o desenvolvimento da vida afetiva e social dos bebês. Há, na literatura medieval, referências de que as amas de leite dos príncipes são frequentemente as esposas de cavaleiros, contratadas para realizar essa função na vida urbana. Um teólogo do século XIII reprova as mulheres que se negam a amamentar os filhos, considerando-as assassinas. Contudo, mostra-se tolerante caso a mãe não possa carregar esse peso sozinha. Nessa situação, ela deve nutrir e banhar a

46 Winnicott, D. W. (1990). Psicanálise do sentimento de culpa. In Winnicott, D. W., *O ambiente e os processos de maturação – estudos sobre a teoria do desenvolvimento emocional* (p. 24). Artes Médicas.

criança ao menos quando lhe for possível, para não agir de forma desnaturada, como alguém que nunca chega perto do seu bebê.[47]

Um poeta alemão dos séculos XII-XIII evidencia o fato de que na memória humana a sucção do seio é o primeiro símbolo que a criança adquire no contato com a mãe. É nítido o valor dado ao aleitamento e aos cuidados maternos destinados ao bebê, especialmente em aspectos afetivos.[48]

Está implícito o conceito de que é dessa relação fundamental que surge o sentimento de confiança básica e de que ele é o responsável pela construção das primeiras identificações e pelo estabelecimento das funções simbólicas que constroem a organização do sujeito.

A ama-seca é a governanta que vem para ajudar nos cuidados do bebê. Vive geralmente em uma casa próxima à dos pais da criança, recurso adicional utilizado provavelmente por razões psicossociais e econômicas da época. A formação dos burgos, o renascimento do século XII, as expansões demográfica e urbana podem contribuir para o desenvolvimento dessas funções. Contudo, esses fatos falam mais a favor de cuidados dispensados às crianças do que a inexistência de vínculos afetivos e interesses pela vida delas. Ao contrário, são preocupações adaptativas às condições existenciais da época.

A procriação é motivo de sentimentos ambivalentes. Alguns consideram o ascetismo sexual como um meio de vida mais cristão, dedicado totalmente a Deus, enquanto outros se organizam em

---

47 Chobham, T. (1963). *Summa Confessorum* (p. 465). Ed. F. Broomfield, citado por Shahar, op. cit., pp. 53, 56.

48 Von Eschenbach, W. (1900). *Parzival und Titurel,* livro 2 110-11, p. 38, ed. E. Martin, citado por Shahar, op. cit., p. 57. Acta Sanctorum, Feb. 3, pp. 620-621, citado por Shahar, op. cit., p. 60.

torno de Deus e com investimento afetivo na prole, nos irmãos e demais parentes.[49]

É comum, nas casas nobres, famílias com muitos filhos terem várias amas de leite para alimentá-los. A Igreja é contra qualquer tipo de ato contraceptivo e uma forma de controlar a conduta licenciosa e o comportamento adúltero é preservar a relação sexual dentro do casamento, com inúmeros filhos. Essas questões geram outras, como conflitos entre as funções de esposa, o trabalho administrativo da casa ou do campo e as funções maternas. Múltiplos fatores intervêm na estruturação desses comportamentos: mães das classes sociais mais elevadas incorporam progressivamente o pensamento cristão e passam a ter muitos filhos. As mulheres do campo incorporam mais lentamente o pensamento, o comportamento e as leis eclesiásticas, o que as leva a amamentarem os filhos no peito por mais tempo, medida utilizada como anticoncepcional. As crianças são amamentadas várias vezes ao dia, respeitando-se o seu ritmo.

O período de desmame, a evolução da dentição e a introdução de comida sólida são fases conhecidas do desenvolvimento da infância. De um modo geral, as crianças são amamentadas até o final do primeiro ano de vida e as mais pobres, por mais algum tempo. Não se sabe que métodos as mães medievais utilizavam para estimular seus bebês na busca de maior autonomia. A vida nessa época é difícil, as mães trabalham muito, o que leva a supor que a autonomia é conquistada espontânea e progressivamente.

Tudo leva a crer que Guibert teve cuidados maternos de boa qualidade na primeira infância. Ele informa que as amas de leite foram selecionadas com cuidado. Essa capacidade de maternagem não é determinada apenas por um padrão biológico e genético da

49 Shahar, op. cit., pp. 9-20.

conduta materna. É um sistema de transformação das pulsões maternas de preservação da espécie, em competências e emoções expressas a depender de sua sensibilidade, personalidade, história de vida e padrões da cultura.

Há relatos de utilização da ama de leite e da ama-seca em vários países da Europa medieval. A hipótese que aventamos é a de que as mães da Idade Média Central não se recusam a amamentar os filhos, mas também não rejeitam o uso da ama de leite. O uso de amas de leite entre mulheres da elite social medieval tem como explicação o tamanho da prole, as doenças, a falta de leite, a depressão pós-parto, a morte da mãe no período perinatal e as mães solteiras ou as descasadas que se envergonham de amamentar os filhos. Outras referências citam que mães do medievo manifestam repulsa em amamentar, pois estão insatisfeitas em seus casamentos, e a repulsa é parte de um problema maior em relação ao casamento e à procriação em geral.[50]

No contexto de Guibert, é consenso entre as mães que o ato de dar o peito ao bebê o acalma e que os que são regularmente amamentadas se tornam crianças mais tranquilas. Há registros médicos, preces e manuais de confissão que falam a favor da presença de cuidados materno-infantis e que estimulam o aleitamento materno: "o leite mais desejável para uma criança é aquele de sua própria mãe".[51]

Por conseguinte, existem crenças contrárias ao aleitamento à base de leite animal, uma vez que se acredita que a criança pode adquirir características do provedor. O leite animal é dado às crianças

---

50 Gordon, B., op. cit., p. 12; De Beauvais, V., op. cit., col. 1091; Chobham, T., op. cit., p. 465, citado por Shahar, op. cit., p. 69.

51 *'Lac autem infantibus convenientius est lac matris propriae'*, Arnaldo de Villanova (século XIII), *De Regimine Sanitatis* in *Opera Omnia* (Basiléia, 1585) col. 666, citado por Shahar, op. cit., pp. 55 e 278.

quando não há alternativas.[52] Tais crenças, até certo ponto, têm fundamento, nem tanto pelo leite em si, mas pelo fato de que o contato contínuo e prolongado com animais, distante da interação humana, favorece a incorporação de traços comportamentais do animal. Crianças recém-natas, como o caso descrito por Itard no livro *L'enfant sauvage de l'Aveyron*, que viveram exclusivamente sob cuidados de animais, adquiriram traços comportamentais deles, por imitação, devido ao vínculo afetivo precoce estabelecido com eles.[53]

Sábios muçulmanos dizem que as idades das amas de leite oscilam entre 15 e 40 anos, mas é desejável que elas tenham entre 25 e 35 anos.[54] Outra orientação sugere que a ama de leite ideal pode começar a amamentar um bebê, que não o seu, somente após dois meses do próprio parto. Seu temperamento deve ser adequado, pois teme-se que seus traços sejam transmitidos para a criança pelo leite. O cristianismo vê a ama de leite com restrição e tolerância, porém censura as mães que delas fazem uso e que se negam a amamentar os próprios filhos. Condenação maior, e até mesmo proibição, está no caso de a ama de leite ser judia, pois pode passar para o bebê cristão sentimentos indesejáveis. Esses pensamentos revelam a existência, ao menos intuitiva, do valor do vínculo afetivo precoce no processo de desenvolvimento dos bebês.

O aleitamento materno e o ato de amamentar têm função provedora de elementos imunológicos e nutricionais e são essenciais na construção das configurações psíquicas e somáticas decorrentes do contato afetivo com o corpo materno ou substituto, bases do processo identificatório. O bebê incorpora atitudes e qualidades afetivas e reage às expressões emocionais daqueles com quem

---

52 Sussman, G. (1975). Wet nursing in 19th Century France. *French Historical Studies*, 9(18), 304-28, citado por Shahar, op. cit., p. 54.

53 Lane, H. (1986). *L'enfant sauvage de l'Aveyron: evolution de la pedagogie, d'Itard à Montessori*. Payot.

54 De Beauvais, V., op. cit., col. 1091, citado por Shahar, op. cit., p. 69.

interage de forma estável, afetiva e contínua, estado de continência afetiva materna, *holding* e rêverie, no qual a mãe capta, inconscientemente, as necessidades físicas e emocionais do bebê. Esse momento de encontro mãe-bebê possibilita a incorporação de qualidades afetivas prazerosas e desprazerosas e o desenvolvimento de potencialidades, bases fundamentais para a formação da mentalidade, dos imaginários e da subjetividade do sujeito, ao reprimir, estimular e adequar as formas de vazão das pulsões, das fantasias e da realidade interna e externa.

> *Eu havia nascido há pouco. Havia eu, apenas aprendido a agitar os chocalhos, que tu, meu santo Senhor, viria me servir de pai, tu me tornaste órfão.*[55]

Com este pensamento, Guibert revela a existência de atividades lúdicas na infância, como o uso do chocalho, fato que põe em evidência cuidados e estímulos familiares aos aspectos do desenvolvimento neuropsicomotor. Crianças entre 4 e 8 meses gostam de brincar com chocalhos, agitam as mãos, descobrem a capacidade de produzir ruídos, sons e de coordenação de movimentos, entre tantos outros fenômenos que acontecem durante o ato de brincar. Como bom observador que é, Guibert, ao narrar o uso de chocalhos aos 8 meses, apresenta um fato sugestivo de que eventuais traumas físicos ocorridos por ocasião do parto traumático, distócico, não deixaram lesões neurológicas evidentes até essa idade.

Sabemos hoje que casos de prematuridade, acompanhados de anóxia perinatal, podem deixar sequelas neurológicas, como atraso no desenvolvimento e retardo mental. Caso Guibert tivesse tido um comprometimento orgânico grave, por ocasião do nascimento, deveria ter tido sintomas de comprometimento do desenvolvimento

---

55 *De vita sua*, op. cit., p. 25.

neuropsicomotor. Sua narrativa, pelo contrário, assinala um desenvolvimento aparentemente adequado para a idade. O uso de brinquedos contribui para a efetivação dos vínculos afetivos e educacionais, para a estimulação neuropsicomotora e na simbolização. O brincar é fundamental para o desenvolvimento adequado das potencialidades cognitivas, afetivas e sociais da criança.[56]

Essa e as demais atividades sociais descritas são permeadas pelo contratualismo existente nas relações feudo-vassálicas e eclesiásticas, com repercussões nos vínculos familiares precoces. São características precocemente incorporadas pelas crianças a partir dos vínculos afetivos precoces com seus pais ou substitutos. A relação hierárquica com Deus, com os pais e com os anjos e demônios reproduz-se a partir dessa relação inicial, quando são incorporadas as primeiras manifestações psíquicas de processos radicais e excludentes, como o bem e o mal, elementos fundamentais para a manutenção da ordem nessa sociedade, organizada num contexto de obediência e submissão ao Senhor e ao senhor feudal.

Guibert relata preocupações de sua mãe em relação a um dos irmãos inserido na vida monástica, para quem ela deseja uma sinecura, assim como para ele. Tais fatos levam a pensar novamente que os filhos não são e não estão abandonados, mas criados dentro de valores próprios dessa sociedade que sofre a ação dos movimentos de massa que espontaneamente se difundem com o beneplácito da Igreja.

Mas nem tudo é harmônico na família da aristocracia feudal, que tende a ser violenta, pois a família "tem mais vocação para o drama do que para a fidelidade".[57] Nos meios aristocráticos, a ambição pela coroa e a conquista do poder são motivos de disputas familiares, além de conflitos sentimentais, de interesses e prestígio, das

---

56 Winnicott. *O brincar e a realidade*, op. cit.

57 Le Goff. *A civilização do Ocidente medieval*, op. cit., vol. II, p. 40.

questões econômicas ligadas às heranças que geram disputas e vinganças. Os intensos conflitos fraternos promovidos por rivalidades, ciúmes, invejas e triangulações amorosas definem um complexo fraterno que, também na sociedade feudal, "encontra-se determinado em cada sujeito, de forma particular, pela presença de uma fantasmática singular, que provém do interjogo que se estabelece a partir da dinâmica narcísica entre os distintos tipos de duplo".[58]

A história registra conflitos fraternos entre Caim e Abel, Esaú e Jacó, Rômulo e Remo, Moisés e Araão, José e seus irmãos, decorrentes de diferentes modalidades relacionais solidárias, narcísicas e paranoicas. A origem primitiva dos conflitos fraternos se dá na fantasia da preferência do amor parental e na luta pela sobrevivência despertada pelo desejo de ser eternamente o centro das atenções. As relações familiares e a cultura podem estimular ou reprimir aspectos dessas relações ambíguas de amor e ódio, solidariedade e inimizade, vida e morte.

Em várias oportunidades, Guibert deixa claro, por meio das maneiras de viver, sentir, pensar e agir, a existência fundamental e necessária da vinculação amorosa entre adultos e crianças durante os primeiros anos de vida. Trocas afetivas estruturantes para o desenvolvimento do sujeito e de sua subjetividade são realizadas dentro do modo de ser da época. Há uma dualidade amorosa presente na história dos sentimentos: de um lado, pais que choram quando os filhos estão doentes, fazem promessas e sofrem com sua morte; de outro lado, há outros que abandonam seus filhos para se dedicarem à caridade ou à vida religiosa, ou simplesmente fogem de casa em busca de outros amores e aventuras.

Guibert descreve ondas de conversão religiosa para o cristianismo. Muitos são batizados e um grande movimento de massa

58 Kancyper, L. (1999). *Confronto de gerações – estudo psicanalítico* (pp. 61-78). Casa do Psicólogo.

leva à separação de famílias e estimula o abandono dos filhos, gerando mais culpa e necessidade de penitência. O imaginário que passa a dominar essa sociedade está embasado em dois eixos: o contratualismo, já assinalado e a ideia de salvação da alma, com base no decálogo, no primeiro mandamento: "E o Senhor pronunciou todas estas palavras: Eu sou o Senhor teu Deus, que te tirei da terra do Egito, da casa da servidão. Não terás outros deuses diante de mim".[59]

O abandono dos filhos não é questão de desamor pelas crianças, mas a emergência do sentimento de desamparo, que conduz à necessidade de aceitação do Deus cristão dessa época, poderoso, que exige subserviência plena, espelho das perversidades humanas que tanto fazem Guibert sofrer e que compõem os alicerces das vidas pessoal, ética e moral. O flagelo e o autoflagelo são sustentados pelo poder controlador da Igreja. As penitências estão presentes no imaginário dominante do contexto social, com suas crenças e idealizações. Alcançar a paz, a salvação, está no encontro da pureza em Cristo. Guibert não sabe que, nos estados mentais de desespero, prevalece um egoísmo de sobrevivência, uma regressão narcísica de preservação da vida, estado de desespero interior, capaz de justificar qualquer ação. O abandono dos filhos ou da família está presente na história das civilizações, até mesmo por amor, como vemos nas peregrinações e perseguições. Daí ser difícil definir o limiar afetivo de uma sociedade, condição complexa que depende da cultura, do momento político, psicossocial, da visão de mundo e de uma conjunção de múltiplos fatores que interferem na construção das subjetividades.

59 Êxodo, 20:1-3, *Bíblia Sagrada*, op. cit., p. 100.

Primeiros estudos

> *Fui criado graças aos cuidados desta viúva que era fielmente tua. Assim que se tornou necessário me confiar aos estudos, ela escolheu fazê-lo na comemoração de são Gregório. Ela havia aprendido que este santo, teu servidor, Senhor, havia extraordinariamente brilhado em seu pensamento, pois uma ciência imensa desabrochava nele: dessa forma, ela não parava de acumular uma quantidade de boas ações, para solicitar uma indicação do seu confessor, a fim de que aquele a quem tu havias dado a inteligência pudesse me estimular no desejo de me ligar às coisas intelectuais.*[60]

O encaminhamento educacional de Guibert é decisão importante para a família e a coletividade do castelo. A mãe de Guibert deseja lhe oferecer um mestre digno e simbólico para a sua construção moral. Ela procura alguém que possa transmitir-lhe sabedoria e representar um modelo significativo de inspiração, como São Gregório Magno para a cristandade. A mãe, segundo Guibert, jamais lera qualquer coisa sobre a vida de São Gregório Magno, figura de domínio popular, cujo significado na *Legenda Áurea* é vigilante: a si mesmo, pela conservação da pureza; a Deus, pela contemplação interior; e ao povo, pela pregação assídua. Três qualidades que merecem obter a visão de Deus. Segundo Agostinho, em *Da ordem*, "Quem vive bem, quem estuda bem e quem reza bem vê Deus".[61] O desejo materno de prepará-lo para servir a Deus impera na vida de Guibert, cujas manifestações espontâneas de identidade estão determinadas por desejos inseridos no

---

60 *De vita sua*, op. cit., p. 27.

61 De Varazze, J. (2003). *Legenda áurea. Vida de santos* (p. 280). Tradução, apresentação, notas e seleção iconográfica por Hilário Franco Júnior. Cia. das Letras.

compromisso contratual vigente desde o nascimento. O destino de sua identidade terá poucas possibilidades de contrariar as expectativas das imagos parentais, terrenas e divinas, presentes no imaginário desse contexto e agora em sua imaginação.

A infância de Guibert irá desaguar em um mundo muito perigoso, preenchido por demônios e sentimentos de abandono e de desesperança que resultam na apatia – uma defesa, um estado de impotência diante das expectativas que recaem sobre si, impregnado, também, de elementos narcísicos e fóbicos dos pais, da família e da coletividade. Aliás, o pai terreno já o deixara, a mãe impõe a ele as projeções dos desejos dela, e ficar sem Deus é trágico.

A questão da educação permeia a vida das crianças do castelo onde vive Guibert, cujo encaminhamento formativo é distinto daquele recebido por seus primos. Ele está sendo preparado para ser monge. Tanto sua mãe quanto os pais espirituais servem de modelo importante de inspiração no vir a ser para o mundo. A mãe escolhe para esse filho a figura de São Gregório Magno (séculoVII), que representa a inteligência e a sabedoria, considerado um dos maiores mestres da espiritualidade ocidental cristã, cuja obra original, a *Moralia*, é um manual da vida espiritual. Há cerca de "oitocentos e cinquenta cartas conservadas (que) nos permitem ver com que mão firme dirigia sua Igreja".[62]

A noção da necessidade de modelos para o desenvolvimento humano é conhecida e se reflete na assertiva de Anselmo de Canterbury (1033-1109), contemporâneo e depois guia de Guibert, que assinala que a mãe é a criadora da primeira visão de mundo da criança, salientando sua importância no processo educacional. Na literatura didática, outros autores entendem a mãe como

62 Daniélou, J., & Marrou, H. (1966). Dos primórdios a São Gregório Magno. In Rogier, L. J., Aubert, R., & Knowles, M. D. *Nova história da Igreja,* vol. I (pp. 440-453). Vozes; De Varazze, op. cit., pp. 280-295.

tendo um papel essencial na preservação da saúde e assegurando a sobrevivência das crianças pequenas. Os medievos sabem que o desenvolvimento da criança passa por diferentes etapas até chegar à fase adulta.[63]

O infante deve ser respeitado em suas possibilidades, e não forçado; são conclusões a que chega Guibert, apesar de a experiência educacional vivida ter sido oposta à assertiva feita por ele. Certamente não há conhecimento proveniente do rigor dos estudos científicos sobre o desenvolvimento neuropsicomotor,[64] mas a intuição e a experiência de Guibert permitem-lhe fazer elaborações teóricas a partir do sofrimento experimentado na relação com seu pedagogo. Ele faz uma correlação direta entre as possibilidades pessoais e a velocidade de desenvolvimento de cada um em relação ao aprendizado. Dentro do conhecimento da época, relaciona-se a qualidade do desenvolvimento e a qualidade do sangue, pois sendo bom, vermelho e grosso a criança será prudente e inteligente, ganhará peso rapidamente, andará e falará com facilidade. Acontecerá o contrário caso o sangue seja fino e pálido.[65] Busca-se uma correlação etiológica entre causa e efeito, a qual certamente sofre as influências de visão do mundo eclesiástico.

Guibert narra atividades pedagógicas, lúdicas, emocionais e relacionais que transmitem com muita clareza o sofrimento que representa para ele receber educação diferenciada das outras crianças vivendo na mesma coletividade. A iniciação escolar em letras (latim) é sentida como terrível e faz parte do conjunto de matérias que compõem o estudo da *grammatica*. Pesa em Guibert o ônus de ter sido direcionado para a vida monástica, pressionado pelo

63 Shahar, op. cit., pp. 21-31.

64 Gesell, A., Ilg, F. L., & Ames, L. B. (1963). *El niño de 1 a 5 años*. Paidós.

65 De Bingen, H. *Cause et Curae*, pp. 242-243, citado por Shahar, op. cit., p. 92.

pedagogo que o acompanhará até a adolescência.[66] Não sabemos com que idade Guibert inicia seus estudos, mas podemos estimá-la ao redor dos 6-7 anos de idade, segundo o que é dito por ele.

> *Dedicado ao estudo do latim, eu tinha apenas aprendido as formas (letras), eu sabia apenas ordenar os elementos, quando minha santa mãe, desejosa de me ver instruído, decidiu me encaminhar para um mestre em gramática.*[67]

É por volta dessa idade, até mesmo um pouco antes, que a criança está apta, do ponto de vista neuropsicomotor, para lidar com formas e ordenar os elementos básicos necessários à alfabetização. As expectativas que recaem sobre Guibert criança não são poucas, e é curioso o fato de que esta mãe, tão preocupada e dedicada, opte por um mestre com características de personalidade duvidosa, apenas baseada na imagem transmitida por um sonho, e que não é dela, mas possivelmente construído para agradá-la. Imagina-se que a imagem do sonho corresponda à imagem idealizada que ela e a comunidade têm de São Gregório Magno. As expectativas, ansiedades e fantasias maternas são projetadas em Guibert, que deixa explícito na narrativa o ônus dessa pressão. Uma das fontes de ansiedade materna que recai sobre Guibert está no contrato inicial estabelecido com Deus ao pé do altar da Virgem. Ver Guibert rapidamente instruído e pronto servidor de Deus conduz a mãe de Guibert a procurar um mestre diferente, quando comparado aos das demais crianças do seu entorno.

O currículo pedagógico na Idade Média engloba as artes liberais: o *trivium*, constituído por gramática (latim e literatura) e

---

66 Halphen, L. (1950). *A travers l'histoire du Moyen Age* (pp. 277-285). Press Universitaires de France.

67 *De vita sua*, op. cit., p. 27.

retórica: estilística e trechos históricos; dialética: filosofia e os clássicos romanos – Virgílio, Horácio, Ovídio e Lucano; enquanto o *quatrivium* inclui as áreas descritas, além de aritmética, geometria (incluindo geografia), astronomia, música e teologia. A Bíblia é a grande fonte de conhecimentos, tanto para a aristocracia e os intelectuais quanto para os camponeses, difundida durante as liturgias. O pensamento dominante da Igreja tem a concepção de que "a meta do homem era o reino de Deus e de que a Revelação estava contida nas Sagradas Escrituras".[68]

Nessa época, a educação é destinada principalmente aos clérigos e a suas famílias. As escolas são poucas e controladas pela Igreja, e sua função é instruir sobre a liturgia. Nos meios urbanos, nos burgos e nas comunas surgem as primeiras escolas nas catedrais e nos monastérios, enquanto no meio rural os centros de ensino são as paróquias ou os castelos, onde costuma existir um espaço próprio para o estudo. Após o Concílio de Latrão, de 1179, torna-se obrigatório, em cada igreja, ter uma escola.

> *Pouco tempo antes, e mesmo numa parte de minha infância, a falta destas espécies de mestres era tal que, nos burgos, quase nunca se encontrava e, para não dizer jamais, e quase nunca nas comunas. O saber daqueles que por acaso se descobriam era medíocre, e não se saberia mesmo compará-los ao daqueles pobres padres vagabundos da era moderna [em contraposição aos padres eruditos]. Assim, aquele que minha mãe havia decidido me confiar apenas havia começado a estudar a gramática numa idade mais avançada, e ele se mostra nesta arte tanto mais inculto do que se ele tivesse*

68 Franco Júnior, H. *A Idade Média – nascimento do Ocidente*, op. cit., pp. 128 e 125-148; Verger, J. Universidade. In Le Goff & Schmitt, *Dicionário temático*, op. cit., vol. II, pp. 573-587.

> *incorporado em sua juventude. Ele era, contudo, de uma grande modéstia, o que supria por sua probidade aquilo que lhe faltava de formação literária. Foi por intermédio de certos clérigos, denominados capelães, que celebravam na casa dela o ofício divino, que minha mãe solicita este pedagogo.*[69]

Surpreso e contrariado, Guibert compara sua educação com a recebida pelos primos. "Minha educação", diz ele, "foi precoce, rígida e restritiva, enquanto a dos primos foi mais livre e com tempo para brincar, apesar dos estudos." Ter Cristo e São Gregório como modelos, fontes de expectativas, inspiração e modelos complementares dos ideais sociais e parentais projetados na formação do sentimento de si mesmo, da ética e da vida religiosa nortearam os passos dessa criança. Guibert carrega a responsabilidade de ser e de corresponder a um brilho individual e coletivo que deve ser proporcional ao ódio que carrega, projetado nas forças do mal.

Imaginamos que a fisionomia do mestre oferecido a Guibert seja semelhante à imagem que se tem de São Gregório, devido à grande cabeleira branca e ao ar austero, distinto dos mestres comumente encontrados no *oppidum*, aglomeração formada ao redor dos castelos, no qual padres andarilhos e pobres, que vagueiam pelas comunas e castelos à procura de discípulos, se oferecem para lecionar.

Meu educador

> *Ele havia sido escolhido para assegurar a educação de um dos meus jovens primos e estava estreitamente ligado aos pais deste, que o haviam alimentado em sua*

---

69 *De vita sua*, op. cit., p. 27.

corte. Portanto, considerando as exortações opressivas desta senhora, convencido de sua honorabilidade e dignidade, ele decidiu, ainda que ele suspeitasse ofender estes outros membros de minha família, aceitar a hospitalidade de minha mãe. E se ele decidiu assumir essa decisão, isto foi após o sonho que se segue.

Uma noite enquanto ele dormia em seu quarto, um quarto de que eu ainda me recordo, onde havia o "studium generale" de nosso castelo, pareceu-lhe ver um velho de cabelos brancos, de aspecto venerável, o qual, me tomando pela mão, me introduziu no interior dessa peça. Parando na entrada, enquanto eu considerava a cena, este velho me mostrava seu leito me dizendo: "Vá encontrar aquele homem, pois ele terá por você uma grande afeição". Neste momento, ele soltou minha mão, que havia até então mantido, me deixando ir. Então, corri na direção do homem e, quando eu tive meu rosto comprimido por beijos repetidos, ele despertou. Ele sentiu por mim um tal amor que, rejeitando toda cautela, desconsiderando todo temor de meus primos, dos quais ele mesmo como os seus eram inteiramente dependentes, ele concordou em vir morar na casa de minha mãe.

O menino com o qual ele havia até agora se ocupado era belo e nobre, mas muito rebelde em relação ao estudo de letras, não tendo qualquer disciplina. Ele era, pela sua idade, tão mentiroso e ladrão que, desafiando toda a vigilância, fugia da escola e, quase que diariamente, se podia encontrá-lo escondido entre as vinhas. A extravagância desta criança desgostava nosso homem, e a amizade que lhe testemunhava minha mãe veio de pronto seduzi-lo, pois o conteúdo do sonho que

> *relatei enraizou nele seu desejo; assim, ele abandonou o cuidado desta criança, ao mesmo tempo, o serviço de seus patrões. Entretanto, jamais ele poderia ter assim agido impunemente se o prestígio de minha mãe e seu poder não o tivessem protegido.*[70]

Guibert é crítico, irônico e sarcástico ao comentar sobre a maneira como seu mestre foi escolhido.[71] A partir do sonho narrado, temos a impressão de que a grave decisão de tirar o mestre dos primos para torná-lo exclusivo de Guibert advém de um subterfúgio onírico ocorrido ou criado com o propósito de estimular um caráter premonitório do sonho. Este, valorizado pelo imaginário medieval, pretende atenuar a falha moral e sedutora do mestre e da mãe de Guibert, a nova contratante, ato impróprio para uma família representativa da aristocracia clerical, que usa do poder, do dinheiro e do tráfego de influências para corromper um contrato anterior entre o mestre e outros membros da família. Supomos a existência de tolerância entre aqueles que coordenam a moral local para que a nova anfitriã, aparentemente seduzida pelo teor do sonho real ou inventado, tivesse um mestre para o filho. A atitude materna nada elegante de tirar da casa do tio de Guibert o pedagogo que lá trabalha, ação criticável pela educação aristocrática local, é contornada.

O sonho do mestre envolve Guibert e parece ter sido obra de inspiração divina, justificativa suficiente para deixar a casa do primo de Guibert no encontro de hospitalidade, emprego e proximidade dos encantos dessa jovem mãe. Seria um estratagema

---

70 *De vita sua*, op. cit., pp. 29 e 31.

71 Há uma especulação sobre o nome do tutor de Guibert, que seria Salomão, segundo o trabalho: Rubinstein, J. (2002). *Guibert de Nogent: Portrait of a medieval mind*. Routledge, citado por Moore, R. I. (2004). *Speculum*, 79, 554-555.

audacioso para se livrar do discípulo irreverente? O sonho tem um valor preponderante nessa cultura, que leva a sério o sobrenatural. O que importa são as aparências e não a verdade profunda, que pode ser constrangedora. "A Idade Média detesta a mentira. Os maus são os mentirosos". Entretanto, "toda a sociedade é feita de mentirosos. Os vassalos são traidores . . . os mercadores são fraudulentos e sonham apenas em roubar e enganar . . . Os monges são hipócritas. O vocabulário medieval tem uma riqueza extraordinária de termos para designar os inúmeros gêneros de mentiras e as infinitas espécies de mentirosos".[72]

Mais uma vez contradições estão presentes diante de tentativas fracassadas da Igreja em direcionar o ser humano no encontro da conduta perfeita por ele mesmo idealizada. Portanto, dá-se a origem de um terreno propício para conflitos entre as várias instâncias psíquicas, no qual o fenômeno da ilusão, um ideal do medievo, entra em confronto com a fragilidade da natureza humana, ameaçada pelo Diabo, habitante do inconsciente em meio a desejos, invejas, revoltas, mentiras, seduções, manipulações.

Seu primo, educado de forma mais livre e espontânea, faz traquinagens que falam a favor de atividades lúdicas. É uma criança que enfrenta a autoridade duvidosa de um pedagogo sedutor, pouco confiável, prepotente, preocupado com as aparências e que, perante seus senhores, se comporta dentro das expectativas do meio, mediante interesses e conveniências próprias. Para aquela criança, fugir das atividades acadêmicas pode até parecer inadequado como padrão comportamental, mas foi o recurso disponível para se livrar e também agredir aquele que usa da violência e da desconsideração para com seus discípulos. A fuga pode ser a expressão de sanidade e liderança, uma tentativa de luta contra a subserviência. Não sabemos o porquê de essa criança se recusar a estudar, nem quais

72 Le Goff. *A civilização do Ocidente medieval*, op. cit., vol. II, p. 119.

são suas necessidades de mentir, roubar e fugir. Mas sabemos que a tendência delinquencial ou antissocial está "inerentemente ligada à privação", emocional ou física, e causa distorções da personalidade, principalmente quando ocorre na infância ou na adolescência.[73]

A tendência educacional imposta pela Igreja é fortemente repressiva e tais comportamentos podem ser sintomas reativos e a manifestação de conflitos neuróticos, depressivos, perversos, um tipo de linguagem expressiva de sofrimento interior. São caminhos alternativos inconscientes, por meio do corpo e da ação, que as pulsões buscam para superar a repressão/recalque e dar vazão às motivações profundas, quando simbolizar os afetos se torna inaceitável para o ego. É uma forma de o sujeito dizer: "eu sou, eu existo, eu quero, eu faço".[74]

Uma educação constrangedora

> *Logo que fui colocado sob sua autoridade, ele me conduziu numa tal pureza, ele me afastou com tanta consciência de bobagens que são naturais quando se é pequeno, que ele me afastou completamente de brincadeiras habituais: eu não podia ir a nenhuma parte sem sua permissão, nem comer o que quer que fosse fora de casa, nem mesmo aceitar de qualquer um qualquer presente sem que ele consentisse; logo, eu só podia agir com palavras comedidas, em pensamento e em atos, a ponto de ele exigir de mim a conduta não de um clérigo, mas de um monge. Os meninos de minha idade, de fato, podiam ir e vir de acordo com sua vontade e de acordo*

---

73 Winnicott, D. W. (1989). *Tudo começa em casa* (pp. 71-79). Editora Martins Fontes.

74 Freud, S. Inhibicion, síntoma y ansiedad, op. cit., vol. III, pp. 2833-2883.

> *com os momentos, não se colocava nenhum freio às suas inclinações; mas eu, mantido longe de tudo isto por uma escrupulosa coerção, permanecia sentado, vestido ridiculamente de padre, limitado a observar, como um animal adestrado, os grupos de brincadeiras.*[75]

Guibert demonstra insatisfação e ressentimento pela educação recebida. Não se sente tratado como as demais crianças do seu meio familiar, coagido pelo educador que, obrigado pela mãe de Guibert, tenta, a qualquer preço, fazê-lo se adaptar às exigências do vir-a-ser padre. Não lhe resta espaço físico e mental para brincadeiras e ações semelhantes às dos primos, numa atitude de superadaptação às expectativas da mãe, do pedagogo, do meio e de Deus. Pelo contrário, Guibert é enfático na decepção que sente por ser tratado sem a liberdade infantil e que admira na vida dos primos.

As crianças saudáveis costumam ter um comportamento ativo e até certo ponto perturbador, o que não significa, obrigatoriamente, expressão de abandono e de inexistência de espaço para elas no imaginário medieval, como dá a entender Ariès.[76]

Apesar de a vida familiar ser intensa, de as mães trabalharem muito em casa, ocupadas com a prole, são evidentes as manifestações de afeto em relação às crianças. Os filhos mais velhos ajudam a cuidar dos menores e aprendem rapidamente a cuidar de si, e, enquanto alguns estudam, outros gazeteiam. Fugas e mentiras são manifestações próprias da vida infantil, às vezes reativas a pressões, carências ou mesmo como forma de solicitar e experimentar a autoridade e o envolvimento afetivo dos adultos.

Entretanto, Guibert sente que sua educação é diferente, constrangido e revoltado pelos cuidados que recebe. Transmite com

---

75 *De vita sua*, op. cit., p. 31.

76 Ariès, op. cit., pp. 10, 11.

transparência percepções, ideias e sentimentos que demonstram a sensibilidade que capta e reproduz da marginalização educacional sofrida dentro do seu clã. Guibert, educado como um pequeno adulto, disciplinado e vestido inadequada e falsamente de padre, carrega mágoa por querer e não poder ser uma criança como as demais. Aquelas destinadas à vida monástica podem ser encaminhadas para o mosteiro com 5 anos ou até menos. As crianças predestinadas a futuros santos são descritas como tendo um comportamento diferente dos meninos e meninas de sua faixa etária. São sérios como os adultos, não brincam e evitam a companhia das demais crianças. Acidentam-se com maior frequência, quando distantes dos cuidados de alguém. As habilidades motoras e os cuidados pessoais são menos desenvolvidos quando comparadas àquelas que mantêm atividades lúdicas.[77]

Porém, todas as crianças, em algum grau, mergulham no cristianismo desde cedo. Por meio das prédicas nas paróquias, seus pais são exortados a batizá-las e a ensinar-lhes o *Padre Nosso*, a *Ave Maria* e o *Credo*, o amor a Deus e ao próximo, bem como a obediência à moral cristã. A maioria dos pregadores repreende os pais de crianças maiores de 7 anos que mimam seus filhos.

Porém, não há uma única e homogênea tendência educacional, ainda que o clima religioso esteja se expandindo desde as reformas gregorianas. As crianças da cidade, dos castelos e algumas da zona rural brincam, jogam e estudam. A liberdade de ir e vir é valorizada por Guibert, que se ressente dessa limitação na infância, ao demonstrar que entre aqueles que serão padres não há a liberdade e a tolerância que as outras crianças nessa fase da vida desfrutam.

Nas comunas e nos burgos há um controle maior da atividade lúdica, devido à maior concentração humana e às restrições da vida

77 *Acta Santorum*, May 5, p. 103, citado por Shahar, op. cit., p. 103.

urbana. A vida é mais sedentária, surgem confrarias e escolas são criadas. Nos castelos, ao contrário, a vida é mais livre e próxima das coisas do campo. As inclinações e tendências das crianças são respeitadas quanto à atividade lúdica e dramática, ao reproduzirem situações da vida familiar e afetiva do seu meio. Há indícios de que as crianças, durante a *pueritia* – dos 2 anos e meio aos 10/12 –, são orientadas a brincar fora, ao ar livre, com outras crianças de sua idade, como Guibert descreve em relação aos primos brincando nos vinhedos do castelo.[78]

O brincar é visto como fundamental para o desenvolvimento espiritual e físico das crianças. Elas têm a capacidade de se maravilhar com pequenas coisas e se alegram com objetos simples enquanto os manipulam. Sugere-se aos pais o emprego de uma ama-seca jovem para brincar com elas e salienta-se a importância de se observar seu comportamento e de ser sensível em relação ao que se passa entre elas.[79]

As crianças maiores de 7 ou 8 anos são estimuladas a se comportar de acordo com sua natureza, a brincar com seus pares e a não serem forçadas a começar a estudar antes dos 8 anos e meio.[80] Entre aquelas acima de 7 anos de idade, frequentadoras de escolas urbanas medievais, os jogos grupais contêm, frequentemente, a presença de elementos miméticos.[81]

Esta fase da vida escolar é rica em curiosidades intelectuais, sociais, atividades motoras presentes nas brincadeiras espontâ-

---

78 De Barbaro, F., op. cit., ch. 3, citado por Shahar, op. cit., p. 99.

79 De Megenberg, K. (1973). *Ökonomik*. Ed. S. Krüger; MGH Staatsschriften, 111/5, bk 1/22, ch. 14, pp. 89-90, citado por Shahar, op. cit., p. 99.

80 Blanquerna, A. (1925). *13th century romance* (pp. 38-39). Tradução E. Alison Peers. Jarrolds., citado por Shahar, op. cit., p. 99.

81 Froissart, J. (1963). *L'espinette amoureuse*, vol. II, 148-286 (pp. 51-55). Ed. J Fourrier, citado por Shahar, op. cit., p. 103.

neas, fundamentais para o desenvolvimento e a sociabilidade das crianças. Graças às atividades lúdicas, elas dão vazão às fantasias construtivas, destrutivas, reparadoras e criativas, essenciais para o desenvolvimento psíquico e a integração infantil à vida social de sua cultura. Existem jogos diferentes para crianças menores e maiores. Os futuros santos gostam de brincar com areia molhada, constroem igrejas e crucifixos, enquanto as demais crianças brincam fazendo castelos, reproduzem corridas de cavalos com pedaços de madeira, jogam bola, imitam lutas. Qualquer coisa de uso diário pode ser transformada em algo útil para brincar, a partir da imaginação, seja um pedaço de pão ou uma caixa.[82] Há um pensamento que reflete o profundo respeito à subjetividade e à individualidade de cada criança, quando se sugere que "às crianças deve ser permitido brincar de acordo com suas demandas naturais".[83]

Sugerem-se jogos que estimulem seus impulsos competitivos, que sejam contadas histórias com conteúdo educacional e, ainda, que se cante e que se converse com elas sobre eventos do passado. Alerta-se aos pais de crianças pequenas para que estejam atentos quanto aos cuidados necessários para o crescimento e para lidar com fragilidades inerentes a essa fase da vida, e também quanto às possibilidades de se acidentarem.[84] Um outro autor medieval enfatiza que a criança não deve ser maltratada.[85]

Isso ocorre diferentemente do que descreve Guibert, educado distante das práticas educacionais comuns, a revelar inconformismo, revolta e sentimento de exclusão, visto que no seu caso o ser

---

82 Owst, G. R. *Literature and pulpit in medieval England* (p. 34), citado por Shahar, op. cit., p. 103.

83 De Novara, F. *Les quatre ages de l'homme*, op. cit., pp. 13-14.

84 Romano, E. *De regimine principum*, bk 2, pt.2, ch. 15, citado por Shahar, op. cit., p. 99.

85 De Siena, A. *Le Regime du corps de Maître Aldebrandin de Sienne* (pp. 79-80), citado por Shahar, op. cit., p. 99.

amado é aquele que corresponde ao desejo parental e ao compromisso feito junto à Virgem, sob o peso do contratualismo medieval. Submisso, sente perder a infância, violência que não é percebida, mas consentida pela família e pela cultura, cegas na ignorância, na negação, ou dominadas pelo imaginário do ideal cristão.

> *Mesmo aos domingos e dias de festa dos santos eu sofria os constrangimentos deste sistema escolar; não havia jamais praticamente um dia, ou mesmo um momento que fosse de lazer; de uma maneira sempre uniforme eu devia me submeter à coerção do estudo. Por outro lado, ao aceitar dar educação exclusiva a mim, meu mestre tinha tido interdição de ensinar a qualquer outra pessoa.*[86]

Guibert insiste no desgosto de receber uma educação coercitiva, que desrespeita sua infância e seu desenvolvimento, conduzindo-o a um estado crônico de carência na relação consigo mesmo e com o grupo de crianças do seu meio. Estado de espírito este que também deve ter contribuído na apatia que o acompanha. Ele parece intuir que, seja qual for o caminho que venha a trilhar na vida, carregará sentimentos de traição a si, pois ser espontâneo, viver e brincar como as demais crianças é desrespeitar os desejos familiares, a si mesmo e a Deus. Entende-se, portanto, que assumir o caminho monástico é trair sua espontaneidade. São situações afetivas que ferem a estrutura narcísica e abrem condições conflitivas entre o falso e o verdadeiro eu (self). Impedido de brincar e obrigado a viver fantasiado de padre na infância, a autoestima de Guibert fica comprometida. Sente-se desconsiderado, incompreendido, mal-amado, submetido a pressões intensas, e seu ego

86 *De vita sua*, op. cit., pp. 31, 33.

em formação é impotente para se rebelar. Ele vive em um clima interior de conflito e de revolta, recordações da vida infantil lhe vêm à consciência na senectude, cujo conteúdo hostil e pecaminoso de fantasias permaneceram longamente reprimidas em seu pensamento. Quanto esforço emocional há para se equilibrar no temor a Deus e no amparo na fé a se inserir em sua personalidade? Resta-lhe um caminho, até certo ponto mais ameno: adaptar-se. Identificar-se às exigências e organizar-se numa personalidade consubstanciada com a coerção e com o caminho monástico do qual ele tenta, mas não consegue se livrar.

A narrativa, catarse ou metanoia mostra claramente que os mecanismos defensivos do ego não são capazes de recalcar integralmente as fontes pulsionais que abalam o sono e a vida de Guibert. Condicionado, sente-se *limitado a observar, como um animal adestrado, os grupos de brincadeiras*, com pouquíssimo espaço próprio, tolhido em sua vontade, apesar do livre-arbítrio que, apesar de imperativo nessa cultura, precisa excluir o mal a qualquer preço, a partir do desejo daqueles que acreditam possuir o saber, em nome de Deus.

Guibert, impelido a ser um prolongamento dos desejos maternos, familiares, comunitários e divinos, incorpora as demandas e contradições do contexto em conflito com suas pulsões, na busca de saídas emocionais e comportamentais sublimadas.

Entre alguns medievos, acredita-se que, com pressão, pode-se alcançar os objetivos almejados, e isso pode ter contribuído para a depressão e os sentimentos de inferioridade de Guibert, confundidos até com humildade. Outros dizem que os adultos se alegram e se rejubilam com o crescimento e as proezas realizadas pelas crianças e esforçam-se para que elas se tornem autônomas, mas isso não é retratado por Guibert em sua infância. Entre os camponeses, as crianças são louvadas, cuidadas e vestidas, em geral, com roupas coloridas. Quando crescem, colocam-nas atrás do arado e acompanham os adultos nos serviços da lavoura. Entre os nobres, há aqueles que costumam mantê-las sentadas aos pés para ouvir histórias e forçam-nas a comer com os serviçais.[87]

> *Mesmo o luxo das vestimentas foi feito de acordo com aquele que era ainda uma criancinha: eu estava tão nobremente vestido que parecia igual ao filho de um rei ou de um conde. Estes sentimentos a meu respeito, tu não os havia feito nascer, Senhor, apenas em minha mãe, mas em outros ainda mais ricos que ela, que me asseguravam vestimenta e alimentação, e isto em virtude não apenas de ligações de sangue, mas de uma graça que tu havias especialmente destinado a minha pessoa.*[88]

A violência de alguns se dá de forma moral, coagindo a criança, como deixa claro Guibert, cuja vontade própria é desconsiderada pelos adultos. As ameaças feitas às crianças sobre céu e inferno, bem como a presença do demônio, não são métodos educacionais em si, mas baseiam-se nas crenças presentes na vida popular e acabam servindo como formas de controle social do comportamento infantil. As crianças não devem ser agredidas e maltratadas. Porém, usa-se da intimidação como medida disciplinar. Há uma preocupação de socialização da criança pequena no meio familiar e na vizinhança, realizada principalmente pela mulher, quer seja a mãe, a ama de leite ou uma serviçal. Trabalhos didáticos estimulam homens e mulheres a participar da educação das crianças pequenas, frutos do amor: "claro que para o cultivo da criatura humana a

87 Langlois, C. V. (1926). *La vie en France au Moyen Age*, vol. II (p. 213). Ed. B. Hauréau n. 2, citado por Shahar, op. cit., p. 108.

88 *De vita sua*, op. cit., p. 85.

nutrição materna não é suficiente, mas há também grande necessidade do pai para educação e proteção".[89]

Não há unanimidade quanto ao significado e ao lugar das crianças nas diferentes comunidades da sociedade do Ocidente medieval. Para alguns da Igreja e do meio laico, as crianças menores de 7 anos são abençoadas apenas com um traço de razão, portanto as ciências e a moral não as atingem. Posição contrastante com o fato de que, perante a Igreja, elas têm razão suficiente para se casar, como pensa Ivo de Chartres, contemporâneo de Guibert, cujo sacramento só ocorrerá mais tarde na vida delas, quando a prova de sangue puder ser realizada.

Egídio Romano recomenda que a criança deve estar bem de saúde, ter os impulsos estabilizados e coordenados para poder receber instrução, pois somente a partir dos 14 anos seu intelecto estará maduro e apto para todo tipo de atividade acadêmica.[90]

O bispo Anselmo de Canterbury (1033-1109) direciona seu empenho para a formação espiritual e intelectual dos *adolescentes e dos juvenes* ao comparar as idades da vida à cera, cuja maior ou menor maleabilidade define diferentes possibilidades: equipara as primeiras fases da vida à cera muito mole, impossível de ser trabalhada; na velhice, endurecida, difícil de ser moldada.[91] Trata-se de uma percepção que revela um conhecimento da existência, ainda que intuitiva, de processos de desenvolvimento das estruturas psíquicas maleáveis ou rígidas, conceitos que intervêm nas possibilidades de compreensão dos processos religiosos, educacionais e psicológicos.

---

89 De Aquino, T. (1953). *Super Epistolas Pauli Lectura*, vol. I (p. 296). Ed R. Raphaelis, citado por Shahar, op. cit., p. 112.

90 Romano, E., op. cit., citado por Shahar, op. cit., p. 171.

91 *The life of St. Anselm Archbishop of Canterbury by Eadmer* (pp. 20-21). Ed. and trans. R Southern, citado por Shahar, op. cit., pp. 100-101.

Nas fontes escritas e na literatura medieval, encontramos manifestações de compreensão em relação às condutas malcriadas das crianças, reconhecidas, então, como frutos do seu processo imaginativo. Há tolerância, permissividade e apoio às suas brincadeiras, algumas beirando a selvageria.[92]

Identificamos a existência de uma subjetividade própria das crianças, retratada por Guibert ao perceber diferenças comportamentais e de sentimentos, ainda que todas tivessem sido criadas no mesmo ambiente. São poucas as informações sobre a vida das crianças camponesas, mas podemos supor que vivem de forma mais livre do que aquelas de alto estrato social ou direcionadas para a vida religiosa.

Entretanto, Guibert capta que "é no brincar, e talvez apenas no brincar, que a criança ou o adulto fruem sua liberdade de criação".[93] Suas frustrações são evidentes diante da vida infantil que leva, não apenas clerical, mas monástica. Infelicidade, tristeza, inveja, solidão e adaptação excessiva de Guibert às expectativas do meio opressivo fazem com que ele se queixe de apatia, mágoa, depressão, temor e culpa. São consequências, em parte, de afetos hostis projetados contra o objeto amoroso: pais, sociedade e Deus, num imaginário que estimula medo e pecado e paira a ameaça do Juízo Final. É preciso ter um ego hercúleo ou divino para suportar tamanha pressão.

O espaço para o desenvolvimento da singularidade infantil de Guibert é exíguo, delimitado pela visão de mundo de sua família, da aristocracia clérico-feudal e eclesiástica.[94] Não há dúvida da

---

92 Culliver, J. P. (1980). L'enfant dans la tradition féodale germanique. In *L' Enfant au Moyen Age: littérature et civilization* (p. 53). *Senefiance, 9*; Holmes, U. T. (1968-1969). Medieval children. *Journal of Social History*, 2, 164-172, citado por Shahar, op. cit., p. 106.

93 Winnicott. *O brincar e a realidade*, op. cit., p. 79.

94 Rocha. *Paixão, violência e solidão*, op. cit., pp. 23-38.

existência do amor filial e familiar por parte de Guibert. Porém, o estado emocional por ele vivido, em decorrência da qualidade das relações humanas verticalizadas, com pouca capacidade do meio para ouvir suas palavras e seus desejos, nos dá noção da prepotência das autoridades parentais, educacionais e religiosas, que o levam a se sentir marginalizado, com pouco espaço para ser reconhecido e se reconhecer em sua individualidade. Raiva, ciúme e inveja dos primos brincando, escondendo-se nas vinhas e fazendo sabe-se lá o quê, como é tão comum entre crianças dessa idade que vivem no campo, são sentimentos que o atingem nas relações horizontais com seus pares.

Ensinar e aprender

Dentro desse imaginário, a metodologia educacional que se difunde na coletividade clerical expressa a imposição de uma pedagogia autoritária, feudo-clerical, claramente descrita por Guibert.

> *Tendo em vista sua vigilância [do mestre] a meu respeito, cada um daqueles que me observavam acreditavam que, por meio de uma tal perseverança, ele aguçaria consideravelmente minha jovem inteligência, mas essa esperança geral se desfez. Pois meu mestre ignorava totalmente a ciência da redação e da versificação; entretanto, praticamente a cada dia eu era lapidado por uma furiosa sova e chibatadas; este homem me coagia a estudar aquilo que ele tinha sido incapaz de ensinar.*
>
> *Passei cerca de seis anos com ele [o mestre] em seus vãos combates, sem nada retirar como prêmio pelo meu esforço, que foi proporcional a sua duração. Por outro lado, tudo que observa os princípios do perfeito homem honesto, ele empregou em meu benefício; tudo aquilo*

> *que concerne à modéstia, ao pudor, às boas maneiras, ele me inculcou com a maior constância e afeição. Mas eu senti, às minhas custas, que havia nele pouco de ponderação e de medida: sob o pretexto de me instruir, ele me pressionava sem relaxar, ele se afligia ao meu redor. Ora, a natureza de todo homem – para não se falar da criança –, quando é pressionada pela continuidade da reflexão, termina por se enfraquecer. E quanto mais um espírito vivo inflama-se pleno de ardor por um estudo perseverante, quanto mais a alma, em contrapartida, quando as forças atingem o clímax pelo excesso, passa da tenacidade para a apatia e se desinterressa, de qualquer maneira.*
>
> *É então necessário que o intelecto, ainda lentificado pelo envolvimento corporal, seja levado com grande moderação, pois, se no céu o silêncio se estabeleceu por cerca de meia hora, uma energia ininterrupta não poderia acompanhar o dom da contemplação se esta se prolonga, da mesma maneira, uma perseverança, por assim dizer, infatigável, não pode permitir a uma inteligência de se manter a mesma em sua atividade. Nós acreditamos que, para os espíritos que se dedicam a um objeto determinado, convém colocar à disposição um grau de atenção variável.*[95]

A perseverança agressiva do educador mascara sua ignorância, crítica feita por Guibert à qualidade educacional recebida e reveladora da incompetência daquele que o submete, na crença de que força faz inteligência e saber. Essa conduta não é generalizada na Idade Média, haja vista a existência de comentários, já

95 *De vita sua*, op. cit., p. 33.

mencionados, encontrados em bulas didáticas e sermões. Esse processo educacional é favorecido por imaginários mobilizados pelos ideais expansionistas e de universalização da crença e da filosofia cristãs. A aristocracia feudal e certas confrarias religiosas vivem sua fé dogmática de forma a favorecer a onipotência e a emergência de personalidades narcísicas. As informações disponíveis, escritas para e pelo mundo religioso, são voltadas para os objetos e os objetivos idealizados e projetados nessa visão eclesiástica do mundo. Afinal, dor, sacrifício, penitência, autoflagelo não são formas de purgar os pecados e alcançar a graça divina?

A violência educacional sofrida por Guibert não produz resultados quanto ao aprendizado esperado pelo mestre e por familiares, apenas incrementa sentimentos de fracasso e de revolta no menino. Por outro lado, ele se identifica e incorpora inconscientemente valores superegoicos equivalentes aos do agressor, na figura do mestre, representante do sistema dominante, como recurso psíquico para amenizar angústias. Entretanto, os olhos daqueles que observam Guibert transformam-se, para ele, em olhos perseguidores internos e projetados nas visões e nos demônios, em sonhos e pesadelos. São restos de vivências infantis de Guibert, mal elaboradas no inconsciente e que refletem aspectos não integrados ao eu (self). Esse fenômeno é frequente nessa época, inúmeras crianças relatam visões e imaginações milagrosas ou tenebrosas, exemplificadas pelos temores de virem a ser comidas por algum monge franciscano.[96] Trata-se de histórias pertinentes ao imaginário medieval e que povoam a mente de todas as idades.

Guibert, discípulo exclusivo desse mestre, é vítima dessa relação perversa, de caráter sadomasoquista, cuja fantasia parece concretizar a representação de Cristo sofredor, que veio ao mundo com a missão de carregar a cruz do pecado e salvar a humanidade.

---

96 Lett, op. cit., pp. 106, 107.

Milagres, santos, ritos, magias, preces e oferendas são buscas tranquilizadoras, capazes de transmitir algo de sagrado, inerente ao poder divino, diante de sentimentos de desamparo e de incertezas, males que afligem os fiéis fragilizados pelos infortúnios do século: miséria, fome, invasões, guerras. O ser humano do medievo, submisso, carrega o sentimento de impotência frente às forças desconhecidas da natureza, tais como as doenças, as calamidades e a fome, sinais de advertência ou punição divinas muito a gosto de setores da Igreja com intenções moralizantes e de universalização de princípios. Para o mundo eclesiástico, o Dilúvio (*Gênesis*: 7, 11) ou a fome são castigos do Céu (*Salmos*: 105, 18), expressões empregadas pela Igreja para sinalizar a presença da mão divina.[97]

São extraordinárias a capacidade perceptiva e a sensibilidade de Guibert para as questões humanas, transmitidas em sua análise crítica sobre a atuação de seu preceptor, demonstrando falta de sensibilidade e de competência para o desenvolvimento da função. Seu mestre desrespeita as condições humanas individuais, a fase evolutiva da vida, a tolerância necessária a quem educa principalmente crianças. Mobilizado por um pensamento determinista e rígido, ele impõe seus desejos ao menino Guibert, tendo na opressão a base de seu processo educacional e de sucesso junto a seus mantenedores aristocráticos, influentes na vida religiosa local. Utiliza de sofismas, reflexo do comportamento da Igreja, para fazer prevalecer suas ideias e seus métodos.

Guibert, entretanto, reconhece aspectos positivos na relação com o mestre, visto que há uma preocupação com boas maneiras, modéstia e pudor e grande dedicação no objetivo de torná-lo padre – conjunto de fatos que nos leva a pensar que, além do aspecto confessional e catártico, há um processo mais amplo presente

97 Berlioz, J. Flagelos. In Le Goff & Schmitt, *Dicionário temático*, op. cit., vol. I, pp. 457-471.

em seu imaginário, cuja função evocativa é bem a gosto do pensamento central da psicologia agostiniana: chamar o passado à consciência. Agostinho considera a inteligência humana composta de "inteligência, amor e memória". Esta última, ele a considera como a mais importante capacidade mental, faculdade que guarda a consciência do mundo e, mais ainda, a consciência divina. É pela memória que a alma humana reflete a imagem de Deus e permite lembrá-Lo e também os mortos, os pecados, os ritos, a tradição – chave da relação entre Deus e o ser humano. "O esquecimento é sempre uma ameaça".[98]

Guibert, na análise crítico-reflexiva apurada que faz do processo educacional impingido, retrata algo da subjetividade pessoal ao selecionar para sua narrativa tais registros, protestos, conceitos e métodos psicopedagógicos. Inspirado por Quintiliano, Guibert salienta a importância de se levar em conta o momento evolutivo das crianças, distinto daquele dos idosos, bem como os recursos físicos e corporais existentes e disponíveis no sujeito, para a relação ensino/aprendizado.[99] Durante um longo período da história da educação, prevaleceu o uso da palmatória e a humilhação pública como formas de coerção em prol do aprendizado, gerenciado por uma relação vertical mestre/aluno e pais e filhos, bem a gosto dos medievos.

Na concepção de Guibert sobre o processo educacional, há uma noção de energia psíquica e de capacidade de tolerância do espírito (entendamos "mente") às pressões, cujo excesso conduz a uma situação estressante, com consequente baixa de aproveitamento no aprendizado, e que pode resultar em sintomas como apatia,

---

98 Geary, P. Memória. In Le Goff & Schmitt, *Dicionário temático*, op. cit., vol. II, pp. 167-181.

99 Labande, em sua *Autobiographie* (p. 34), observa essa influência a partir de *De institutione oratória*, I, xii, 1.

a queixa inicial de Guibert. Há a distinção entre perseverança e teimosia, qualidades cujos conceitos Guibert esclarece: a primeira, estruturante e baseada em relação amorosa e de tolerância; a segunda, destrutiva, implementada por ódio, submissão e humilhação. Outras considerações feitas por Guibert dizem respeito à economia psíquica, visto que pressões acima dos limites da capacidade individual colocam em risco o desempenho cognitivo e o interesse e que a gratificação oriunda do próprio estudo, como reflexão e tolerância, serve de estímulo para a perseverança. Essas considerações sobre economia psíquica são equivalentes àquelas feitas por Freud na metapsicologia. Dividindo-a em aspectos econômicos, dinâmicos e estruturais da mente, esse autor sinaliza que o excesso de pressão sobre o sujeito quebra a homeostase psíquica. O limiar de tolerância é variável de pessoa para pessoa e, uma vez ultrapassado, pode resultar em violências internas: estresse, depressão, submissão da personalidade, suicídio; ou externas, como atos destrutivos. Guibert, ao generalizar a natureza do ser humano, põe em evidência a natureza específica da criança, distinguindo-a da natureza do adulto em sua subjetividade.

Podemos dizer que indivíduo e sociedade refletem como espelhos recíprocos a presença do imaginário que se impõe ao sujeito em formação e que mudanças desse sujeito se inserem de forma abrupta ou paulatina na cultura. Sabemos hoje que a pulsão epistemofílica, ligada à libido infantil e à curiosidade sexual, mobiliza o desenvolvimento do conhecimento e do aprendizado, direcionando-a, em primeiro lugar, à exploração do próprio corpo e do corpo materno, fontes iniciais de estímulo para a descoberta do mundo em suas várias nuanças. A pulsão epistemofílica pode ser inibida por angústias e fantasias agressivas que se agravam quando há no meio familiar intensas atitudes punitivas e restritivas.

A curiosidade infantil reprimida ou estimulada em excesso pode também trazer dificuldades emocionais e para o aprendizado.[100]

Guibert canaliza na vida intelectual as fontes de gratificação, compensatórias diante de tantas frustrações em outros setores de sua personalidade. Ele prossegue na análise sobre as características do processo educacional das crianças e opina sobre a variabilidade da atenção do indivíduo em relação a objetos de interesse, cujas capacidades de concentração e de investimentos afetivo e intelectual são variáveis e dependentes de múltiplos fatores.

A educação das crianças

> *Nós acreditamos que para os espíritos que se dedicam a um objeto determinado, convém colocar à disposição um grau de atenção variável. É necessário que, refletindo sucessivamente sobre objetos diferentes, nós possamos, como que renovados pela diversificação que nos é permitida, voltar àquela sobre a qual nossa alma se liga de preferência. É necessário, assim somos todos, que a natureza por vezes fatigada encontre seu remédio na variação do trabalho. Lembremo-nos de que Deus não deu ao universo um aspecto uniforme, mas nos recriou pela alternância de dias e de noites, da primavera, do verão, do outono e do inverno. Portanto, aquele a quem é designado o nome de mestre, que considere como deverá regrar a educação das crianças e dos jovens, pois não acreditamos que se deva tratar de outra forma, mesmo aqueles nos quais reina uma ponderação igual*

---

100 Klein, M. (1969). *Psicanálise da criança* (pp. 239-240). Mestre Jou. Ver também: Idem (1973). *A educação de crianças à luz da investigação psicanalítica*. Imago.

> *àquela dos idosos. Assim, o amor deste homem por mim era um amor cruel: ele deixava transparecer em seus injustos castigos uma severidade excessiva. Entretanto, uma atenção contínua e diligente era manifesta no seu comportamento. Na verdade, eu estava sensibilizado de maneira odiosa, pois, enfim, se ele possuía esse talento de pedagogo, do qual se vangloriava, eu podia, mesmo sendo criança, ter muito claras as noções, caso ele as tivesse corretamente enunciado. Mas, como se exprimia raramente segundo um pensamento, e como fazia um esforço para expor algo que não estava suficientemente claro em seu espírito – e que ele era incapaz de alcançar, e ainda menos, de fazer compreender verdades banais, mas não evidentes – seus propósitos se esvaíam em pura perda. É que de fato ele era inculto a ponto de que, aquilo que havia mal assimilado uma vez, numa idade avançada, retinha sem elaboração alguma. Se ele proferia algo que se poderia chamar de bobagem, como estimava todas as suas ideias incontestáveis, ele sustentava e defendia com sevícias aquilo que havia dito...*[101]

Guibert possui uma teoria sobre o processo de atenção e de concentração mental. Ele elabora, a partir da experiência vivida, uma verdadeira teoria econômica de um processo neuropsicopedagógico que seria, hoje, explicável pelas neurociências, ao descrever a capacidade de duração relativa e específica de questões ligadas à aprendizagem afetiva, intelectual e social. Guibert coloca em evidência certa necessidade de variabilidade do foco de atenção

---

101 *De vita sua*, op. cit., pp. 35, 37. O parágrafo termina com reticências; Labande toma-as como uma lacuna do documento original e que torna o início da frase seguinte ininteligível; ver nota n. 1, p. 36

e concentração para o bom desenvolvimento do aprendizado, ao sugerir que descanso e lazer também são importantes para ele.

Das observações feitas por Guibert sobre seu mestre, podemos especular outra teoria do pensamento medieval na relação perseverança/teimosia, a partir de dois conceitos da psicanálise: "reversão da perspectiva" e "perspectiva reversa". Nesta última condição, o estado de atenção do indivíduo está disponível para observar e mudar o grau e a intensidade de atenção sobre um determinado objeto interno de observação ou pensamento. Essa capacidade mental dá ao sujeito possibilidades maiores de intercomunicações internas e que ampliam e reconstroem caminhos alternativos e criativos relacionados aos campos perceptivos, ao pensar e ao agir. Porém, na reversão da perspectiva, o indivíduo direciona a atenção e a concentração em objeto e premissas próprias, como se houvesse um único e exclusivo modo de ver as coisas: o seu.[102] Essa condição é característica do pensamento fanático e ortodoxo e está presente na religiosidade do cristianismo medieval, na crença absoluta da verdade divina e nas leis da Igreja. É uma qualidade psíquica que deixa pouco espaço para outros vértices de pensamento. Exemplo é Ivo de Chartres, que, ao fazer a revisão das normas eclesiásticas sobre o casamento, elabora-as de maneira coerente e baseado em uma interpretação obtusa do pensamento agostiniano preconizado pelos ideais da Igreja dos finais do século XI. É um tipo de funcionamento mental que exclui e dificulta a coexistência de diferenças e de integração de valores e sentimentos contraditórios presentes no eu (self) e nos objetos de investimento afetivo, quando contraditórios aos interesses da Igreja.

---

102 Bion, W. R. (1957). Differentiation of the psychotic from non-psychotic personalities. *International Journal of Psychoanalysis*, *38*, 266-275; Zimerman, D. (1995). *Bion – da teoria à prática* (pp. 63-64). Artes Médicas.

Guibert sinaliza ainda imbricamentos entre vidas afetiva e cognitiva, conhecimento e aprendizado ao salientar a importância da qualidade dos vínculos na relação mestre-aprendiz não considerada pelo pedagogo. Sabemos hoje que há na infância quadros neuróticos graves e psicóticos estruturados a partir de intensa inibição intelectual, mecanismo defensivo que resulta num quadro clínico de pseudodeficiência mental, forma de resolução de conflitos diante de fatores opressivos, internos e externos ao sujeito.[103]

Mestre, família e comunidade clerical ignoram ou fazem vista grossa diante das pressões a que submetem Guibert para torná-lo rapidamente um fiel servidor de Deus. É uma forma sadomasoquista de satisfazer-se de vaidades e de compromissos e de defender-se de temores de um imaginário cujas memórias são repletas de "*sevícias a mim inflingidas ainda numa idade inicial de vida*".[104] É o pensamento continente da revolta, da tristeza, da infelicidade, da indignação, conjunto perverso da subjetividade singular de Guibert. Existem marcas de torturas provocadas pelo educador cruel e prepotente, que despreza a infância, em nome de Deus, e com a conivência da cultura materno-familiar. É preciso prepará-lo para a vida monástica a qualquer custo, mesmo que com maus-tratos e coerção. Guibert sente-se impotente diante de tanta opressão, aliviada pelo ato confessional. Há, nessa época, descrições de pais que maltratam e matam seus filhos.[105]

O fenômeno de maus-tratos contra as crianças está presente nesse período, mas não significa que seja uma prática aceita por toda sociedade medieval. Entretanto, há certa atenuação da gravidade do fato, quando constatada pela corte laica ou religiosa a

---

103 Diatkine, R., Stein, C., & Kalmanson, D. (1959). *E.C.M. Psychiat*; Lebovici & Soulé, op. cit., pp. 351-352.

104 *De vita sua*, op. cit., p. 41.

105 *Acta Santorum*, Feb. 3, p. 356; Given, J. B. (1977). *Society and homicide in 13th century England* (p. 115). Stanford, citado por Shahar, op. cit., p. 110.

insanidade mental do agressor. Na maioria dos casos de agressão à criança, os pais ou familiares são os principais agressores, característica preservada ao longo da história, traço da psique humana que se configura em diferentes imaginários, mas que se preserva nas motivações profundas. A violência dos pais contra os filhos está ligada à própria história humana e à antropogênese de sua agressividade. Entre as várias espécies animais constatamos esse tipo de agressão e, não raro, o filicídio. No ser humano, há uma agressividade inerente e reprimida, que vem à tona em determinadas condições (ciúmes patológico, intolerância, drogas) revelando e liberando sua mentalidade primitiva animal no inconsciente, quando são rompidas as barreiras do consciente civilizado.

Resquícios da educação coersiva moral e física recebidos por Guibert estão presentes no ditado popular que diz: "aquele que poupa a vara estraga a criança".[106]

Não ensinar aquilo que se ignora

> *É mais glorioso calar-se sobre o que se ignora, do que dizer aquilo que se pensa saber.*
>
> *Portanto, quando meu mestre vingava-se sobre mim, com dureza, daquilo que eu ignorasse do que ele ignorava, seria melhor ele considerar que agiu muito mal ao exigir de uma pequena frágil inteligência aquilo que ele não havia adequadamente ensinado. Da mesma forma, certamente, quando as palavras dos dementes são parcial ou totalmente incompreensíveis para as pessoas sensatas, o mesmo pode ser dito daqueles que*

---

106 Levisky. A criança negligenciada e a criança espancada. In Alcantara & Marcondes, *Pediatria básica*, op. cit. Ver também Rascovsky, A. *La matanza de los hijos y otros ensayos*, op. cit.

sendo ignorantes, mas tudo pretendendo saber, e que ensinando aos outros, são obscurecidos pelos próprios comentários. Nada é mais difícil que pretender discorrer sobre aquilo que se ignora: a matéria sendo obscura para aquele que fala, mais obscura ela é para aquele que escuta, tudo como se um e outro se encontrassem petrificados. Eu não digo isso, meu Deus, para marcar com ferro quente um tão grande amigo, mas a fim de que meu leitor entenda bem, seja quem for, que nós não devemos querer ensinar como coisas certas tudo aquilo que nós pensamos, e que é inadequado confundir os outros com nossas nebulosas conjecturas.[107]

Guibert, aos cuidados do pedagogo por alguns anos, talvez entre os 5 e os 12 anos de idade, envolvendo a *pueritia* até próximo da *pubertas*, período coincidente com a fase de latência, submete-se à iniciação pedagógica numa idade em que espontaneamente ocorre a repressão da sexualidade infantil e a consequente compensação pela incorporação de valores sociais e pela sublimação das pulsões em afetos e sentimentos. Trata-se de um período da vida no qual os sistemas de controle social da vida civilizada ocupam lugar de destaque e harmonia na relação ego/superego. Durante a latência, o processo de estabilização psíquica decorre do fato de que "o ego e o superego estão perseguindo um fim comum: lograr uma adaptação ao meio ambiente, adotando os ideais do ego pertencentes a esse ambiente".[108] Nessa fase da vida formam-se diques repressores da atividade sexual que desloca a libido para outras fontes de gratificação que não a sexualidade genital na busca de prazer.[109] As crianças nessa idade desenvolvem habilidades egoicas racionais, jogos

107 *De vita sua*, op. cit., p. 37.

108 Klein, M. *Psicanálise da criança*, op. cit., p. 244.

109 Freud, S. Tres ensayos para una teoria sexual, op. cit., pp. 1169-1237.

sociais, leitura, escrita e expandem as manifestações superegoicas incorporando aspectos éticos e morais.

Guibert fracassa nesse processo, ao não conseguir reprimir e sublimar de modo efetivo aquelas pulsões inconvenientes para os contextos exterior e interno do superego, do ideal de ego e do ego. Ele teve que reprimir afetos, sentimentos e pensamentos para adequar-se a esse sistema educacional que desconsidera a espontaneidade infantil – presente no brincar, inerente a todo ser –, frente à arrogância do mestre inculto e falso, dominado pelos desejos da família, cuja realização dos objetivos deveria se dar a qualquer preço. Guibert prossegue na narrativa fazendo duras críticas psicológicas e morais ao preceptor ignorante e prepotente que conta com a conivência da negação psíquica do olhar materno, cego ao sofrimento do filho e atento aos anseios de Deus. Muitos medievos absorvidos pela crença na fé cristã não têm ou negam em si e também no outro essa admirável qualidade perceptiva e analítica de Guibert. O imaginário dominante é facilitador dessa cegueira psíquica que justifica quaisquer meios para atingir os fins de domínio prescritos pela Igreja em nome do amor e subserviência a Deus. Tudo justifica-se em nome Dele.

Guibert, na velhice, padece de recordações do passado-presente pleno de vivências emocionadas que sensibilizam o leitor. Sua narrativa sugere a existência de um "núcleo de mágoa crítica", cravado na intimidade do eu, reflexo de vivências depressivas profundas e de ferida aberta na autoestima, ocorridas nos primórdios da vida e reavivada na fase de latência. Este núcleo é resultante do "cunho doloroso e desestruturante, proporcionando estados mentais de despersonalização, devido a constantes ameaças de pânico, morte e sensações de vazio interior, sem a mínima esperança de amparo", atenuado pela presença da Santa Mãe, da mãe santa e de Deus.[110]

110 Gomes, M. C. A. P. (1986). O núcleo da mágoa crítica – um estudo psicanalítico

Eu obedeço ao meu mestre

> *Qualquer que tenha sido a severidade com a qual meu preceptor me humilhava, por outro lado, de todas as maneiras, ele demonstrava com evidência que não tinha menos amor por mim do que por ele mesmo. A solicitude que me testemunhava era muito vigilante, ele se preocupava com a minha saúde, devido às más intenções de alguns, ele me ensinava com muito rigor que eu deveria me manter atento contra as tentações corruptoras daqueles que me cuidavam; ele repreendia minha mãe por me vestir de maneira por demais elegante; certo, ele parecia como um pai e não como um pedagogo, exercendo a proteção não do meu corpo, mas a vigilância de minha alma. Quanto a mim, ainda que estivesse na idade de uma criança insensível, uma grande reciprocidade de afeto à sua pessoa me penetrava; isto a despeito dos múltiplos ferimentos que, sem razão, ele não cessava de marcar em minha pele. Eu lhe obedecia, não por temor, como ocorre habitualmente nessa idade, mas eu não sabia que tipo de amor por ele se implantava em mim até a medula, que me fazia esquecer toda a sua severidade e obedecer-lhe.*[111]

Os ferimentos de Guibert não se restringem aos hematomas e vergalhões gerados em seu corpo, mas à lesão da autoestima, causada pela violência moral aniquilante do ser em sua capacidade de desejar. Violência sob forma de um hematoma moral que gera o núcleo da mágoa crítica, iniciado na oferenda de Guibert à Virgem

---

sobre certas vivências depressivas arcaicas. *Revista Brasileira de Psicanálise, 20*, 20-21.

111 *De vita sua*, op. cit., pp. 37, 39.

e na determinação do futuro dele. Portanto, desenvolveu-se submissão e identificação com o agressor, um conjunto de princípios e propósitos que Guibert incorpora como parte do seu eu, representado nas figuras parentais, no mestre, no contexto social, na Igreja e em Deus. A situação é grave, a ponto de Guibert precisar mentir, escondendo da mãe que era surrado intensamente pelo preceptor, que, mesmo após ter recebido um acréscimo em seus ganhos, continuava a hostilizá-lo com fervor. Todavia, um amor incompreensível do discípulo pelo mestre leva Guibert a proteger esse homem. Diz fazê-lo não por medo, mas por ter aprendido que o sofrimento é parte do amor a Deus à espera de salvação da alma. Entretanto, parte da personalidade de Guibert está revoltada e inconformada, e assim caminhará, dividido, até o fim de seus dias, entre a fé e a razão, entre o amor e o ódio, por aquele que lhe dedicava amor, apesar de lhe causar sofrimento.

O medo de Guibert criança não é a vingança do preceptor, mas o de perder o amor materno e, pior, de desobedecer a Deus-Pai, ao compromisso fundante do seu eu. Pois o pai já matara em seu íntimo, ao desconsiderá-lo como homem e cristão, e desejá-lo morto a ter de suportar as angústias de imaginar o genitor quebrando a promessa original. Felizmente, nas palavras de Guibert, a morte o levou antes, preservando-o como verdadeiro cristão. Seu ódio, no entanto, está inscrito na narrativa ao denunciar as atrocidades cometidas pelo mestre:

> *Então, tendo terminado, próximo à hora dos ofícios vespertinos, um estudo qualquer, fui aos pés de minha mãe, após ter sido gravemente espancado, certamente mais do que fosse merecido. Ela se pôs a me perguntar, conforme seu hábito, se neste dia eu havia sido agredido; e eu, para não parecer denunciante de meu mestre, neguei categoricamente. Então, apesar de mim, ela*

> *suspendeu minha roupa (que se chamava túnica, ou bem ainda de camisa), e pôs-se a contemplar meus pequenos braços marcados de azul e a pele do meu pobre dorso edemaciada por todos os lados após os golpes de vara. Gemendo diante das sevícias a que fui submetido na minha tenra idade, perturbado, agitado, os olhos cheios de lágrimas de tristeza, ela me diz: "Pois bem, se é assim, você não se tornará jamais um padre; você não terá mais castigos a sofrer para aprender o latim. . . ."*
>
> *Eu a olhava, sentindo em tais palavras toda a reprovação possível, e eu replicava: "Prefiro morrer, tentarei, sem cessar, aprender Letras para tornar-me padre." É necessário acrescentar que ela vinha de me prometer que se eu desejasse ser cavaleiro, ela me forneceria, assim que tivesse atingido a idade exigida, o equipamento e as armas da cavalaria.*[112]

Guibert não consegue ser espontâneo na relação ambivalente com a mãe, de quem espera compreensão, mas teme retratar a angústia diante de suas dificuldades para assimilar o latim. Tal conflito intenso se reflete no encontro com o mestre que tenta inculcar-lhe, a qualquer preço, o aprendizado da língua mater da igreja. A sugestão materna de que Guibert abandone o caminho monástico gera nele estado de pânico, pois, desejoso de corresponder aos anseios familiares e agora próprios, percebe esse propósito ameaçado pela contradição interna de tornar-se semelhante às demais crianças do castelo. Seguir essa opção significa quebrar a promessa feita junto ao altar da Virgem e ser como seu pai, militar e fraco. A mudança de percurso é ameaçadora; ainda é melhor viver o sofrimento

---

112 Idem, op. cit., pp. 39-41.

gerado pelo aprendizado do latim e as agressões do mestre do que correr tal tipo de risco.

Sabemos que tanto o percurso monástico quanto a formação cavaleiresca são processos que ocorrem entre os 14 e os 18 anos, culminando com cerimônias específicas no final desse período. Na vida monástica, a tonsura faz parte da confirmação do jovem como padre, condição a partir da qual ele está autorizado a oficiar missas, a promover o sermão e outros trabalhos aos crentes que se dirigem ao monastério local ou ser indicado para trabalhos eclesiásticos em outros monastérios de sua diocese. Na vida militar, o jovem se prepara (*adoubé*) para o *adoubement*, cerimônia na qual recebe do senhor feudal, do general ou do padrinho, as armas, as vestes e o cavalo que o consagrará. Como novo cavaleiro, deverá acompanhar e proteger o seu senhor. Somente os privilegiados podem portar armas e combater, pois manter o animal e ter os equipamentos bélicos é caro. A Igreja abençoa e sacramenta o jovem guerreiro na luta e na paz.[113]

A proposição materna gera no pequeno Guibert enorme angústia e profundo conflito existencial. A perspectiva de quebra do contrato fundamental estabelecido por ocasião do seu nascimento é condição temerária e altamente reprovável. O menino entra em desespero. Dominado pela ambivalência dos desejos entre ser e não ser padre, a segunda alternativa significa contrariar a Deus, mãe e comunidade. É um conjunto de conflitos egoicos, superegoicos e narcísicos insuportáveis para seu espírito frágil e oprimido diante dos seus ideais, da imagem de si mesmo e dos recursos necessários para administrá-los.

Guibert criança tem diante de si imagos poderosíssimas – os pais terrenos e celestiais aterrorizam sua mente –, unidas na

113 Cardini, F. Le guerrier et le chevalier. In Le Goff, J. (1989). *L'homme médiéval* (pp. 87-128). Éditions du Seuil.

fantasia de um coito eterno e indissolúvel. O menino Guibert é Jó, necessitando provar a Deus o seu amor por Ele – talvez inspirado em São Gregório Magno, autor de extensa reflexão (35 livros) sobre Jó? Guibert almeja a perfeição idealizada na função de fiel servidor de Deus e, para isso, o estudo de Letras é fundamental, pois: "A Bíblia é um espelho que reflete a nossa mente. Nela vemos nossa face interior. Das escrituras aprendemos nossas belezas e deformidades espirituais. Ali também descobrimos o progresso que estamos fazendo e quão longe estamos da perfeição".[114]

114 Daniélou & Marrou. *Dos primórdios a São Gregório Magno*, op. cit., pp. 440-453.

Primavera – *pubertas*/primeira fase ou início da adolescência

Eu me dedico às Letras

Após eu ter rejeitado, não sem grande desgosto, todas essas proposições [abandonar o latim e seguir a vida militar], tua serva, ó Deus, recebeu meu desprezo com tanta satisfação e testemunhou imensa alegria desse desdém, que ela revelou para meu mestre as respostas que eu lhe havia dado. Os dois se rejubilaram diante disto que eu aspirava, com visível avidez, no cumprimento do voto de meu pai. De fato, abracei rapidamente estas mesmas letras que me inculcavam tão mal, sem, entretanto, me furtar dos ofícios eclesiásticos; ao contrário, quando chegava a hora ou qualquer desejo que fosse, eu não queria nada, nem mesmo a comida, para me dedicar a uma tal ocupação.

Assim foi, mas depois de algum tempo, tu sabes bem, meu Deus, a que ponto me desviei destas resoluções, como somente me dediquei, daí em diante, ao serviço divino com repugnância; e mesmo impelido por surras,

> *eu só aceitava dificilmente. Aquilo que havia me pressionado de início, não eram, Senhor, os impulsos de uma certa devoção nascida de um pensamento refletido, eram apenas impulsos de criança. Mas, assim que minha adolescência*[1] *cedo irrompeu pela germinação de uma perversidade inata, foi-se jogando no abandono tudo o que havia sido preservado; esta primeira devoção iria desaparecer completamente. Ó meu Deus, ainda que fosse uma boa vontade ou talvez uma aparência de boa vontade, tenha aparecido por um tempo e se inflamado em mim, ela desapareceu logo, obnubilada por uma ducha de pensamentos, os mais detestáveis.*[2]

As dificuldades de Guibert no aprendizado do latim e a apatia são sintomas que podem representar o desejo fantasioso de atacar a imago dos pais poderosos e unidos no inconsciente infantil. O aspecto agressivo e inconsciente de Guibert manifesta-se ao atingir a linguagem, um aspecto essencial da relação com as imagos parentais, no caso o latim, língua fundamental da Igreja no acesso ao Deus-Pai e na realização do desejo materno. Guibert, ao deslocar para o estudo do latim o conflito com as imagos parentais, estabelece com o aprendizado dessa língua uma relação sadomasoquista. Ele sofre por não conseguir incorporar o objeto do desejo e faz sofrer aqueles que são a fonte nutriente desse conhecimento. São sentimentos ambivalentes de amor e ódio, submissão e transgressão, componentes perversos e de um certo poder, favorecidos pela cultura do sofrimento, do pecado e da penitência.

---

1 Guibert utiliza a expressão latina *adolescentia*, traduzida em francês por *jeunesse*. "At postquam *adolescentia*, ingenitae nequitiae jam effoeta con / ceptibus, sese in totius pudoris damna proripuit, vetus illa devotio prorsus extabuit" (grifo meu). Labande, p. 42 da *Autobiographie*.

2 *De vita sua*, op. cit., pp. 41, 43.

Mecanismos defensivos do ego como cisão, identificação projetiva, negação, condensação e deslocamento estão presentes e estimulados pelo pensamento filosófico-religioso prevalente: tudo o que é bom é de Deus; o mau pertence ao Diabo e precisa ser excluído. O preço desse amor está na castração inerente à cultura. Porém, esta pode ser excessiva e transformar-se numa violência interior insuportável para aqueles que não se identificam integralmente com os valores preconizados por essa sociedade. A mãe de Guibert, prisioneira de seus ideais religiosos e narcísicos, é agente e vítima desse processo civilizatório. Ela conta com o apoio da parentela e da sociedade, estimulada pelos anseios da Igreja, da dinâmica feudo-vassálica presente no imaginário da coletividade. Estar próximo de Deus é uma garantia.

A proposta dela para que Guibert abandone o percurso monástico contém também algo de perverso e provocador de mais angústia em uma criança assustada, insegura e marginalizada. Insinua, com bondade suspeita, que se ele desistir do latim jamais se tornará padre. Ela instiga a inveja, a ambição, o sentimento de covardia e de fraqueza, jogando-o contra a necessidade de encontrar forças para enfrentar e cumprir o compromisso. Ser homem (*vir*) é ser monge, imago que está em formação e em conflito numa personalidade em desenvolvimento.

A relação sadomasoquista se expande na personalidade de Guibert, nas manifestações de submissão e desejo de alcançar a Deus pela perfeição, no encontro do puro e do belo, na virtude das relações mãe-filho. A mãe, por sua vez, também se vê coagida e coage, a ponto de ir buscar refúgio no convento. A fé e a fuga das realidades interna e externa se complementam na esperança da salvação da alma – ambivalências torturantes que a levam a propor ao filho o caminho da vida militar, trilhado pelo pai terreno e morto. Por conseguinte, o genitor é uma vergonha para Guibert, aliviado ao pensar no pai, cuja morte ocorreu antes que o seu suposto desejo de torná-lo militar se realizasse, com a quebra da promessa original. Os ideais desse pai terreno são desprezados pela esposa e pelo filho, de modo que Guibert, novamente, se vê numa encruzilhada de desejos, de amor e de ódio. Ao indentificar-se com o pai, será um filho traidor de Deus; ao identificar-se com Deus, abandonará os desejos escusos de seu pai de fazê-lo cavaleiro.

O pensamento materno, portador de uma dupla mensagem – aparente tolerância contracenada com desprezo –, permeado de hipocrisia e pena, é gerador de angústia e culpa em Guibert. Tornar-se cavaleiro significa ameaça de perda do amor materno e do amor de Deus. É cometer um pecado insuportável para um superego exigente e punitivo, identificado, também, com o desejo materno de se tornar monge. Contrariar a promessa original é ficar sujeito à obra do demônio. Ser como o pai é ser frágil e fracassado. Ser como a mãe implica conquistar suficiente força na fé, tarefa difícil para quem carrega o peso de sentir-se o *pior de todos*.

Procura-se uma sinecura para mim

> *Minha mãe se desdobrava com vistas a me instalar, a qualquer preço, em um benefício eclesiástico. Ora, o primeiro meio que se apresentou se revelou mau, e mesmo abominável. Um de meus irmãos, jovem cavaleiro habitante do claustro de Clermont . . . era credor de uma certa quantia em dinheiro do senhor desse lugar: eu ignoro se se tratava de um preparo ou bem, de um compromisso feudal. Assim, como esse senhor, por falta de fundos disponíveis, suponho, tardava em quitá-la, e certas pessoas de minha parentela sugeriram-lhe de me dar um canonicato ou, como se diz, uma sinecura na igreja local, a qual, no encontro das prescrições*

canônicas, estava submissa à sua autoridade; em troca, meu irmão cessaria suas fatigantes reclamações.[3]

Guibert, pela primeira vez na narrativa, faz críticas explícitas ao comportamento da mãe, que se dispõe, por meio de influência e cobrança, conseguir do responsável pela igreja da comuna uma sinecura para Guibert. Resolveria dessa forma dois problemas: um lugar de cônego para Guibert e o pagamento devido ao outro filho pelo senhor feudal, em decorrência de trabalhos realizados na igreja da comunidade. Diga-se que a paróquia local é mantida pela mãe de Guibert e sua família e que a atitude materna é desaprovada pelo fato de ser manipulatória. A mãe de Guibert mistura interesses religiosos, monetários e tráfico de influências, enquanto, para Guibert, a sinecura deve ser alcançada como fruto de competência e mérito, postura reveladora da ética e da moral que está se instalando nele e que o coloca em conflito com a mãe, santa e secular.

Seus sentimentos em relação à mãe oscilam entre a terrena, com desejos e atitudes criticáveis, e a celestial, enaltecida, bela e casta. O sofrimento, caminho para alcançar o Senhor, está incorporado tanto pela mãe como pelo filho, cada qual com seu modo de expressão. Nela, manifesta-se pelo uso costumeiro da camisa de cilício. Nele, pelo mascaramento dos sentimentos mais profundos, enclausurados na memória, pela ação inconsciente de lembranças encobridoras.

Que lembranças são essas e estão encobrindo o quê? Guibert narra uma sequência de eventos históricos até revelar aspectos das sexualidades materna e própria. Tais eventos parecem ter a função de mascarar aqueles relativos à sexualidade, à medida que transcorre o processo associativo e as defesas do ego se atenuam.

---

3 *De vita sua*, op. cit., p. 43.

As pressões que assolam Guibert afetam a capacidade de pensar, sublimar, transformar e agir. A insatisfação que ele carrega e desloca sobre o estudo do latim pode ser expressão inconsciente de um esforço para preservar algo de sua subjetividade e individualidade, por meio dos sintomas. Seus desejos e humores passam a oscilar, rapidamente, refletidos na ambivalência e na aversão pelo estudo de latim, em contraponto ao fascínio pelos ofícios eclesiásticos – os quais não troca por nada. Porém, subitamente, Guibert é tomado por intensa repugnância pela vida religiosa.

Ambivalência e contradição exacerbam-se em Guibert, cuja devoção, religiosidade, ética e moral cristãs, arquivadas na memória ao longo da infância, ficam ameaçadas pela força das pulsões. Ele identifica em si uma perversidade inata e que se manifesta nas ideias, sonhos e visões, produtos de fantasias primitivas que emergem na consciência, consequentes às alterações egoicas dessa fase da vida.

Guibert assume, desesperadamente, o estudo de letras e a perspectiva monástica. A impulsividade de sua resolução pode ser manifestação de início da puberdade. Mobilizada pelas primeiras ações hormonais, a impulsividade agressiva e libidinal atinge o sistema defensivo do ego. Desconfiança, turbulência, oscilação intensa do humor e ansiedade são manifestações próprias da atividade psíquica que acompanham as transformações corporais e hormonais dessa fase da vida. Frequentemente, são acompanhadas de desconfiança e insegurança, estados mentais capazes de gerar rupturas relacionais internas e externas e de intensificar sentimentos persecutórios. O menino Guibert, submisso e resignado, desaparece e dá lugar ao rapazinho turbulento. O ego enfraquecido e o fogo das pulsões possibilitam que a mente seja invadida por pensamentos, os mais detestáveis, carregados de fantasias arcaicas inconscientes, sexuais e agressivas, de conteúdos orais e anais sádicos.

Emergem na mente de Guibert vivências catastróficas provenientes da figura combinada dos pais, dos traumas da infância e das condições do nascimento. São vivências que atingem a totalidade de sua pessoa física, psíquica e social. A imaginação passa a tomar conta dele. Sua vida onírica sofre influências desse momento de maiores presença e expressividade da vida pulsional, caracterizando a *pubertas*, com aumento das impulsividades agressiva e sexual, baixa tolerância à frustração e forte componente narcísico. Sabemos que quanto mais conturbados forem os primeiros anos de vida, mais intensa e complexa será a crise nessa passagem para a vida adulta.[4]

Esta é a sina de Guibert, que, mobilizado pelo fogo das pulsões, emerge na puberdade e nas buscas inconsciente e consciente de sua identidade adulta. O esboço de um pensar próprio, manifesto na transgressão típica dessa fase da vida, faz-se presente, assim como um novo sentimento de poder, que se distingue de certa harmonia e incorporação de normas, inerente a *pueritia*. Com muita angústia, ele vive um estranhamento de si mesmo, um choque de pulsões incontroláveis e o prenúncio de uma identidade que começa a se estruturar.

Guibert sente a repugnância pelo estudo da religião, a hostilidade indigesta gerada pelas pressões que o oprimem e que se volta contra si e contra os objetos de investimento amoroso: pais, pedagogo, comunidade, Igreja e Deus internalizados. Há nesse movimento emocional manifestações oriundas de pressões narcísicas transgressoras e arrogantes nas primeiras buscas de autoafirmação e de maior autonomia. Esse conjunto de afetos está também mobilizado por ideais distintos daqueles de seus pais e familiares que o prometeram a Deus junto ao altar da Virgem Santa. O contrato sagrado está sendo quebrado por um jovem, com uma violência

4 Klein, M. *Psicanálise da criança*, op. cit., pp. 38, 119-138.

que até então não se havia revelado. Ele mesmo se surpreende pelas atitudes estranhas e mal toleradas da personalidade, expressões de uma atitude mental radical e onipotente, comum nessa fase da vida e, provavelmente, independente da cultura. São sentimentos que o assombram, que atacam seu passado, ocasionados pelo conjunto de valores éticos e morais incorporados, heranças de sua formação religiosa prévia, negada devido à ação de forças poderosíssimas, presentes em seu inconsciente e que lhe agem na mente à revelia. Lembra-se que tais mudanças do comportamento levam-no a agir como criança pequena. O mais primitivo de si, armazenado nas profundezas do inconsciente, faz-se presente. Despreza os valores religiosos, morais e comportamentais adquiridos na infância e vive a ação dos ataques às imagos parentais e a si mesmo. A ação de núcleos perversos emerge à pré-consciência. Pensamentos terríveis buscam vazão, fruto da prevalência do processo primário e carente de elaboração mental. É uma reação do tipo estímulo/resposta na busca de prazer imediato e em contraposição ao processo secundário, no qual a capacidade crítico-analítica se interpõe à precipitação das ações. São movimentos psíquicos típicos do início da adolescência, fase na qual ocorrem revivescências de um passado vivido ou imaginado. Processo regressivo seguido de desinvestimento das aquisições infantis, concomitante ao esboço das primeiras e novas aquisiões e amadurecimento de outras funções corporais e psíquicas. Este conjunto de manifestações, que caracteriza a transição para a vida adulta, Guibert chama de ***adolescentia***.

O equilíbrio psíquico de Guibert durante a *pueritia* quebra-se e somente irá se restabelecer progressivamente, não sem antes passar por uma série de oscilações afetivas e de humor. As pulsões emergem de forma livre e catártica, com prevalência de ações motoras, nas quais Guibert e os jovens tendem a passar ao ato, devido à diminuição temporária da capacidade de elaboração e de controle da mente. Em consequência, fantasias arcaicas de incorporação, penetração, destruição das imagos parentais, até então recalcadas, vêm à tona e se transformam em ações que se confrontam violentamente com os ideais sociais e religiosos de pureza da alma e do corpo, presentes nessa cultura.

São indícios das primeiras manifestações involuntárias de inconscientes de perdas da vida infantil: luto pela perda do corpo infantil e da imago parental da infância. A sensibilidade aguçada leva Guibert a perceber que o irracional prevalece sobre sua capacidade lógica no controle das ideias, pensamentos e desejos. Trata-se de um período no qual ele e muitos de sua idade tornam-se mais sugestionáveis às influências da vida exterior, na busca de nova identidade, pressionados pelo crescimento e desejos da vida adulta, mas também sujeitos às manifestações da vida infantil.

A rebeldia não é manifestação exclusiva de Guibert. Outros jovens de sua idade agitam-se contra as simonias e excomunhões injustas, cometidas quer pela Igreja, quer pelo clero privado, ligados aos interesses dos senhores feudais ou outros, que agridem os ideais éticos e morais da aristocracia cristã. Os jovens, parte ativa e renovadora de qualquer sociedade, lutam por uma sociedade mais justa. Rebelam-se, por exemplo, quando jovens viúvas preferem se casar com senhores estabelecidos em detrimento dos varões jovens e disponíveis para o matrimônio. A Igreja batalha pela "progressiva cristianização da instituição matrimonial" e interfere na gestão patrimonial. Dessa forma, ela pode prejudicar interesses de jovens solteiros, carentes de companheiras, em beneficio de outros. As ações dos sacerdotes preponderam no controle da vida social, política e econômica das comunidades, "cujo objetivo, atemporal, é refrear as pulsões da carne, isto é, reprimir o mal, represando numa moderação estrita às irrupções da sexualidade".[5]

5 Duby, G. (1989). *Idade Média, idade dos homens – do amor e outros ensaios* (pp. 14-15). Cia. das Letras.

Grupos de adolescentes como Guibert, ou jovens, se manifestam contra essas manipulações, que se multiplicam por abusos de poder e de interesse, distintos dos objetivos fundamentais da espiritualidade religiosa. São os goliardos, religiosos intelectuais que, revoltados, rebelados contra a moral sexual restritiva, protestam por meio de movimentos provocativos, ironias poéticas e outras turbulências sociais. É algo mais complexo do que uma simples manifestação de religiosos intelectuais arruaceiros, sem perspectiva profissional. Suas ações se repercutem inclusive no meio universitário.[6]

Obra de Vênus

Há uma mudança aparentemente rápida, um salto na narrativa de Guibert, que, talvez tomado por intensa ansiedade, passa a relatar a conduta de membros da comunidade e alguns eventos históricos. Esse indício de capacidade crítico-analítica sugere um Guibert portador de pensamento próprio, distinto dos de seu grupo familiar, pela recusa em aceitar uma sinecura para si, comportamento habitual em seu meio social. Ele aborda temas relativos a novos campos de interesse, distancia-se das ideias da mãe, analisa situações e faz julgamentos. As oscilações de humor e da vontade tornam-se transparentes e sugestivas de um afastamento das imagos parentais e pessoais da infância.

> *Nesse momento, os ataques da Cúria apostólica contra os padres casados eram recentes. Isso resultou que um grupo apegado emocionalmente à sua clericatura se inflamou de raiva contra essa gente, reclamando em altos brados, com um espírito hostil, que eles fossem privados*

6 Strayer, J. R. (Ed.). *Dictionary of the Middle Ages*, vol. V (pp. 574-576). Charles Scribner's Sons; Pratesi, A. *Enciclopedia Cattolica*, Città del Vaticano, p. 910.

> *dos benefícios eclesiásticos ou que eles fossem descartados das funções sagradas. Ora, havia um sobrinho de meu pai, homem que se impunha sobre os seus, tanto pelo poder quanto pela inteligência, o qual se dedicava intensamente à obra de Vênus e que satisfazia no ato seu desejo, não importava com qual mulher. Por outro lado, naquilo que dizia respeito à clericatura, ele desencadeava a aplicação dos ditos canônicos com um tal ardor, como se estivesse tomado por uma excepcional castidade reprovadora de tais práticas. Laico, ele era incapaz de se dobrar às leis que lhe concerniam: quanto mais amplas elas eram, mais odiosamente ele as transgredia. As ligações conjugais não podiam contê-lo, e por assim dizer, ele não suportava jamais ser restringido pelas interdições [eclesiásticas].*[7]

Graças a um processo espontâneo de livre associação de ideias, Guibert relata o surgimento de um movimento contrário à presença de padres casados na Igreja, mobilizado pela Cúria Apostólica que, a partir do Concílio de Latrão de 1059, tomara a decisão de impor o celibato aos padres. Tal determinação demorou certo tempo para se difundir no corpo da sociedade e, com o passar do tempo, interferiu nas determinações legais sobre o casamento, atingindo também o mundo laico.

A narrativa de Guibert sobre o movimento contra os padres casados sugere, além de aspectos históricos contemporâneos à sua adolescência, uma preocupação com o destino da sua sexualidade. Caso prossiga no caminho eclesiástico terá de se decidir, em plena adolescência, pelo celibato, luta feroz contra as pulsões. Ele está numa encruzilhada de sentimentos e de valores morais em um

---

7 *De vita sua*, op. cit., pp. 43, 45.

momento crucial da vida, tomado pelas incertezas do ser humano interior em formação, decisões que afetam definições afetivas, sexuais e de identidade. Para ele, o risco de perdas é grande, diferente daquele dos clérigos casados e ameaçados de serem afastados das funções sagradas, pois Guibert, ao ter de decidir sobre seu futuro, inconscientemente traçado, terá de abdicar da sexualidade genital numa fase da vida em que ela encontra-se em plena ebulição. Sublimá-la na união amorosa com Deus, na terra e no céu é tarefa árdua; encaminhar-se para a carreira militar é desobedecer a promessa original e quebrar um dos alicerces fundamentais de sua cultura, o contratualismo.

Guibert, *esvaziado pela germinação de uma perversidade inata*, refere-se, possivelmente, a sentimentos destrutivos e sexuais integrantes da estrutura e do funcionamento mental humanos. Ego, articulador e coordenador, e superego, estruturador e repressor, buscam controlar e adaptar as necessidades e os desejos do sujeito em sua interação com a cultura. Nas situações regressivas da mente, como ocorre durante a adolescência e em estados oníricos e hipnóticos, surgem fenômenos regressivos inconscientes, característicos de estados primitivos. Nessas circunstâncias, mecanismos defensivos contra a angústia, como cisão, identificação projetiva maciça, negação, comunicação rudimentar e concreta são acionados, possibilitando o aparecimento de núcleos delinquenciais, psicopáticos, psicóticos e psicossomáticos. Acontecem reações comportamentais intensas que interferem na formação do caráter.

Ocorre, nessa fase da vida de Guibert, que um primo paterno, possuidor de um comportamento sexual reprovável, mas dotado de excepcionais poderes econômicos e de influências, pretende conferir a ele a investidura de benefícios eclesiásticos, sinecura desejada pela mãe de Guibert. Crítico, Guibert discorda dos procedimentos familiares reveladores de simonias, má-fé nos procedimentos que culminariam num certo tipo de favorecimento. As percepções ética e moral de Guibert sobre a psicologia do mundo secular e religioso chocam-se na construção da subjetividade própria em conflito com a subjetividade coletiva.[8]

> *Na ausência, e sem a anuência do clérigo, bem entendido, ser-me-ia conferida a investidura de tal benefício. De fato, por meio de uma autorização falsamente obtida do bispo; ele [o primo] era contra todas as leis divinas e humanas, o abade dessa igreja. E de qualquer um não canonicamente designado, ele exigia o dignatário eclesiástico, o respeito dos cânones.*
>
> *Nesse momento, não somente os clérigos investidos pelas ordens maiores, canonicamente providos, viam contestadas suas relações conjugais, mas considerava-se, entretanto, um crime a compra de ofícios eclesiásticos que não implicavam nenhum envolvimento espiritual, assim com a sinecura, celebrante, preposto e outros semelhantes, para não falar de privilégios.*[9]

Esse parente reage às exigências do celibato pelo clero e opta por abrir mão dos benefícios religiosos para permanecer na mesma estrutura de vida, junto da mulher e preservando os valores que havia adquirido. É desse clérigo que a mãe de Guibert pretende obter uma sinecura, mas ela desiste dessas intenções para evitar um escândalo local. Guibert, jovem e inconformado com a injustiça, denuncia conflitos ideológicos e de interesses entre os componentes da comunidade. A decisão desse parente de preservar a esposa, em detrimento das imposições eclesiásticas, é a objeção de muitos

---

8 Knobel, M. (1992). The neurotic and the psychotic components in the somatization process. *Dynamische Psychiatrie/Dynamic Psychiatry*, 188-202.

9 *De vita sua*, p. 45.

nessa luta entre poderes individuais e coletivos, laicos e eclesiásticos, pois a Igreja se imiscui no clero privado, submisso ao senhor feudal, e nas questões de Estado:

> *Ora, aqueles que se empenham a desprezar as questões interiores e aqueles que usufruem dos favores do clero privado para sua sinecura, enfim, a maior parte das pessoas de minha idade, se põem a sussurrar vivamente a respeito das simonias e das excomunhões que pouco a pouco se multiplicam. . . . Ora, dado que ele havia preferido sua própria carne aos divinos mistérios, ele foi, a justo título, sacudido pelo castigo, que imaginava ter evitado ao renunciar a celebração. Mas, uma vez tendo se livrado desse peso . . . ele resigna-se a cantar a missa livremente em todos os lugares, preservando a companhia de sua mulher.*[10]

As perspectivas de escândalo e de excomunhão desanimam a mãe de Guibert na obtenção de uma sinecura injusta e ilegalmente adquirida. Ela prefere, então, aguardar o surgimento de uma vaga, quando da morte de um padre, para que seu filho possa vir a ocupar esse lugar. A crítica de Guibert prossegue contrária à hipocrisia de certos setores do mundo clerical, em conluio com setores da aristocracia feudo-vassálica, como fazem outros jovens dessa época, que se unem numa verdadeira classe de jovens, em contraposição à dos adultos, na busca de valores mais autênticos da nova realidade social que se configura e contra os poderes constituídos.

Guibert sente-se constrangido, um homicida, ao ter que esperar pela morte de alguém para usufruir da sinecura em meio à ambivalência de ser fiel a Deus, na busca dos ideais cristãos, e da

10 Idem, op. cit., p. 47.

realidade do mundo terreno, na busca de oportunidades pessoais. As contradições estão sempre presentes nessa sociedade. Enquanto uns são capazes de renunciar a tudo e viver na pobreza como expressão de devoção a Deus, outros negociam postos religiosos que se misturam com interesses materiais, privilégios comprados e outras benesses. Nos seus dizeres, alguns monastérios são de um rigor excepcional, enquanto outros tomam o cuidado habitual. A ética e a moral são vulneráveis às interferências e tendências do meio. Elas sofrem as inflexões da cultura, cuja velocidade de transformação varia de acordo com uma multiplicidade de fatores espirituais e o contexto que os alberga.[11]

Corrupção, traição, manipulação, compra de cargos, sedução e ações criminosas, comuns nessa sociedade de falsidade e hipocrisia, permeiam a vida secular e certas esferas da vida eclesiástica. Guibert e outros jovens criticam essas ações que progressivamente se multiplicam. Nosso protagonista segue o modelo agostiniano de análise de consciência encontrada em *Confissões* e revive na narrativa as novas experiências intelectuais, afetivas e sociais da juventude, potencialidades e valores próprios, no encaminhamento para a vida adulta. Ele recorda características emocionais de sua adolescência, como observador apurado de si mesmo, perspicaz, crítico e analítico. Ao abordar questões que envolvem a mãe e a si mesmo na vida secular, analisa a vulnerabilidade ética e os valores morais de seus contemporâneos.

A narrativa apresenta nas próximas páginas relatos de eventos que parecem desviar-se do eixo anterior, ao recordar situações mais distantes de sua própria vida, para, depois, retornar ao eixo inicial. Suspeitamos que tais recordações tenham a função de encobrir situações profundas indesejáveis de virem à consciência. Guibert

11 Silva Júnior, H. *Modelos de subjetividade em Fernando Pessoa e Freud*, op. cit., pp. 3-4.

descreve a diminuição do número de monges, a história do conde Évrard de Breteuil, do conde Simão, a vocação de Bruno, o caso do arcebispo Manassés de Reims, a vida austera de Cartuxa, o crescimento de monastérios graças às doações.

Nos processos de associação livre de ideias, o sujeito narra, de forma aparentemente aleatória, lembranças que tecem um enredo inconsciente – processo que dificilmente preserva linearidade e coerência no percurso sinuoso traçado pelas pulsões na busca de vazão. São motivações profundas de aspectos intrínsecos da natureza humana, que influenciam a vida e que podem colocar a alma em perigo, fenômenos que conduzem a mãe de Guibert a tomar decisões importantes que afetam também a vida dele.

> *Vivendo a vida secular ela experimentava, ainda dentro de uma certa medida, sentimentos terrenos: ela procurava para mim, que ela acreditava estar pronto a desejar os bens do mundo, aquilo que ela havia julgado bom procurar para ela mesma.*
>
> *Mas, em seguida, considerando os perigos que ameaçavam sua alma, ela percorreu os inúmeros recantos do coração e terminou por deplorar sua vida passada, conformando-se com o seguinte pensamento: "Isto que não quero que me façam, não o farei para o outro." Ela julgava de extrema demência o fato de procurar obter através dos outros aquilo que desdenhava alcançar para si mesma; isto que ela havia deixado agora de ambicionar pessoalmente, ela estimava ímpio e funesto ambicionar para o outro. É evidente que muitas pessoas agiam de outro modo: nós os vemos renunciar integralmente a seus bens sob o pretexto de realizar a pobreza, mas desejar ardentemente os bens dos outros,*

> *não somente aqueles de sua própria família, o que já é mal, mas ainda aqueles de estranhos, é pior.*[12]

Guibert não só denuncia hábitos que estavam se instalando na cultura regional e familiar, mas posiciona-se, assim como sua mãe, diante de contradições éticas e morais, insuportáveis de serem vividas na vida secular. A renúncia a tudo o que é material e o voto de pobreza significam para muitos uma forma de redenção, de penitência na busca do amor e da salvação divinos. Mas sempre existem aproveitadores e outros de ingenuidade conveniente que se escondem da realidade da alma para evitar conflitos.

Assim, a intenção da mãe de Guibert é mudar de vida, abandonar a vida secular, deixar família, filhos, casa e recolher-se na intimidade da vida monástica, fato que ocorre num momento em que há um intenso movimento migratório nessa direção. Após um período histórico no qual muitos perderam o fervor, com a consequente diminuição do número de monastérios, monges e recursos materiais, surge intenso movimento migratório para a vida monástica. A riqueza dos monastérios cresce enormemente nesse período, graças às oferendas daqueles que tudo abandonam e doam seus bens para a Igreja. Há descrições de santas que abandonam os filhos por amor a Deus, situação descrita como exemplo de suprema piedade e santidade cristã.

Dilapidando as fortunas eclesiásticas

Alguns monastérios preservam os bens recebidos em doação, por meio de pessoas que, desde tenra idade, haviam sido destinadas à vida religiosa, graças à piedade dos pais. Outros partem dos conventos para viver a liberdade; uns levam seus bens, enquanto outros

---

12 *De vita sua*, op. cit., p. 49.

dilapidam as riquezas eclesiásticas, tanto em relação aos aspectos simbólicos quanto aos materiais. Mas existem conventos que se negam a devolver aos herdeiros os bens que seus pais ou familiares haviam destinado anteriormente a Deus.

Quais as intenções de Guibert ao narrar esses fatos? É apenas uma necessidade do historiador? Ou esta é uma forma de revelar suas angústias e tornar públicas suas lutas internas? Seriam denúncias sobre as hipocrisias eclesiástica e dos seres humanos, dentro do espírito de revolta habitual dos adolescentes, numa fase decisória de opção de vida? Um conjunto de decepções em relação à vida secular e monástica? Talvez seja uma crítica de Guibert, pautada no pensamento materno: "Isto que não quero que me façam, não o farei para o outro".

Os eventos históricos da narrativa sugerem existir um movimento que impulsiona seguir o caminho monástico presente na comunidade, no cotidiano dessa cultura, mas também, e principalmente, em si mesmo. A angústia de Guibert quanto ao destino a dar à sua vida parece estar configurada no tecido narrativo de vários casos de conversão à vida monástica ocorridos entre os aristocratas feudais. Tal movimento de massa transcorre durante sua adolescência.

Inicia-se nessa época um movimento de conversão, no qual muitos abandonam seus bens para se dedicar à Igreja. Guibert descreve, inicialmente, o que se passou com Évrard, não seu pai, mas o conde de Breteuil. Cavaleiro rico, homem importante dessa localidade, próxima às cidades de Amiens e de Beauvais, abandonou toda a sua riqueza, soberba, exibicionismo e perversidade para se tornar na pobreza um monge *pé descalço*, exilado na vida monástica, assim como outros de seu tempo o fizeram como forma de penitência diante de seus pecados. Évrard transformou-se num monge modesto, fez voto de pobreza e assemelhava-se fisicamente a um pequeno camponês pobre, diferente do corpo dos aristocratas, volumoso. Ele havia contado a Guibert seu processo de transformação para a vida monástica, como despojou-se de tudo e saiu em busca de doações para sua abadia beneditina.

> *Isto que acabo de contar, foi ele mesmo quem me contou, pois me testemunhava grande respeito, ainda que eu fosse um simples jovem [adolescente], ele me considerava como alguém de sua parentela; ele cobriu-me de demonstrações particulares de afeição e de carinho.*[13]

A empatia existente entre os que abraçam esses novos ideais cristãos torna-os irmanados dentro dos imperativos que constituem essa lógica social. O parentesco espiritual é parte dos objetivos universais e de expansão da Igreja, ao pretender gerar uma irmandade única, na qual todos estão unidos em Deus. A Igreja, ao cindir o carnal – comprometido com o Pecado Original – e o espiritual, busca controlar essa dualidade e reflete o desejo de uma unidade nas relações sociais e nas funções da paróquia. Essa tentativa transforma-se, progressivamente, no elemento fundamental de um sistema de redes, irmanadas nas diferentes aldeias por meio de paróquias e com a formação de múltiplas confrarias.

As importantes transformações demográficas ocorridas no século XI, com a progressiva fixação do ser humano no solo, particularmente a aristocracia, fazem surgir castelos e vilas, muitos ao redor deles, fenômeno gerador do aparecimento de linhagens assentadas territorialmente, nas quais aliança e consanguinidade passam a fazer parte do sistema hereditário.[14]

---

13 *De vita sua*, op. cit., p. 59. Labande traduz *cum me adhuc juvenculum tantopere* por [que eu fosse ainda um simples adolescente], pp. 58-59.

14 Guerreau-Jalabert. Parentesco. In Le Goff & Schmitt, *Dicionário temático*, op. cit., vol. II, pp. 322-334.

Évrard é, para Guibert adolescente, um exemplo, inclusive pela importância do nome, o mesmo de seu pai, e pode tê-lo influenciado, ainda que inconscientemente, em suas decisões futuras quanto à definição da identidade e dos caminhos a tomar na vida adulta. Dirigindo-se a seus companheiros, Évrard faz a seguinte pregação, possível modelo idealizado na mente de Guibert:

> *"Saibam, meus amigos, que este modo de vida que nós nos propusemos, se ele nos é útil, permanece pernicioso para a maioria, pois isto que viestes entender da boca deste homem, podeis deduzir que isto ocorre com muitos outros. Se, então, desejamos verdadeiramente agradar a Deus, nos é necessário evitar que isto forneça ao outro uma oportunidade de escândalo ou de pesadelos. Vamos estabelecer-nos definitivamente em um lugar onde possamos deixar esta condição de exilados, que suportamos por amor a Deus, fazendo passar a todos o desejo de uma qualificação preconceituosa." Diante destas palavras, eles tomam sua nova decisão e se retiram a Marmoutier onde, após ter vestido o hábito, eles se destinam para sempre à vida monástica.*[15]

Nesse movimento de conversão, figuras importantes da sociedade estão abrindo mão das riquezas e poderes pessoais e familiares para dedicar-se à Igreja. Jovens aristocratas, integrados na carreira militar, também abandonam seu percurso para enveredar pelo caminho monástico, a ponto de serem diferenciados até pelo aspecto físico, mais encorpados do que aqueles provenientes de

15 *De vita sua*, op. cit., p. 57.

outras classes sociais, graças às características nutricionais e a atividades físicas.[16]

Tomemos o caso, por exemplo, do conde Simão, São Simão (1048-1082), adolescente como Guibert, que, decepcionado e revoltado com as descobertas de procedimentos injustos e violentos cometidos por seu pai, entra para o movimento de conversão. Ele descobre que o cadáver do pai está enterrado numa propriedade usurpada e não recebida por direito hereditário, constrangimento que leva o jovem à decisão de abandonar a vida de cavaleiro e dedicar-se exclusivamente à vida eclesiástica. Apesar das leis vigentes ligadas à hereditariedade, o espírito de propriedade nem sempre as segue e o que prevalece é o uso da força. A justiça privada e a vingança permeiam as relações sociais, apesar das legislações religiosa e laica tentarem impor a ordem e o respeito às imposições autoritárias dos senhores feudais, da própria Igreja e da plebe. Os métodos de justiça, julgamento, punição e vingança são executados ora pelo poderes instituídos, Igreja e poderes civis, ora pelas próprias mãos, pelas famílias, pela população. As instituições públicas não estão suficientemente organizadas e vigora, geralmente, a lei do mais forte. Há violência nessa sociedade, mas também solidariedade e piedade entre as pessoas.

Guibert tinha ouvido falar sobre o conde Simão:

> *Estava comprometido com uma jovem de linhagem muito nobre, mas logo que ela tomou conhecimento que este jovem tão amoroso vinha de renunciar a ela assim como ao mundo, ela não pôde tolerar a ideia de permanecer até o fim com ele e veio se juntar aos grupos*

---

16 Cf. Duby, G., & Mandrou, R. (1958). *Histoire de la civilization française*, vol. I (pp. 17, 51), citado por Labande, p. 56 da *Autobiographie.*

> *de virgens de servidoras de Deus, a fim de se preservar na virgindade.*
>
> *Algum tempo depois de ele ter tomado o hábito monástico, retornou a França; então homens e mulheres, entusiasmados pela pureza de suas palavras e humildade de sua alma, visíveis em sua fisionomia, eram tão numerosos e consideráveis que, no sentido de seguirem o mesmo caminho, incontáveis batalhões dos dois sexos se constituíram de todos os lados; exemplificando-se em Simão, muitos se deixaram convencer. Um enxame de homens cavaleiros foi verdadeiramente atraído pela simpatia que estimulava esse último.*[17]

As regras matrimoniais, progressivamente mais rígidas e aperfeiçoadas por Ivo de Chartres, ditam que a mulher comprometida em matrimônio com alguém, independentemente do contato carnal, torna o processo irreversível pela sacralização, visto que as almas estão unidas pelo desejo de Deus. Por ocasião do casamento da mãe de Guibert, as condições matrimoniais eram outras. Ela teve de aguardar sete anos para ser deflorada. Naquela época, a inexistência da prova de sangue no lençol significava a não consumação do matrimônio, sendo pertinente a separação dos corpos, uma vez que a união carnal ainda não se configurara e, consequentemente, as almas ainda não estavam ligadas. A interferência da Igreja nas questões matrimoniais era menor e regida por interesses hereditários e de preservação da linhagem. Na adolescência de Guibert, a sexualidade, o casamento e a virgindade – expressão de pureza do espírito – são tratados através da conduta moral.

Apesar de serem raras as referências diretas ao significado etmológico de *adolescere* – "fogo que arde como madeira" –, os

---

17 *De vita sua*, op. cit., p. 63.

cuidados tomados com os adolescentes, principalmente com as moças, são tantos que podemos imaginar que o fervor sexual do adolescer não é um fenômeno desconhecido, pelo contrário, é desejado e temido. O que encontramos são normas e julgamentos provenientes de documentos escritos por monges, cuja sexualidade genital é intensamente reprimida e controlada pelas normas eclesiásticas. A educação dos jovens, rapazes e moças, pelo menos da aristocracia, sofre as imposições clericais, e pouco se sabe das intimidades dos quartos, sob as cobertas e nos cantos escuros dos castelos. Menos ainda no campo, na vida rural.

As lembranças evocadas por Guibert fortalecem a hipótese de que futuras decisões tomadas por ele apoiaram-se em experiências vividas e ligadas a exemplos positivos (Bruno) e negativos (Manassés), e influenciaram na edificação de sua identidade e em seus posicionamentos social, moral e filosófico.

Manassés I, na época da conversão de Bruno, ocupou o governo de Reims graças ao uso de simonia, sendo deposto por Gregório VII, com o auxílio da nobreza, e foi condenado ao exílio perpétuo em 1080. Guibert, enquanto adolescente, acompanhou esse processo, chegando às seguintes conclusões:

> *[Manassés era] um homem certamente nobre, mas que não tinha rigorosamente nada de nobreza da alma, que antes de tudo convém a quem tem berço. Sua promoção tinha de fato gerado nele tanta arrogância que era visto copiador da majestade real de nações estrangeiras, como toda a arrogância de tais monarcas.*[18]

Manassés desfruta da companhia de cavaleiros e despreza os clérigos; das igrejas retira relíquias do culto para distribuí-las entre

18 *De vita sua*, op. cit., p. 63.

os guerreiros, como forma de agradá-los. Muitos não aceitam tocar nos objetos sagrados, mas um deles, mobilizado pela tentação, aceita uma das relíquias da Igreja e, de súbito, fica louco. A avidez humana é manifesta nessa sociedade, mas a constância divina faz o castigo celestial vir de imediato, inclusive com a perspectiva da morte súbita.

A dimensão do tempo é regida pela Igreja. No cotidiano, o tocar dos sinos indica a hora das preces e das atividades laborais. Na visão filosófica do mundo cristão, o tempo estabelece relações entre vida e morte, passado, presente e futuro, conceito de compreensão complexa que envolve profundo conhecimento da liturgia fundamentada em Santo Agostinho.

> *O agenciamento divino do temporal deve ordenar, no mais profundo de cada fiel, a experiência pessoal de um tempo espiritual. Assim, o cristão pode aproximar-se de Deus e esperar reunir-se a ele, aqui embaixo, neste concentrado de tempo que é o "instante" e, depois, no fim dos tempos, na eternidade.*

Esse pensamento sugere que o imediato, presente no castigo divino, pode não ser um tempo linear, mas estar ligado ao tempo espiritual, no qual o "instante" é um fragmento de tempo entre o pecado e a punição a ele, numa relação entre causa e efeito, independentemente da defasagem que possa existir em relação aos tempos linear e histórico. O tempo cristão "que se impõe lentamente aos homens não é unificado. Combina três tipos de tempo: o primeiro, circular, da liturgia, é articulado pelo ritmo das estações; o segundo, mítico, do inferno, da decadência, da fatalidade, da angústia – 'tempo que é condenado no conjunto da Criação' –, inspira as concepções heréticas medievais, como os Cátaros. Nessa concepção, 'a salvação está no intemporal', tempo que não é nem linear, nem circular; o terceiro, tempo sagrado e orientado, que 'marcha em direção a uma consumação, um fim marcado pelo Juízo Final'. É o tempo feudal, que privilegia o passado, a memória e que se perde na salvação eterna".[19]

Guibert volta a falar de Bruno, do movimento das massas e de sua saída de Reims, movido por ódio a Manassés. São Bruno foi reitor de grandes escolas, célebre nas igrejas da cidade de Gaule, sábio na área das artes liberais, condição digna para os homens livres, contrariamente às artes mecânicas ou manuais, própria dos escravos.[20]

Bruno funda, em 1084, a ordem Cartuxa, um convento nos Alpes, cuja vida de renúncias se impõe num misto de solidão e vida secular, construindo uma riquíssima biblioteca. Essas informações chegam tardiamente a Guibert, por algum monge de Nogent, ao redor de 1114, enquanto faz a retrospectiva dos movimentos religiosos daquele período.[21]

Essa onda massiva de conversão com a adoção da pobreza voluntária e a devoção plena à vida monástica causam um aumento abrupto do número de monges em formação e consequente expansão do poder da Igreja. Homens e mulheres abandonam seus lares, filhos e bens para se inserir na vida religiosa. A crescente ideia da Cruzada em nome de Deus, o aumento dos temores diante das crenças no Juízo Final e a perspectiva do término do milênio contribuem para a ruptura da estrutura social, conduzindo a massa a um estado mental coletivo de devoção. Seria uma "loucura coletiva"?

Guibert narra com clareza pais que abandonam os filhos. A narrativa convincente sugere que o fenômeno é inquestionável e

---

19 Le Goff, J. Tempo. In Le Goff & Schmitt, *Dicionário temático*, op. cit., vol. II, pp. 531-539.

20 Franco Júnior, H. *A Idade Média – nascimento do Ocidente*, op. cit., p. 127.

21 Labande, *Autobiographie*, op. cit., p. 66.

que ele deve ter sentido na carne e na alma esse drama por ocasião da conversão de sua mãe. Ela vive um conflito existencial dentro desse contexto, que contribui para um mergulho num processo psicológico regressivo, dominando a massa de conversos. Esse movimento gera estados mentais propícios para a vazão de fantasias e crenças arcaicas da mente humana, ávida pela realização da utopia da salvação, da ilusão da vida eterna, de manifestações inconscientes de desejos e angústias primitivos, temores, promessas e fuga das realidades secular e humana.[22]

As mudanças nas relações sociais, a conversão em massa e a expansão das ideias cristãs, consequências das reformas eclesiásticas iniciadas por Gregório VII, fazem parte do processo de universalização do cristianismo propagado pela Igreja. É um conjunto de fatores que demonstra a existência de um sistema eficiente de propaganda, que intervém progressivamente na vida cotidiana e, mais profundamente, na construção das subjetividades individual e coletiva e na construção de uma mentalidade medieval.

Guibert, adolescente, tem a percepção histórico-sociológica de um imaginário em transformação, fortemente direcionado para a vida monástica e para a formação de novas comunidades eclesiásticas. Essa corrente de conversão ao cristianismo envolve homens, mulheres e crianças de todas as classes dessa sociedade, cuja psicologia de massa é capaz de explicar a perda da identidade individual em prol da identidade coletiva. É um processo contagiante, regressivo e narcísico, mobilizado pela fé e pela cegueira das paixões na busca da salvação.

> *Tais são aqueles que, na época da qual falo, tornaram manifesto que se encontrava no início de uma era de*

---

22 Freud, S. Psicologia de las masas y analisis del yo, op. cit., vol. III, pp. 2563-2610.

> *conversão. A eles agregavam-se grupos dos dois sexos, e a onda progredia, onde confluíam todas as [ordines] ordens da sociedade. Lamentavelmente é necessário dizer sobre as idades: viam-se crianças de dez ou onze anos meditar ao lado de velhos, e levar uma vida bem mais rigorosa que não se poderia prever na idade precoce. Estas passagens para uma vida santa permitiram observar aquilo que, mais de uma vez, tinha-se visto entre os mártires da Antiguidade: de um modo ainda mais vivo apareceu nos seres ignorantes e de baixa idade que entre aqueles entre os quais florescia a consideração, pela idade ou pelo conhecimento.*[23]

Em decorrência dessa onda religiosa de conversão, Guibert evidencia que o movimento, apesar de amplo, atinge de forma distinta *laboratores, bellatores* e *oratores*, mas também crianças, entre as quais ele se inclui. Surge na coletividade um novo tipo de conflito. Muitos filhos, cujos pais, na onda de conversão, haviam doado seus bens para a Igreja, passam a reivindicar seus direitos de retomada da posse daquilo que acreditavam lhes pertencer:

> *Envolvidos por tantos exemplos, nobres buscavam um estado de pobreza voluntária; os bens que eles desprezavam eram doados para os monastérios para os quais entravam; finalmente essa piedosa corrida estimulava sempre outros a agirem dessa mesma forma. Senhoras não menos ilustres renunciavam à ligação que as unia a esposos de renome, tendo abolido o amor de suas crianças em seus corações que se dobravam em piedade, entregavam aos religiosos suas fortunas, consagrando-se*

23 *De vita sua*, op. cit., p. 73.

> *no local a serviços eclesiásticos. . . . eles levavam para as igrejas e aos altares múltiplas oferendas.*[24]

Guibert descreve que nem todos podiam se entregar à vida monástica da mesma maneira e que cada um fazia o seu melhor possível para se dedicar e doar bens para a igreja. Porém, esse movimento pouco a pouco deixou de ser florescente pela maldade dos seres humanos.

> *Agora, filhos de todos os modos degenerados – quando se os compara às intenções de seus pais – não cessam, seja de retomar integralmente aquilo que seus pais, obedientes às motivações que eu havia dito, tinham doado aos santos monastérios, seja ao exigir de maneira reiterada a recompra.*[25]

Muitos filhos, inconformados e divergentes das atitudes tomadas por seus pais contaminados pela onda de conversão, revoltam-se diante da ingenuidade e do fanatismo. São filhos carentes, material e afetivamente, que lutam por aquilo que sentem, por direito, lhes pertencer. Na verdade, não apenas os bens materiais, mas a família e sua continuidade, não no céu, mas aqui na terra. São filhos desamparados de pais apavorados, vivendo um imaginário assustador, nessa cultura que passa por um processo rápido de transformações.

A ordem social transtornada pelas mudanças de valores éticos atinge famílias, propriedades, casamento e o sistema de transmissão de bens, desejada pelos crédulos e manipulada pela Igreja, tudo sendo feito, supostamente, por amor a Deus e à própria salvação. Esses crédulos fanáticos não percebem o que escondem no

---

24 Idem, pp. 73, 75.

25 *De vita sua*, op. cit., p. 75.

inconsciente, negam a existência de desejos de alcançarem um ideal narcísico e prepotente, imago do ser humano feito à imagem do Criador.

Guibert descreve o contexto no qual vive e atravessa a adolescência. As situações descritas sugerem o clima ao seu redor e aquilo que o influencia na formação da identidade adulta. As mudanças na sua vida psicológica e social, durante a adolescência, interferem profundamente na produção e na elaboração das angústias vividas em relação à elaboração das perdas das imagos parentais da infância. Essas não são perdas apenas simbólicas em nível emocional. São perdas concretas das figuras parentais e que podem levar os jovens a se sentirem intensamente desamparados e abandonados, com possibilidade de gerar estados de depressão, loucura ou somatização. Guibert relata a vivência de que *os pais haviam abolido o amor por suas crianças em seus corações.* Podemos entender a observação dele como um julgamento crítico, assim como daqueles jovens que reclamam por seus bens e direitos afetivos, a atitude improcedente de seus pais.

O que parece não estar claro para Guibert é que esta percepção crítica da ausência de amor dos pais pelos filhos decorre, possivelmente, de um deslocamento afetivo, no qual os pais – sensibilizados pela fé, pelo temor, pelo imaginário dominante – entraram num quadro coletivo de regressão e infantilização e deslocaram seu amor integralmente a Deus. Esses pais usam da racionalização para explicar atitudes reforçadas pelas da Igreja, que se sente realizada e beneficiada pelo êxito do pensamento cristão junto aos crentes.

Todos, Igreja e povo, tomados pela fé fanática, perderam a capacidade crítico-analítica e o senso de realidade, envolvidos pelo imaginário cristão da salvação em Deus e no Além. Como a Igreja, os pais usam de sofismas para justificar a fé, um estado de transe coletivo, no processo massivo de conversão, que induz e seduz a massa, distorce os sentimentos para uns e serve de guia para outros. Vive-se um estado mental de negação inconsciente, no qual ignorantes e doutos, dominados por estados de orgulho narcísico, acreditam agir e falar em nome do Grande Pai. Expressões da propaganda ideológica da Igreja, que promete a salvação da alma no *post mortem* e que encontra no imaginário popular terreno propício para sua difusão.

Decepções de minha mãe no início do casamento

Guibert dá-se conta de suas digressões e retoma o eixo central da narrativa em seu *Libellus primus,* ao descrever as decepções da mãe na adolescência, coincidentes com o início do casamento com Évrard. Em seu processo espontâneo de livre associação de ideias, Guibert narra momentos aparentemente desconexos, que permitem fazer especulações entre essas lembranças e recordações inconscientes passíveis de serem decodificadas ou, ao menos, sugerir hipóteses a partir de um processo interpretativo.

Na medida em que as lembranças encobridoras se atenuam ou são desfeitas, é possível atingir recordações, ideias e fantasias mais profundas, relacionadas às figuras parentais, reveladoras de significados latentes e vinculados à sexualidade juvenil materna, possíveis lembranças encobridoras das angústias adolescentes de Guibert.

> *Após estas digressões, eis aqui, enfim, que retorno a ti, meu Deus, para falar da conversão de minha mãe, esta santa mulher. Sendo apenas nubente, ela havia sido destinada pelos cuidados de meu avô a meu pai,* o qual era tão adolescente quanto ela.[26] *Ela havia sido agraciada*

26 "Quae siquidem ab annis vix nubilibus patri meo, prorsus adolescenti, avo meo providente, contradita, cum esset scito admodum vultu, et oris habitudine

com um lindo rosto, por uma fisionomia naturalmente nobre e de harmonia perfeita. Contudo, desde sua pequena infância, germinou nela o temor ao nome de Deus. Ela havia de fato tão bem aprendido a detestar o pecado, sob o impulso não da experiência, mas de algum temor instintivo a Deus; ela possuía em sua alma também um tal pavor da morte súbita – ela mesma me dizia isso com frequência – que ele [o medo da morte súbita] a dominava, mesmo com mais idade, a ponto de se lamentar, visto que ela não se tornou mais animada em sua maturidade pelo estímulo deste sábio temor que havia conhecido em uma idade tenra e totalmente ignorante.

Ora, desde o início da legítima união de meus pais, a consumação do ato conjugal encontrou-se impedida pelos malefícios de certas pessoas. Seu casamento, segundo me disseram, havia sido objeto da raiva invejosa de uma madrasta que, tendo sobrinhas tão belas quanto bem nascidas, havia tramado colocar uma no leito de meu pai. Mas este desejo estando totalmente impossibilitado, diz-se que ela utilizou, em seguida, de artifícios responsáveis para impedir o efeito do casamento. Assim foi que minha mãe, por sete anos inteiros, conservou intata sua virgindade, e, enquanto um grande mal-estar permanecia enterrado num profundo silêncio, finalmente foi meu pai que, provocado por sua parentela, revelou primeiro a situação.[27]

Guibert introduz o leitor progressivamente na intimidade familiar e na sua própria, ao abordar o processo de conversão materna,

naturaliter ac decentissime gravi ingenita, tamen divini nominis timorem in ipsis pueritiae parturivit initiis" (grifo meu). *Autobiographie*, p. 74.

27 *De vita sua*, op. cit., pp. 75, 77.

ocorrido aproximadamente trinta anos após o casamento dela com Évrard, e que ele associa, inconscientemente, ao histórico de constrangimento dos pais e da parentela, por ocasião dos sete primeiros anos da vida de casados. Tal associação tem como denominador comum a sexualidade materna adolescente e aquela que surge após a morte do marido. Passada a fase inicial do luto, ela é procurada por inúmeros nobres interessados em desposá-la, fase que se prolonga até a entrada de Guibert na adolescência, quando ela resolve se converter à vida monástica.

Para a aristocracia do medievo central na França, um casal, após sete anos sem filhos, não levanta apenas questão de honra, mas sim confronta-se com a necessidade fundamental e intrínseca de garantir a posse hereditária da terra, destinada ao primogênito. Évrard, jovem barão, de hierarquia inferior à da esposa, deve procriar um herdeiro homem, para dar continuidade aos interesses familiares. Essa condição está ameaçada pelos sete anos de virgindade em que se encontra o casal, sem que a prova de sangue apareça em alguma janela do castelo. Muitas suspeitas surgem sobre a eficiência sexual de ambos, sobre a virgindade da esposa e sobre a virilidade do marido. Alguns propõem o divórcio, enquanto outros estimulam Évrard a ter uma concubina. Clérigos, membros da parentela e eclesiásticos discutem se o casamento está ou não consumado pela inexistência da prova do defloramento. Diante da castidade de ambos, outros sugerem a eles o encaminhamento para a vida monástica, para evitar dúvidas quanto ao sacramento ou não dessa união.

A jovem nubente sente-se soterrada pelas agressões de pessoas estranhas à sua parentela de origem, uma vez que o costume é ir morar no castelo da família do marido. Inclusive muitos homens ricos, sabedores de que ela está privada da experiência sexual, tentam fazer pulsar seu jovem coração. Porém, ela mantém-se intacta em sua castidade interior.

A descrição de Guibert indica que sua mãe foi casada muito jovem, mal tendo entrado na idade núbil. Pronta para se casar, atingida a capacidade reprodutora – fato sugestivo de que sua idade está próxima da menarca, entre os 12 e os 14 anos –, especula-se que com essa idade deve ter sido entregue pelo pai, em casamento, à família do marido. Guibert utiliza a expressão latina *prorsus adolescenti*, completamente adolescente, para se referir à idade dos pais por ocasião do casamento. Ambos deveriam ter a mesma idade, ele talvez um pouco mais velho, se considerarmos que a produção seminal ocorre entre os 14 e os 16 anos.

Guibert tem clara percepção da adolescência como uma fase muito próxima da *pubertates*, quando as primeiras transformações físicas da sexualidade adulta têm início – na sua experiência, acompanhada por uma série de alterações comportamentais. O controle social da sexualidade, nessa época, é exercido pela Igreja por meio de regras morais, ancoradas em profunda religiosidade, evidenciada por Guibert ao analisar a adolescência da mãe tomada por um medo instintivo a Deus e não por uma experiência vivenciada.

A ideia do pecado é a sombra que acompanha seus atos enquanto desejos ameaçadores que devem ser reprimidos. Seu temor vem de valores morais, crenças, conceitos e preconceitos, tabus e costumes que constituem o imaginário e a imaginação, transmitidos de geração em geração. Suspeitam-se, entre os elementos impeditivos do curso inicial esperado para o casamento de Évrard, das influências do "olho gordo", da inveja e do feitiço, provocados pela madrasta desejosa de ver no leito dele uma de suas sobrinhas. A ação dos demônios está presente nesse mundo obscuro, repleto de magias e feitiçarias, base emocional de fantasias profundas motivadas por sentimentos de ódio, ciúmes, inveja, posse ou poder. Além do que, uma família sem filhos implica ter de prestar contas à parentalidade diante de graves questões de interesses de linhagem em jogo – e não apenas devido às preocupações solidárias com a saúde das almas envolvidas.[28]

Essa nubente está sendo humilhada e desvalorizada, apesar da beleza de suas virtudes. Ela suporta, durante vários anos, inspirada pela fé e temor a Deus, as pressões da parentela e da comunidade diante da condição conjugal inicial que se lhe apresenta. As insinuações feitas a seu respeito não surtem o efeito desejado, ainda que esteja sendo marginalizada pela família e perseguida por forças mortíferas, assassinas e sobrenaturais, provenientes de alguma alma ferida, obra do Diabo. Guibert admira o sentimento de castidade interior dessa jovem, que, no ardor do fogo juvenil, bonita, rica e virgem, desperta o interesse de homens muito ricos desejosos de possuí-la e a seu coração.

Privação da participação conjugal

> *Certos homens muito ricos, tendo apreendido que ela estava privada da experiência conjugal, empreenderam mobilizar esse jovem coração; mas tu, Senhor, naquilo que fundamenta a castidade interior, tu a tinhas inspirado uma pureza que nem a natureza nem a idade explicavam. Foi a ti, Senhor, que ela deveu, colocada no fogo, de não ter se queimado. É graças a ti que suas condutas, apesar da tenra idade, não foram corrompidas pela penetração de maldosas conversas, como ocorre quando o óleo é jogado sobre o fogo. Eu desejo bem dizer que as seduções exteriores se somavam aos movimentos instintivos, que é humano e normal senti-los de forma intensa. Portanto, a alma dessa jovem*

28 Bloch, M. (1994). *La société feodale*, vol. I (pp. 183-208). Éditions Albin Michel S. A.

virgem, sempre procurando se conter, não foi desviada por nenhum estímulo. É bem isso, não é verdade? Tua obra a ti somente, Senhor, pois, quando ela se encontrava em pleno ardor da idade primeva, *e continuamente mantida no estado conjugal, tu a mantiveste por sete anos inteiros, em um estado de perfeita continência, que, para retomar a palavra de um sábio, mesmo a voz pública temia mentir a seu respeito.*[29]

Tu sabes, meu Deus, que dificilmente se observa isso nas mulheres de hoje em dia, e mesmo, por assim dizer, nunca, uma vez que, nessa época, o pudor era tão grande, que a vida conjugal era raramente atacada pelo rumor público. Desse tempo até nossos dias, quanta queda progressiva e lamentável do pudor e da honestidade na condição virginal! Quanta perda da vigilância – real, ou simplesmente aparente – nas mulheres casadas! De todo o comportamento delas só é possível reter coisas levianas: seus olhares furtivos, palavras que só significam divertimentos.[30]

As provocações insinuantes e sedutoras excitam a ardente sexualidade juvenil, tão bem controlada por essa jovem temente a Deus. É o julgamento do destino da alma, Paraíso ou Inferno, que amedronta, pois a morte súbita favorece a ação dos demônios emissários de Satã e acompanha o cristão diante da trama escatológica do imaginário clérigo-feudal, clima persecutório e de contínua apreensão em relação ao Além. Confessar-se e penitenciar-se antes do Juízo Final são atos essenciais dessa mentalidade.[31]

---

29 "*in primaevae aetatis calore*", *Autobiographie*, op. cit., p. 78.

30 *De vita sua*, op. cit., p. 79.

31 Le Goff, J. Além. In Le Goff & Schmitt, *Dicionário temático*, op. cit., vol. I, p. 22.

A percepção de Guibert sobre a natureza humana da sexualidade juvenil revela profunda vivência emocional dos conflitos existenciais da adolescência. Desejo e temor ao desejo, um confronto aterrador. Ele assinala diferenças progressivas de comportamento das mulheres entre aquelas da juventude de sua mãe e, posteriormente, à época da narrativa, mostrando a dinâmica das transformações culturais, reflexos das mudanças de valores e da expressividade das pulsões. Há, de um lado, a percepção da capacidade materna de exercer controle sobre sua sexualidade, inspirada nas leis divinas e em nome do Pai; de outro, a percepção dos desejos e a busca do objeto realizador do desejo, estimulado pelo fogo ardente da sexualidade juvenil. Somente quem já passou por ele tem consciência desse fogo, possui os saberes emocional, cognitivo e social para falar do fenômeno do ardor das pulsões e do ardor das angústias que decorrem da sexualidade nesse período da vida.

Lembramos que *adolescere* significa começar a queimar, ser consumido pelo fogo, arder como madeira, e também crescer, aumentar, oferecer aos deuses, desenvolver-se, alusões à efervescência da sexualidade, da libido que inaugura a capacidade reprodutora na fase de transição para a vida adulta.[32]

Guibert, ao abordar a sexualidade materna, retrata a ebulição sexual da adolescência, dos conflitos pessoais, sociais e de linhagem, decorrentes da virgindade dela, com muita objetividade. A narrativa leva a supor que a família conversava entre si, tanto sobre o grau de informação e consciência a respeito de inquietações, desejos e temores relacionados à sexualidade do adolescente, quanto à emergência e vigor das pulsões, ardentes como o fogo e difíceis de serem apagadas ou controladas nessa fase da vida. Por isso era importante casar logo as filhas: para não se correr o risco da vergonha.

---

32 Magne, A. (1952). *Dicionário etimológico da língua latina* (pp. 94-95). Instituto Nacional do Livro.

A nitidez com que Guibert narra as angústias decorrentes da sexualidade materna nos leva a pensar quanto ele está identificado com os conflitos e encaminhamentos dados por ela no imaginário dele. O conteúdo vivo da narrativa na velhice sugere que tais episódios foram marcantes e duradouros para ele, a ponto de serem objetos de confissão, desabafo e denúncia. Ele abre o coração, abre-se o homem interior – cuja censura, agora atenuada, e abrandado o fogo das paixões –, e dá a ele a possibilidade de ser apenas o homem maduro, cônscio de sua natureza humana e mais próximo de Deus.

A sabedoria medieval retratada por Guibert reconhece as agruras e as dificuldades por que passam os jovens adolescentes para controlar sua sexualidade. Santo Agostinho já havia se retratado, e Guibert veio a conhecê-lo, profundamente, por sua obra, mas talvez não tivesse tal clareza por ocasião das turbulências do próprio adolescer.

A visão religiosa cristã está presente nos vários segmentos sociais, mas vivida com tolerância e especificidade distintas entre guerreiros e clérigos, nos burgos, nas vilas e nos castelos. Fala-se que, em certos conventos, estão ocorrendo fatos surpreendentes, monjas surgem misteriosamente grávidas apesar de reclusas, sem que tenha havido qualquer contato com o mundo exterior. Para uns, puro milagre! Para outros, não. São monjas "gradeiras", denominação pejorativa dada àquelas que, tomadas pelo ardor da sexualidade juvenil, furtivamente eram penetradas pelas grades dos conventos. Inseminadas por almas desconhecidas, talvez do Diabo, fogo do desejo proveniente De Baixo, pois o que vem de Deus vem De Cima.[33] Entretanto, a mãe de Guibert, ao contrário de muitas, alcança um estado espiritual e mental que a ilumina,

33 Romanini, V. (2002). A Bíblia passada a limpo. *Super Interessante*, (178), pp. 40-50.

guiada pela luz interior, cuja energia vem da fé e do temor ao nome de Deus. Casta de corpo e alma, ela é diferente de outras mulheres que abandonam o pudor feminino, marcadas pela extravagância, adquirindo comportamento provocante, corrompendo o espírito.

O pudor feminino

> *A maneira delas se vestirem também é distante, o quanto possível, da antiga simplicidade: vastas mangas, túnicas colantes, ponta dos sapatos recobertos, proclamando universalmente o abandono de todo o pudor. Finalmente, não importa qual dentre elas se imaginaria ter tocado o fundo da miséria caso ela tivesse a reputação de não ter um único amante, mas se vangloriaria de nobreza e cortesia, na medida em que visse seus passos acompanhados por numerosos apaixonados.*
>
> *Tomo Deus como testemunha de que, contudo, o pudor era maior entre homens que se casavam (a ponto de eles se enrubescerem ao serem vistos em semelhante circunstância) do que, hoje, entre as jovens esposas: a odiosa conduta das mulheres torna-as, ao contrário, mais exuberantes, mais ardentes ao se mostrarem publicamente. Para que serve isto, Senhor meu Deus, senão pelo fato de que a pessou se enrubesce pela sua própria leviandade ou do seu desregramento? . . . São ovações que se deveria pudicamente silenciar, isto denuncia a de uma castidade enfraquecida, isto que deveria ser perfeitamente dissimulado, qualquer despudorado vai retomar a novidade aqui e ali, de maneira desmesurada: depravação crescente que seria melhor enterrar sob eterno silêncio. Por essas vias e por outras semelhantes, o século atual*

> *está corrompido e corrompe: ele difunde sobre outros suas deploráveis intenções e isso que é difundido propaga-se ao infinito através de outros, numa repugnante epidemia. Ó Deus santíssimo, na época em que tua servidora agia, como eu tinha dito, em nenhum lugar entendia-se falar de coisas semelhantes; bem ao contrário, o véu de um sacrossanto pudor escondia aquilo que era inconveniente, e consagrava o que era lícito.*[34]

Guibert, nostálgico e indignado, recorda o passado pudico de sua mãe e daqueles tempos, quando ela era ainda jovem e se protegia da corrupção do mundo pelo apego à fé cristã e pelo temor a Deus. Tristemente, Guibert lamenta as mudanças que ocorrem no mundo e nos costumes. Nos tempos de juventude de sua mãe, o pudor, véu da vergonha, escondia tudo aquilo que era inconveniente, isto é, a realidade das motivações profundas que assolam o ser, protegido pela ética e pela moral, discriminando o lícito do ilícito, o carnal do espiritual. Entretanto, o homem frágil, dominado pelos prazeres imediatos e carnais, busca meios para dar vazão aos desejos. Surgem novas ideias e imaginários, com mudanças de hábitos e costumes que alteram as relações sociais da cultura. A Igreja tenta inibir essas tendências por meio de repressão, ameaças e exercício do controle das vidas social e privada. Ela utiliza a força da excomunhão papal. A preservação da castidade é expressão de pureza da alma. No entanto, a manutenção da virgindade materna e de Guibert torna-se questão pública, coletiva. Não é apenas uma questão moral, na medida em que ameaça a estabilidade da rede social e da família, no que diz respeito à preservação de bens e de interesses comunitários.

---

34 *De vita sua*, op. cit., pp. 81, 83.

Entretanto, vemos, pela descrição de Guibert, múltiplos caminhos nessa sociedade, que diferencia em distintos graus e configurações a subjetividade individual da familiar e que, por sua vez, se distancia da grande sociedade. A Igreja tenta dominar o controle de pensamentos, sentimentos e ações, mas está longe de possuir uma fórmula alcance a todos os espíritos, apesar de pretendê-lo. Inclusive dentro da própria família, haja vista as pressões sofridas pela mãe de Guibert, exercida por homens nela interessados.

Por causa desses pensamentos, Guibert traz à tona novos aspectos da ambivalência adolescente quanto aos destinos de pulsões, identidade sexual e outras definições da vida afetiva e comportamental, a serem tomadas diante da percepção do homem interior, na busca adaptativa ao mundo que o cerca. Preservar a castidade da alma é necessário para que ela encontre a energia necessária a fim de preservar-se nesse estado ideal do espírito que pertence aos justos, aos eleitos pela graça de Deus.

Virtudes de minha mãe

> *Essa virgindade que tu, Senhor, maravilhosamente, prolongaste nela durante esses sete anos, estava a ponto de sucumbir diante de múltiplas pressões; ameaçavam-na, continuamente, dissolver sua união com meu pai e destiná-la a um outro esposo, ou bem enviá-la para a casa de alguns parentes distantes. Por vezes, certamente, contra tais inadequações, ela se defendia com uma extrema amargura; entretanto, contra as tentações internas do corpo, contra os empreendimentos amorosos daqueles que se aproximavam, ela combatia com maestria surpreendente, mas ela era, ó meu Deus, a ti devedora. Eu digo, Deus da bondade, que não era*

> *virtude da parte dela, mas obra de uma virtude que provinha de ti somente. Seria essa virtude mais efeito do que ação, não por discernimento entre o espírito e a carne, não por um esforço de piedade em relação a Deus, mas um desconforto para salvaguardar as aparências ou evitar a desonra? É bem útil, certamente, resistir ao menos pelo pudor, diante de pecado iminente.*[35]

O assédio sofrido pela mãe de Guibert, nos primeiros anos de casada e sem filhos, gera especulações sobre a virilidade do marido e possíveis prevaricações dela, motivos de vibração das más línguas da parentela.

Quem está falhando no início da vida conjugal? Casada e virgem após sete anos? Ambos são figuras duvidosas. Suspeita-se de infertilidade, impotência, homossexualidade. Frieza sexual não parece ser fator a se considerar, visto que não impede a procriação. As condições desses primeiros anos de vida conjugal ameaçam os interesses da parentela e da linhagem. Como modelos identificatórios para Guibert, esses pais adolescentes podem ter deixado algum resíduo de figuras mal definidas e frágeis para as expectativas dessa sociedade, cuja continuidade de interesses depende de herdeiros. Ambos, pai e mãe de Guibert, necessitam provar suas potencialidades reprodutoras e sociais. Algo está errado em relação às expectativas-padrão do casamento, dentro do contexto feudo-vassálico e cristão. É preciso pressioná-los. Guibert identifica a existência de seduções e tentações que rondam a pureza e a castidade da mãe, cuja capacidade de controle dos pensamentos e das ações vem da fé proveniente do Senhor que a ilumina, pois desejar e agir, frutos da unidade corpo/espírito, refletem a perfeição da obra divina. A sexualidade, como expressão de amor e de virilidade, está

35 *De vita sua*, op. cit., p. 83.

enclausurada tanto no casal parental quanto em Guibert. Nessa cultura machista, repressora e punitiva, Guibert dá sinais de estar se identificando com aqueles cujos afeto e moral são mais confiáveis. Os modelos masculinos são distantes, a angústia de castração é elevada e ameaça a identidade masculina frente à figura de um pai frágil e desprestigiado. Outros modelos projetados nas figuras de Deus e Cristo são inalcançáveis; os de São Gregório, brilhantes e distantes. Os do mestre, torturadores.

Capacidade de autocontrole, piedade e livre-arbítrio são virtudes dessa mulher, modelo de inspiração humana para Guibert, que, apesar da aparente fragilidade, possui energia interior que vem do Deus interior/exterior. É uma condição da alma que inspira o crente no controle dos desejos, quando medos e aparências lutam para evitar a desonra, estandartes dessa cultura. Guibert admira e inveja a capacidade materna idealizada em si e diante das fraquezas que o assolam. Ele vive o confronto terrível de pulsões, desejos manifestos, recursos egoicos frágeis e a presença do superego estruturante e ameaçador projetado na imago de Deus e da santa mãe Igreja.

O comportamento secular e o preconizado pela instituição eclesiástica chocam-se no cotidiano das manifestações sociais revelados no comportamento, na atitude, no movimento de grupos como o *charivari*, na canção folclórica, na poesia, no teatro e no amor cortês, menos nas expressões artísticas ligadas à Igreja. Por exemplo, as relações conjugais no meio não clerical são mais liberais, espontâneas e até promíscuas, com intensa desvalorização da mulher. A vida sexual entre os jovens não comprometidos com o casamento é motivo de temor dos pais e deles mesmos, pois o ardor juvenil está sempre pronto a romper quaisquer barreiras. Porém, para Guibert, o remédio de tudo está na fé para os que têm a luz interior e na santa confissão para os que pecam. No imaginário clerical há espaço exíguo para o ser diferente, para integrar afetos opostos na mesma unidade, no mesmo eu. Guibert espelha-se no esforço materno para manter a clivagem interna entre o objeto do desejo carnal e o objeto do desejo espiritual, pois o espaço da sublimação, controlado pelas normas eclesiásticas, também pode representar uma ameaça para a pureza cristã, ao restringir as possibilidades de transformação das pulsões. Pensar e imaginar podem ser pecados. O ódio pela frustração vivida, a resistência inconsciente aos controles internos e externos, a transgressão criativa e a criatividade transgressora são ameaças de ruptura do sacrossanto caminho do pudor e da retidão, como são vividos pelo vulnerável adolescente que é Guibert.

Vimos que os comportamentos, a moral e a ética medievais não são universais. Apesar dos esforços da Igreja nesse sentido, eles refletem a ambivalência individual presente no coletivo e vice-versa, situação da qual Guibert é exemplo. Ele transmite a imagem de exclusão de tudo aquilo que não pertence ao bem, mas de tolerância à sexualidade juvenil materna, que considera expressão instintiva e normal, mas negada em si mesma pela falta de elementos continentes para mantê-lo afastado das tentações. Na evolução do seu adolescer poderá conquistar recursos e energias ao se definir, identificado com a mãe e com as condições fundantes de sua vida.

O controle do imaginário medieval, regido pelos poderes religioso e laico, impõe leis cujo objetivo é manter a estabilidade e a ordem sociais dentro das tradições vigentes e dos interesses das relações de produção. A sociedade feudal está estruturada num patrimônio fundiário, que tem por função preservar, "geração após geração, a permanência de um modelo de produção".[36]

Isso inclui a produção de filhos – não muitos, mas o suficiente para a preservação da linhagem, bem como para a manutenção e a ampliação dos bens; "um casamento imperfeito era inútil à linhagem, porquanto não podia dar herdeiros; também o era, sem

36 Duby. *Idade Média, idade dos homens* , op. cit., p.15.

dúvida, aos olhos de muitos membros da Igreja, pois não apagava os ardores da concupiscência, descumprindo sua função".[37]

Como ela me criou

Guibert, ao redescrever, obsessivamente, as qualidades espirituais de sua mãe, põe em evidência os modelos e valores por ela transmitidos e por ele incorporados na formação de sua identidade. Agradece reiteradamente a Deus por ela ter vivido as condições da vida secular, permitindo-lhe melhor valorizar os sacrifícios. Ressalta o empenho dela para se preservar no pensamento cristão. Apesar de jamais ter lido ou ouvido de alguém sobre São Gregório Magno, é nele que ela se inspira, revelando que a imago dele se faz presente no imaginário dessa sociedade, pois:

> *Durante mais de sete anos se desenrolou uma série de maldades em meio das quais era impedida a consumação de uma ligação natural e legítima. . . . assim as forças em questão [aquelas que perturbam o sentido da vida] e as atividades amorosas são, incomparavelmente, mais fáceis de contrariar. Isto se pratica frequentemente no povo, e os seres muito ignorantes têm a arte de fazê-lo. Mas, enfim, uma velha mulher pôs termo nesses maus artifícios, e minha mãe, assim, pôde se submeter aos deveres do leito conjugal, com tanta fidelidade como jamais havia demonstrado ao preservar longamente sua virgindade, apesar de tantas pressões críticas.*
>
> *Ela não tinha sido mais feliz anteriormente? Ela, de fato, nesse novo estado, foi voltada para um destino infeliz, digo terrível, ela que era boa e o destino, em vantagem,*

---

37 Idem, *O cavaleiro, a mulher e o padre*, op. cit., p. 104.

colocou no mundo seres maus e comigo um que era ainda pior.

Ó Deus todo poderoso, tu sabes, portanto, o quanto ela assegurou minha educação segundo teus caminhos, em toda a pureza e santidade. Quantos cuidados para escolher as amas de leite do bebê, os educadores e os mestres do menino! Mesmo o luxo das vestimentas foi de acordo com aquele que era ainda muito jovem: eu era vestido de maneira tão nobre que parecia semelhante ao filho de rei ou de conde. Esses sentimentos a meu respeito tu não tinhas feito nascer, Senhor, apenas em minha mãe, mas em outros também, muito mais ricos que ela, que me asseguravam vestimenta e alimentação, e isto em virtude não somente de ligação de sangue, mas de uma graça que tu havias especialmente destinado à minha pessoa.[38]

Bondade e forças que perturbam a vida, presença de duas instâncias da mente, pulsão e continência na gestão da vida instintiva em sua adaptação ao contexto psicossociocultural. A mãe de Guibert pode ter desenvolvido intenso cuidado no trato dele como possíveis compensações inconscientes a sentimentos de culpa e de medo. A exececssiva bondade dessa mulher, em geral e no trato do filho caçula, distinguindo-a de outras pessoas de seu próprio meio, fala a favor não apenas da fé no pensamento cristão, virtude exclusivamente espiritual, mas de um sistema egoico defensivo e profundamente organizado e continente, amparado pela ação de um superego estruturante e protetor. Em sua ingenuidade, Guibert crê na expressão sublime e única do amor materno, momento de expressão nítida do domínio de mecanismos de identificação

38 *De vita sua*, op. cit., p. 85.

projetiva, negação e cisão dos afetos em relação aos objetos de investimento afetivo.

Filho indigno de uma tal mãe

> *Quantas advertências, meu Deus, tu sabes, quantas preces ela instilou cotidianamente em meus ouvidos para me impedir de escutar palavras corruptoras! Cada vez que os cuidados da casa permitiam algum tempo de lazer, ela me ensinava como e com que fim eu devia rezar para ti. Tu és único a conhecer os tormentos do parto que ela experimentou, para evitar que um espírito maligno viesse perverter os inícios sadios dessa juventude florescente e brilhante que eu te devia. Tu concordavas com os desejos dela de que eu fosse consumido continuamente por ti, de tal modo que, às aparências exteriores, tuas supremas atenções se somavam a virtude ou a sabedoria interna. Ah! Bom Senhor, Bom Deus, se ela pudesse pressentir sob que acúmulo de imundices eu iria fazer desaparecer esse feliz revestimento de qualidades com que tu me havias ornado e que era devido às tuas preces, o que ela teria dito? . . . Certamente, se do fundo de minha alma, perfeitamente indigna de ser penetrada por um olhar puro, eu havia sido por seus olhos tão puros, pergunto-me: como é que ela não teria morrido de imediato.*[39]

Bem cuidado e mimado desde a tenra infância, tanto pela mãe quanto pela parentela, o que é evidenciado pela escolha cuidadosa de amas de leite, pois, afinal, como ele mesmo havia assinalado, os

39 *De vita sua*, op. cit., p. 87.

caçulas são comumente os preferidos das mães, e Guibert não teria fugido à regra.

À supervalorização de sua pessoa, identificada por aspectos materiais e concretos presentes nos mimos e nas vestimentas, contrapõe-se o esforço para conduzi-lo dentro de uma educação moral sólida, centrada nos ensinamentos divinos. Mas só Deus sabe de sua luta para não permanecer nas aparências e conquistar a sabedoria interna. Ele sente-se indigno por causa de maus pensamentos, do mundo de imundícies que lhe habitam o espírito, a ponto de ele acreditar que, se sua mãe soubesse do conteúdo, ela teria sofrido morte súbita. A sombra dos ideais de pureza e perfeição está sempre presente e de modo persecutório no conflito entre forças incontroláveis e os ideais da fé, instilados no superego, com ênfase no que concerne aos desejos da carne.

Guibert não revela quais imundícies afloram à mente, se pensamentos ou jogos sexuais detestáveis que lhe transtornam a alma e perturbam o sono. A perspectiva do celibato na vida monástica, além dos fundamentos morais, pode ser um fator conflitivo a mais diante das forças estranhas que o atingem. Guibert "silencia todo sonho de conteúdo explicitamente sexual, a despeito das intensas tentações carnais que ele diz ter sofrido".[40]

Porém, os rumores da excitação carnal permeiam os dias e as noites desse adolescente, que se expõe por meio das recordações e da admiração da personalidade materna. Guibert, por intermédio do que percebe na história da adolescência de sua mãe, identifica aspectos de sua pessoa marcados pela luta entre tentação, desejo e repressão em nome da lei de Deus, angústias manifestas em sonhos, visões e fobias. Entretanto, ele não tem a mesma tolerância em relação a si, ao se referir às imundícies de seu espírito, como

40 Schmitt, J. C. (1985). Rêver au XIIe siècle. In Gregory, T. (Org.). *I sogni nel medioevo-seminario internazionale* (p. 311). Edizione dell'Ateneo.

teve em relação à mãe, utilizando pesos diferentes ao julgar a realidade interna dele próprio e da mãe. É como se tivesse se esquecido das ponderações anteriores a respeito das tentações que invadiam o espírito dela enquanto nubente, virgem por sete anos, apesar de casada e sob o amparo das leis.

Filho e mãe unem-se no sofrimento, ela assediada e ele assolado pela imundície dos pensamentos que o tornam o pior de todos os seres. Ambos dominados pela voz do coro dos oprimidos, pelo poder da Igreja, da liturgia que recomenda a humildade máxima e que destrói a autenticidade e a espontaneidade do ser em nome da salvação ilusória, utópica, ópio do povo – que, na ignorância ou na crença, faz "vista grossa", assim como Guibert, sua mãe e os crentes, diante das dificuldades egoicas em controlar a própria natureza.

> *Está claro como o dia que, ao longo de minha vida, não cesso de incorporar características de pessoas virtuosas e que meus sofrimentos constituem um insulto a todos os seres dotados de direcionamento; então, de que me serve exaltar o nome de minha mãe, de meu pai ou de meu avô, toda minha fadiga só alcançando revelar um miserável filho? Eu que sou incapaz de fazer reviver as virtudes dela, harmonizando meus desejos com meus atos, torno-me a proa da desonra se me atribuo as glórias que isso mereceria.*[41]

O discurso do conflito moral, da dificuldade em preservar a autoestima e a necessidade de Guibert se desabonar perante Deus são uma constante obsessiva e de aparente teor penitencial. Numa eterna encruzilhada de desejos, de sentimentos antagônicos e de reprovações, Guibert revela aspectos altamente destrutivos em sua

---

41 *De vita sua*, op. cit., p. 89.

personalidade, decorrentes de um superego idealizado e exigente e de projeções narcísicas. As expectativas que recaem sobre o seu ego – umas oriundas do meio, outras de si mesmo – são extraordinárias e marcadas pelo processo histórico-afetivo. Há nele um estado de aparente resignação, não plenamente integrado ao eu – caso contrário, não haveria necessidade de tanto se lamentar, remoer e desprezar a autoimagem, fazendo pensar num componente masoquista da agressividade voltada contra si mesmo. Esse prazer perverso, de conotação depressiva, é parte do processo penitencial. A contraparte sádica da agressividade, mascarada e latente, está deslocada nas dificuldades de aprendizado do latim, nas transgressões adolescentes e no estudo desenfreado das Escrituras. Há a presença de um elemento extraordinariamente crítico em seu ser, talvez estimulado, em parte, pela cultura eclesiástica do autoflagelo, do gozo na dor, na crença de forças destrutivas e perversas que, em nome do bem, fazem o mal, expresso na autodesvalorização. Sem poder encontrar um caminho adequado para dar vazão às pulsões indesejáveis diante do mal e de tanta exigência, o que lhe resta é se deprimir, culpar-se e desvalorizar sua autoimagem, num ato que pode ser considerado por muitos como expressão de humildade, mas que pode chegar à beira da loucura.[42]

Tormentos de meu pai

Guibert retrocede ainda mais em seu relato e narra um episódio bélico anterior a sua concepção e seu nascimento, envolvendo a história de seu pai. Trata-se de uma batalha entre franceses e normandos, ocorrida em 1054, durante a qual seu pai foi feito prisioneiro pelo Conde Guillaume, que costumava manter em prisão

42 Bion. Differentiation of the psychotic from non-psychotic personalities, op. cit., pp. 266-275.

perpétua seus prisioneiros.[43] Esse aprisionamento arrasou a esposa de Évrard, mas, certamente, uma intervenção diplomática e comercial (monetária) da família conseguiu libertá-lo. Ao voltar para casa após longo tempo de cativeiro, Évrard engravida a mulher, origem da gestação de Guibert. Porém, algo no espírito dela não caminha bem e ela permanece intensamente deprimida durante o período gestacional, ao fim do qual nasce Guibert nas condições traumáticas já conhecidas.

Ela passa longo tempo deitada e inapetente, com insônia, sem ânimo para nada e chora, quadro típico de depressão puerperal. Oito meses após o nascimento de Guibert, Évrard morre. Este novo fator depressivo e desorganizador da família ocorre sem que saibamos dos acontecimentos e de suas repercussões em cada uma das pessoas envolvidas no processo fatídico. Porém, podemos pensar que o aprisionamento e a liberação do marido, a gestação sofrida, o parto e o nascimento tumultuosos, o quadro depressivo seguido da morte precoce do pai e esposo tenham gerado condições suficientes para criar um estado de espírito e um clima familiar conturbados, melancólicos e desenergizados. Todo o período pré e perinatal foram de intenso sofrimento e perdas.

Esse conjunto de eventos, de intensa carga afetiva, pode ter interferido de forma negativa e traumática no vínculo mãe-bebê, prejudicando-o e deixando marcas no desenvolvimento posterior de Guibert ao atingir as bases da estruturação de sua personalidade. Incluamos aqui a organização do eu primitivo e o desenvolvimento das relações eu/objeto, o sentimento de confiança básica, sistemas sobre os quais vão se estruturar novas organizações psíquicas que dão segurança ao sujeito no enfrentamento das intempéries da vida cotidiana e que se estabelecem nos primórdios do

43 Labande oferece dados sobre o aprisionamento de Évrard em *Autobiographie*, op. cit., p. 88.

desenvolvimento, a partir da relação vincular mãe-bebê, ou com a substituta dela. Quando o meio ambiente é acolhedor, tais traumas, ainda que deixem sequelas, são atenuados pelas experiências posteriores amorosas e gratificantes, na dependência da história de vida do sujeito, da cultura e de suas condições intrínsecas para suportar as situações traumáticas agudas ou crônicas, amplas ou pontuais, em diferentes níveis de comprometimento.[44]

> *Quando vieram contar o fato [do aprisionamento de Évrard] para a esposa do capturado – vim ao mundo um pouco mais tarde, não a chamo de mãe, pois ainda não havia nascido –, uma dor profunda a fez esvair-se e cair inanimada, recusava-se a comer e a beber, e sua inquietude confinava-a no desespero a fez perder ainda mais o sono. Isso que dominava seu espírito não era a enormidade do valor do resgate, era a perspectiva de um aprisionamento irreversível.*[45]

É possível que o quadro depressivo que domina a mãe de Guibert ao redor do nascimento dele possa ter se amplificado pelas causas expostas, concomitantemente com um sentimento de maior insegurança, em parte neutralizado pelo apego à religião. Quadros depressivos puerperais e pós-natais diminuem a capacidade materna de *rêverie*, de disponibilidade afetiva para sonhar e investir nas necessidades do bebê. Essas condições maternas atingem o bebê interferindo no seu desenvolvimento, na formação de sua capacidade de continência afetiva, de discriminação perceptiva, de

44 Nathan, T. (1983). *Psychanalyse et copulation des insects.* La Pensée Sauvage. Ver também Kennel, J., & Klaus, M. (1993). Atendimento para os pais de bebês prematuros ou doentes. In Klaus, M., & Kennel, J., *Pais/bebês – a formação do apego* (pp. 170-244). Artes Médicas; Bowlby, op. cit.

45 *De vita sua*, op. cit., pp. 89, 91.

organização do eu. Em consequência, há o comprometimento da formação da capacidade psíquica para simbolizar, conter, elaborar e transformar os instintos em afetos e sentimentos na construção das funções egoicas e das instâncias ética e moral. São funções intrínsecas ao processo civilizatório, cujo desenvolvimento se dá por meio dos vínculos afetivos precoces e da educação. A relação entre o bebê e o corpo materno oferece o acolhimento e o conforto necessários para que, progressivamente, o bebê possa incorporar e substituir as funções maternas pelo desenvolvimento de suas potencialidades psíquicas.[46]

O estado depressivo do bebê Guibert pode ter-se estabelecido precocemente, por identificação com sua mãe, pelas carências vividas, pelas expectativas do meio projetadas nele. As exigências provenientes de seus aspectos narcísicos identificados com os desejos de vir a ser um fiel servidor de Deus e culpas daí decorrentes, devidas aos conflitos entre o ideal e a realidade, são comprometedoras de sua autoestima. A cultura colabora no agravamento desses processos, devido à intensa repressão diante de um Deus-Pai que exige submissão, voto de pobreza e autodesvalorização. Esse fenômeno ocorre entre os religiosos mendicantes, os heréticos cátaros que pregavam despojamento dos bens materiais, dos prazeres de forma geral e, especificamente, da concupiscência. Esse Deus aparenta ser um filicida, pois nega ao filho a possibilidade do prazer, que ele, como pai e Criador, um dia gozou, e cujo poder de castração tem caráter repressor avassalador. Porém, a lei faz-se necessária para a civilização; é o preço que se paga pela interdição do incesto e o consequente desenvolvimento da capacidade simbólica decorrente da resolução do conflito edípico.

---

46 Bick, E. (1964). Notes on infant observation in psychoanalytic training. *International Journal of Psychoanalysis*, *45*, 558-566; Idem (1970). La experiencia de la piel en las relaciones de objeto tempranas. *Revista de Psicoanálisis*, *27*, 111-117.

Dentro desse clima funesto, Guibert traz a lembrança de um estranho sonho de sua mãe, ocorrido por volta do nascimento dele.

Estranho sonho de minha mãe

> *Numa noite particularmente sombria, na qual, penetrada por ansiedade atroz, ela comprimiu-se no fundo do seu leito com o diabo, que tem costume de atacar de preferência as almas minadas de tristeza. O Inimigo em pessoa surgiu subitamente e veio se deitar sobre ela, que estava desperta, e com seu enorme peso a esmagava a ponto de ela se sentir próxima da morte. Sua respiração encontrava-se entrecortada por essa compressão, mas estava totalmente privada do livre uso de seus membros, enquanto sua voz era, literalmente, incapaz de emitir o mínimo som, porém livre quanto à sua razão, pois estava muda, e só pode implorar o socorro divino.*[47]

Nesse momento, tomada de angústia, a mãe de Guibert sente que emerge do travesseiro dela um espírito bondoso, que se põe a falar de forma afetuosa: "Santa Maria, socorro!". Esse espírito joga-se contra o mau com grande hostilidade, uma vez que extraía seu vigor de Deus. Ela compreende a mensagem. O outro espírito é vencido e o bondoso a liberta. A virtude divina então veio, na presença desse espírito piedoso que havia implorado por Maria, e libertou-a do espírito mal. O espírito piedoso diz-lhe: "Trate de ser uma mulher sábia". Os empregados entram para ver o que está ocorrendo, diante de tanto tumulto, e encontram-na moribunda, com a face lívida e toda a resistência de seu frágil

47 *De vita sua*, op. cit., p. 91.

corpo arrasada. Ela preservará para sempre em sua memória as palavras do Senhor.

A partir dessa visão, Guibert acredita que sua mãe, viúva recente, no frescor da carne e da juventude, decide manter-se casta como obra do Senhor. As visões premonitórias surgem involuntariamente e alertam-na sobre os perigos da presença de desejos censuráveis que emergem na alma em momento de semivigília, uma espécie de torpor. A agonia do pesadelo está moldada pela ressonância dos valores pregados pela ética de Paulo e de Agostinho, que discrimina o que pertence a Deus e o que é obra do Diabo. Entretanto, no conteúdo latente está presente a pressão da vida instintiva, da sexualidade carnal, da concupiscência ameaçadora, o medo de si mesma projetado.

O sonho está presente na mentalidade medieval. A Igreja da Idade Média Central não se manifesta publicamente sobre o significado dos sonhos, nem mesmo sobre sua origem. Todavia, são tidos como uma manifestação ligada ao corpo e que pende para o lado do Diabo, um objeto de desconfiança crescente. Porém, o sonho é uma das principais vias de afirmação do indivíduo, uma vez que ninguém pode exercer qualquer poder coercitivo sobre sua produção, a não ser na forma interpretativa e até certo ponto nas deformações que sofre o conteúdo manifesto influenciado pela cultura vigente.

Surgem nos sonhos os íncubos e súcubos, imagens oníricas ou oniroides, aparentemente externas ao sujeito, que se torna vítima de algo que ele supõe não lhe pertencer. O valor onírico renasce nessa época e surgem novas teorias sobre o sonho e sua interpretação, que adquire progressivamente a condição de uma verdadeira semiologia do saber. Multiplicam-se os seus significados, ao levar em consideração "os temperamentos, o clima, as condições históricas e o status social do sonhador". Os intérpretes medievais são pessoas habilitadas a intuir e a decifrar os conteúdos, uns divinos e proféticos, outros diabólicos, sem que se tenha a diferenciação entre o que seja conteúdo latente e manifesto.[48]

A mãe de Guibert, invadida por profundo sentimento de privações afetiva e sexual, incluída a morte do marido, vive a expressão dos desejos inconscientes que se manifestam por meio de imagens fantasmagóricas, projetadas com intenso realismo sensorial no espaço imaginário. Essa imagem adquire a configuração de um homem sentido como verdadeiro e ameaçador, que vem se deitar em seu leito – um íncubo, que expressa o sentido do desejo e o pavor do desejo em pesadelo. São demônios e divindades intimamente conectadas com o erótico: os súcubos, transformados em mulheres, vêm à noite para copular com um homem, enquanto os íncubos, transformados em homens, vêm à noite para copular com as mulheres, como no caso da mãe de Guibert. Esses personagens compõem as lendas dessa época e há informações de que a Igreja tortura até a morte, mesmo ao tratar-se de crianças, para que estas confessem a existência de relações sexuais com os demônios, transformados em homem ou mulher nas tentativas de sedução do sexo oposto.

A sexualidade e o erótico são uma área considerada de domínio da Igreja pelo caráter sagrado que esta lhes atribui, numa associação frequente na história da humanidade, quando muitas cerimônias sagradas adquirem caráter de orgia sexual entre vários povos e religiões.[49]

---

48 Schmitt. Rêver au XIIe siècle. Freud, S. La interpretacion de los sueños, op. cit., vol. I, pp. 343-720.

49 Cf. *Erotismo sagrado: Tantra e eros no movimento de integração espiritual no absoluto*. https://online.ucpress.edu

Viúva, ela torna-se continente

> *Logo que meu pai encontrou a morte, minha mãe, possuidora ainda de um esplendor carnal e fisionômico, se propõe, desde então, a permanecer uma viúva continente. Portanto, quando eu tinha apenas seis meses, permaneci só, a solicitar sua afeição.*
>
> *É um fato que me impressiona contar e que permite avaliar com que perseverança ela se manteve em seu propósito, e quantos exemplos transmite de virtude. Parentes próximos, ávidos de possuir os feudos e as terras de meu pai, tentaram apoderar-se de tudo, excluindo minha mãe, e determinaram um dia para o processo. Esse dia chega. Os barões procuram ocupar seus lugares, no intuito de fazer justiça.*[50]

O bebê Guibert, com meses de vida, sofre perdas e passa por uma desolação. Carente, demanda afeição e cuidados da mãe e da ama de leite; a primeira, invadida por fantasmas e assédios que ameaçam conspurcar seu espírito; a segunda, certamente envolvida nos deveres de ofício.

Apesar do luto e da dor, a vida secular prossegue. Pressionada pelos herdeiros ávidos dos bens do falecido, sobre os quais se julgam com direito de posse, a viúva, desejada, no esplendor da juventude e da riqueza, numa cena impressionante no dia marcado pela parentela e inspirada pela justiça divina, impõe sua resolução.

---

50 *De vita sua*, op. cit., p. 93.

Ela recusa um novo casamento

> *Nesta questão não cumprirei nada, a não ser na presença do meu Senhor. Mas qual Senhor? pergunta um dos parentes. Então, ela estende a mão na direção da imagem do Senhor crucificado, e diz: "É Ele que é meu senhor. É Ele que me servirá de advogado. É a Ele a quem me submeterei." Uma tal resposta confundiu-os. Diante de sua perfeita honestidade, a causa deles estava plena de injustiças e eles cessaram de atormentá-la.*[51]

Tomada pela angústia, a mãe de Guibert decide desposar Deus. Guibert prossegue inquieto com os destinos da sexualidade materna, da vida pulsional dela e da sua, provável reflexo das inquietações dele durante a própria adolescência. Ele busca na mãe o modelo e em Deus a inspiração para se tornar continente dos seus desejos indesejáveis. Ocorre que um sobrinho dela, por parte do marido, homem muito rico e voraz, procura seduzi-la, encantado com sua juventude e beleza, e pede que se case com ele. Assim, ela poderia viver, agradavelmente, dentro da vida secular, protegida e amada pela fidelidade dele, e os filhos nutridos cresceriam sob sua tutela.

Resoluta, ela recusa-o e afirma que não se casaria mesmo que fosse com alguém ainda mais nobre. A partir dessa atitude sábia, na opinião de Guibert, e seguindo a voz do espírito piedoso que lhe havia sugerido isso durante o sonho estranho, ela continua a dirigir a família e seus bens, guiada por um profundo temor a Deus e por um amor não inferior por seus parentes, mais ainda pelos pobres.

Assim, ela decide ser continente de seus desejos e opta por dedicar a vida a Deus. A firmeza com que essa mulher direciona sua vida diante das tentações e das provocações dos pretendentes,

---

51 *De vita sua*, op. cit., pp. 93, 95.

muito mais interessados nos bens do que nela, faz dela motivo de orgulho e admiração por parte de Guibert. Atento e sensível, ele capta na mãe, tanto nos sonhos quanto nas manifestações sedutoras dos interessados nela, a natureza do ardor juvenil, expressões da sexualidade materna e da própria.

Tal nível de informação sugere que Guibert, mãe, parentes e serviçais conversavam sobre as ocorrências. Eles atribuiam às visões e às outras imagens fantasmagóricas, como obra de Satã, não atinando para o conteúdo erótico. Contudo, a intuição de perigo iminente está presente. A mãe é para Guibert um espelho das questões adolescentes que ele está enfrentando, reflexo edípico perigoso que se atenua na medida em que se transforma em admiração e modelo identificatório. É o Édipo em elaboração.

Seu comportamento ulterior

> *A fidelidade que ela havia guardado a seu esposo enquanto ele viveu, ela a testemunhou em seguida duplamente à sua alma, pois de uma parte, recusando em estabelecer novas relações após a morte dele, ela se preserva de destruir sua antiga união carnal e, de outra parte, quase cotidianamente, dedica-se a vir a ele em ajuda, como oblação da Vítima salvadora. Ela era acolhedora, em geral, de todos os pobres, entretanto havia suprido, particularmente, alguns dentre eles, segundo seus meios, e num espírito de grande compaixão. A lembrança de seus próprios pecados a atormentava de fato, como se tivesse se abandonado a todos os desregramentos; ela decidiu sofrer todos os castigos que merecem as faltas da humanidade inteira. . . . Vi com meus próprios olhos e toquei com minhas mãos*

> *um cilício, muito apertado, que ela vestia diretamente sobre a pele, mas, exteriormente, sua participação era muito disponível. Ela não o colocava apenas durante o dia, mas deitava-se também vestida com esse cilício à noite, tratando, duramente, um corpo tão delicado. . . . Tinha constantemente em sua boca o nome do marido defunto, a ponto de que parecia não ter nenhum outro pensamento na cabeça: quando fazia orações, quando distribuía esmolas ou quando realizava ocupações, as mais simples, falava continuamente dele e não podia se impedir de fazê-lo.*[52]

Que espaço Guibert ocupa junto dessa mãe? O espaço do marido morto? Do homem frágil e traidor que ela carrega como herança na memória, fonte de pavor diante do dever de esposa e em confronto com o desejo divino de pureza incorporado na alma? Guibert seria para ela uma realização, um anjo, portanto, um assexuado? Difícil saber, mas o conteúdo latente da imagem onírica revela a ansiedade diante da perspectiva de retorno do marido defunto, prisioneiro de guerra, traidor, com quem ela teve várias vezes que se deitar para servi-lo com sua carne. Marido-diabo, expressão de um desejo negado e pavor do desejo desejado? Imago viva e obsessiva que acompanha o espírito dela, nele se agarrando, como proteção dos próprios desejos indesejáveis que chegam à consciência.

Guibert, por sua vez, tomado por fantasias infantis de penetrar o corpo materno e satisfazê-lo, num profundo conluio entre ambos, está desejoso de corresponder aos anseios dela e aos seus, sublimados no vir-a-ser um fiel servo de Deus, ele que foi quase um aborto e o pior de todos que ela pôs no mundo. Esses sentimentos

52 Idem, pp. 95, 97.

malignos transformados em degradação de si próprio, impossibilitam-no de sentir qualquer gozo. O espírito do mal é manifestação dos próprios desejos insatisfeitos e dos pavores que invadem a mãe e a Guibert, nas noites solitárias e frias, vividas por eles em suas respectivas alcovas.

Há pouco espaço na mente dessa mulher para assumir e dar vazão à sexualidade e a outros sentimentos hostis contra o marido, os filhos, a própria realidade e as necessidades adaptativas da vida secular. Ela se submete à realidade externa às custas de sofrimento e culpa atrozes. Identificada com os princípios da Igreja, ela deprecia sua feminilidade, crente de que esse é o desejo de Deus e da Igreja, mas estabelece com Deus uma relação erótica, fusional e, em parte, sublimada na devoção. Essa cultura preserva o respeito e a idealização do totem projetado no grande Deus-Pai, em Cristo e em suas relíquias, realização de uma fantasia inconsciente de desejo incestuoso, estimulado pela Igreja, justamente por ser inalcançável. Assim protegida, a mãe de Guibert caminha em direção à conversão em massa, possível loucura narcísica coletiva, que progressivamente impregna essa sociedade, tanto os pobres como os ricos que vivem um movimento regressivo.

Tanto no sonho quanto nas associações feitas, a narrativa sugere nas relações sociais e afetivas a estrutura vertical da hierarquia feudo-vassálica. Autoridade, culpa, caridade, temor a Deus, fé, êxtase, humildade, medo da morte súbita e Juízo Final são crenças medievais que servem de cenário na orientação de qualquer iniciativa. A memória não tem apenas a função de preservar a história e seus valores como apego ao passado, mas sim a função de manter a ilusão de um tempo infinito, imortal, que impossibilite o surgimento do novo, do ameaçador.

A mãe de Guibert se protege da situação temerária, representada pelas seduções que a cercam, apegando-se ao passado, à fidelidade que guarda ao esposo morto, projeção e testemunho da alma dela. Évrard, nome *que não lhe sai da cabeça*, é mais do que uma expressão de amor, é uma possível manifestação narcísica, evocação encobridora e regressiva, de caráter sadomasoquista. Essa imago tem função defensiva. Ela é proveniente de temores trazidos desde a infância, agravados pelo ardor juvenil, pela sedução, pela tentação e pelo peso da fé e da culpa. Afinal, os Demônios não costumam aparecer nas crises histéricas motivadas por fantasias sexuais inconscientes relacionadas a um passado reprimido?[53] Guibert intui que algo de intenso está se passando no interior da mãe, produzindo angústias insuportáveis que a levam a se decidir por abraçar plenamente a vida religiosa.

É Deus que ela deseja desposar

A Vítima salvadora identificada na imagem de Cristo, que sofreu pela humanidade, é o lugar que essa mãe deseja ocupar para preservar uma imagem purificada de si, distante das questões seculares. Ela transforma Deus no seu objeto de admiração, de amor e de êxtase, um estado muito próprio dos valores alegóricos e analógicos da religiosidade cristã do Ocidente medieval.

Seus conflitos existenciais coincidem com a entrada de Guibert na puberdade; ele está aproximadamente com 12 anos. Ela, hesitante quanto aos caminhos a seguir na vida, decide deixar o castelo e ingressar definitivamente na vida monástica. Durante esses doze anos, contaram para ele que sua mãe dedicou intensos cuidados à casa e aos filhos, conformando-se com a vida secular. No período que antecede a essa decisão, *ela conversa unicamente com o meu preceptor*, diz Guibert. Eles caminham juntos e fazem longas avaliações, refletindo os prós e contras de deixar o castelo.

---

53 Freud, S. Estudios sobre la histeria, op. cit., vol. I, 1973, pp. 39-168.

Suspeitamos que ela tenha pelo mestre de Guibert ao menos uma afeição platônica.

Durante a *pubertas*, início da adolescência, eclode em Guibert um conjunto de transtornos que mobiliza suas vidas afetiva e comportamental. Ele ouvira falar que sua mãe havia nutrido um energúmeno, que chorava copiosamente, possuído que estava por um demônio, e que os padres o cercaram de cruzes e a ela também. Nessas circunstâncias, um serviçal da casa tem uma visão impressionante, na qual lhe parecia que a senhora de Évrard estava se casando e estaria celebrando suas novas núpcias. Esse fato teria provocado nas crianças, amigos e parentes surpresa e estupor consideráveis.

No dia seguinte a essa visão premonitória, a mãe de Guibert vai passear no campo em companhia do preceptor e do serviçal, que lhe revela sua visão. Muito perspicaz nessas questões e com um olhar silencioso, a mãe de Guibert dirige-se ao mestre e o faz compreender, através desse olhar comunicativo e íntimo, que essa visão é um presságio do amor de Deus, alimentado por ela e pelo pedagogo. Guibert revela em suas recordações:

> *É Deus que ela deseja desposar. Ela apressa então aquilo que havia começado a fazer e, suportando mal o estado de impaciência que interiormente a habitava, ela deixa de residir no castelo que era sua moradia.*[54]

Encorajamentos do bispo Guy

Atormentada pelos pecados da vida secular, ela tem no encontro da luz interior o caminho a trilhar, nesse momento crítico da vida dela e da de Guibert. Ela realiza a conversão e se retira para a vida

54 *De vita sua*, op. cit., p. 99.

monástica. Guibert, sensibilizado pela postura afetiva e espiritual dela, enciumado pelo relacionamento entre ela e o pedagogo e por outros assédios que rondam a casa, a carne e os bens, conforma-se com a nova situação. A raiva e a frustração, o ciúme e a inveja que se unem a mais essa perda são projetados no demônio. Há uma cisão de desejos e medo dos desejos, assim como manifestações fantasmagóricas agitam os espíritos.

A tomada de decisão aplaca e sublima o espírito da mãe de Guibert, excitado por necessidades amorosas e agressivas. Guibert identifica nessa atitude a construção de um comportamento marcado pela retidão e pela pureza, formas transformadoras do drama amoroso materno. Ele constrói em sua mente uma configuração aceitável e até mesmo glorificada pelo universo eclesiástico da imago materna liberta das turbulências da alma desejante. Tanto ela quanto Guibert têm a necessidade de canalizar suas pressões instintivas amorosas, sexuais e agressivas para um amor não menos erótico, porém envolto e protegido sob o manto da castidade carnal que a Igreja tanto almeja. Ir para o convento é o alívio desejado, caminho da absolvição deslocado e projetado no casamento com Deus, ideal proclamado pela doutrina e interesses da Igreja.

Essa resolução apazigua a triangulação amorosa e edipiana entre mãe, Guibert e o preceptor, todos fusionados na ilusão sublimatória do gozo dos justos e libertador do incesto, livres de qualquer traição. Isso se passa numa época em que muitos tomam a opção pela vida monástica e reclusa num convento, uns para se dedicar às questões da fé, outros para refugiar-se das angústias da vida secular. Todavia, em nenhum dos casos, como seres humanos, havia pureza e exclusividade de propósitos.

Guibert já assinalara a progressão do movimento popular de conversão, no qual ricos e pobres estão optando pela vida monástica. Um dos mais emocionantes exemplos de que se tem conhecimento é o narrado na *Primeira carta* ou *História das calamidades de Pedro Abelardo escrita para um amigo*. Pedro Abelardo (1079-1142) dirige-se a um amigo e conta como Heloísa, sua amada, tenta dissuadi-lo de se casar com ela e de ter filhos, ao alegar que um filósofo cristão não poderia se concentrar em suas reflexões e, ao mesmo tempo, sustentar e cuidar da casa, cercado de serviçais e das desordens causadas pelas crianças pequenas; assim, estimula-o a ir para o convento.[55] Outra situação é a de Santa Michelina de Pesaro, que, após ter visto o filho morto rodeado de anjos, viúva, abandona seus filhos para entrar na Ordem Terceira Franciscana.[56]

Fantasia, alucinose, alucinação, efeito da indução do meio sobre as pessoas? Entretanto, essas pessoas não estão sozinhas em suas decisões. O primeiro dos Dez Mandamentos, "Amai a Deus sobre todas as coisas", apreendido de forma concreta, toma tal dimensão que serve de justificativa para abandono dos filhos, das famílias e dos bens. Os crentes fanáticos descrevem as crianças como um estorvo e fonte de sofrimento, pois dificultam os pais na prática de boas ações, levando-os até mesmo a cometer pecados. Para estes, deve-se amar primeiro a Deus, depois a si mesmo e finalmente às crianças. Caso amem as crianças, fruto do seu corpo, mais do que a si mesmos, investindo sua energia e dinheiro para sustentá-las e ajudá-las a crescer, estarão pecando, em detrimento da salvação de sua própria alma, pensamento inspirado no evangelho segundo São Mateus. Porém, nem todos pensam assim no medievo.

Ela se retira para Fly

Em Beauvais, no vilarejo de Catenoy, próximo ao castelo natal de Guibert, cercanias de Clermont, ela e o preceptor instalam-se num convento, em alas apropriadas e separadas para homens, mulheres

55 Abelardo, P. Primeira Carta ou História das calamidades de Pedro Abelardo escrita para um amigo. In Rocha. *Cartas*, op. cit., cap. VII, pp. 83-95.

56 Shahar, op. cit., p. 10.

e jovens. É a decisão salvadora. A mãe de Guibert necessita apagar rapidamente o fogo da vida terrena para se libertar das angústias geradas por pensamentos e tentações duvidosos, quando sonhos e visões prenunciam caminhos tenebrosos no imaginário medieval. Ela obtém permissão do abade Guy, da região de Beauvais, para permanecer nesse domínio episcopal, onde se entrega às atividades do monastério de Fly e constrói uma pequena casa junto à igreja. Apesar de reclusa, continua tendo frequentes informações sobre a vida do menino que permanecera no castelo.

Guy, na função de preceptor desde 1063, amigo da família e mantido graças às ajudas financeira e política do avô materno de Guibert, é acusado secretamente de inúmeros crimes, entre eles o de simonia, pela venda de cargos, honrarias e tráfego de influências. Ele oferece a Guibert as condições para obter uma sinecura, por meio da qual Guibert ganharia algum dinheiro e prestígio no meio eclesiástico, mediante algum tipo de trabalho na igreja. Guibert denuncia a existência de cruzamentos de interesses movidos pelos poderes feudais e eclesiásticos. Na busca da verdade, Guibert desfruta de certos poder e prazer sadomasoquista – vingança do menino de 12 anos, que tenta se resignar diante do desamparo e abandono em que a mãe o deixara?[57] Ela está consciente da orfandade e da solidão em que deixara o filho, encorajada pelo bispo Guy, na busca de refúgio no monastério de Fly, diocese de Beauvais, enquanto Guibert descreve suas vivências e angústias:

> *A minha mãe e a sua família via-se [Guy,1063] testemunhar um grande apego; por mim pessoalmente, sua afeição era viva. Foi ele, evidentemente que, independentemente do sacerdócio, me conferiu todos os graus eclesiásticos. Assim, quando familiares próximos de*

57 Labande, notas de rodapé (1-4), pp. 100, 101, *Autobiographie.*

minha mãe pediram-lhe autorização para ela habitar, por algum tempo, uma das casas vizinha da igreja do lugar, ele consentiu prontamente. O nome da vila é Catenoy; ela é situada a aproximadamente duas millhas de nosso castelo.

Após permanecer lá certo tempo, ela resolveu se entregar ao monastério de Fly. Tendo mandado construir neste lugar, por interferência de meu preceptor, uma pequena casa próxima da igreja, ela se transferiu e lá permaneceu. Ela estava bem consciente de que eu estaria totalmente órfão e sem qualquer apoio com o qual eu pudesse contar. A bem da verdade, eu tinha uma quantidade de parentes e pessoas próximas, mas entre eles ninguém sabia alcançar as solicitações de uma criança ainda pequena e as necessidades de sua idade. Certamente não me faltava nada do ponto de vista da alimentação e do vestuário, mas as providências que são necessárias à fragilidades da criança, e que somente as mulheres sabem oferecer, é o que de mais cruel eu sentia falta. Ela sabia bem que eu seria exposto a essa falta de cuidados, mas, ao mesmo tempo, o temor e o amor por teu nome, meu Deus, asseguravam seu coração.

Ora, ao se entregar ao dito monastério, quando ela passava diante do castelo onde eu estava, ela sentia o coração esgarçado, de tal forma que o simples fato de olhar esta moradia lhe causava um tormento intolerável: ela estava dominada, de fato, por um imenso amargor ao imaginar aquele que ela lá havia deixado. . . .

Eu era, de fato, o objeto de grande simpatia em nossa família e também fora. Mas tu, ó Deus bom, Deus santo, tu havias maravilhosamente, por tua doçura,

> *por tua caridade, endurecido esse coração tão pleno de ternura na vida secular, a fim de que ele não se esmorecesse por seu próprio abandono. . . . Mas o amor nela foi forte como a morte, pois quanto mais estreitamente ela te amava, mais verdadeiramente via-se romper com este que ela havia anteriormente amado.*[58]

Guibert recorda o sofrimento materno, cada vez que ela passava pelo castelo onde ele estava. Ela sentia o coração esgarçado pelo sofrimento, um tormento intolerável, uma amargura imensa ao imaginar o que havia lá deixado. Dor e culpa afligem seu coração empedernido pelo abandono da cria, fazendo-a se sentir uma mulher cruel.

Nada faltava a Guibert quanto aos cuidados materiais. Porém, roupas e alimentação não nutrem o suficiente e não suprem as carências afetivas. Ele valoriza o papel feminino da figura da mãe como nutriente físico e emocional para o seu desenvolvimento. O seio, o leite e o corpo materno, por intermédio dos quais a criança pequena incorpora amor, ternura, cuidados, recursos e valores éticos e morais, a Igreja só irá valorizar e propagar anos mais tarde. A Virgem carregando Jesus menino no colo, imagem modelar da função materna, passará a ser difundida e admirada nos finais do século XI, mas o sofrimento materno, dor e culpa, estavam lá presentes no coração esgarçado dessa como de outras mães insuficientes para confrontar o amor filial à devoção na fé em Deus. Talvez aqui se repita o sacrifício de Abraão, ao entregar seu filho em oferenda a Deus.

Desolado e ressentido, Guibert agarra-se ao amor da mãe a Deus para suportar o vazio e o desamparo, apesar do empenho da parentela em cuidá-lo, muito aquém de suas necessidades afetivas

58 *De vita sua*, op. cit., pp. 101, 103.

Ele já sofrera perdas e carências por ocasião do nascimento, fato que às vezes se repete e potencializa vivências primárias reprimidas no inconsciente. Guibert indaga-se e a Deus sobre a natureza do amor da mãe, cujo coração esgarçado vive sentimentos ambivalentes entre o amor pelo filho e o amor ao Criador. Situação ora excludente, ora conflitante, num espírito em busca de paz. O exíguo espaço da subjetividade dela faz-se presente e disponível para a reflexão, dentro dos parâmetros de sua cultura.

Identificado com as mesmas crenças e ambivalências maternas quanto a Deus e ao futuro, Guibert resigna-se e se convence da verdade religiosa contida na decisão de abandoná-lo e à vida secular, enquanto ele submete atos e pensamentos ao tribunal da razão. A utopia do amor a Deus acima de todas as coisas prevalece. Austeridade e retidão cristãs, expressões da lei divina, são reflexos do desejo humano narcísico de se igualar ao Criador, conflito contínuo do ser humano interior. As pessoas do medievo estão, até certo ponto, dominadas por um cenário impregnado de sonhos e ilusões. A turba ensandecida pelo imaginário do Juízo Final, na ilusão concreta de alcançar o Paraíso Celeste, entra numa espécie de psicose coletiva e social. O poder eclesiástico manipula os desejos da massa projetados nos ideais da Igreja para preservar zonas de influência e destruir o inimigo, o ser humano, rival e espelho de Deus.

Em estado de súplica e soluços intermináveis, amante e traidora, a mãe de Guibert flagela-se na busca do perdão e do amor de Deus. Identificada com esse agressor todo-poderoso, que pune, com veemência, a quem lhe desobedece, ela vive processos defensivos inconscientes. Sentimentos de impotência e de pavor invadem-na, ocasionados pelas incertezas presentes da vida futura. Ampara-se na energia que vem da fé, fonte externa/interna que existe em si e projetada em Deus.

Guibert admira o poder, a coragem e a valentia que escondem o coração endurecido pela dor. Expressão da rigidez protetora contra a autoagresão, revertida em penitência. Entretanto, a aparência física dela degrada-se rapidamente. Assume um estado de pobreza, isolamento e humildade, comuns à vida monástica desse mosteiro, e mergulha na busca da pureza e da salvação. A alma, aprisionada no passado, torna-se vítima de suas relíquias mentais, dominadas pela ideia do pecado. Nessas condições, sua mente está limitada em sua capacidade perceptiva para ver e enxergar, pensar e refletir, agir por meio de distintas facetas no contato com o mundo espiritual e secular. As confissões compulsivas sugerem que a mãe de Guibert vive num estado contínuo de ruminação regressiva – uma atividade mental de prazer sadomasoquista, um equivalente masturbatório primitivo, ponto de fixação da libido num passado-presente recalcado, do qual é dependente.

Essas características de funcionamento mental são encontradas em casos de histeria, saída viável para um imaginário construído na dialética do bem e do mal, que a mantém aprisionada em sua memória. Há, na mente dela e de seus correligionários, pouco espaço interno permissivo para a expressão de fantasias e necessidades pulsionais, pois o espaço está preenchido por Deus. Os afetos pertinentes à vida temporal são, por vezes, sublimados nos *fabliaux*, nas gestas, no amor cortês e nas atividades lúdicas. Porém, são motivos de repressão entre doutos e beatos da Igreja, e a mãe de Guibert está entre eles, devotos extasiados, dominados por estados da alma próximos da paixão, estimulados e valorizados pela santa mãe Igreja, que busca na casa de Deus-Pai a revelação da luz interior na fé.

Esses estados mentais de perspectiva reversa repercutem na capacidade de análise crítica das vivências e da percepção do mundo circundante, apreendido com exclusividade pelo vértice místico-religioso da fé cristã, predominantemente platônica neste momento.

No decorrer do tempo, influências do pensamento aristotélico interferem na doutrina cristã, no espaço perceptivo do pensamento clérico-feudal, que de binário e excludente adquire nova dinâmica. Sem perder a anterior, bem e mal são vividos também como opostos que se complementam na formação da unidade do ser. Esse é um modo de funcionamento mental com maior capacidade de integração de ideias, sentimentos, criatividade e ações. Ele possibilita a reversão da perspectiva, condição de funcionamento mental na qual os imaginários do indivíduo e da massa possibilitam ao sujeito e ao grupo observar um mesmo fenômeno por meio de diferentes vértices. Nessa condição da mente, temos maiores possibilidades de opção entre caminhos alternativos, tanto em relação a circunstâncias da alma quanto da vida terrena. A zona de exclusão mental entre o bem e o mal se amplia na medida em que entre esses dois extremos surge uma gama variável de combinações interativas, ampliando as variações das subjetividades individuais e coletivas.[59]

Progressivamente, o pensamento aristotélico insinua-se nessa cultura, que evolui lentamente no processo histórico-cultural. Pode, dessa forma, ampliar o campo de percepção e elaboração existencial do sujeito, isto é, de sua subjetividade. Ocorre que, dependendo da intensidade das angústias, dos fenômenos defensivos e da natureza persecutória, um mesmo sujeito e a massa podem oscilar entre uma e outra posição, à semelhança do que ocorre entre as posições depressivas e esquizoparanoides do processo de elaboração e reparação mentais.[60] A possibilidade de integração de aspectos opostos, como amor e ódio, exclusão/inclusão de aspectos indesejáveis do eu, amplia as condições perceptuais. Portanto, tais aspectos dependem da capacidade de continência de cada cultura. É um processo de integração recíproca entre o individual e o coletivo que compõem os

59 Bion, W. R. (1966). *Atención e interpretación*. Paidós.

60 Klein, M. (1970). *Amor, ódio e reparação*, op. cit.

imaginários de cada cultura e sociedade, cujas dinâmicas possuem distintos ritmos e velocidades de transformação.

> *És tu quem sabe, ó Deus, de que pecados se tratam. Quanto a nós, nós os ignoramos.*

Guibert indaga quais teriam sido os pecados de sua mãe, mobilizada pelo imaginário de uma época na qual imaginar e até mesmo sonhar representam ameaças para a integridade espiritual do crente. Ele não tem a resposta, pois está identificado com esse imaginário. Ele está tão envolvido nessa mentalidade que não alcança os conflitos vividos pela mãe e por ele mesmo. Contudo, mostra-se capaz de identificar a presença da efervescência pulsional na vida materna, provavelmente a partir da própria. Assim, incorpora e identifica-se inconscientemente com muitos daqueles comportamentos e atitudes mentais.

A indagação de Guibert é reveladora da existência de mistérios que compõem os meandros da mente, com os quais ele busca uma forma de lidar, influenciado pelos direcionamentos culturais. A compulsão à penitência, presente na mãe de Guibert, é reveladora de um estado mental em que há tentativas desesperadoras para o encontro da paz interior. E ele realiza o mesmo processo diante das incertezas do seu espírito. Difícil saber qual o grau de consciência que ambos têm das pressões pulsionais, agressivas e sexuais que compõem seu imaginário e sua imaginação.

Guibert aparenta ser mais transparente do que sua mãe. É o filho que fala pela mãe sobre o que identifica nela. Contudo, ele tem dificuldades para perceber o mesmo conteúdo em si, devido às projeções inconscientes, mascaradas pelos processos defensivos do ego.[61]

61 Levisky, R. B. (2002). Les enfants parlent au nom des parents: les vicissitudes de

Eu reencontro meu mestre (crise central da adolescência)

É nesse clima que Guibert vive a crise central da sua adolescência. Ele está assolado por um conjunto de sentimentos geradores de turbulência, diante da nova condição de vida e longe da mãe, que alteram seu comportamento:

> *Que posso acrescentar? Logo que ela repudiou a vida secular, como já foi dito, eu permaneci totalmente sozinho, sem mãe, sem pedagogo, sem mestre. Aquele que, de fato, após minha mãe, com tanta fidelidade educou-me e instruiu-me, este homem, mobilizado por seu exemplo, sua amizade e seus conselhos, tornou-se monge em Fly. Vivi de forma intempestiva minha liberdade, dispus-me a abusar do poder em que me deixaram, sem respeitar qualquer limite. Ridicularizava a igreja, considerava a escola um horror e procurava a companhia dos meus jovens primos, laicos e envolvidos em exercícios cavaleirescos. Prometia-me a remissão de minhas faltas execrando os elementos de minha clericatura. E, finalmente, abandonei-me no sono, que anteriormente me era autorizado com parcimônia. Mas um tal abuso, tão insólito, me enfraquecia. Entretanto, os sons de meus atos e fatos agitaram violentamente os ouvidos de minha mãe, que, diante do que ela havia entendido, se pôs a conjecturar que minha perda estava próxima; ela estava por assim dizer, aniquilando-se. As roupas elegantes que me haviam dado para ir à igreja, que ela mesma havia tomado o cuidado de providenciar para*

---

la communication dans une famille. In *Le divan familial* (pp. 127-136). Press Éditions.

me fazer melhor apreciar a condição clerical, eu as exibia agora de forma irônica, imprópria para minha idade. Queria rivalizar, afrontando jovens mais velhos. Resumindo, não havia nada de moderado nem de comedido em minha conduta.

Assim, comportava-me de maneira tanto mais desenvolta, mesmo extravagante, do que minha vida havia sido anteriormente, severamente controlada. Ora, minha mãe, não podendo mais suportar aquilo que percebia, procurou o abade e obteve dele e da comunidade consentimento para que meu mestre se ocupasse novamente de minha educação. O abade em questão, que havia sido provido por meu avô e que por um benefício em outra ocasião havia dependido de sua jurisdição, facilmente o consentiu. Felicitando-me de minha vinda, ele acolhe-me com bondade e, em seguida, ele teve ternura por mim.[62]

Após algum tempo, chega aos ouvidos da mãe de Guibert notícias sobre o seu comportamento. Ela desespera-se ao perceber que o filho abandonado pode vir a se perder na vida e obtém do abade e da comunidade permissão para que o antigo mestre se ocupe novamente de educação dele. É evidente que Guibert se ressente da falta de figuras adultas, parentais, protetoras e terrenas que lhe sirvam de limites, pois a ausência desta condição gera extraordinário grau de ansiedade e estimula o sujeito a um pseudoamadurecimento, rápido e inadequado, ou o contrário, de extrema revolta.

O calor da juventude,[63] expressão que Guibert usara anteriormente para retratar a sexualidade materna reprimida durante sete

62 *De vita sua*, op. cit., pp. 107, 109.

63 *"primaevae aetatis calore"*.

anos, casada e virgem, emerge agora no corpo dele, expressão efervescente dos instintos e da rebeldia concomitante na eclosão da adolescência. Esse conjunto de situações gera sentimentos ambivalentes que envolvem liberdade, autoridade, limite, impulsividade, prepotência, arrogância, mas também desamparo, culpa e arrependimento.

A ruptura familiar coincide com sua entrada na adolescência, conjunção de fatores que amplificam o quadro sintomático de angústia, impulsividade e depressão. Se comumente, na adolescência, há uma tendência à separação dos pais da infância, no caso de Guibert ela concretiza-se com a saída real e abrupta das figuras parentais, mãe e mestre. Essa ruptura interna própria do adolescer agrava-se com a ruptura concreta e incrementa os movimentos emocionais intrínsecos a esse período da vida ao intensificar sentimentos ambivalentes em relação às imagos corporais e parentais da infância – elementos até então continentes e eficientes na manutenção da estrutura psíquica e emocional da criança.

Guibert ataca e liberta-se dos valores religiosos da infância, das ambições monásticas, dos compromissos assumidos por seus pais diante da Virgem. Ele entra em um estado de excitação e de negação da realidade, possíveis defesas protetoras de sentimentos depressivos, vividos na pequena infância e exacerbados pelas perdas atuais. Parcialmente dependente do seu acervo de vivências da infância, ele nega a realidade interna que o direciona para a vida clerical. Idealiza radicalmente a liberdade, deixa-se levar pela irresponsabilidade e não avalia as consequências de seus atos, dominado pela instabilidade comportamental e de humor e pela negação da temporalidade. A vida pulsional toma conta dele diante de um ego fragilizado, consequência dos desinvestimentos afetivos dos objetos amorosos e protetores dessa fase da vida. Esta é uma fragilidade egoica que perdurará durante o tempo de reconstrução da nova identidade e de reinvestimentos dos novos objetos afetivos, da reestruturação do ego, da estrutura narcísica, da autoimagem e da autoestima projetados nos novos ideais.

Esse conjunto de fenômenos caracteriza a transição para a vida adulta, ou seja, a adolescência propriamente dita. Nesse período, devido à fragilidade egoica, emergem com maior facilidade aspectos espontâneos e autênticos do eu. As defesas diminuem e vêm à tona desejos indesejáveis à consciência, mobilizados pelos hormônios de crescimento e sexuais. Aventuras e desafios, formas de autoafirmação, surgem com as novas aquisições intelectuais, afetivas e sociais que, progressivamente, contribuem para definir a identidade adulta em construção.

Guibert passa a desprezar as autoridades substitutivas dos pais – seus familiares –, bem como a vida religiosa. Realiza um conjunto de movimentos afetivos e comportamentais reveladores da busca de novas experiências emocionais e de suas possibilidades físicas e corporais. Comportamento e humor oscilam entre grande atividade física e apatia, cujo denominador comum é a instabilidade emocional. Guibert sente que há algo em seu espírito que o enfraquece e que foge ao seu controle. É a revolução da atividade hormonal que afeta e promove transformações corporais, psicológicas e sociais, conjunto que compõe a adolescência e anuncia o que hoje é denominado de "crise da adolescência". Trata-se de um conjunto complexo de fenômenos que carrega em si a revivescência de eventos ocorridos no início da vida, amplificados por outros, decorrentes da conversão e da ida de sua mãe para o monastério de Fly.[64] Este quadro sintomático é caracterizado por oscilações excitantes e depressivas, resultante de confrontos entre aspectos primitivos e atuais da mente.

64 Aberasturi & Knobel. *La adolescencia normal*, op. cit.; Levisky, *Adolescência – reflexões psicanalíticas*, op. cit.

O histórico de vida de Guibert tem inúmeros registros de perdas e opressões em seus antecedentes pessoais, determinantes na configuração psíquica do adolescer.

Por outro lado, a rebeldia patente de Guibert assemelha-se à descrita por Agostinho em *Confissões*. Sócrates já havia dito que:

> *Nossos adolescentes atuais parecem amar o luxo. Têm maus modos e desprezam a autoridade. São desrespeitosos com os adultos e passam o tempo vagando nas praças... São propensos a ofender seus pais, monopolizam a conversa quando estão em companhia de outras pessoas mais velhas; comem com voracidade e tiranizam seus mestres.*[65]

Há no adolescente a necessidade de destruir, de desinvestir e transformar as imagos parentais e pessoais da infância. Não há dúvida – Guibert está em plena crise da adolescência. Essa é uma característica da mentalidade do ser humano civilizado. Ela sofre variações na sua expressividade e no tempo de duração, em função de fatores individuais e coletivos dependentes da cultura. Os significantes incorporados às várias instâncias psíquicas, produtos de vínculos afetivos parentais e contextuais, geram configurações simbólicas. Sua variabilidade depende da constituição do sujeito e de sua interação com o meio. A cultura oferece os elementos que compõem os imaginários e contribui na construção das subjetividades, em seus vários níveis, por intermédio de ações mútuas decorrentes das relações complexas entre sujeito/contexto e subjetividade/cultura.

---

65 Cf. Outeiral, J. O. (1994). *Adolescer – estudos sobre adolescência* (página de abertura). Artes Médicas.

A ida da mãe de Guibert para o monastério desperta nele a oportunidade para realizar desejos profundamente recalcados: ganhar a liberdade e o poder. No entanto, a possibilidade de realização desses desejos traz turbulências, pois emergem angústias, temores e culpas geradoras de incertezas que desorganizam ainda mais o eu, já fragilizado pela própria crise do adolescer.

As imagos materna e paterna infantis estão lá, em sua mente, para serem destruídas e transformadas, e, ao fazê-lo, Guibert sente-se liberto para agir, distante de um contato real e concreto que lhe sirva de limite e de proteção. Há, nesse caso, um aumento da angústia. Surgem possibilidades de passagem ao ato, *acting out*, com prevalência do processo primário de pensamento na busca do prazer imediato, sem passar pelo crivo da análise crítica e da elaboração. Ocorrem a descarga das tensões, o prazer imediato e a necessidade da transgressão renovadora, inquietantes pelas incertezas e inexperiências diante do novo, promovido pela expansão da atividade pulsional. Esse processo envolve provas de coragem, potência e desafio, encontrados nos ritos de passagem ou diluídos em comportamentos, fundamentais para o adolescente alcançar, ser e sentir-se aceito na comunidade adulta de cada cultura.

As manifestações antissociais da adolescência de Guibert variam quanto à dinâmica e à intensidade, a depender dos estados de carência afetiva, "resultado de um estado de ausência ou de depressão da mãe, ocorrida num momento crítico, ou da dissolução da família".[66]

Ao se libertar das dependências infantis, Guibert pôde viver o mito do herói no enfrentamento de desafios, elemento frequentemente encontrado nos ritos de passagem ou em comportamentos desafiadores na transição para a vida adulta. É um período de busca

66 Winnicott, D. W. (1993). *A família e o desenvolvimento individual* (p. 125). Editora Martins Fontes.

interior e de descobertas, por intermédio dos valores preconizados pela cultura, que caracteriza valores de entrada na vida adulta de uma sociedade. Trata-se da busca e do encontro da capacidade de ser e de pertencer vivida por meio do mito do herói, quando algo do primitivo humano se faz presente no sentimento de onipotência e realça uma história sagrada, uma realidade sobrenatural que passou a existir, fruto de uma intuição.[67] Essa superação faz a travessia para a vida adulta.

Guibert, progressivamente, incorpora e desenvolve qualidades egoicas e superegoicas que o habilitam para a vida adulta em sua cultura, incorporadas como provenientes de si mesmo e não da imposição dos pais. A sociedade, por meio de seus recursos culturais, necessita possuir competência, por intermédio de suas instituições e funções, para suportar as agressões juvenis que, no ímpeto de realizar transformações, buscam destruir conteúdos e valores ultrapassados ou insuficientes para as novas realidades que se configuram. Esse processo complexo individual de passagem ocorre durante a elaboração e a resolução dos conflitos edipianos, projetados na cultura, constituindo-se numa condição inerente ao desenvolvimento humano.

O comportamento descontrolado de Guibert não é reação exclusiva e direta do abandono gerado pela ida da mãe para Fly. O abandono atual exacerba os sentimentos de perda, próprios dessa fase da vida, acrescidos das vivências anteriores e primitivas de abandono e solidão, que impregnam, de longa data, sua memória inconsciente.

Os sentimentos de abandono de Guibert advêm da destruição dos objetos internos da infância, agravados pela ruptura familiar e pela cultura da conversão e da exclusão do que é sentido como indesejável na sociedade do medievo, ele que já carregava o peso

---

67 Eliade, M. (1998). *Mito e realidade* (pp. 7-23). Perspectiva.

de ser um *aborto* e o *pior de todos*. São condições capazes de gerar sentimentos de vazio interior, às vezes mascarados por comportamentos maníacos, e de traumatizar o sujeito de forma cumulativa. Na crise da adolescência, devido à fragilidade do ego, tais situações afetam o livre-arbítrio e a autoestima.

A crise da adolescência de Guibert contém aspectos inerentes ao imaginário e à mentalidade medievais, na medida em que o conflito edípico passa pela elaboração das imagos parentais terrenas e divinas. As primeiras são passíveis de serem destruídas e substituídas por novos modelos identificatórios, pela incorporação de qualidades psíquicas parentais e de outros. Inspirado nos novos valores e recursos da vida adulta, preconizados pela sociedade, Guibert elabora suas experiências relacionais e emocionais para se posicionar na vida. Entretanto, o processo torna-se tão profundamente ameaçador que ele nem pode imaginar a possibilidade de destruir os pais divinos. Essa condição remota impele-o a identificar-se e dirigir-se para o caminho monástico. Tal direcionamento pode confundir-se com os ideais infantis e narcísicos de onipotência, onipresença e onisciência, tornando-os representantes dos ideais a serem conquistados pelo ego, e, assim, tornando-se escravo do superego. Isto é, apesar das tentativas de Guibert em romper com o seu passado, as pressões superegoicas, definidas no início de sua vida e depois em seu processo educacional, não deixam espaço e flexibilidade em seu espírito para outros direcionamentos. Do ponto de vista da economia psíquica, é mais viável para o seu espírito se tornar monge a renegar essa possibilidade, pois contrariar as figuras combinadas dos pais da infância, imagos ameaçadoras e poderosas, gera temor e culpa, com terríveis sentimentos de retaliação e de castração. São imagos de pais terrenos e divinos unidos nos ideais do ego e do superego. Eles são provenientes da elaboração do complexo edípico precoce e tardio, revividos durante a reelaboração edípica da adolescência. Dentro de um outro prisma,

Guibert carrega extraordinária carga de responsabilidade e ódio, pois se ressente do amor e dos privilégios adquiridos junto à mãe, perdidos e traídos por outros amores: o pai, o pedagogo e Deus. Este último, rival imbatível, a quem Guibert deve a vida e a subserviência, doado que foi, num Sábado de Aleluia, festa maior da cristandade.

Esses objetos da vida interior, incorporados desde tenra infância como elementos identificatórios e de valor superegoico, estão profundamente arraigados à sua personalidade. Agora, na transição para a vida adulta, são confrontados e atacados inconscientemente, durante o processo de busca da nova identidade.[68]

Eu visto o hábito

Diante da situação de descontrole comportamental de Guibert e do desespero de sua mãe, o antigo mestre é autorizado a acompanhá-lo, não somente por exigência da realidade, mas também como uma deferência do abade Guy ao neto do mantenedor da igreja. Nessas condições, Guibert é levado para Fly e algo de surpreendente ocorre com ele:

> *Eu tomo a ti como testemunho, meu Deus, tu que a meu respeito havias previsto estas santas disponibilidades, desde o momento em que entrei na igreja deste monastério e vi os monges sentados uns ao lado dos outros, este espetáculo me inspirou um grande desejo pela condição monástica, desejo que não cessou jamais de efervescer em mim. Minha alma não encontraria*

68 Aberasturi & Knobel (1971). *La adolescencia normal.* Paidós; Levisky. *Adolescência – reflexões*, op. cit., pp. 85-144; Freud, S. Tres ensayos para una teoria sexual, op. cit., vol. II, pp. 1172-1237; Erikson, E. (1972). *Adolescence et crise: la quête de l'identité.* Flammarion.

> *mais repouso enquanto o cumprimento desse voto não fosse obtido. Vivendo com esses religiosos, no mesmo ambiente, eu podia contemplar todo o seu ser e o comportamento deles. Assim como a chama retoma seu vigor sob a ação do vento, assim meu espírito, aspirado continuamente, contemplando-os em seu futuro, não podia deixar de me excitar. Assim, o abade do monastério me pressionava a cada dia para me tornar monge, enquanto sua insistência se redobrava. Entretanto, ainda que minha alma estivesse interminavelmente excitada deste desejo, minha língua estava impossibilitada de se liberar para cumprir semelhante promessa, fossem quais fossem as pressões que me estimulavam. A criança que eu ainda era mantinha facilmente o silêncio que preenchia meu coração, atitude que me seria bem difícil agora que me encontro fatigado pelos anos.*
>
> *Finalmente, pus minha mãe a par do que estava acontecendo. Mas* ela, que acreditava na instabilidade da minha idade, *desenvolveu longos argumentos para me dissuadir de minha intenção, a ponto de me lamentar do fato de ter-lhe revelado. Fiz as mesmas confidências ao meu preceptor, mas ele as rejeitou e foi ainda bem mais longe. Esse duplo fracasso me afetou profundamente. Resolvi aplicar um outro método: comecei a me conduzir como se nunca tivesse experimentado tal desejo; decidi contemporizar até passar do oitavo de Pentecostes à Natividade do Senhor.*[69]

Angustiado diante da perspectiva de vestir o hábito e tornar-se definitivamente um monge, Guibert, inconscientemente, freia

---

69 *De vita sua*, op. cit., pp. 109, 111.

seu caminho pela própria excitação do desejo, temeroso que está de assumir tal responsabilidade. Vive um estado de intensa ansiedade, diante da perspectiva do gozo iminente, que pode levá-lo à impotência ou frustração pela antecipação de realizar o desejo almejado. Ambivalência e livre-arbítrio, desejo e temor ao desejo se confrontam nesse momento decisório, estado desesperador, no qual ele procura o abade e exclama em lágrimas e de joelhos:

Vós vos dignais receber um pecador![70]

Guibert não consegue prometer e se comprometer com o caminho monástico. O medo do novo e a resistência em deixar a condição sofrida, porém conhecida, retardam sua decisão, não somente por uma dúvida consciente em processo de elaboração, mas também a fragilidade do ego facilita a emergência de tendências contraditórias, próprias da idade: manter-se fiel à promessa original e ao desejo de seguir a vida laica como seus primos.

O peso do contratualismo faz-se nova e determinantemente presente. O exercício do livre-arbítrio é difícil e a opção de Guibert é contemporizar. Porém, a realidade circundante pressiona-o a tomar uma decisão e a precipitar o compromisso para com a vida religiosa. Arrepende-se de ter feito confidências à mãe e ao pedagogo, movimento revelador do desejo de preservar sua privacidade, momento marcante nesse início do processo de autoafirmação, durante a passagem para a idade adulta. A desobediência aos pais terrenos e celestiais ocorre e se confronta com o sentimento de se doar a Deus, estabelecido precocemente. Qualquer quebra representa grave agressão aos valores do compromisso, do contratualismo vigente. Ações dessa natureza são capazes de gerar intensos

70 Idem, p. 11.

sentimentos de culpa e de perseguição, projetados nas imagens fantasmagóricas, nas visões, nos sonhos.

Apesar do apoio comunitário, as normas do monastério não permitem que o antigo pedagogo assuma a tutela de Guibert, porém ele se mantém próximo, ao encorajá-lo no aprofundamento do estudo dos livros sagrados. Surge, assim, a possibilidade de Guibert ampliar seu conhecimento e universo relacional – oportunidade para encontrar novos modelos identificatórios, tanto na relação com o pedagogo, elo da infância e agora com outra função, quanto com o abade e com novos colegas, na leitura da vida dos santos e dos pais da Igreja. Seu preceptor permanece presente como um ponto de referência, ao indicar leituras e incentivá-lo a uma exigente formação, mas distante na sua vida afetiva. Essas condições reforçam a importância da presença de um adulto na vida de um adolescente como ponto de referência, inclusive para poder atacá-lo afetivamente em seu imaginário ou na vida real, por meio de transgressões, rebeldia e desobediência, podendo assim reconstruir sua identidade a partir de novos valores, sentidos como oriundos do próprio eu.

O abade, tomado de entusiasmo, ansiando por corresponder aos seus interesses e aos dos mantenedores, acolhe prontamente mais uma ovelha em seu rebanho. Ele não perde tempo e, diante da exclamação suplicante de Guibert, providencia para o dia seguinte as vestes necessárias para o ingresso dele no monastério. De longe sua mãe observa, chorando, a cena de apresentação. O abade ordena imediatamente a coleta de esmolas, como é de praxe. Afinal, todos têm algo a pagar, pois todos são pecadores.

Excitado em me instruir

Guibert, tomado de intensa excitação, vive a luz interior de forma mágica e súbita, presente na comovente revelação:

> *Ó Senhor, luz verdadeira, lembro-me plenamente da inestimável generosidade que tu me tens testemunhado. Pois apenas eu tinha, por teu convite, vestido teu hábito que, imediatamente me pareceu se dissipar a nuvem que cobria a face do meu coração, e logo começaram a penetrar em mim noções que, anteriormente, abordava com sofrimento, cego e perdido que estava. Por outro lado, sentia-me subitamente animado de uma enorme paixão de instruir-me, a ponto de não ter nenhuma outra aspiração. Considerava como inteiramente perdida, uma jornada na qual não tivesse concluído alguma ação desta natureza. Oh! Quantas vezes acreditaram que eu dormia, que meu corpo delicado se mantinha bem aquecido sob os lençóis, enquanto meu espírito estava torturado pelo desejo de se expressar, ou bem, que eu lesse qualquer obra, abrigado pelas minhas cobertas, por temor de comentários dos outros.*
>
> *Na verdade, tu divino Jesus, tu não ignoravas com que intenções eu agia assim: eu desejava conquistar a qualquer preço as congratulações e a aqusição, nesta geração, o maior respeito possível.*[71]

Guibert, adolescente e impulsivo, é tomado de súbito desejo mágico de incorporar os conhecimentos e a condição monástica. Por outro lado, o súbito e o mágico não surpreendem, pois fazem parte dessa cultura. Não se trata propriamente do tempo linear, do percurso solar que a cada dia segue seu movimento de rotação. Trata-se de um tempo místico, religioso, ligado à aparição, à revelação do fenômeno sagrado, aquele que provém do desconhecido, um tempo que tende ao eterno.

---

71 *De vita sua*, op. cit., p. 113.

Porém, o movimento rápido de transformação de Guibert pode ser visto por um outro prisma, terreno, da vida secular, próprio da instabilidade comportamental e do humor do adolescente, oscilante entre a racionalidade e a emotividade, manifestações frequentemente dissociadas umas das outras nessa fase da vida e capazes de gerar sentimentos de insegurança e depressão. Guibert tem percepção de sua intimidade quando se esconde sob as cobertas para estudar. Simbolicamente, podemos pensar que aquilo que se passa debaixo das cobertas esconde não apenas as leituras que faz, mas também as fantasias, as motivações inconscientes que se passam em seu espírito. Guibert teme ser alvo de chacota do grupo de companheiros iniciantes na ciência sagrada, fato comum entre jovens quando escolhem alguém que sirva de centro de brincadeiras e de provocações.

Há em Guibert um misto de desafio e de temor em ser diferente no grupo. Teme ser excluído, como já se sentira no passado em relação aos primos que seguiam a vida laica. O sentimento de transgressão ressurge ao se contrapor ao *establishment*, na busca inconsciente de autoafirmação. Ele cria regras próprias de procedimento, cada vez mais nítidas e ousadas, com suspeitas da existência de fantasias relacionadas ao conhecimento de si e do corpo, absorto no calor da cama e na emergência de vivências e sentimentos indesejáveis, pecaminosos e não nomeados, mas certamente repudiados pela cultura eclesiástica.

Guibert dedica-se ardentemente à leitura e nisso pode existir um equivalente masturbatório, na busca intensa e imediata de prazeres e de descargas das pulsões. Ele está absorto pelo desejo de alcançar as maiores honras, reconhecimento, cargos elevados e riquezas, prazeres terrenos, oriundos de sua iniciativa e estimulados por homens que se dizem seus amigos. Estes inoculam em sua pessoa ambições perniciosas, aproveitando-se das ingenuidades, fragilidades e devaneios juvenis:

> *Homens que se diziam meus amigos agiam verdadeiramente em minha direção quando, dando-me seus bons conselhos, eles me faziam frequentemente refletir que as letras me trariam honraria e celebração, o que me permitia esperar altos cargos, e a celebridade. Assim, diziam eles, com um coração imprevisível de esperanças mais nocivas que ovos de serpente. Eu imaginava que tudo aquilo que eles me garantiam eu obteria o mais rápido possível e eram aspirações inteiramente vãs com as quais eles me seduziam. Isso que eles apregoavam como devendo me ocorrer na idade adulta,* eu acreditava de fato que aconteceria a partir da adolescência e início da juventude.[72] *Sim, eles me faziam dar valor a esta ciência que a cada dia se acrescia em mim graças a ti, ao meu berço segundo as percepções do século e a minha postura. Mas eles esqueceram de lembrar, como tu tinhas interditado que se subisse aos teus altares por esses degraus, pois assim seria revelada a torpeza. Aquele que sobe pelo outro lado é um assaltante e um ladrão, e esta é a torpeza.*[73]

A análise moral de Guibert sugere que a conduta dessas pessoas é interesseira, que elas desejam se sobressair, vangloriar-se pela aparência com vistas a obter benefícios por meios condenáveis. O adolescente Guibert, envolvido pela ingenuidade juvenil e por ideias de grandeza, pelo mito do herói, acredita no sucesso

72 *Autobiographie*, p. 112. "*Quae enim in grandaevo eventura dicebant,* ego plane adolescent atque juvenculo *accessura putabam*". A frase latina tem por finalidade salientar o uso dos vocábulos 'adolescente' e 'jovem', tanto por Guibert quanto por Labande. Duby discute o uso desses vocábulos no trabalho "Os 'moços' na sociedade aristocrática no noroeste da França no século XII". In *A sociedade cavaleiresca*, op. cit., pp. 95-105.

73 *De vita sua*, op. cit., pp. 113, 115.

rápido e milagroso, independente da experiência, na conquista de reconhecimento e aplausos. Ele não tem a percepção da necessidade de experiência, de intenso e árduo trabalho interior para conquistar a humildade do sábio. A voracidade adolescente choca-se com a percepção progressiva de se dedicar e de investir afetiva e profundamente nos estudos para satisfazer a ânsia e corresponder às exigências provenientes de Deus, reflexo de seus desejos narcísicos, do superego e da valorização de sua autoestima.

Guibert discrimina com muita clareza a existência de fases distintas do desenvolvimento humano, das especificidades das idades da vida, e refere-se nominalmente à adolescência, *ego plane adolescenti*. Fica claro que o adolescer é um fenômeno resultante do encontro de fatores que envolvem a mentalidade e a subjetividade provenientes do processo maturativo e de desenvolvimento humano. O adolescer no medievo é fruto da conjunção da constituição do sujeito, das relações afetivas, do histórico pessoal, do meio circundante com seus aspectos religiosos, históricos, políticos, econômicos e sociais.

Invadido pela avidez do desejo – manifestação comum do adolescer –, deslocado na incorporação do conhecimento religioso, ele estuda as Escrituras com voracidade, desejando ser aquilo que ainda não está preparado para ser. Ele necessita atravessar um processo de aprendizado e de desenvolvimento, em meio a conflitos entre suas novas aquisições e os aspectos infantis da personalidade: a necessidade de vencer o imediatismo, a instabilidade, a impaciência e a onipotência no processo do vir-a-ser adulto.

Essas manifestações são características intrínsecas do adolescer, reconhecidas por Guibert como resíduos da mente infantil, capazes de gerar alegria e cólera, diante da baixa capacidade egoica para suportar frustrações:

> *Desta maneira, ainda que estivesse nestes inícios sob tua inspiração, se minha alma tivesse sido mais advertida, ela estaria preparada para as tentações. Mas pode-se dizer, de qualquer maneira, que eu estava preparado somente para coisas fúteis. De fato, experimentava movimentos de alegria e de cólera, como se conhecem as crianças. Ah! Mais a teu favor, Senhor, se eu desconfiasse presente teus julgamentos, se tivesse horror aos meus pecados, incluindo os maiores, da mesma maneira como detestava os menores, visto que tudo é apenas pecado! Sonhava verdadeiramente em igualar-me (e com que avidez) àqueles que a meu ver choravam por suas faltas; tudo aquilo que via ou entendia provindo de ti, me encantava. Eu que no presente procuro nas Escrituras do que me exibir ou discorrer, eu que, parar alimentar minha verborragia . . . eu só retirava de minhas leituras motivos de choro ou de dor. Eu não valorizava ter feito uma leitura caso não tivesse nada retirado que me pudesse trazer a contemplação ou a compunção. Assim, agia eu, sabiamente, sem o saber.*[74]

O processo autocrítico de Guibert revela seu processo progressivo de maturação emocional ao incorporar valores cristãos, situados entre o bem e o mal, inspirado no saber das Escrituras, novos elementos na configuração de sua identidade em transição para a vida adulta. Um determinismo interior se manifesta como graça divina. Não há espaço nem na mente nem na alma diante do pecado, maior ou menor. Essa condição leva-nos a pensar quão tortuosa e sofrida era sua adolescência, devido aos choques entre as forças instintivas assinaladas e os valores morais em organização

74 Idem, p. 115.

no seu ego e superego. Contemplação e compunção, choro e dor são valores maiores do ser cristão.

O demônio prepara-me para novos combates

No encontro com outros jovens do monastério, Guibert tem a ambição de ser como aqueles que, ao ver, imagina chorarem pelas faltas cometidas, modelo a igualar em sua tentativa de alcançar a consciência do pecado. A leitura das Escrituras só lhe faz sentido quando traz choro e sofrimento, contemplação e arrependimento. Guibert está longe de encontrar na dor a luz interior. Os inimigos que o rodeiam perturbam a alma e o sono:

> *Mas nosso velho inimigo, que de longa experiência tem instruído com vista a adaptar-se à diversidade dos estados da alma ou das idades, nosso inimigo, digo eu, cria novas lutas na medida do meu espírito e do meu corpo de criança. Ele penetrou no meu sono com muita frequência, apresentando-se aos olhares do meu pensamento, imagens de pessoas defuntas e, muito particularmente, aquelas que, em algum lugar, havia visto morrer pela espada ou que haviam sido mortas de qualquer outro modo ou que eu tinha ouvido falar. Essas aparições aterrorizavam intensamente meu espírito mergulhado no sono que, durante a noite, caso não tivesse tido a ajuda vigilante de meu mestre, já mencionado, dificilmente teria podido manter-me no leito ou impedido-me de extravasar aos gritos: dificilmente podia comandar meus sentidos. Um tal tormento pode parecer infantil e ridículo para quem nunca o experimentou, mas aqueles que são atormentados vivem uma verdadeira calamidade. . . . Aquele que sofre deste mal*

> *pode tratá-lo pela indiferença caso seja atingido, nenhuma resolução do seu espírito é capaz de repelir as horríveis visões que o invadem; o espírito perturbado por essas angústias chega a temer cair profundamente em sono.*[75]

Há que se concordar com Guibert, pois somente quem já passou por pesadelos similares pode compreender o sofrimento que tal vivência representa. A questão da morte e da violência interior são assustadoras e são muito presentes no medievo. Não se trata apenas da morte em si, pois se mata com muita frequência e Guibert é testemunho desse fato. O aterrorizante é a possibilidade de morrer e a alma não ter tido a oportunidade de passar pelo crivo da confissão, pois a morte súbita coloca em risco a possibilidade de se alcançar o Paraíso Celeste no Além.

Outra morte ainda o aflige, a que implica a construção do próprio eu. Matar pode significar desinvestir afetiva, interna e inconscientemente os objetos internos da vida infantil. O processo de desinvestimento das imagos parentais e dos valores da infância acrescidos do ódio gerado pelas condições de vida que está atravessando tornam o processo angustiante e ainda mais culposo. A fragilização do ego traz à consciência vivências de aspectos primitivos e atuais da personalidade, até então fortemente reprimidos. A pressão de pulsões agressivas e libidinais torna o adolescente vulnerável ao aparecimento de visões, pesadelos, obsessões, impulsões, oscilações do humor e do comportamento.

Essa fase da vida de Guibert, em franco processo de elaboração da crise da adolescência, é agravada ainda pela ruptura familiar e pelo conflito de identidade diante das profundas decisões a serem por ele tomadas. Solitário, vive múltiplas e fortes pressões:

---

75 *De vita sua*, op. cit., pp. 115, 117.

da sexualidade juvenil, da ambição, da ameaça de quebra da promessa original, do contratualismo medieval e de Deus. Hostilizado pelos colegas, marginalizado, conta apenas com seu mestre para eventuais desabafos. Ele deseja encontrar um tipo de harmonia e de organização interior, pois sente-se ameaçado pela violência das pulsões e da autocrítica avassaladora, temendo sua própria destruição. Não são raras as tentativas de suicídio nessas circunstâncias. É um momento de seu desenvolvimento no qual as imagos dos pais da infância, terrenos e celestiais, estão em questionamento no processo de elaboração edípico. É da resolução desses conflitos internos, em níveis egoico e superegoico, que depende a integridade do seu eu e a adaptação à vida. Atormentado, sofre a presença do inimigo proveniente das profundezas do seu âmago acorrentado; algo precisa morrer ou ser profundamente recalcado, para que outra parte possa viver. Dúvidas, inseguranças, temores brotam em sua mente pressionada pelas pulsões e pelas pressões externas, sociais, que o direcionam para a vida adulta. Ele necessita optar, pois permanecer na ambivalência pode ser insuportável.

Horríveis visões noturnas

Dominado pelo respeito à lei divina, ele quer abolir do seu eu qualquer vivência de pecado. Guibert acredita que, por estar embebido de tudo o que é de Deus na ânsia de incorporar o conteúdo das Escrituras, estará a salvo das motivações e fantasias inconscientes e conscientes que tumultuam o espírito em conflito. Ele quer aniquilar o indesejável de si, mas não tem consciência da castração vital a que se submete e que, assim, mobiliza, involuntariamente, a ira dos demônios. Quanto mais se esforça e se excita para agradar a Deus, mais o Diabo se manifesta pelas projeções de ódio e impotência para alcançar os ideais almejados. As resultantes desse conflito interior do espírito são depressão e abandono de si mesmo ou uma intensa manifestação obsessivo-compulsiva, que tende à extenuação e até mesmo à morte. A tranquilidade aparente virá com uma reação antagônica, com o abandono de toda motivação religiosa, e que também pode ser insuportável. Guibert aparenta estar num beco sem saídas. Durante esse processo de luta espiritual, tem um pesadelo terrível, no qual se sente aterrorizado pelo fantasma de um morto:

> *Numa noite (de inverno, parece-me) despertado em meu leito por uma obsessão deplorável, uma lamparina muito próxima difundia uma intensa claridade que me tranquilizava. Eis que, de súbito, um barulho de vozes próximas e numerosas, que pareciam vir do alto, irrompeu através da noite profunda. Eram gritos sem palavras. Imediatamente, a violência desse horror atingiu minha têmpora a me fazer perder a consciência, como se caísse no sono. Assim, acreditei ter visto um indivíduo defunto que alguns diziam que havia morrido no seu banho. Esse fantasma tinha-me aterrorizado, joguei-me debaixo da cama dominado por gritos e depois, retomando meus primeiros movimentos, percebi que a lamparina estava acesa. Então, contemplei bem de perto, no meio da escuridão dessa sombra enorme, o próprio demônio. Uma visão assim terrível teria me feito cair na perdição, caso não fosse o conhecimento de meu mestre, que frequentemente vinha me apaziguar diante de tais horrores. Recordo-me, Senhor, que durante os anos de minha tenra infância, o zelo das boas intenções no qual minha alma estava envolvida deve ter excitado o demônio a me sugerir ações maléficas. Ah! Deus santo, que vitórias teria tido, que consagração*

> *essas vitórias teriam me dado até hoje se tivesse inquebrantavelmente perseverado em tal combate.*
>
> *Na verdade, deduzi do que havia entendido dizer que os demônios se acercam com maior veemência contra os recém-convertidos ou contra aqueles que aspiram sempre a esse santo propósito.*[76]

Guibert descobre que as boas intenções para com Deus nem sempre correspondem às intenções da essência da natureza humana, obra Dele, que exige de seus filhos aquilo que eles não são capazes de lhe oferecer. Os anseios de perfeição humana podem ser reflexos da pequenez narcísica diante da grandiosa ausência de humildade. Ser um convertido recente implica avidez em dominar os demônios que circundam o espírito do noviço, instintos insanos que ameaçam os ideais divinos do ser humano e da Igreja dos seres humanos.

Das associações de Guibert, há uma que se refere a um jovem, filho de um cavaleiro, parente do abade Guy de Beauvais, que sente profundo arrependimento por seus pecados e se esforça por todos os meios para fugir da vida secular, corroído pela obsessão de realizar essa mutação. Guibert vive na própria carne a experiência terrorífica de invasões do espírito pelo Demônio, mas parece não atinar que suas boas intenções e ações mobilizam invejas no Diabo, que tem origem nesse corpo. Reza e implora a Deus para se libertar do espírito do mal que emerge das profundezas da alma na claridade do sono e através do sonho, com o apagar da consciência moral que se dá no adormecer.

Na abadia, as pessoas dormem na mesma peça, santos e nobres, ao lado do bispo. Sonolentos, no silêncio noturno, a imagem de um demônio é vista por um nobre de um castelo vizinho, muito

76 *De vita sua*, op. cit., pp. 117, 119.

cortês e sábio. Segundo o curso dos seus pensamentos, ele olhava aqui e acolá. Eis, então, que a figura de um demônio horrível, de alta estatura, avança. Esse diabo inspecionava um leito após outro e, caminhando suavemente pelo quarto, aproxima-se desse jovem homem, benquisto pelo bispo. O Inimigo para, olha para o adormecido e declara:

> *"Este aqui me tortura duramente, mais do que todos esses que dormem aí".*[77]

Em seguida, o Inimigo dirige-se em direção à porta das latrinas, precipitando-se nelas. Aterrorizado e paralisado pelo peso dessa vivência impactante, esse jovem, no dia seguinte, comenta sua visão com pessoas mais experientes, que concluem que seu espírito está excepcionalmente voltado para alcançar uma grande santidade. Entende-se que o Diabo esvaiu-se pelo caminho dos dejetos e, assim, libertou a alma do jovem.

Guibert, impressionado por essa experiência do confrade, conclui, dominado pela instabilidade de humor e de comportamento, ser incapaz de se manter fiel à obsessão de alcançar a pureza exigida pelo caminho monástico. Perseguido pelo Diabo e pela dor das penitências sofridas em vão, Guibert quer retornar à vida secular.

> *Ora, de minha parte, só avanço como um doente ainda que tenha tido um bom início, semelhante ao sujeito ao qual o demônio havia dado testemunho caloroso e pouco a pouco se afastou e retornou aos cuidados seculares. Portanto, é de se presumir que os movimentos espontâneos de nossa boa vontade devem causar a mais cruel ferida no coração do diabo. Como é surpreendente,*

77 Idem, p. 121.

> *quando o diabo é ferido por impulsos súbitos, mesmo medíocres, de qualquer um que se arrepende?*[78]

Guibert e aqueles do seu universo monástico não podem alcançar o surpreendente da reação humana, quando elementos pecaminosos do seu espírito são insuficientemente canalizados ou mal reprimidos, estimulando a ira do Diabo. Não basta o livre-arbítrio, a boa vontade do coração para se controlar a índole diabólica que habita o espírito dos filhos de Deus. A força do Satanás faz arrefecer corações que, apesar da crença no Senhor, não alcançam a tenacidade suficiente e retornam, ainda que parcialmente, para a vida secular.

Há um movimento involuntário em seu espírito, sobre o qual ele não tem controle, pois invade a sua vida, o seu corpo e a sua mente. São impulsos agressivos e amorosos do espírito que emergem durante o sono do crédulo, favorecidos pelo enfraquecimento da consciência e dos mecanismos de censura. Os Inimigos se aproveitam da sonolência e arrastam, pensamento ou sonho, para próximo de imagos da vida mundana, verdadeiras latrinas do espírito nas quais se deposita o mau, desejos e objetos inaceitáveis para a consciência, na luta incessante do ser civilizado. A Igreja acredita saber controlá-los. Os conteúdos latentes das motivações mais profundas emergem nos sonhos, nas sonolências, nos devaneios, nos torpores místicos, nos estados hipnóticos ou de transe. Eles são mobilizados por restos diurnos ou outros afetos que excitam desejos, até então recalcados e que tentam encontrar uma forma de vazão direta, conflitiva ou sublimada. São estados mentais que podem ser altamente investidos e erotizados e que produzem sensações de prazer ou de terror, imagos valorizadas por essa cultura que dá crédito ao sobrenatural.

78 Idem, pp. 121, 123.

Guibert não está só com os demônios que percorrem o imaginário do medievo cristão, impregnado de crenças populares pagãs. Muitos vivem os amálgamas de outras tantas culturas que, de forma sincrética e dinâmica, constroem a(s) mentalidade(s) do pensamento da Europa Ocidental.

Sob o manto da Igreja, maestrina na articulação e na integração do divino, forma-se um terreno propício para as regressões emocionais de Guibert, que, na adolescência, revive elementos da libido infantil oral-canibalísticos e sadomasoquistas, manifestos na avidez de incorporação do conhecimento sagrado e instigador de Satã, invasor de sonhos, visões e pesadelos.[79] Guibert esforça-se, voluntária e involuntariamente, para estruturar e equilibrar seu espírito num universo de leis próprias e impróprias, nessa luta de deuses. O Diabo e seu Criador buscam sobreviver na dialética entre vida e morte, na transcendência do saber cristão.[80]

Há nele um sentimento crítico revelador de extraordinária lucidez quanto à existência de um mundo interior que foge ao seu controle – mundo que possui autonomia relativa de funcionamento das forças do espírito, chamas que subjugam o fiel. Guibert vive-as como elementos cindidos do espírito e que devem ser excluídas de si, jogadas na latrina, projetadas no Diabo – imago equivalente ao seio materno que acolhe os dejetos afetivos do bebê e que futuramente poderão ser contidas, até certo ponto, dentro do eu. Na cultura do medievo, dividida entre o Bem e o Mal, a imago do Diabo é essencial para contê-lo fora do sujeito, longe do eu.

Nesse processo complexo, a agressividade de Guibert volta-se contra ele na forma de autocrítica severa ou por meio de atitudes impensadas, perversas, psicóticas ou somatizadas no sono, na apatia ou na negação maníaca. Evidencia-se, assim, a decepção

---

79 Freud, S. La interpretacion de los sueños, op. cit., vol. I, pp. 343-752.
80 Idem, Mas alla del principio del placer, op. cit., vol. III, pp. 2507-2541.

superegoica e narcísica. Manifesta culpa por não estar correspondendo aos anseios deterministas impostos pelos pais e pela cultura na infância, que são incorporados agora como ideais deterministas de seu espírito.[81]

Ao tentar se segurar e se reassegurar em Deus, ao inspirar-se no espelho das virtudes maternas, Guibert não encontra em seu espírito adolescente virtudes suficientes de força e de retidão espiritual. Ele busca nas Escrituras, por meio da incorporação ávida do conhecimento sagrado, recursos de fé para desvencilhar-se das pressões espirituais que promovem o aparecimento do Diabo. A luta interior para a definição de sua identidade adulta é atroz.

Minha mãe inquieta-se com minha conduta

> *Assim, enquanto pouco a pouco crescia meu jovem corpo, minha alma também era estimulada pela vida secular, corroída em certa medida pelas concupiscências e voracidades. Minha memória me assinalava, sem cessar, quase sempre as mesmas coisas, numa incessante ruminação, para saber que homem, que grande personagem eu poderia tornar-me no mundo e, de outro lado, modelava-me, frequentemente, de tal maneira uma situação que ultrapassava em muito a realidade. Ora, tu, Deus bom que cuida de todos, tu revelavas tudo isso à tua servidora minha mãe e, em que estado, sadio ou perturbado, fora reduzida minha frágil consciência, ela percebia, de imediato, a exata natureza, não sem que tu a tivesses desejado, Senhor.*[82]

---

81 Knobel, M. (1992). The neurotic and the psychotic components in the somatization process, op. cit., pp. 188-202.

82 *De vita sua*, op. cit., p. 123.

Guibert percebe a impossibilidade de excluir de seu espírito, apesar de desejá-las, a excitação e a voracidade satânicas do corpo adolescente. Alguns jovens santos, entretanto, conseguem entrar num estado de espírito de devoção e, embevecidos, alcançam um estado de transe contínuo. Esse estado mental, de tipo hipnótico, é fruto de uma cisão do espírito, que, parcialmente consciente, projeta no objeto de amor idealizado, nas relíquias ou nos santos, os ideais do universo cristão e do encontro com Deus.

Ao tentar romper o contato com a realidade interior e incorporar a figura santificada e glorificada, um ideal adolescente presente no mito do herói, Guibert excede-se. Ele quer ser um cavaleiro--herói-de-Deus, ato narcísico que erotiza o espírito em sua relação com o objeto divino. A marca da violência no autoflagelo, valorizado pela família, pelos clérigos e pela Igreja, são expressões do gozo do amor divino, sublime e sadomasoquista. Perspicaz, tal comportamento fanático e duvidoso angustia a mãe de Guibert, inquietando-se com a pretensa virtude do filho, ela que já vivera algo similar no enfrentamento de seus conflitos.

A pressão social exercida pela massa de conversos, que atinge crianças e adolescentes, conduz Guibert a viver num claustro exclusivo de homens. Que fantasias e jogos sexuais aí existem quando o Diabo vai, de leito em leito, ver o que está acontecendo entre os jovens e entre eles e o bispo? Dificilmente a sublimação, o recalque e a repressão têm eficiência plena, pois as pulsões do espírito são como água à procura de um caminho para sua vazão.

Guibert nada revela sobre a existência de jogos homossexuais, poluções noturnas e masturbações, fenômenos que fazem parte dos experimentos e manifestações do corpo juvenil. Entre adultos, sabemos que a masturbação é considerada pecado mortal, semelhante a um assassinato, mas entre crianças e jovens é atenuado e a penitência é mais branda.[83]

Tudo como meu mestre

Consciente do seu desenvolvimento corporal e psicológico, Guibert não quer ser como qualquer um. Aspira a ser um personagem admirável, capaz de orgulhar-se de si mesmo e ser objeto de orgulho dos demais. Esforça-se para valorizar a autoestima de forma prepotente, como costuma acontecer numa fase do adolescer. Quer corresponder aos anseios familiares, do mestre e da comunidade, mas agora também seus, inspirado na imagem de São Gregório Magno, figura símbolo do cristianismo. Ambivalente em seus propósitos, tomado de forte angústia, procura na sabedoria e no aconchego maternos regidos pela inspiração divina o amparo humano de que necessita. Ele está disponível para ouvir a mãe, tomado por um amor recíproco e terno. Ela está impressionada com o estado de santidade e de fragilidade desse espírito invadido por visões e sonhos inquietantes.

> *Como, indubitavelmente, os sonhos derivam da multiplicidade de preocupações, nela, entretanto, essas preocupações eram provocadas, não pela ebulição da avidez, mas por um verdadeiro ciúmes de meu bem espiritual. Logo que seu piedoso pensamento era atravessado por essa inoportuna imagem, ela que, para resolver tais problemas, era extraordinariamente sensível e perspicaz, logo, digo eu, interpretando como presságio o desgosto que lhe causavam seus sonhos, fazia-me vir*

83 Benton, J. (1974). John F. Benton commentary of "The evolution of the childhood: a Symposium". *History of Childhood Quarterly: The Journal of Psychohistory, 1*, 587.

> *e, em grande segredo, revisava comigo minha aplicação nos estudos, meus atos e minhas ocupações. Ora, era meu costume não lhe recusar jamais uma inteira harmonia de nossas almas: assim, eu me favorecia ao fazer-lhe confissões a respeito de tudo aquilo que escutava me relatarem a partir do testemunho de seus sonhos, de tudo aquilo que parecia aprisionar minha alma; ela me convidava a me corrigir, eu lhe prometia com a sinceridade de meu coração.*[84]

As imagens oníricas, as visões e os pesadelos sempre tiveram destaque na história das civilizações, porém com distintas tipologias, significados e interpretações, dependentes da época e da cultura. No medievo, elas são consideradas inerentes ao indivíduo, mas passam por diferentes fases de compreensão e aceitação ao interessar e gerar incertezas na Igreja, que valoriza a origem da tipologia onírica conforme provém de Deus, dos demônios ou dos seres humanos.

O sonho é tido como suspeito, "pois provoca um curto-circuito na intermediação eclesiástica das relações com Deus". O sonho profético do mundo pagão lida com o futuro, enquanto no mundo cristão o futuro pertence a Deus. Há um dualismo entre a propaganda contra os sonhos, pois estes interferem na liturgia, e o crescente relato de sonhos na literatura hagiográfica. Gregório Magno é um exemplo de sonhos e visões que se concentram na temática da salvação: a morte e o Além. Por meio do sonho, o indivíduo tem uma antevisão do Além e de seus desdobramentos, o Inferno e o Paraíso. Com as transformações religiosas ocorridas a partir da Reforma, iniciada por Gregório VII, o sonho e outras manifestações oniroides (visões, estados hipnóticos, deliroides, devaneios) têm

84 *De vita sua*, op. cit., pp. 123, 125.

maior consideração nessa cultura que, progressivamente, dá maior espaço à individualidade.[85]

Tanto Guibert quanto sua mãe dão grande importância aos sonhos premonitórios e às ilusões oníricas da vida em vigília, cujas interpretações são utilizadas como sinalizações de caminhos a serem seguidos. Além dos sonhos premonitórios, há aqueles de forte conteúdo sexual e outros relacionados à morte. O sonho em seu aspecto latente, no medievo, é o único lugar de plena liberdade, e assim mesmo sofre a ação das deturpações defensivas e culturais, presentes em seu conteúdo manifesto e nas formas de interpretação.

Sensível à percepção dos afetos primários – ambição, voracidade, ciúmes e inveja –, a mãe de Guibert preocupa-se em orientar o filho, identificando, a partir de suas vivências oníricas e interpretações, possíveis significados e significantes nos conflitos dele representados nos sonhos.

Inseguro e submisso, conta para a mãe suas experiências oníricas e o que ouve de irmãos de monastério para realizar o que ele chama de *harmonia de nossas almas*. Nesse estado, ele acredita que ambos, com esforço e pela corretiva, podem alcançar o objetivo determinado. É uma questão de fé e de livre-arbítrio. O que não está claro para eles é que, subjacente às preocupações materno-filiais, existe um vínculo conflitivo, de amor/ódio, componente do complexo edípico e dos vínculos afetivos primitivos, agora atualizados, no processo de elaboração da identidade adulta.

Dentro da cultura do contexto medieval, mãe e pedagogo procuram tranquilizar Guibert, pois tais imagens são uma graça particular de Deus. Se de um lado elas assustam, de outro reconfortam com a indicação imediata de futuros acontecimentos. O conhecimento sobre essa graça divina permite que ele se proteja

---

85 Le Goff, J. Sonhos. In Le Goff & Schmitt, *Dicionário temático*, op. cit., vol. II, pp. 511-529.

da malignidade escondida e desvendada, miraculosamente, por aqueles que o amam.

Eu projeto sair deste monastério

Apesar da dualidade de sentimentos e da hostilidade que sente existir contra si, por inveja e ciúmes do seu desenvolvimento e conhecimento, o adolescente Guibert pensa deixar Fly. Guibert confessa que, mesmo maduro, ainda sofre com a presença dessas imagens que o assustam, mas admite que, por vezes, se alegra com a esperança no porvir.

> *Certos dias, uma sensação de desgosto me penetrava, pois eu era o objeto de muitos ciúmes de parte de meus superiores e iguais; aspirava, então, instalar-me com o apoio de minha linhagem em algum outro monastério. De fato, no nosso, alguns haviam me conhecido ainda bem inferior a eles do ponto de vista da idade, da instrução, da riqueza ou dos conhecimentos; ora, eis que Aquele que é a chave de toda a ciência, tendo um dom gratuito, inoculou em meu ser um ardente desejo de me instruir, eles percebiam agora que eu os igualava, ou mesmo que, se ouso dizer, eu os ultrapassava largamente. Eles se irritavam então contra mim, em sua indignação e maldade, com um tal furor que terminavam em incessantes discussões e contestações. Aconteceu-me mais de uma vez de lamentar por ter me interessado pelas letras e de tê-las aprendido. Verdadeiramente, meu zelo era perturbado por eles de uma tal maneira, e tais altercações eram sublevadas por questões contínuas que tinham como pretexto matérias ensinadas, que meus confrades pareciam concentrar todos os seus esforços*

com um único objetivo: fazer-me renunciar a tudo aquilo e bloquear o exercício de minha inteligência. Mas, da mesma forma como o óleo derramado sobre uma lareira, lá onde temia-se que não a apagaria, fazia propagar a mais viva chama, e, assim, quanto mais minha geniosidade era contrariada nestas dificuldades, mais aguerria-me ao calor da luta, ela tornava-se eficaz como um forno. As questões em meio das quais se disputava para enfraquecer-me conferiam, pelo contrário, à minha inteligência, uma acuidade maior. As dificuldades que continham as objeções geravam em mim, pela ruminação assídua de conjecturas e a manipulação de livros diversos, a compreensão da multiplicidade de sentidos de cada palavra e das respostas que continham. Se por um lado eu constituía para eles um terrível motivo de desprezo, por outro lado, eu não os detestava contudo, não mesmo, tu o sabes, Senhor. Quanto a eles, impotentes que estavam a imprimir sobre mim e à sua vontatade uma marca de infâmia, eles tornavam-se mais queridos em me dilacerar com belos dentes, ao acusarem-me de me orgulhar de uma insignificante ciência.

Em meio a tais vexames que eu tinha tanta dificuldade para suportar bem que, no final, esses convertidos foram para mim geradores de benefícios, minha alma esgotada enfraquecia, infinitamente torturada por seus próprios pensamentos; mas os terrores de meu coração e o estado de fraqueza no qual frequentemente minha razão se encontrava reduzida, impediam-me de refletir sobre os frutos da experiência. Eu tinha me resolvido, prazerosamente, a procurar aquilo que sugeria a debilidade de meu corpo. Tomei, assim, a decisão de

> *deixar Fly, menos na esperança de uma autorização compreensiva de meu abade do que estimulado pelo apoio de minha família; quanto a minha mãe, ela dava também ao projeto seu consentimento, acreditando que eu o desejava numa santa intenção, pois o local que me excitava entrar passava por muito piedoso.*[86]

Os confrades de Guibert hostilizam-no. Apesar de certa depressão, ele se empenha nos estudos da Ciência Sagrada e anima-se com a supremacia de conhecimentos que sente em relação aos colegas, mesmo os mais experientes. Tal superioridade desperta ciúme e rivalidade entre seus pares, enquanto Guibert preserva seus pontos de vista. Empenha-se para ser o personagem grandioso que ambiciona. Apesar de humilhado, sua tenacidade se aguça na batalha para vencer provocações e desafios. Uma energia interior impulsiona-o, e até demais, na medida em que se envolve de modo obsessivo com a situação, levando-o a sentir-se consumido pelas exigências pessoais de superação.

As orientações maternas e as do pedagogo sobre sonhos e visões não afastam as pressões da concupiscência e da voracidade mal integradas ao eu. Vive-as como corpos estranhos que invadem o espírito e que mobilizam uma energia compensatória e atenuante de sentimentos de inferioridade e de culpa carregados desde a infância. Revoltado, sente as provocações dos colegas como um estímulo semelhante ao óleo derramado sobre o fogo, que, ao invés de apagá-lo, faz com que se propague e se transforme na energia do "eu vou conseguir custe o que custar". Aprofunda-se nos estudos, não só por amor ao conhecimento, mas também por uma questão narcísica de autoafirmação, condições que fortalecem a capacidade de elaboração e de análise crítica, elevando a sua autoestima.

---

86 *De vita sua*, op. cit., pp. 125, 127, 129.

Entretanto, consumido pelos conflitos internos, busca mudanças. Porém, de que mudanças ele nos fala? Deixar Fly é apenas uma mudança geográfica ou reflete, também, o desejo de mudança interior, manifestação obsessiva do encontro da luz interior e da autoridade de seu eu?

Sofrido, porém com maior percepção de si, recorda as limitações que a angústia traz para o livre uso da reflexão, do aprendizado e das possibilidades de transformação. Apesar do sentimento de fragilidade, há energia e coragem suficientes para defender ideias apoiadas na Ciência Sagrada. A procura de um espaço adequado, motivado pelos sentimentos e ideias nos quais acredita, fala a favor de mudanças internas, reflexos de maior maturidade e autenticidade de posições pessoais.

A ambição faz com que ele se coloque numa posição distinta da dos demais, pressionado por questões racionais e outras inconscientes, provenientes de sua história de vida e crenças. Apesar do sentimento de fragilidade, há motivação e tenacidade intelectual, por meio das quais tenta integrar partes contraditórias de si.

Quer se afastar das turbulências externa e interior, mas as condições temporais são ingratas, plenas de ambivalência e contradições diante dos conflitos entre as leis dos seres humanos e as de Deus. Deixar Fly é uma decisão audaciosa, que requer energia para enfrentar a família, o *establishment* e o isolamento em meio a companheiros desconhecidos. É um ato de autoafirmação e de fuga, em meio a tantas angústias. Sua energia é creditada a Deus, interpretação possível para a sua cultura, que compreende que a origem de tudo que é bom vem de cima, dos Altos, do Céu, de Deus. As forças antagônicas vêm de Baixo, do Inferno, originárias do Diabo e seus demônios.

Guibert deseja incorporar a essência do pensamento cristão. Ele quer ser um justo ou talvez um santo, pois os bons viverão eternamente as delícias do Paraíso e os maus e infiéis serão condenados a viver permanentemente no Inferno.[87] A ambivalência está vinculada a fatores que preservam e destroem a vida e a natureza, determinadas por um julgamento estritamente moral de comportamentos estabelecidos pela Igreja e em nome de Deus.

O ser humano, feito à imagem de Deus, necessita excluir do seu espírito aspectos que maculam o Bem. Parece não estar claro para Guibert que

> *uma das mais precoces e importantes funções do aparelho psíquico é a de "ligar" os impulsos instintivos emergentes, substituir o processo primário pelo secundário que os rege e transformar sua carga psíquica móvel em carga de repouso. Durante esta transformação não podemos deixar de considerar o desenvolvimento do desprazer, mas o princípio do prazer não é por ele derrotado . . . É bastante estranho que os instintos de vida sejam os que, com maior intensidade, são registrados pela nossa percepção interna, dados que aparecem como perturbadores e trazem incessantemente consigo tensões, cuja descarga é sentida como prazer, enquanto que o instinto de morte parece efetuar, silenciosamente, o seu trabalho.*[88]

Novos objetos de investimento afetivo passam a compor o espírito de Guibert em sua ânsia de incorporação de valores morais, sociais e religiosos. A Sagrada Escritura é o seio que alimenta Guibert. É a fonte essencial do seu saber na configuração de uma nova identidade. Ele acredita que as nuvens que o cegam e que encobrem

---

87 Le Goff. Além. In Le Goff & Schmitt, *Dicionário temático*, op. cit., vol. I, pp. 21-34.

88 Freud, S. Mas alla del principio del placer, op. cit., vol. III, pp. 2540-2541.

a percepção dos seus sentimentos e ideais estão se dissipando. A vivência espiritual que vem conquistando se revela transformadora na estruturação do eixo em torno do qual ele quer se organizar.

Entretanto, apesar do empenho, a vida cotidiana prossegue oscilando entre polos de excitação e depressão. Num dado momento, Guibert é tomado por um desejo obsessivo pelo saber religioso; noutro, anterior, por uma aversão à religião; são reflexos de um possível estado de cisão do eu. Porém, agora busca a integração de seu espírito em torno do saber eclesiástico, apesar das determinantes inconscientes, ameaçadoras e reveladoras das dificuldades existentes para articular distintas partes de si.[89]

Guibert está ascendendo à vida adulta não somente pelo passar dos anos, mas pela maneira como investe os objetos de amor, com avidez e paixão, no estudo da obra divina, da gramática e das Escrituras. Dominado pelo desejo de se tornar monge, vértice de sua identidade que vai se definindo e em relação à qual se sente mais confiante e seguro de si. Ele tem percepção de seus recursos intelectuais e sente-se disponível afetivamente para tentar alcançar seus intentos. Enfrenta desafios e dribla obstáculos que se lhe apresentam, mas não deixa de sentir as pressões da vida secular, da fragilidade e das questões da carne que tanto o perturbam. As mudanças de Guibert são muito mais profundas do que apenas sair de Fly, pois abarcam o conjunto de sua personalidade na transição para a vida adulta. Ele tem maior consciência das pressões instintivas, das dificuldades para lidar com elas, dos sentimentos depressivos, do esforço para preservar a autoestima, da solidão e da intensa angústia. Deixar Fly é enfrentar o novo e assumir o que acredita ser melhor para si.

89 Klein, M. (1985). Notas sobre alguns mecanismos esquizoides, Sobre a teoria da ansiedade e da culpa, Inveja e gratidão. In *Obras Completas de Melanie Klein*, vol. III (pp. 17-43, 44-63, 205-267). Imago.

Uma visão previne minha mãe

Nessa ocasião, a mãe de Guibert tem uma visão esclarecedora e de advertência. Ela vê a igreja do seu abade, Saint Germer de Fly, abandonada, em ruínas, e os monges vestidos fora das normas. O olhar dela se fixa lá onde estão guardadas as relíquias, os tesouros e o amor a Deus. Ao voltar seu olhar para Guibert, vê como ele está mal trajado e imerso em tristeza, enquanto observa o estado deteriorado da igreja. De súbito, ela se depara com uma mulher de beleza e bondade sem precedentes, que caminha do meio da igreja em direção ao altar, seguida de uma jovem de aspecto adequado. A curiosidade conduz a mãe de Guibert a querer saber quem é aquela mulher que ela acredita ser a santa mãe de Deus. Descobre que é a Senhora de Chartres, padroeira da igreja onde estão todas as relíquias veneradas por quase todo o mundo latino, acompanhada de outra mulher, que se ajoelha diante do altar para rezar. A nobre senhora, indignada pelo estado de ruínas da igreja que ela havia fundado, estende a mão para Guibert e diz:

> *"Esta igreja fui eu quem a fundou; quanto poderei sofrer por ela estar arruinada?". Logo, dirigindo seu olhar nobre e sua mão piedosa em minha direção, ela declarou (ela, porta estandarte de toda piedade): "Quanto a este aqui, fui eu quem o trouxe para cá e o fez monge, e daqui não permitirei, a nenhum preço, que ele se afaste." As mesmas palavras que eu relato, sua seguidora repetia de forma idêntica após ela. . . . O sentido de uma visão tão desejável põe um termo ao caminhar de minhas ideias de vagabundagem, a ponto de jamais ser dominado pelo desejo de mudar para algum monastério.*[90]

---

90 *De vita sua*, op. cit., pp. 129, 131.

A visão reveladora impacta Guibert, que, dominado pela emoção, repete essas palavras imediatamente após a dama tê-las dito e, de forma mágica, a igreja é restaurada, tudo voltando ao normal, inclusive ele. Sua mãe comove-se e chora.

A interpretação dada por ele a essa visão de sua mãe, tão desejável, põe um ponto final no fluxo de ideias ameaçadoras de vagar pelo mundo, de abandonar Fly. Fortalece a hipótese de que a ideia de mudança era acerca de algo interior. O movimento revolucionário, transgressor e de autoafirmação é surpreendido pela visão materna que espelha o próprio desejo. Mas não se trata de um desejo qualquer. Trata-se de um desejo divino. Guibert, identificado com o desejo materno projetado na visão da santa mãe de Deus, tenta juntar-se a eles nessa união poderosa do casal celestial, Deus e a Virgem, caminho da utopia no qual ele realiza o sonho infantil de retorno às origens. Permanecer em Fly é concretizar a essência do destino dado à sua vida desde que chegou ao mundo. É a realização do compromisso assumido junto a Deus, no altar da Virgem. Uma conciliação entre necessidade e vontade.

Apelo a Nossa Senhora

No espírito de Guibert resta uma alternativa: encontrar dentro do eu o caminho eclesiástico proveniente da luz interior e projetado no sonho materno, iluminado pela fé e pela graça divina. Assim mesmo, ele tem de enfrentar múltiplas resistências externas e internas, pois os conflitos não cessam de agitar a alma e a razão, as forças dos instintos e aquelas do determinismo social e religioso, presentes consciente e inconscientemente no direcionamento da vida monástica. Suas lembranças evocam, de forma obsessiva, um passado de conflitos e pecados, que antecederam até mesmo sua gestação e seu nascimento, e que o acompanham ao longo da vida:

> *Não deixo de me lembrar, Senhora dos Céus, como, enquanto criança, eu aspirava vestir o hábito religioso; sonhei uma noite que me encontrava numa igreja dedicada ao teu nome; em seguida, parecia-me que eu estava dominado por dois demônios. Mas, depois de eles terem me transportado até o cume da basílica, fugiram e me deixaram indene no interior do edifício. Frequentemente remeto-me a essa memória quando considero minha incorrigibilidade. Por longo tempo, cometo incessantemente os mesmos pecados, que posso dizer? Por longo tempo que às faltas mais graves eu acrescento outras ainda mais graves. É a ti, santíssima, que recorro, unicamente para evitar o perigo da desesperança, sem me deixar iludir demasiado ou com muito pouca confiança. De fato, minhas quedas eram sempre causadas pelo envolvimento de minha frágil natureza, não pela soberba obstinada; não perco, de maneira alguma, a esperança de me corrigir. O justo tomba sete vezes e se levanta: o número sete significa habitualmente um grande número... Se alguém tomba em decorrência do peso da carne, revive a dor de uma penitência sincera, não se perde, de nenhuma forma, o direito ao qualificativo de justo.*[91]

Essa visão moral de tolerância e de retidão, frente às manifestações da carne no espírito, expressa a perversão do prazer e da dor no prazer da penitência reparadora. É uma luta entre aspectos do eu, do bem e do mal, num interjogo de forças profundas da natureza sadomasoquista e reparadora do eu cristão de Guibert, para

91 Idem, op. cit., pp. 131, 133.

se libertar das dependências infantis, presentes não apenas como recordação, mas como um passado vivo.

Nesse estado de espírito, há uma forte depressão e um elevado grau de ansiedade, sinal de alerta de quem já viveu o pavor desse sofrimento, que culmina na esperança, no levantar-se da queda, na confiança em superar a baixa da autoestima e sair do sentimento de profundo vazio. Ele intui a presença da soberba, da arrogância como fator contribuinte para a queda, para a construção do abismo da depressão e da autodegradação. Mas, quando dela se liberta, surge a esperança em superar a incorrigibilidade, percepção que tem de um traço característico do seu espírito. Entretanto, tolerância e penitência são virtudes para a superação do pecado. Redimir-se para tornar-se um justo, com o perdão.

O caminho definido para o cristão é árduo para sentir-se reconhecido como filho de Deus, possíveis reflexos de anseios narcísicos do espírito monoteísta. Nesse espaço espiritual, Guibert tenta encontrar uma fresta para a existência de sua espontaneidade.

Ouso imitar Ovídio

Instável no humor e na escolha de caminhos, Guibert, graças aos traços obsessivos, mergulha agora no estudo dos poetas e perde a noção de limite ao colocar de lado os estudos da Ciência Sagrada, mas não o desejo de seguir a vida monástica. Inspira-se nos poetas, em Ovídio e noutros bucólicos, por meio dos quais projeta sua interioridade adolescente mais autêntica e sincera. Dominado pela natureza dos hormônios e dos demônios, manifesta em seu comportamento o produto das pulsões. A criatividade poética é a alternativa transformadora e a tentativa sublimatória de conciliação das paixões no intento de tranquilizar o espírito:

> *Meu espírito esquecia o rigor no qual era mantido e eu rejeitava o pudor da condição monástica. Deixava-me seduzir pelos atrativos dessa licenciosidade, prendia-me a um único objetivo: que se podia atribuir a qualquer poeta isto que eu tentava expressar em termos corteses, isto sem realizar nenhuma iniciativa que lesasse meus propósitos de ascender às ordens sagradas. Na verdade, estava dominado por dois pontos de vista: de um lado, estava tomado pela rede das lascívias, não somente pelas doces palavras que havia encontrado nos poetas, mas também por aquelas que eu difundia em abundância; de outro, pela força da repetição dessas expressões e de elementos análogos, era por vezes conduzido pelo meu corpo a transtornos imoderados. Por longo tempo, meu espírito instável, revoltado a qualquer contrariedade, ruminava essas coisas, nenhuma palavra podia sair dos meus lábios que não aquelas que tais pensamentos sugeriam.*[92]

A transparência do espírito adolescente, mobilizada pela sexualidade e pelo amor florescente, extravasa na ingenuidade sincera de Guibert. Por mais que a cultura tente modelar as pulsões, os instintos afloram na efervescência da sexualidade juvenil por onde a criatividade da mente encontrar espaço para se expressar. Na poesia, encontra uma forma parcial de sublimação da libido. Mas, mesmo assim, sente-se pecador, pois muitos religiosos entendem que pensamento e ação confundem-se, que o corpo e a mente são unos e o que vem de Deus é puro. Se o amor cortês é a possibilidade para expressar seus anseios mais obscuros e preservar os propósitos de ascensão às ordens sacras, na esperança de nada ter feito de

92 *De vita sua*, op. cit., p. 135.

concreto que ameaçasse o caminho monástico, o pensamento da unicidade corpo/mente na obra de Deus torna o amor cortês uma nova ameaça.

Atividade verdadeiramente vergonhosa

> *Aconteceu que, nesta efervescência e nesta raiva interior contribuíam, eu me deixava dominar no uso de um vocabulário um tanto obsceno; eu compunha pequenos poemas que eram tudo que há de menos ponderado e comedido, que antes ignoravam, devo dizer, a decência mais elementar. Assim que meu mestre viu isso, ele sentiu-se muito mal; logo em seguida, na exasperação que havia lhe provocado seu desgosto, ele adormeceu.*[93]

As impurezas presentes na licenciosidade poética, para filósofos de certas escolas eclesiásticas, maculam o espírito do ser humano feito à imagem de Deus e devem ser excluídos do espírito, para que se alcance o ideal cristão. Para outros, há espaço no ser humano interior para a sublimação do desejo colocado em prosa e verso, ampliando a especificidade da subjetividade individual, pois a expressão artística é expressão da obra divina e está distante do ato em si, longe do pecado, visão ainda incipiente nesse momento.

Guibert contém em seu espírito os fundamentos da teologia cristã sofista e platônica e suporta mal a presença de pensamentos que não consegue controlar, suprimir ou sublimar na consciência. A punição divina parece ser a expressão de sentimentos de culpa manifestos nas somatizações que atingem seu corpo – culpa que provém não somente pelo conteúdo das ideias, mas pelo ato transgressivo que reveste a atitude de mostrar os poemas para irmãos de

---

93 Idem, op. cit., p. 137.

religião e omitir o nome do autor, uma forma de preservar as aparências, quando omitir e mentir confunde-se no julgamento moral.

As pressões da adolescência são intensas e ele não encontra forças para reprimir as manifestações instintivas e inconscientes de sua natureza, tanto no corpo quanto no espírito. Comportamentos e pensamentos obsessivos adquirem verdadeiro caráter de equivalentes masturbatórios. A eficiência do amor cortês é restrita e insuficiente para atenuar a impulsividade presente no comportamento. Contam-se histórias sobre monjas gradeiras ou turbas de rapazes que praticam rapto de mulheres ou de outros que, durante o *charivari*, em meio a algazarras, manifestam repúdio à viúva jovem que se casa em segundas núpcias com um nobre senhor feudal. São ações que revelam a força de pulsões insatisfeitas ou parcialmente realizadas nos hábitos culturais.

As lembranças da adolescência de Guibert retratam situações *verdadeiramente odiosas*, cuja conduta molesta profundamente seu mestre. Este, cheio de desgosto, adormece para se livrar das angústias e fugir das perturbações do espírito de ambos. O fato sugere que os conteúdos poéticos expressam a intimidade de Guibert e também os conflitos carnais do mestre. Ambos vivem angústias expressas nos sintomas, um na apatia e o outro no adormecimento, provenientes do pecado. Dominado pela força das pulsões, Guibert ancora-se na poesia e na erudição, sustentáculos que lhe servem de eixos internos, auxiliares da nova organização afetiva em construção. Essas tendências são reveladoras de maiores maturidade e integração da personalidade, visto que permite a Guibert uma certa manifestação expressa de forças antagônicas e coexistentes aos ideais monásticos. Não é mais o processo primário que o domina, como o foi quando estava em franca crise, no convívio com seus primos laicos e no exercício da vida cavaleiresca. Ele tenta, e com algum sucesso consegue, organizar-se com maior percepção do ser humano interior, em cuja realidade alberga vértices eclesiásticos e mundanos.

Ele descobre na escrita uma via de expressão de desejos e afetos, uma possibilidade de realizar parcialmente suas fantasias, ao simbolizar e elaborar angústias por meio do processo artístico. O valor da escrita está no

> *esforço de um autor para exorcizar-se dos fantasmas íntimos que o atormentavam ao longo da vida e que só o processo de exteriorização possibilitado pela escrita iria permitir. Este esforço de ascese, inerente a essa exteriorização, implica, porém, uma ampliação vertiginosa da consciência crítica sobre as contradições, incoerências e injustiças que o mundo imediato, o seu entorno, submete aos que aleatoriamente o povoam em determinado tempo e lugar.*[94]

O conteúdo de tais poemas tem um caráter erótico e, em consequência, transgressor. Guibert vive a realidade de seu íntimo como vergonhosa para aquele que deve seguir a vida monástica e ser fiel servidor de Deus. Trata-se de um condição distinta em relação à dos adolescentes em formação nas artes marciais ou aprendizes de artesanias, pois entre estes a tolerância é maior e o amor cortês é socialmente aceitável.

A turbulência da vida sexual dessa fase do desenvolvimento evolutivo é reincidente em vários momentos da narrativa, inclusive ao imaginar possíveis desejos insatisfeitos de sua mãe quando jovem e virgem, depois viúva e ainda atraente. É mais fácil perceber

94 Graña, R. (2003). O eterno retorno a Graciliano Ramos – os cinquenta anos da morte de um herói da escrita. *Notícias da Associação Brasileira de Psicanálise, 7*(21), 15.

no outro aquilo que não queremos ou não nos permitimos perceber em nós mesmos. Entretanto, só percebemos no outro aquilo que temos dentro de nós, apesar de nem sempre termos a consciência dessa presença.

Curiosamente, os poemas escritos por Guibert desapareceram, talvez tenham sido destruídos. Quando, por quem e por quê? O futuro monge e o mestre desejariam apagar as provas de lembranças pecaminosas inesquecíveis? Ou quem sabe outros, superiores ou copistas, religiosos ciosos e desejosos de preservar a pureza do pensamento cristão, teriam preferido apagar as provas da realidade interior ambivalente do ser humano, em sua natureza divina e diabólica? Nos poemas e no amor cortês projetam-se anseios e temores, como nas versificações estudantis que descrevem as belezas de diversas partes do corpo, no embalo excitante e prazeroso, porém condenável para uns, pela moral da época.[95]

Podemos dizer que tanto os poemas como as demais manifestações artísticas, por exemplo a autobiografia, têm função catártica e transformadora no processo de elaboração das pulsões e na busca de alternativas gratificantes, mais distantes da concretude do ato em si. Para a mentalidade de Guibert, imaginar e fazer são quase equivalentes perante o ideal de pureza exigido do espírito. Visto pelo vértice da maturidade espiritual, a atitude de Guibert em relação à escrita e aos prazeres do estudo da literatura, ainda que contenham algo de pecaminoso, é mais suportável para seu espírito do que as ações descontroladas que o assolavam tempos atrás. É mais eficaz do que a fuga no sono ou na letargia, se pensada do ponto de vista do equilíbrio do espírito.

Dentro desse clima, uma visão surpreendente atinge o mestre de Guibert, que assim a descreve:

---

95 Labande. *Autobiographie,* p. 135; Benton, J. (1970/1971). The personality of Guibert de Nogent. *Psychoanalytical Review*, LVII, 563-586.

> *Um idoso com magnífica cabeleira branca, que, creio, pode-se dizer, era o mesmo homem que, de início, havia-me conduzido na direção dele [de meu mestre], predizendo-lhe o amor que ele teria por mim - um idoso que lhe apareceu, que lhe dirigiu estas severas palavras: "eu quero", diz ele, "que tu me prestes contas a respeito desses poemas que foram compostos: a mão que os escreveu, não é aquela daquele que as traçou". Meu mestre relatou-me o fato e nós tivemos, tanto um quanto o outro, a mesma explicação sobre o conteúdo deste sonho.*[96]

O conteúdo paternal e protetor da imagem traz a mensagem de elementos fantasiosos de incorporação da imagem de São Gregório Magno, por parte do mestre e do discípulo Guibert, de um objeto amoroso homossexual, sublimado e transformado em modelo identificatório.

Os amores expressos nos poemas de Guibert e na visão do mestre estão longe de serem ingênuos e dessexualizados. Aluno e mestre estão unidos na cumplicidade do contratualismo e dos pecados diante de desejos e, talvez, de ações inomináveis. Há um ar de dissimulação, engodo, manipulação e coerção no pensamento do preceptor, que, por meio de sofismas, tenta justificar Guibert, poupando-lhe de qualquer responsabilidade e culpa, pois o mestre crê que "*a mão que os escreveu não é aquela daquele que as traçou*".[97]

Que forças estranhas ao autor teriam escrito tais poemas? Espíritos vindos do Além, almas penadas, insatisfeitas? Ou algo que está no corpo, mas não integrado ao espírito? Forças demoníacas, expressão de pulsões eróticas homo e heterossexuais, masturbatórias

96 *De vita sua*, op. cit., p. 137.

97 Idem, op. cit., p. 137.

ou outras que violentam a mente de Guibert e do mestre. A violência da verdade é uma luz insuportável, muitas vezes, para o espírito humano. Fantasias sexuais são sentidas como hostis à autoimagem do sujeito, como um corpo estranho que o invade e que não pode ser eliminado. Mas o amor a Deus não pode também ser erotizado pela devoção cega e única?

Há pessoas que desenvolvem uma capacidade de antecipação de tais manifestações, circunscrevendo-as em núcleos que, apesar de ameaçadores, poderosos e indiferenciados, ficam restritos a partes da personalidade pelos mecanismos defensivos do ego. Outras desenvolvem uma capacidade para "dialogar" com essas partes deliroides ou alucinatórias do espírito. Um terceiro grupo de pessoas passa ao ato, ao realizar o desejo por meio de uma ação motora impulsiva e descontextualizada, como ocorre em certos quadros de paranoicos. A parte não psicótica encarrega-se do trabalho de preservação da personalidade, ao passo que a parte psicótica é dominada pelo ódio e pela voracidade – avidez –, que provocam intensas identificações projetivas, com fenômenos de dissociação mental. Nesses casos, podem ocorrer visões e ideogramas, mais do que palavras.[98]

98 Nas relações psicanalíticas são diagnosticadas vivências hostis à autoimagem do sujeito, como elemento estranho invasivo ao eu e que não pode ser eliminado. Observa-se esse fenômeno em relação a núcleos psicóticos, perversos ou psicopáticos que invadem a personalidade e ameaçam a integridade do self. Há pacientes que desenvolvem capacidade de antecipação de tais manifestações ou que "envelopam" tais núcleos afetivos ameaçadores, poderosos e indiferenciados, por intermédio de mecanismos defensivos do ego. Outros desenvolvem uma capacidade de "dialogar" com essas partes, que podem ter um caráter deliroide ou alucinatório. Um terceiro grupo passa ao ato e realiza o desejo por meio de uma ação motora descontextualizada, como ocorre em personalidades paranoides. A parte não psicótica da personalidade se encarrega do trabalho de preservação, ao passo que a parte psicótica é dominada pelo ódio e pela voracidade (avidez), que provocam intensas identificações projetivas, fenômeno de dissociação mental, predominando nessas condições mentais as visões e

Guibert conscientiza-se da necessidade de confiar numa santa modificação, num milagre ou algo parecido, diante das leviandades do espírito, mas depende da paternal compreensão divina. Com maior convicção, posiciona-se agora e revela a irreverência do seu comportamento, avalizada pelo mestre:

> *De fato, nós fomos alegres e sofredores quanto à esperança que existe em ti, Senhor, pois de um lado vimos tua reprovação se exprimir numa correção também paternal, e de outro pensamos, a partir do sentido dessa visão, que se poderia esperar com confiança uma santa modificação de minhas leviandades. Pois, dizia-nos, a mão que havia escrito esses textos não era aquela do escriba, isto provava que ela não perseveraria nessa odiosa atividade.*[99]

Temos a impressão de que o mestre procura minimizar a atitude de Guibert e buscar em outrem um culpado por essas ações indevidas. Seu discípulo é transformado de agente em vítima, uma forma de lavar as mãos e se eximir da responsabilidade pelo ato pecaminoso. Guibert, mais sincero e maduro que seu mestre, reconhece a perspectiva de esperança a partir da reparação do dano cometido. Com a tolerância de Deus e a percepção do conteúdo inadequado e destrutivo do espírito, o pecador pode recriar o caminho de Deus. Faz uma análise crítica e de conteúdo moral apoiado no livro dos *Provérbios*, XII, 7:

> *Esta mão, de fato, havia sido a minha, mas não é mais; assim está escrito: "Retornem os ímpios e eis que eles*

---

ideogramas, mais do que palavras. Bion, Differentiation of the psychotic from non-psychotic personalities, op. cit., pp. 266-275.

99 *De vita sua*, op. cit., p. 137.

> *não mais o serão." Pois a mão que era minha para um uso vicioso, logo que ela se dedicou à procura da virtude, perdeu toda a eficácia desta indigna propriedade.*[100]

Simbolicamente, podemos imaginar que a mão que segura a pena da escrita é a mesma que segura o pênis. O processo masturbatório mental ou físico é angustiante, pecaminoso e ameaçador. O uso vicioso dessa mão delata o crime e coloca Guibert num conflito entre a religiosidade cristã incorporada em seu superego, o ideal de ego e o ego, que tenta lidar e integrar, transformar ou excluir componentes dessas instâncias, e a vida pulsional, o id. Há a necessidade de um supremo esforço interior, uma santa mudança, para alcançar a virtude e a pureza do espírito. A profunda reflexão de Guibert revela um aprendizado a partir da experiência da dor moral, ao admitir a Deus e em respeito à visão do mestre, no fundo a si mesmo, que sua vida deve se tornar mais circunspecta.

Em outras palavras, Guibert precisa se endireitar se quiser viver dentro dos princípios que carrega dentro de si e em conformidade com as expectativas das autoridades do seu meio monástico.

> *Certamente, a irreverência que morava em mim não me encorajava a colocar nenhum freio às inutilidades dos escritores medíocres. Eu elaborava secretamente os poemas em questão; claro, eu não tinha coragem de apresentá-los a ninguém; era com sofrimento que os mostrava aos meus semelhantes, na maioria das vezes omitindo o nome do autor. Recitava-os àqueles que eu pensava poder sensibilizarr e me regozijava a cada vez que esses trabalhos podiam ser aproveitados por meus irmãos de religião. Pareceu-me pouco oportuno declarar*

100 Idem, p. 137.

> *que eram obras minhas, isto não dava nenhum fruto de honrarias para o autor, permitindo-lhe somente gozar o fruto ou talvez a vergonha do pecado. Mas tu, Pai, tu puniste essa conduta no dia em que tu te resolveste; quando surgiram desgostos a propósito de tal obra, tu enclausuraste minha alma divagante na adversidade, e tu me sucumbiste com sofrimentos corporais. A espada penetrou no fundo de minha alma e minha inteligência foi profundamente ferida.*[101]

Guibert dá-se conta de que os prazeres provenientes das fantasias projetadas em seus versos vêm acompanhados de intenso sofrimento do espírito, contrariado pelo pecado cometido, pela dor emergente da culpa que decorre da transgressão aos ideais internos e às expectativas que sobre ele recaem. Suas angústias manifestam-se pelo sofrimento moral e por distúrbios somáticos, que funcionam como sinalizadores da necessidade de assumir mudanças e definir caminhos. As pressões internas que o submetem, como expressão do castigo divino, são a presença da luz interior que o ilumina na busca de mudanças, esperanças tranquilizadoras para sua alma em perdição. Ele precisa libertar-se dos prazeres da licenciosidade poética, sublimação parcial e masturbatória que se transforma no estímulo excitante e no gozo projetados. Em busca da virtude, Guibert apega-se desesperadamente à fé, na esperança de que ela o livre das forças que o ameaçam, pulsões diabólicas que não se afastam tão simplesmente do espírito. A resolução do conflito entre sexualidade e moralidade coincide com outro, de maior amplitude na luta do ser humano interior, a definição de sua identidade, na medida em que se aproxima da entrada na vida adulta.

---

101 *De vita sua*, op. cit., pp. 137, 139.

Verão (resolução da adolescência)

Eu me disponho a comentar as Escrituras

Algo de profundo ocorre nesse momento da vida de Guibert, de modo a alterar a dinâmica interior do seu espírito; assim, após atravessar períodos depressivos e de turbulências físicas e espirituais, assume importantes decisões na vida.

> *Como eu suportava mal a ociosidade, acontecia quase inevitavelmente que, rejeitando as imaginações, retornando à procura do espiritual, empenhava-me em exercícios mais apropriados à minha condição. Comecei, então, tendo apreendido com atraso, a depois respirar este saber que, frequentemente, havia-me sido inculcado por muitos mestres excelentes: tratava-se de me interessar pelos comentários da Escritura, de mergulhar profundamente nos escritos de são Gregório, nos quais, antes de qualquer outro, pode-se encontrar as chaves desta arte, a fim de acercar-me, conforme as regras dos autores antigos, as expressões próprias dos profetas ou*

dos Evangelhos, segundo o sentido alegórico, moral e anagógico.

Para esse trabalho, recebi um estímulo remarcável da parte do abade Anselmo de Bec, depois arcebispo de Canterbury, nativo da região transalpina, conhecida região de Aosta, homem cujo exemplo foi incomparável e a vida muito santa. Ainda como simples padre de tal monastério, ele aceitou conhecer-me; ainda que estivesse na infância, tanto por idade quanto por inteligência, ele se empenhou a me ensinar, com muita atenção, como devia conduzir o homem interior, como devia exercer o governo de meu jovem corpo, reportando-me aos direitos da razão. Antes de tornar-se abade e depois, ao sê-lo, ele possuía, devido a seu espírito monástico e conhecimento, entradas familiares no monastério de Fly, onde eu vivia. Devo dizer que ele pegou para si o cuidado de me fazer beneficiar de sua erudição, e ele se empenhou mesmo, com tanta insistência, que se poderia acreditar que eu era o único motivo de sua vinda e de sua permanência entre nós.

Ele me ensinou a exercer meu espírito segundo o método tripartite ou quadripartite, para desenvolver as operações do mistério do homem interior no seu conjunto, do ponto de vista do desejo, da vontade, da razão e da inteligência. Isto que era estimado pela maioria como por mim mesmo, ser um, ele demonstrava em meio a diversas análises, que os dois primeiros elementos não são idênticos, enquanto que a intervenção do terceiro e do quarto são, de fato, uma única e mesma coisa, tal como a reflexão o coloca em evidência.[1]

1 *De vita sua*, op. cit., pp. 139, 141.

Ao imaginar que Anselmo frequentava o monastério de Fly por sua causa, Guibert não esconde a presença do egocentrismo narcísico e onipotente, comum no comportamento dos adolescentes. O processo elaborativo de autoafirmação abrange vários setores da unidade do espírito e do desenvolvimento de suas várias potencialidades.

Nesse ponto, Guibert dá mostras de estar saindo da adolescência e se encaminhando definitiva e consistentemente na edificação de sua identidade adulta, voltada para a vida monástica. Ao direcionar-se para o estudo da Ciência Sagrada, identifica-se com o ideal materno na figura de São Gregório Magno, um modelo de inspiração, e do determinismo do contratualismo, firmado no altar da Virgem. Dispõe-se a seguir a vida conforme as regras dos autores antigos, dos profetas e dos Evangelhos, segundo o senso alegórico, moral e anagógico, condições que considera "as chaves desta arte". No pensamento religioso de seus mestres e em seu próprio, predomina a dialética sofística platônica, segundo a qual a Gramática e a Literatura foram

> *elaboradas para servir aos silogismos e elas não se relacionam com a ordem da essência e da realidade, mas tão somente com a ordem da discussão. Nada pode existir nos dogmas da fé que contradiga a razão ou as regras da dialética, concluindo que as leis da Lógica não podem ser aplicadas às coisas sobrenaturais, nem muito menos aos mistérios de Deus.*[2]

2 Rocha. *Paixão, violência e solidão*, op. cit., p. 159.

Seguindo as lições do abade Anselmo

É dentro desse contexto de ideias que Guibert rejeita as fantasias infantis e investe nos exercícios espirituais orientado pelo mestre Anselmo, na busca de definições escolásticas e condutas adequadas à visão de mundo que está se configurando em seu espírito. Ele não consegue e não pode, internamente, direcionar a vida, a não ser segundo o caminho para o qual estava predestinado, mas, agora, sente como um desejo seu. Tal decisão é resultante de inúmeras tentativas, em vão, de seguir outro caminho que não o monástico.

Esse conjunto de atitudes é revelador de um novo estágio do desenvolvimento intelectual e afetivo de Guibert. São produtos da elaboração dos conflitos edípicos da adolescência na busca de maior autonomia, dentro do espaço disponível e da arquitetura espiritual possível em seu homem interior. Com o ego mais fortalecido, controla e integra melhor as pressões instintivas, moduladas pela cultura e graças ao aprofundamento contínuo e consolidado do estudo das Escrituras. Inspirado, seguindo as instruções e tendo o apoio de Anselmo, investe e incorpora nutrientes que alimentam sua imagem e identidade dentro do pensamento monástico.

Essa atitude é demarcatória do início do fim da adolescência, uma vez que tal decisão provém de uma realidade interior vivida, sofrida e elaborada. São transformações realizadas a partir do seu espírito, pertencentes ao mundo do bem, com recursos egoicos mais autênticos e agora assumidos por ele como provenientes do interior do seu eu.

Guibert descobre em Anselmo de Bec (1033-1109) um novo mestre, novo objeto amoroso no qual se inspira e se espelha, na busca do seu ideal monástico, enquanto afasta-se internamente dos objetos de investimento afetivo da infância. Anselmo é piemontês, formado em Aosta, e foi atraído para a abadia de Bec por um compatriota seu, onde escreve para um público monástico que tem dificuldades para entender suas sutilezas dialéticas. Em 1076, produz o *Monologion* ou "Exemplo de meditação sobre a racionalidade da fé", e depois o *Proslogion* (1077-78), "a fé em busca da inteligência", em que estabelece a existência de Deus pelo argumento ontológico, que virá a ser célebre na filosofia. Para ele, a ideia de Deus é a ideia de um ser perfeito e, como a perfeição não pode existir sem a existência, Deus existe forçosamente. Em 1063, Anselmo torna-se padre, e Guibert está com 8 anos; em 1078, Anselmo torna-se abade de Bec e Guibert está com 23 anos; somente em 1093 será nomeado arcebispo de Canterbury. Portanto, Guibert conhecera Anselmo antes dos seus 23 anos, durante a transição para a vida adulta e que ele chama de adolescência.

Nessa época, as tensões sociais são intensas entre senhores e camponeses, pois, apesar das melhorias alcançadas, "muitos senhores não reconhecem nenhuma outra propriedade a não ser a do próprio corpo nu".[3]

Do encontro com Anselmo, Guibert revela a ampliação do seu universo de interesses. Realiza novas leituras que o atraem e desenvolve um conjunto de atitudes indicadoras de um processo de elaboração e de opção de caminhos em relação a muitas de suas ambivalências. Nesse ponto, temos um Guibert que discrimina melhor os próprios sentimentos, com maior capacidade para hierarquizar as prioridades intelectuais e afetivas e mais distante dos conflitos infantis. Entretanto, é difícil precisar limites nítidos no desenvolvimento de cada um dos setores, pois desejo, vontade, razão, inteligência, sociabilidade ocorrem em cada sujeito a diferentes velocidades de maturação. A integração para a formação do sujeito uno é progressiva e dinâmica e depende de fatores constitucionais, biográficos e relacionados à cultura.

3 Cf. Southern, R. W. (1963). *Saint Anselm and his biographer*, citado por Le Goff. *A civilização do Ocidente medieval*, op. cit., vol. II, pp. 256; Idem, p. 57.

Guibert reflete suas questões interiores e com o mundo exterior com maior tranquilidade e consegue estabelecer um distanciamento afetivo que lhe permite observar, sentir, refletir e agir graças a um tipo de diálogo entre o eu e o si mesmo. Deus-Pai está sempre presente na busca da luz interior.

O contato com Anselmo é fundamental diante das necessidades, conscientes e inconscientes, de Guibert em encontrar no meio exterior novos objetos de investimento afetivo – objetos externos que espelhem anseios e que sirvam de modelo, inclusive de resignação, no encontro dos limites e possibilidades intrínsecos para a reconstrução de um eu mais maduro. Por meio do abade, passa a incorporar novas qualidades afetivas: identidade, determinação, controle de si, capacidade para enfrentar certa dose de desafio e realização. As descargas impulsivas motoras e de pensamento estão mais adequadas à imagem que ele espera ter de si.

> *Segundo esse método, ele me explicou várias passagens do Evangelho, revelando-me, de maneira luminosa, inicialmente, como a vontade se distingue do desejo, e constatei que ele chegou a esta interpretação não por ele mesmo, mas a partir de certos livros que tinha à mão, livros que tratavam esses assuntos de maneira bem menos clara. Em seguida, pus-me por mim mesmo a confrontar, como eu podia, esses raciocínios com comentários análogos e a perscrutar, atentamente, pelas Escrituras, com o espírito aguçado, com vistas de aí encontrar tudo aquilo que, no plano moral, poderia estar em harmonia com tais reflexões.*[4]

---

4 *De vita sua*, op. cit., p. 141.

Guibert está construindo novos parâmetros internos a partir da definição pelo caminho monástico, em torno dos quais procura organizar seu espírito turbulento. São novas capacidades racionais, intelectuais, egoicas e superegoicas que emergem da experiência de vida e da dedicação aos estudos. Elas irão norteá-lo na vida adulta e substituem a dependência infantil por uma dependência relativa e voluntária, uma ação da graça divina, expressão do livre-arbítrio, essência do pensamento patrístico agostiniano.[5]

Manuais e bulas relacionados ao uso da razão e do controle da vida pulsional põem Guibert, a partir de vivências e reflexões, em confronto com os ensinamentos de Anselmo. Vemos que ele está estruturando conceitos próprios, que, ao serem internalizados, passam a compor a estrutura e a dinâmica egoica e superegoica, a qual utilizará no controle da vida afetiva, diante de motivações profundas e inconscientes.

A arte do sermão

Guibert e o abade fazem uma visita ao monastério de uma província próxima e o jovem sugere a ele fazer um sermão de abertura na assembleia capitular, durante a festa consagrada a Maria Madalena, em 22 de julho. O abade inverte a proposta e encarrega Guibert de fazê-lo. Não se sabe em que ano isso ocorreu, mas imaginamos que tenha sido ao redor de 1078, quando Guibert estava com aproximadamente 23 anos, visto chamar Anselmo de "meu abade". Sem expressão de maior entusiasmo, Guibert encara a proposição de fazer o sermão com muita naturalidade, como se esperasse por essa oportunidade.

5 Franco Júnior, H. *A Idade Média – nascimento do Ocidente*, op. cit., pp. 129-131.

Guibert escolhe como tema central do sermão a busca de comportamentos justos, inspirados na virtude divina, a partir da razão, certamente um reflexo das angústias e do anseio de resolução dos conflitos morais que tem passado e que tão bem conhece. Toma um pensamento do *Livro da sabedoria* como base para a elaboração do seu texto:

> *"A sabedoria vence a malícia; ela se propaga vigorosamente, de ponto a ponto, e ela dispõe tudo com suavidade."*[6]

Baseado no início do *Gênesis*, do "Hexameron", desenvolve comentários morais precedidos por um breve tratado de como deve ser escrito um sermão. Trabalha intensamente durante seis dias, da melhor forma que lhe é possível, visto que o padre da comunidade a ser visitada tem profundos conhecimentos dos textos sagrados. Guibert pede a Anselmo autorização para fazê-lo por escrito, num estilo no qual coloca em profundidade o que seu espírito lhe sugere. O abade não concorda com isso, temeroso de que as revelações de Guibert possam atingir pessoas como o abade Guy, de Saint-Germer-de-Fly, mencionado anteriormente por Guibert como autor de atos ilícitos.

Inexperiente com as questões políticas, o jovem e bem intencionado monge Guibert aceita aparentemente a advertência e faz apenas uma breve redação como apoio pessoal para uma exposição oral. Porém, enquanto treina seu discurso, Guibert retorna à ideia de escrevê-lo.

---

6 *De vita sua*, op. cit., p. 143; Livro da sabedoria: VIII, I, *Bíblia Sagrada*, op. cit., p. 822.

Minhas primeiras obras

Ao contrariar o abade, Guibert manifesta e exerce sua autoridade, rebeldia consciente das eventuais consequências. Certamente, saboreia algum prazer transgressor nesse desafio precavido. Porém, não quer ser omisso e deixar de transmitir aquilo em que acredita e que precisa ser dito, apesar de possíveis reações hostis de alguns da comunidade. Torna-se evidente um espírito de luta e de cautela. Está disposto a ir à luta, mas preocupado em não ferir ninguém de forma imprudente. Assim, demonstra reconhecer a si e ao outro, reciprocidade reveladora de uma identidade mais bem definida e com maior grau de autonomia, dentro de um espírito de intercambio amoroso e construtivo.

Com certeza, chegou ao fim a adolescência de Guibert, cuja entrada na vida adulta implica uma complexidade de fatores interatuantes de ordem constitucional, psicológica, social, econômica, jurídica, política, religiosa e histórica, componentes do sujeito e da cultura. O episódio descrito por Guibert sugere que ele está utilizando recursos agressivos, amorosos, intelectuais, criativos e estratégicos para lidar com questões do status quo, ainda que algo da rebeldia adolescente esteja presente, manifestação frequente no confronto entre jovens e a sociedade adulta, na luta entre gerações.

> *Ora, assim que meu abade percebeu que eu redigia o comentário do primeiro capítulo dessa história sagrada, ele vê o assunto com um olhar desfavorável; em termos de viva reprovação, estimulou-me a pôr um fim nesses escritos. Para mim, vendo que isso que eu estava pretendendo só colocava espinhos em seus olhos, precavi-me não somente dele, mas de qualquer um que estivesse relacionado. E foi secretamente que concluí a obra. Estas obras, não as confiei a niguém, nem para a*

composição nem para a escrita nas tabuletas, mas confiei texto e comentários a uma cópia, com certeza. Seja quem for, enquanto esse abade estiver presente, meus trabalhos permanecerão guardados num silêncio total. Noutra oportunidade, após a saída dele desse monastério, escolhi uma ocasião na qual o monastério estava sem pastor na sua condução para, rapidamente, terminar a obra. Ela foi dividida em dez livros, segundo os quatro movimentos do homem interior já mencionados acima, e realizei em cada um deles a condução moral de tal forma que eles têm uma coerência até o fim, sem qualquer mudança no encadeamento do texto. Não sei se nesse tratado me tornei útil para alguém, mas estou seguro que tinha atingido um grande número de homens muito letrados, e de toda maneira foi certamente para mim de grande utilidade: redigir libera-me da ociosidade, que é a escrava dos vícios.[7]

Ao preparar o sermão, Guibert inspira-se em vivências e buscas interiores, com autoridade para expor e expor-se, fruto de suas vivências e reflexões sobre diferentes níveis de conflitos pessoais e sociais, relatos históricos e denúncias que entende como problemas universais e humanos. Externa sua generosidade ao extrair das dificuldades benefícios para o desenvolvimento pessoal e dos demais, por meio de um ato público, à semelhança das confissões públicas e coletivas ainda vigentes. Entretanto, observa também os benefícios pessoais que pode extrair dessa oportunidade, para a sua projeção. Menos impulsivo e egocentrado, mais reflexivo e integrado, analisa com cautela vários vértices da situação para avaliar as condições e oportunidades do momento. Ele usa potencialidades criativas

7 Idem, op. cit., pp. 143, 145.

emocionais, intelectuais, racionais e críticas, atitudes que expressam a maturidade de seu espírito. Organiza-se dentro de princípios e valores preconizados pela Igreja e das condições da comunidade que ele abraça. Há nele uma preocupação integradora de interesses e intenções, assim como um posicionamento sociopolítico-religioso, sem disponibilidade no espírito para conveniências e simonias.

Guibert não se omite, posterga. Ele vive um momento de realização pessoal e de elevação da autoestima, despertando admiração e empatia pela coragem de enfrentamento e do livre-arbítrio. O encontro de novos modelos identificatórios reflete identificações projetivas a serem por ele incorporadas como expressões do encontro da luz interior, graça divina, o que atenua a escuridão aterradora da alma.

Estimulado pela presença de homens letrados ouvindo o sermão, conclui que, no mínimo, ele mesmo tira proveitos emocional e intelectual dessa experiência. São fenômenos que permitem a franca discriminação entre aspectos do eu e do objeto, a partir da confrontação entre si e o outro, entre o ser humano cristão e o mundo mundano.

As narrativas oral e escrita têm funções catárticas para ele, pois colaboram nos processos de elaboração e de sublimação, fundamentais para a atenuação do sofrimento, na busca de equilíbrio interno, da homeostase psíquica, da luz interior e, quem sabe, da salvação no Além. Trata-se de processos que dão a ele a oportunidade de elaborar ambivalências, pois a arte de escrever livra-o da ociosidade e dos maus pensamentos e favorece a autoafirmação e a autoestima, processos narcísicos estruturantes e criativos.

Minha mãe inquieta-se a meu respeito

Em 1084, o abade de Fly, em Saint Germer, abdica de suas funções, e Guibert, com cerca de 29 anos, vê nisso uma oportunidade para completar e publicar sua obra, a partir do primeiro sermão que escreveu.[8] Tendo atingido elevado grau de conhecimento, de autonomia e de identidade, independente das posições do mestre Anselmo, expõe pontos de vista, seleciona e argumenta o quê, como e quando dizer. Preserva-se e busca momentos oportunos, expressões de maior autocontrole da impulsividade, agora como jovem adulto.

> *Ora, minha mãe, que se maravilhava de meus felizes sucessos sobre o plano científico, estava muito inquieta, temendo pelos excessos possíveis de minha parte, numa idade tão perigosa. Era também com urgência que ela me recomendava imitá-la.*[9]

Orgulhosa do filho, que caminha na direção das promessas feitas, ela mostra-se preocupada, pois em sua imaginação ele requer cuidados e proteção. Guibert é capaz de gerar dificuldades ao se posicionar contrariamente aos interesses do abade Guy, da comunidade e da família, por assumir posições próprias. Porém sua mãe preocupa-se com os excessos das atitudes do filho que adicionam em seu espírito mais sofrimento, piedade e temor. Além do que, como ele já assinalara, os filhos caçulas são os preferidos das mães. E estes não são sempre crianças para seus pais? Secretamente, ela parece suspeitar que a excitação e a obsessão dele sejam semelhantes a algo já vivido por ela quando jovem e virgem e, depois, viúva e casta.

Grato à mãe e a Deus, orgulhoso de si, ele não despreza as preocupações maternas, mas sente-se mais confiante em si e apoiado nas interpretações que faz das Escrituras. As façanhas intelectuais que realiza o autorizam a prosseguir com certa dose de ousadia.

8 Cf. Labande, nota de rodapé n. 3, p. 144 da *Autobiographie*.

9 *De vita sua*, op. cit., p. 147.

Ela vê em sonho seu esposo defunto

De modo súbito, Guibert põe-se a redescrever sobre a beleza materna, motivo de sedução e interesse de senhores feudais, e como ela se manteve distante das manifestações promovidas por seus encantos.

> *Ela, a quem Deus havia feito presente de uma grande beleza, negligenciava todos os cumprimentos que se lhe fazia, tudo como se não tivesse nenhuma consciência dos seus encantos; amava sua viuvez como se sempre tivesse suportado com horror os deveres do leito nupcial. Tu sabes, portanto, Senhor, quanta fidelidade, que amor guardou a seu esposo, mesmo defunto, que soma de sacrifícios cotidianos, de rezas, de lágrimas, de esmolas consideráveis consagrou, sem descuido, para resgatar a alma daquele que ela sabia estar aprisionada por seus pecados. Acontecia-lhe também, em virtude de uma surpreendente disposição divina, de ter, frequentemente, visões durante as quais lhe era revelado através de imagens expressivas, as dores que meu pai para expiá-las, estava afligido. . . .*[10]
>
> *Jamais os demônios se preocupam com a saúde de quem quer que seja. Assim, a alma desta santa mulher, na sua dedicação, estava tumultuada por esses elementos, e a percepção privilegiada dos tormentos internos de seu esposo defunto incomodavam-na, e faziam-na procurar assiduamente a intervenção em seu favor.*[11]

---

10 *De vita sua*, op. cit., p. 147.

11 Idem, p. 149.

Retidão e discrição são princípios cristãos transmitidos pela mãe de Guibert, que tenta preservá-los não na razão, mas no espírito. Apesar de mais maduro, ele carrega o peso da concupiscência ao associar questões carnais e protetoras da mãe, luta manifesta que ambos travam para conter a libido não sublimada, uma ameaça de aparição dos Demônios. As preocupações de um e de outro ligam-se ao ódio gerado por desejos frustrados. Ela se fixa nas imagos que projeta como sofrimento da alma do defunto, as quais utiliza como seu escudo protetor contra a realização de desejos pecaminosos.

Em Guibert, os desejos são projetados na percepção das turbulências maternas, jovem e atraente, conturbada por desejos que ela não percebe ou teme perceber, assim como ele, que se agarra racionalmente às Escrituras, na tentativa de controlar e reprimir as pulsões. Tais pulsões manifestam-se como desejos sexuais terrificantes, que se confundem com temores pela morte súbita e por questões do Além, culpa e castração, agressividade violenta manifestada na cobrança moral, pois todos são servos de Deus e a ele devem total obediência.

A sexualidade reprimida e mal ebalorada, tanto em Guibert quanto em sua mãe, emerge no sono, e, às vezes, em vigília. As noites são mais tenebrosas, aparecem demônios e visões, pois há atenuação da consciência moral como processo defensivo. Os dias são mais suportáveis, no apego compulsivo aos estudos, nas rezas e nas esmolas, na esperança do encontro da luz e da paz interiores, com a ajuda de amuletos. Ele retrata, com amor e piedade, o sofrimento, o envelhecimento e a morte da mãe. Morte, encontro com o sagrado na passagem pelo Purgatório, caminho para o Além. Percepção que reflete uma mudança interior na questão temporal, agora valorizada pelo jovem Guibert. Com maior consistência do espírito, os imaginários de Guibert e de seus correligionários seguem a "visão de mundo" da filosofia cristã, na vida, no Juízo Final, no milenarismo, na Parúsia. O imaginário medieval possui almas com e sem nome, anjos, milagres, bruxas, fantasmas, feitiços – fatores integrantes do ego, da construção ética e moral, do narcisismo individual e coletivo, conjunto de valores historicamente presentes nessa cultura.

Guibert resgata a história do filho bastardo do pai e as repercussões das atitudes infiéis daquele sobre a alma do defunto. Essa recordação parece associar-se às suas justificativas para se proteger do mal, com maior ardor, no vir-a-ser monge. Ele vive a pressão de tendências oriundas do código dos cavaleiros, que estimula ambições e desejos carnais entre censuras religiosas e aquelas identificadas com o código materno, de castidade absoluta na pureza do espírito e profunda religiosidade agostiniana.

A elaboração edípica ocorre na incorporação dos mestres, figuras parentais, e da imago de fiel servidor de Deus. Sofrer é viver. É carregar a cruz de Cristo e penitenciar-se, para ser um justo, intersecção narcísica e superegoica do ideal cristão e um ego em luta para satisfazer estes senhores incorporados à estrutura espiritual verticalizada, feudo-vassálica, da mente.[12]

Os aspectos espontâneos do eu e contrários aos ideais sociais e cristãos do medievo ameaçam o sentimento de equilíbrio interno, a paz interior de Guibert, que, na resolução da adolescência, busca harmonizar, de forma sincrônica, o quanto possível, seus sentimentos. Mas, para ele, é difícil manter subjugados no inconsciente elementos antagônicos aos ideais cristãos incorporados ao superego e ao ideal de ego. Há uma fragilidade do ego capaz de gerar culpa, não somente por contrariar as leis impostas pela Igreja, mas por ele não conseguir corresponder aos seus próprios ideais superegoicos

---

12 Kantor, J. (1976). A psycho-historical source: the memoirs of abbot Guibert of Nogent. *Journal of Medieval History*, 2, 281-303; Coupe, M. D. (1983). The personality of Guibert de Nogent reconsidered. *Journal of Medieval History*, 9, 317-329.

e narcísicos, na forma perfeita de um fiel servidor de Deus. Isto é, não basta vestir o hábito para corresponder aos supostos desejos de Deus, produzidos pelos senhores da Igreja, ditadores das normas, sábios dos ideais do bom e do mau.

Guibert carrega em seu ser a esperança do perdão divino. Esforça-se e tenta subjugar suas tendências, na expectativa de corresponder aos ideais divino-parentais incorporados como ideais narcísicos. Identificado com a mãe, com São Gregório Magno, com o pedagogo, com abade Anselmo e com as Escrituras, busca servir a Deus, tarefa árdua e plena de autoacusação, temores e fantasias. É o depositário de expectativas, em todos os níveis que compõem o contratualismo. São pressões externas que estimulam desejos profundos hostis e pecaminosos, projetadas para fora do eu, nas imagos de demônios e no próprio corpo; corpos estranhos que ameaçam a paz interior, a harmonia do eu.

Fica evidente a presença imaginária de uma tela mental, na qual Guibert projeta o subjetivo, consciente e inconsciente, resultado das interações recíprocas de múltiplas vivências infantis e atuais – recalcadas, reprimidas, deslocadas ou transformadas – diante de sua natureza conflitiva em contato com sua cultura.[13]

As experiências retidas em sua memória não são factuais, pois o que é retido e transmitido são transformações, elementos do ser humano interior, registro de imagos que o sensibilizam, a partir da história pregressa e atual do seu desenvolvimento.[14]

Guibert, jovem inteligente e perspicaz, não é o feliz ignorante que ganhará o Reino dos Céus. Ele capta as próprias angústias e as dos demais ao redor e esforça-se para fazer o bem e ser

---

13 Freud, S. Psicopatologia da vida cotidiana, op. cit., vol. I, cap. IV, pp. 782-787.

14 Lebovici, S., & Soulé, M. (1972). *La connaissance de l'enfant par la psychanalyse* (pp. 83-93). PUF.

justo. Energia, coragem e livre-arbítrio, dentro do espaço que lhe é possível, refletem a entrada na vida adulta, na busca interior da transcendência divina, reproduzida por ele por intermédio de um pensamento extraído do *Livro dos provérbios*, sobre a condição humana: "Porque o justo cairá sete vezes, e tornará a se levantar; porém os ímpios serão precipitados no mal".[15]

A retomada, a reparação vêm de Deus, energia que o reanima e que o estimula na esperança e no encontro dos recursos necessários para suportar fracassos. Ele busca no perdão divino a esperança de um porvir melhor, para se reintegrar às leis da Igreja. Acredita que a dor da penitência sincera permite recuperar a condição de justo, processo reparatório, que, aparentemente, não é decorrente da relação consigo mesmo, mas de uma triangulação estabelecida entre o ego, Deus e os ideais da Igreja, incorporados no espírito. Não é o superego estruturante e protetor quem deve perdoá-lo, fruto do amor e do abrandamento da violência interior e da tolerância consigo mesmo. O perdão eterno vem de uma instância superior e exterior ao eu, inalcançável em vida, talvez no Juízo Final, na entrada para o Além.

Jovem e adulto

> *Escrevi uma pequena obra distribuída em capítulos, sobre várias passagens dos Evangelhos e dos profetas, inserindo ali elementos do Livro dos Nomes, de Josué e dos Juízes. Mas até o presente posterguei redigir a conclusão, para quando estiver terminado isto que no momento está na estufa; tenho a intenção – se Deus me*

15 Livro dos provérbios, XXIV: 16, *Bíblia Sagrada*, op. cit., p. 785.

permitir dando-me vida – de prosseguir, eventualmente, estudos semelhantes sobre outras passagens.[16]

A adolescência de Guibert termina quando ele é capaz de assumir responsabilidades e consequências geradas pelo sermão proferido, pelo registro escrito de suas ideias, na escolha do momento oportuno de torná-las públicas. Essas atitudes são reveladoras do gesto espontâneo de autoafirmação e de fidelidade aos seus sentimentos. Identifica-se com o caminho que lhe havia sido determinado desde o nascimento e que na maturidade torna-se evidente, ao externalizar dedicação intelectual, dentro da racionalidade e da moral religiosa que lhe são possíveis.

Por meio da escrita, revela maturidades emocional, intelectual, e religiosa, ainda que, inconscientemente, mantenha pontos de fixação a aspectos primitivos da personalidade, dependências que carregamos pela vida. Pelos comentários que faz da Sagrada Escritura e depois da redação e publicação de outras obras, consagra sua maturidade. Para os padrões culturais ele configura, de forma criativa, autonomia e determinação de aspectos do verdadeiro eu. Desde a infância, a família ambicionava para ele posição de destaque no meio eclesiástico, fantasma presente durante a adolescência e depois distanciado de si, na dor do pecado, pela culpa da ambição. Com humildade e prazer na busca do conhecimento, ele vive as transformações, arduamente conquistadas e incoporadas. Assim foi com os ensinamentos provenientes do relacionamento com Anselmo, pois cada fiel que passa em nossa vida é único, e, quando se vai, deixa um pouco de si, levando um pouco de nós.

Guibert tornou-se abade de Nogent, monastério situado na periferia da diocese de Laon, somente em 1105, eleito por um colegiado de monges que não o conheciam. Ele, na vida, enfrentou

16 *De vita sua*, op. cit., p. 145.

e testemunhou alegrias e tristezas, assassinatos, dramas políticos, familiares, religiosos, sociais e jurídicos do seu universo existencial e das profundezas de sua alma.

Como espelhos recíprocos, ele e sua comunidade refletem a presença do imaginário que se impõe a um e a outro, num processo dinâmico de transformações mútuas que suprem, temporariamente e num dado momento histórico, um conjunto de necessidades, fantasias e desejos individuais e coletivos. São mudanças da expressividade e do simbolismo de fenômenos mentais intrínsecos do ser humano, cuja essência permanece sempre a mesma no longuíssimo tempo da civilização. Guibert, na adolescência, atravessou o rito da tonsura, marca social e religiosa de passagem para a vida monástica. Rito equivalente vive o jovem cavaleiro ao receber suas armas durante a cerimônia do *adoubement*. Outros adolescentes passam por ritos equivalentes na festa da primavera entre camponeses, nos trotes das confrarias dos jovens quando iniciam a academia, na investidura do jovem senhor feudal ao adquirir autoridade administrativa sobre as terras. São cerimônias que contêm, de maneira latente, um significado coincidente com a passagem do adolescente para a vida adulta. Mesmo que no medievo tais cerimônias não tenham significado explícito de rito de passagem, o jovem tem a oportunidade de viver o mito do herói, o desafio, a transgressão à lei e a vitória, ao atravessar tais momentos significativos e sentir-se incorporado à sociedade adulta. São equivalentes sociais que o acompanham e que têm correspondência com um processo interno e paralelo de elaboração e de resolução do conflito edípico, vivido dentro dos critérios dinâmicos dessa e de cada cultura.

A presença do mito do herói, das elaborações totêmicas e dos tabus são instrumentos essenciais e necessários à civilização e estão presentes na elaboração inconsciente dos conflitos psíquicos da adolescência de Guibert. São aspectos primitivos armazenados na memória e transmitidos pela natureza do ser, pela história e pela cultura, processos dinâmicos e transformadores, que ocorrem em múltiplos aspectos e com diferentes velocidades e profundidades, nas diversas linguagens do inconsciente.[17]

> *Vejo minha mãe em pé no beiral do castelo de Catenoy, linda e jovem, cabelos soltos e esvoaçantes à brisa matinal; sorrindo ela se lança de braços abertos pelo ar e se projeta rapidamente na direção do solo; terrificado, espero o impacto do corpo contra a relva úmida, encolho-me de olhos esbugalhados, e vejo-a subindo, bela, pura e angélica, para o Céu.*[18]

Na travessia de Guibert da infância à vida adulta, passando pela adolescência, observada pelos conflitos do espírito e do processo de identificação, verificamos que a condição humana é conflitiva, sujeita a sucessos e fracassos. Essa condição induz cada sujeito a buscar pontos de sustentação interno e externo, espiritual, psicológico e material, imagos refletores da energia necessária para a construção e o resgate da autoestima e para a reestruturação do espírito, luzes para prosseguir na vida. Nessa luta entre pulsões de vida e de morte ou entre construtividade e destrutividade, Guibert revela em sua psicologia possuir uma doutrina moral, na qual há a "necessidade do homem se conhecer a si próprio, a fim de mensurar a retidão de sua vontade e de poder e, assim, exercer sua liberdade, que não é diferente de conhecer Deus e de obedecê-Lo".[19]

Essa é a essência de sua vida, esta é a vida. Eu confesso.

---

17 Freud, S. Totem y tabu e El malestar en la cultura, op. cit., vol. II e III, pp. 1745-1850, 3017-3067.

18 Sonho do autor, ocorrido no término do livro.

19 Zink. *La subjectivité littéraire*, op. cit., p. 188.

Considerações finais

Depois de muitos alicerces e andaimes, configurados os recortes necessários para a elaboração da investigação histórico-psicanalítica, acreditamos que os objetivos centrais deste trabalho foram alcançados: analisar a existência e as características, na Idade Média Central, do que hoje é chamado de adolescência.

O trabalho foi árduo e o esforço, recompensado. Houve ampliação dos conhecimentos específicos da História, da Psicanálise e da interface histórico-psicanalítica, cuja realização requereu intensa disciplina emocional. Foi preciso nos concentrarmos para preservar os eixos de uma investigação criativa, legislada dentro de conceitos claramente estabelecidos de cada uma das áreas envolvidas. Tal rigor atenuou fatores de risco na apreensão e na interpretação do material observado. Foram necessárias compreensões da História Social, do contexto histórico do Ocidental medieval, da Psicanálise geral e específica da infância e da adolescência. Procuramos manter um nível de equilíbrio entre as áreas integrantes da investigação. História e Psicanálise dependem de um corpo teórico-conceitual, do conhecimento, da observação, da análise dos dados e da interpretação. Esse conjunto favorece a reconstrução e a compreensão do passado-presente no inconsciente e no consciente.

O estudo da interface histórico-psicanalítica contribui para o aprimoramento da atuação profissional do psicanalista, ampliando a percepção, a compreensão e a interpretação dinâmica dos contextos histórico-culturais, inscritos nas memórias inconscientes dos pacientes. Contribui, ainda, na compreensão dos aspectos mentais constantes e mutáveis do sujeito histórico e psíquico. Permite correlações com aspectos históricos de origem longínqua, presentes no inconsciente e manifestos na relação transferencial-contratransferencial, graças à transmissibilidade das memórias individuais e coletivas. E contribui igualmente com o investigador da História Social, visto que a percepção, a avaliação e a interpretação dos eventos podem ser enriquecidas, considerando-se as teorias, os conceitos e as questões epistemológicas provenientes da metapsicologia psicanalítica. A Psicanálise auxilia o historiador, pois ele "pode ultrapassar a descrição dos fatos históricos e tentar uma interpretação teórica que seja objetivamente necessária à pesquisa histórica", distante de uma psicologia baseada apenas no bom senso e na intuição.[1]

A investigação histórico-psicanalítica tem como alicerces conceitos fundamentais da Psicanálise e da História: o inconsciente dinâmico, a resistência, a transferência, a mentalidade, o imaginário, a ficção como fatos históricos, objeto da investigação.[2]

É preciso fazer algumas adaptações ao método psicanalítico e histórico quando o objeto de investigação é um documento histórico confiável, como a autobiografia de Guibert de Nogent. O objeto da investigação é um "paciente" que, apesar de morto, mobiliza

1 Friedländer, *Histoire et psychanalyse*, op. cit., p. 10.

2 Lowenkron, T. (2003). O objeto da investigação psicanalítica. In II Jornada de Psicanálise e Pesquisa da Associação Brasileira de Psicanálise – *Pesquisando o Método Psicanalítico* (p. 6). Casa do Psicólogo – no prelo.

no investigador afetos e sentimentos, identificações e contraidentificações, fenômenos que possuem certa equivalência transferencial-contratransferencial. São condições que permitem levantar hipóteses sobre aspectos semiológicos conscientes e inconscientes, fantasias, núcleos de conflito, mecanismos defensivos prevalentes, potencialidades e características cognitivas, afetivas e sociais, provenientes da relação histórica do sujeito com sua cultura.

Consideramos, para o progresso das ciências, que cada área do conhecimento preserve sua especificidade e autonomia. Entretanto, é fundamental a criação de interfaces que enriqueçam e aprimorem o processo epistemológico. A iconografia medieval pode sugerir, mas não concluir, que as crianças e os adolescentes da Europa medieval não recebiam uma atenção adequada. Por questões da própria história iconográfica, ela pode ter uma visão distorcida da criança ao apresentá-la, na Idade Média Central, como um adulto de dimensões reduzidas. A imagem por si só não define que as crianças eram vistas e vividas pelos adultos do medievo dessa forma. Trata-se de uma questão de representação, de convenções, do grau de desenvolvimento das imagens, da mensagem que se pretende – consciente ou inconscientemente – propagar e que depende de uma multiplicidade de fatores. Tomar por verdade absoluta as imagens de uma determinada época e um determinado local requer uma análise crítica não só da imagem, do momento de desenvolvimento da arte, mas também do contexto no qual ela se situa, para atenuar o risco de interpretações equivocadas. A imagem pode ser um elemento sugestivo, tanto da realidade quanto do imaginário, pode ressaltar interesses ou esconder certas verdades, influenciadas por tendências, valores, poderes determinantes, e não deve ser tomada como expressão definitiva de uma determinada condição social.[3]

---

3 Burke, P. (2003). *Testemunha ocular*. Edusc.

É preciso considerar os conhecimentos e recursos tecnológicos existentes em cada época e cultura. Além do que, um "mesmo" fenômeno pode ser observado a partir de ângulos diferentes, podendo levar a resultados distintos. Queremos ressaltar que, apesar de desejar ter alcançado um aprimoramento pessoal e de conhecimento, o inconsciente pode nos trair e outros poderão amanhã constatar que essas observações feitas têm outros e novos significados.

As mídias podem divulgar imagos ambíguas e ardilosas, até mesmo de modo involuntário, haja vista o caso de Hermann, jovem judeu convertido ao cristianismo, aos 13 anos de idade, por ocasião do seu Bar Mitzvah. Trata-se de dois manuscritos, de épocas próximas, geradores de controvérsias: se documentos reais, ficção histórica, cópias modificadas, mentira ou proselitismo, como forma de propagar os ideais de conversão da Igreja da época.[4] É preciso ter em mente que aqueles que detinham o poder da escrita e da difusão dos pensamentos, a mídia de então, eram a Igreja e o mundo clerical. Há um alerta que pode ser transladado, em certa medida, para a Idade Média Central: "todos nós que vivemos imersos no mundo pós-moderno temos muito a aprender sobre como as imagens das mídias podem ser ambíguas e servir de armadilhas para o leitor ou espectador incauto".[5]

A narrativa de Guibert foi considerada por alguns como uma obra na qual "o leitor tem dificuldade em assimilar aquilo que lhe parece muito desordenado . . . obedece a uma lógica interna, que não é, contudo, a nossa".[6] De fato, Guibert não obedece a uma

4 Schmitt. *La conversion d'Hermann le juif-autobiographie, histoire et fiction*, op. cit. Ver também resenha crítica, por Levisky, *Signum-Revista da Associação Brasileira de Estudos Medievais*, op. cit., pp. 405-413.

5 Costa, A. L. M. C. (2003). As armadilhas nas imagens – uma cartilha introdutória para a alfabetização visual do historiador e do leitor. *Carta Capital*, 244(IX), 62-63.

6 Labande, Introdução, edição e tradução de *De vita sua*, op. cit., p. XVI.

lógica racional, mas a uma lógica da vida afetiva, mobilizada por sentimentos e pela quebra progressiva de resistências, que fazem emergir conflitos inconscientes revelados pelo fluxo associativo de ideias, à semelhança do que ocorre no processo psicanalítico. Evidenciamos na narrativa de Guibert uma tendência a uma exposição evolutiva. Após retratar imagos da vida adulta, aborda a dos pais terrenos e divinos, seu nascimento, infância, puberdade/adolescência, até alcançar a maturidade. A narrativa faz movimentos de vai e vem, com repetição de fatos e sentimentos, o que a torna incoerente para a lógica da comunicação social. Ela possui outra lógica, a interna, que permite apreender a rede de relações inconscientes que conduzem à configuração de imagens, do imaginário e da imaginação, do individual e do coletivo, capazes de serem transformadas em pensamento e meio de comunicação. No jargão psicanalítico, dizemos que é uma comunicação de inconsciente para inconsciente, um estado mental que se aproxima do estado onírico, uma "autobiografia onírica".[7]

O investigador do método histórico-psicanalítico pode correlacionar, graças aos fenômenos de contraidentificação e de contratransferência, paradigmas auxiliares na tentativa de compreensão da mente de Guibert, do contexto medieval e da atualidade. As hipóteses formuladas sobre motivações, angústias, fantasias inconscientes, imagos parentais e aspectos do imaginário medieval, como bestas e demônios, deram-se pela repetição e por outras associações feitas em vários trechos da narrativa. O confronto dos dados observados com a literatura pôde reconfirmar os achados. Assim, os medievos conheciam as idades da vida. Guibert narra seu nascimento, infância, adolescência, maturidade e velhice. Assinala a presença de uma psicologia diferenciada em cada uma das

7 "Autobiografia onírica". Cf. Le Goff, Sonhos, em Le Goff e Schmitt, *Dicionário temático*, vol. II, op. cit., pp. 515, 517.

idades. É com sensibilidade e lucidez que ele aborda aspectos educacionais, necessidades e possibilidades comuns e individuais das crianças e dos adultos. Mostra quão importante é o brincar para as crianças.

Há, com certeza, uma "mentalidade adolescente" na Idade Média Central. Ela é vista como uma fase do desenvolvimento evolutivo humano. Possivelmente, acompanha o homem desde o surgimento de sua capacidade simbólica e da organização edípica. O adolescer possui aspectos constantes e variáveis, cuja expressividade depende de cada cultura e de elementos biológicos, psicológicos, sociais e históricos.

Guibert é um adolescente do seu tempo e muitas de suas características podem ser identificadas nos jovens de hoje. Nestes e naqueles os conflitos emocionais e sociais são intrínsecos e concomitantes ao processo de maturação física e ao surgimento da sexualidade genital adulta. A interação do sujeito psíquico com a cultura promove repercussões globais no desenvolvimento da personalidade e na definição da identidade do sujeito. Este, por sua vez, interfere e contribui para as transformações na cultura.

A análise histórico-psicanalítica do adolescer de Guibert evidencia o equívoco cometido por Ariès. Ele afirma que a sociedade medieval "via mal a criança, e pior ainda o adolescente"; que a duração da infância "era reduzida a seu período mais frágil" e, ainda, que "de criancinha pequena, ela se transformava imediatamente em homem jovem, sem passar pelas etapas da juventude", e que "ela (a família) não tinha função afetiva". Ariès conclui que a socialização da criança medieval não era assegurada nem controlada pela família.[8]

A família e o próprio Guibert confirmam existir forte preocupação e dedicações afetiva e educacional em relação às crianças,

8 Ariès. *História social da criança e da família*, op. cit., pp. 41, 10-11.

não somente pelo fato de ele vir a ser monge. Na vida laica, nos castelos e nos burgos, havia mestres e escolas, à maneira da época. Os medievos tinham o sentido de família, e crianças e adolescentes ocupavam um lugar social na família e na sociedade. Há evidências da existência de vínculos e cuidados afetivos e materiais profundos e precoces com o bebê. É preciso analisar as características vinculares, afetivas e educacionais dentro do que era possível para o conhecimento, o imaginário, a imaginação e a tecnologia medievais.

Le Goff também afirma:"Já se disse que não há crianças na Idade Média, há pequenos adultos . . . A criança surgirá com a família doméstica . . . A criança é um produto da cidade e da burguesia, que, ao contrário, deprimem e abafam a mulher".[9] Diz também que a família feudal

> *gerava também filhos desrespeitosos. . . . (a) pequena distância entre gerações, a curta esperança de vida, a necessidade do senhor, chefe militar, de mostrar a sua autoridade ao chegar à idade de legitimar o seu lugar na batalha – tudo isso exasperava a impaciência dos jovens. Daí a revolta dos filhos contra os pais: Henrique, o Jovem, Ricardo Coração de Leão e Godofredo da Bretanha contra Henrique II da Inglaterra. . . . as razões econômicas e as razões de prestígio conjugam-se para que o jovem senhor, ao atingir a maioridade, afaste-se do pai, esperando a sua herança, e se faça cavaleiro andante. As tensões surgiam também dos múltiplos casamentos e da presença de numerosos bastardos – a bastardia, vergonhosa para os pequenos, não trazia nenhum opróbrio aos grandes.*[10]

9 Le Goff. *A civilização do Ocidente Medieval*, vol. II, p. 45.
10 Idem, ibidem, vol. II, p. 41.

A família feudal "gerava filhos desrespeitosos", diz Le Goff. O conceito de "desrespeitoso" é arbitrado pelas convenções sociais de cada cultura. Porém, ser desrespeitoso pode ser um sentimento adequado para essa fase do desenvolvimento humano, ainda que desagradável de ser vivido pelos pais e familiares e mesmo pelo jovem. Seriam os "aborrecentes", termo pejorativo com que alguns denominam os adolescentes da atualidade. Aristóteles, na *Retórica*, afirma que os adolescentes são desrespeitosos. Agostinho e Guibert também o foram. Os adolescentes são desrespeitosos porque são adolescentes, independentemente da época e da cultura, mobilizados pelas transformações físico-psíquicas. Eles vivem uma fragilidade egoica transitória, decorrente do processo de desinvestimento do corpo e das imagos da infância. Época em que surgem novas potencialidades cognitivas, afetivas e sociais, identificadas em Guibert, no processo de reelaboração edípica e redefinição de sua identidade.

Não sabemos a metodologia utilizada por Ariès e Le Goff para chegar às ideias assinaladas. Talvez eles tenham observado os fenômenos, predominantemente, pelo vértice social manifesto. Mas é preciso frisar que, por exemplo, as impressões iconográficas isoladas, como quaisquer outros vértices de análise exclusivos e absolutos, podem produzir falhas de interpretação. Sabemos dos riscos de uma leitura restrita à aparência comportamental, diante de evidências que apontam conveniências circunstanciais e até mesmo intenção de certos documentos ligados à propaganda e contrapropaganda da Igreja e movimentos divergentes dentro dela mesma.

O homem da horda primitiva, com o surgimento da proibição do incesto, evoluiu na busca de organizações sociais que satisfizessem necessidades vitais e que oferecessem recursos para as manifestações simbólicas e sociais das pulsões. Nas transformações oriundas dos complexos processos de transformações no mundo ocidental atingimos uma qualidade de desenvolvimento do sujeito, com expansão da subjetividade, da individuação e diferenciação. Ela é hoje como nós ainda a (des)conhecemos, com o predomínio da individualidade, da liberalidade e da satisfação narcísica.

Indivíduo e sociedade refletem, como espelhos recíprocos, a presença do imaginário que se impõe ao sujeito em formação e as mudanças que esse sujeito insere paulatina e involuntariamente na cultura. As manifestações criativas geram transformações que interferem nas manifestações dos imaginários, capazes, num dado momento histórico, de dar conta de um conjunto de necessidades e fantasias individuais e coletivas. Muitos medievos não tinham ou negavam qualidades perceptivas como as de Guibert. O imaginário dominante justificava qualquer meio para preservar o domínio da Igreja e a subserviência a Deus.

Freud, em *Totem e tabu* e *O mal-estar na cultura*, procura demonstrar que, durante a elaboração inconsciente dos conflitos psíquicos da adolescência, há aspectos primitivos armazenados na memória e transmitidos genética e historicamente pela cultura,[11] dinâmica que sofre transformações em seus múltiplos aspectos e em diferentes velocidades de transformação. Há elementos constantes, presentes no longuíssimo prazo, e que constituem as mentalidades, sobre as quais se organizam os imaginários e as subjetividades em seus diferentes níveis. São aspectos constantes e variáveis, intensamente vivenciados durante a adolescência, em função das necessidades provenientes do processo de identificação e de estruturação da personalidade adulta. Há um consenso entre os estudiosos da adolescência quanto à idade de início, com as transformações pubertárias, por volta de 12 e 14 anos. Varia um pouco, para mais ou para menos, dependendo do sexo, da região climática, da alimentação. Entretanto, o tempo de duração da transição, isto é, da

11 Freud, "Totem y tabu" e "El malestar en la cultura", *Obras Completas*, vol. II e III, pp. 1745-1850, 3017-3067.

adolescência, é variável. O término da adolescência depende de um conjunto de fatores psicológicos, econômicos, jurídicos, religiosos e sociais presentes na cultura. Entre eles, o conceito de autonomia, definido pela sociedade adulta. Ele contém um conjunto de atributos a serem alcançados pelo jovem em busca de autonomia, em sua mudança de status social.

Jovens do passado e do presente, em suas utopias, buscam alcançar a Cocanha, país imaginário pleno de delícias e intimamente ligado aos desejos eternos de juventude.[12] Desde os primórdios da civilização, o homem vive o conflito entre prazer e realidade, de angústia frente ao sentimento de desamparo.

De vita sua pode ter sido uma forma criativa de afirmação, autonomia e conquista do verdadeiro self, algo que transcende um relato histórico-biográfico. É um encontro de Guibert com seu lado mais verdadeiro e coerente, que, ao fazer um conjunto de revelações e denúncias, acerta as contas com Deus, mas, principalmente, consigo mesmo.

---

12 Franco Junior. *Cocanha – A história de um país imaginário*, op. cit.

Posfácio: um psicanalista no bosque de Clio

Renato Mezan

"Teria a adolescência existido em outras épocas da civilização?"

Inúmeros problemas formigam sob a aparente simplicidade da pergunta com a qual David Levisky inicia seu livro *Um monge no divã: a trajetória de um adolescer na Idade Média Central*. A posição comumente aceita na atualidade – como a subjetividade é codeterminada por fatores históricos e sociais, deve apresentar características diversas em ambientes diversos – levaria a uma resposta negativa: a adolescência seria um fenômeno contemporâneo, no máximo moderno (digamos do século XX), e projetá-la para tempos remotos constituiria um anacronismo ingênuo. Segundo os que concordam com tal posição, se entendemos por *adolescência* mais do que a simples transição biológica da infância para a idade adulta, os aspectos psicossociais a ela associados requerem condições que não encontramos exceto nas sociedades industriais – escolaridade prolongada, organização familiar que outorga relativa liberdade a esta faixa etária, costumes, ideais e valores peculiares a ela e fortemente influenciados pela publicidade e pelo consumo, modalidades de identificação que conduzem ao surgimento de "tribos" e de subculturas, e outros mais.

Contudo, as coisas são mais complicadas, e Levisky está bem situado para nos fazer compreender isso. Psiquiatra e psicanalista de larga experiência com crianças e adolescentes, autor de importantes artigos e organizador de vários colóquios sobre o tema,[1] sensível aos dramas que as condições sociais, em particular a violência, impõem aos jovens marginalizados, ele quis ir além das *idées reçues* e investigar a fundo a relação entre processos psíquicos e seus determinantes socioculturais. Contou para isso com a ajuda e o entusiasmo de Hilário Franco Jr., professor de História Medieval na Universidade de São Paulo, que lhe sugeriu estudar a autobiografia de Guibert de Nogent e aceitou orientar a investigação. O resultado foi uma tese de História Social, da qual nasceu o presente livro.

O documento proposto para exame intitula-se *Monodiae* (como no canto gregoriano, uma voz entoando sua melodia *solo*) e foi redigido entre 1114 e 1117. É uma longa *confessio*, gênero que tem em Santo Agostinho seu inspirador, e que no século XII volta a ser cultivado – pouco depois, Pedro Abelardo escreverá a *História das minhas calamidades*. Parcialmente publicado em 1631, o texto foi traduzido para o francês por Guizot (1823) e incluído por Alfred Migne na sua *Patrologia latina* (1853). No início do século XX, teve uma edição crítica (por Georges Burin) e se tornou uma das mais importantes fontes para o estudo da Idade Média Central. Levisky trabalhou com a edição bilíngue latim-francês preparada por E. R. Labande para a coleção *Les Belles Lettres* (1981), e sua bibliografia elenca comentadores ainda mais recentes. Sem dúvida, o *De vita sua* (título atribuído pelos editores modernos) continua despertando interesse, inclusive de psicanalistas.[2]

---

1 Entre outros, Levisky, D. L. (Org.). (1997). *Adolescência e violência: consequências da realidade brasileira.* Artes Médicas; Levisky, D. L. (1998). *Adolescência: pelos caminhos da violência.* Casa do Psicólogo.

2 Por exemplo, Benton, J. (1970/1971). The personality of Guibert de Nogent. *Psychoanalytic Review, LVII*, 563-586.

E com razão! O livro do monge, do qual Levisky apresenta largos extratos para apoiar sua interpretação, é uma verdadeira mina de ouro. O gênero "confissão" exige um mergulho na vida interior, ditado pela aguda consciência da pequenez do autor diante de Deus, que tudo conhece e para quem seria inútil mentir. Para além das convenções literárias, exige igualmente sinceridade e uma boa dose de introspecção; afinal, quem se confessa olha sem complacência para si mesmo e para a maneira pela qual viveu, fala dos seus pecados, dos seus medos, das suas esperanças, mostra como concebe o ser humano, a divindade, as vidas presente e futura – que mais poderia desejar um analista? E Guibert se dedica a essa tarefa com uma sensibilidade que não deixa de surpreender o leitor: fino observador de si e dos outros, em sua prosa afloram comentários sobre os mais variados aspectos da vida emocional, dos quais Levisky tira ótimo partido.

Contudo, para que possamos acompanhar sua interpretação, é preciso refletir sobre os problemas a que aludi atrás. Eles são de várias ordens, e em primeiro lugar epistemológicos. Concedamos que a subjetividade é em geral codeterminada pela cultura – seria impossível negá-lo após duzentos anos de hegelianismo, marxismo, sociologia e etnologia. Mas o que significa, precisamente, a expressão *codeterminada*? Existem ou não processos psíquicos que o transcurso do tempo não altera? E, caso existam, quais são, como se relacionam com aqueles influenciados pelo ambiente, e por que são infensos a ele? Pois a posição consensual não pode ser levada ao extremo: se a subjetividade fosse completamente determinada por fatores culturais, seria impossível dizer algo geral sobre o ser humano – ideia com a qual, obviamente, psicanalista algum estaria de acordo.

Além disso, é possível fazer a análise de alguém "ausente", para não dizer de um defunto? Todos os problemas da Psicanálise dita "aplicada" se insinuam aqui: como trabalhar analiticamente sem o feedback do paciente, sem poder observar a constituição e a evolução de um campo transferencial? Mais: supondo que as deduções sobre a vida psíquica do monge sejam plausíveis, que interesse tem isso? Seria possível extrapolar do estudo de um caso singular para outros, e destes para os adolescentes de hoje em dia? A Psicanálise afirma que sim, mas, como sabemos, há fortes críticas à validade do seu método, porque não faz uso de estatísticas, grupos de controle e outros procedimentos que gozam entre os filósofos da ciência de melhor reputação do que nossos "*single case studies*". Em suma: como garantir que tudo aquilo não será simples projeção das teorias do analista sobre um indefeso prelado, que se retorceria no túmulo caso tomasse conhecimento das impiedades desvendadas nas entrelinhas da sua confissão?

Como se vê, não eram pequenas as dificuldades que Levisky tinha pela frente. Vejamos como ele as resolveu; e, para isso, comecemos por apresentar ao leitor o "paciente" que o professor Franco Jr. lhe enviou.

O paciente

Guibert é o caçula de oito irmãos. Nasce no sábado de Aleluia de 1055, filho de um cavaleiro menor e, como é costume na época, de uma mãe pertencente a um estrato social ligeiramente superior. Ao longo do texto, o leitor encontrará abundantes dados biográficos sobre o monge; aqui mencionarei apenas os mais relevantes.

A mãe passa muito mal nos últimos meses da gestação, e logo após dar à luz sucumbe ao que parece ser uma psicose puerperal. O pai vem a falecer quando o bebê tem apenas 8 meses; recuperando-se, a castelã decide permanecer viúva e pelos anos seguintes recusa diversas propostas de casamento. Ao nascer, Guibert é oferecido à Virgem, como agradecimento pelo bom termo da gravidez e pela sobrevivência tanto dele quanto da parturiente. Esse fato será determinante para o seu destino, e, sustenta o analista, para os rumos que tomará sua vida psíquica.

Nos meados do século XI, logo após o Cisma que separou a Igreja romana da de Bizâncio, grandes mudanças estão em curso no mundo eclesiástico. As reformas introduzidas pelo Concílio de 1059 visam a moralizar os costumes dos clérigos, impondo com mais rigor a regra do celibato; também se acentuam as tentativas de controle sobre a existência dos leigos, por exemplo instituindo o casamento religioso e novas modalidades de confissão. Pouco depois, em 1096, terá início a Primeira Cruzada. Tornar-se padre nessas circunstâncias envolve compromissos maiores do que até então, e um combate mais acirrado contra as "tentações da carne"; o Mal, personificado na figura hedionda de Satanás, ronda as almas cristãs, e na imaginação dos europeus a luta contra ele adquire proporções épicas.

Guibert descreve com riqueza de detalhes a sua *pueritia* (dos 7 aos 12 anos, segundo os critérios da época). É confiado a um preceptor, que lhe ensina latim e o prepara para sua futura carreira. Quando chega aos 12 anos, idade em que se inicia a *adolescentia*, sua mãe se retira para um convento próximo; abandonado a si mesmo, o ainda garoto se entrega a toda sorte de comportamentos inadequados, vistos como consequência tanto de suas "más inclinações" – pecador que é, como todos os filhos de Adão – como da influência do Demônio. Acaba, porém, por entrar para o mosteiro de Saint-Germer-de-Fly, e após alguns anos é ordenado. Torna-se teólogo, escreve obras eruditas, e ao 60 anos, sentindo próxima a hora de apresentar-se diante do Criador, decide colocar por escrito as suas confissões. O trabalho leva três anos, concluindo-se em 1117. Guibert morre por volta de 1125; não longe do seu mosteiro, e pela mesma época, Heloísa está escrevendo a Abelardo as cartas que se tornaram famosas.

Levisky concentra-se no primeiro Livro do *De vita sua*, que cobre a infância e a adolescência do autor, bem como a juventude e os anos seguintes. Seu interesse é o do psicanalista: presta atenção ao que Guibert narra sobre seus conflitos e angústias – muitas delas ligadas à sexualidade – e sobre as relações que o unem à mãe, aos mestres, à comunidade cristã e a Deus. Segundo o que ele mesmo diz, um persistente estado depressivo (*acedia*) acompanha por toda a vida o bom monge. Aparecem a cada página do seu relato a culpa pelos "pecados" cometidos em pensamento, a inadequação frente aos ideais narcísicos de perfeição (entendida, à moda da época, como santidade) que absorve do discurso eclesiástico, a indignação pela cupidez e maldade de outros prelados, o pavor frente a punições que o esperam no Além, a esperança na misericórdia de um Deus clemente, as dúvidas sobre se a merecerá...

Munido dos conceitos psicanalíticos, Levisky interpreta tais sentimentos como reações a conflitos inconscientes opondo pulsões a defesas (cisão, projeção, recalque), por exemplo, fantasias envolvendo bons e maus objetos internos, de maneira a existirem tentativas de reparação pelos ataques provindos de uma agressividade mal resolvida. Surge assim um mosaico de paixões e de atos que conduzem Guibert ora ao desespero, ora a estados mais integrados e de relativo contentamento; mas há sempre a sombra da letargia, por vezes quase melancólica, que o analista compreende como principal sintoma e traço dominante daquela personalidade.

Em particular, a idealização da figura materna é acompanhada por uma contínua cavilação acerca das tentações que ela teria tido que combater para se manter casta; Guibert, presa da própria *concupiscentia*, identifica-se com ela e utiliza essa imago benigna como suporte para construir sua identidade de religioso.[3] A submissão

3 A este fino analista não escapa o caráter reativo dessa idealização: o adolescente, e o homem maduro, e o ancião que escreve em sua cela, estão literalmente

aos valores da Igreja custa muito, muito caro: Levisky chega a falar num "falso self" como defesa contra os impulsos libidinais que durante boa parte de sua vida acossam este homem, causando-lhe sofrimentos dos quais dá notícia detalhada no *De vita sua*. Ao longo do estudo, ele vai compondo o seu afresco, detendo-se sucessivamente nos aspectos egoicos e superegoicos, na dinâmica pulsional, no manejo dos objetos internos, nas defesas, nos ideais, e desenhando com mão de mestre a delicada relojoaria que subjaz aos eventos psíquicos narrados no texto.

Seu propósito é demonstrar que houve, sim, uma crise de adolescência, e que ela foi no essencial similar à que observamos nos jovens de hoje, porque se trata de processos transculturais. Já Aristóteles, na *Retórica*, descreve as paixões da juventude em termos que qualquer psicólogo contemporâneo subscreveria ("especialmente submissos às paixões de Vênus... instáveis... seus caprichos são veementes, mas não duradouros... capazes de obedecer aos seus impulsos... enfurecem-se caso se considerem vítimas da injustiça...").[4] Nas *Confissões*, Santo Agostinho dedica os livros II e III a um relato detalhado de suas experiências entre os 16 e os 19 anos: "corrupção carnal", "dissipação", "lamacenta concupiscência da carne", "preguiça", "orgulho", "desejos impuros".[5]

---

fascinados pela sexualidade da mãe, pelos "tormentos" que, tão bela e tão jovem, a fraqueza da carne lhe impunha. Mais uma vez a vida imita a arte: em *Hamlet*, o príncipe se escandaliza com o *furor uterinus* da rainha Gertrudes e a execra por, recém-iniciada a viuvez, ceder ao *compulsive ardour* e a entregar-se a Claudius "num leito emporcalhado, encharcado de suor" (ato III, cena 4, versos 85 ss.). Quer-me parecer que ele apenas diz em voz alta o que o monge talvez não tenha ousado pensar, mas com certeza não deixou de fantasiar... Cf. Mezan, R. (1998). Um espelho para a natureza: notas a partir de *Hamlet*. In Mezan, R., *Tempo de muda* (pp. 86-88). Companhia das Letras,.

4 Aristóteles, *Retórica* II, 2, apud Levisky, p. 15 da tese.

5 Santo Agostinho. The confessions. In *Encyclopaedia Britannica: The Great Books of the Western World*, vol. 8, p. 9 ss.

A transição da infância para a idade adulta é obviamente descrita em termos diferentes segundo as épocas e os sistemas de pensamento dominantes, mas os processos psíquicos subjacentes são semelhantes, para não dizer idênticos. Os hormônios em ebulição desencadeiam moções psíquicas, liberando fantasias libidinais e agressivas que muitas vezes levam a atos e atuações. Reorganiza-se o sistema de identificações, faz-se o luto do corpo e dos objetos amorosos da infância, e as intensas angústias que acompanham esses processos inconscientes acarretam consequências no plano do humor. Despreza-se a autoridade, buscam-se novos modelos, testam-se as próprias forças em embates físicos ou intelectuais com os pares. Em suma, constrói-se um adulto. Variam, é claro, as circunstâncias, que não dependem do indivíduo, mas da sociedade em que vive e do lugar que nela ocupa. São elas que lhe oferecem modelos identificatórios e objetos de desejo, normas e tabus, valores e ideais. Mas o processo pelo qual esses aportes externos são interiorizados é determinado pelo jogo das pulsões e das defesas, produzindo efeitos que vão da construção das instâncias fundamentais do psiquismo até os comportamentos e as atitudes dos quais o indivíduo tem consciência.

"Não há dúvida", conclui Levisky, depois de discutir em detalhe a descrição que faz o monge daquela época de sua vida, "Guibert está em plena crise da adolescência" (p. 116 da tese). *Adolescentia*, aliás, é um termo corrente na época: os medievais a reconheciam como uma das épocas da vida, precedendo a *juventus*, a *senectus* e o *sentium* (os últimos anos, antes da morte). Os autores diferem quanto ao momento em que começa e termina essa etapa, mas o conceito é claro. Trata-se do período que começa com a puberdade e dura até o ingresso na vida adulta, este assinalado por ritos de passagem que variam segundo a posição social do indivíduo: casamento para as meninas, tonsura para os clérigos, *adoubement* (investidura) para os cavaleiros, logo mais *opera prima* para os artesãos. Os anos iniciais da vida são comumente divididos em *infantia* (até os dois anos), *dentium plantativa* (2-7 anos), *pueritia* (7-12/13 anos), e *adolescentia* (até os vinte e poucos, em geral). E a etimologia da palavra não deixa dúvida de que os medievais reconheciam a natureza básica das transformações daquele momento: *adolescere* significa "começar a queimar como lenha", numa clara alusão ao fogo dos desejos sexuais.

Subjetividade e cultura

"Mas então", dirá um leitor cético, "onde foi parar a ideia de que a subjetividade varia com os tempos e os lugares? Se na mente de um monge da Idade Média o psicanalista discerne as mesmas configurações que na de um indivíduo de hoje, falando de Édipo, castração, cisão, idealizações, objetos internos e por aí vai – não será apenas da boca para fora que ele afirma concordar com a determinação social dos processos subjetivos?"

"Determinação, não. *Codeterminação*."

"Dá na mesma, não? A ênfase é no que permanece, não no que muda. A velha crença a-histórica numa natureza humana sempre igual a si mesma – só *aggiornata*, para não criar polêmica com os sociólogos, historiadores e antropólogos."

"Engano seu. A questão é muito mais complexa."

"Então me explique. Quero ver!"

O psicanalista se recosta em sua poltrona e reflete. Por onde começar? O problema vai muito além da questão de saber se existia ou não adolescência na Idade Média. Ele concerne de modo geral ao vínculo mente-cultura, e a postura de inspiração marxista que se tornou prevalente (diluindo, é verdade, a sutileza da visão da qual partiu – mas isso é outro e vasto problema, que não discutiremos aqui) conduz à dissolução pura e simples do elemento "mente", considerando-o *derivado* e no fundo *homogêneo* ao elemento "cultura".

Por outro lado, a maneira pela qual Freud concebe o vínculo acaba por dissolver o elemento social, reduzindo-o a um agregado de mônadas ligadas por impulsos e fantasias de índole sexual.[6] Não há para ele História no sentido forte. Quando, em "Uma neurose demoníaca do século XVII", estuda as visões do pintor Christoph Haitzmann, tem por certo que – assim como nos estados de êxtase retratados em certas pinturas antigas se pode adivinhar a presença de uma muito prosaica histeria – sob as roupagens demonológicas se abriga uma neurose exatamente igual às modernas, que apenas falam uma língua mais obscura, "a das doenças orgânicas".[7] Freud discorre com a maior tranquilidade sobre o luto encalacrado do pintor pela morte do seu pai, que o conduz (via ambivalência e projeção) a ver no Diabo um substituto dele, e até sobre o simbolismo do número 9, "que onde quer que apareça orienta nossa atenção para fantasias de gravidez".[8] O único aspecto em que o transcurso do tempo lhe parece relevante é valorizado de modo exatamente oposto ao que se nos afigura hoje evidente: quanto mais antigo um conteúdo, menos reprimido é, portanto *mais* – e não *menos* – inteligível. Antigo quer no sentido de infantil, quer de passado – e, assim como as neuroses das crianças nos permitem discernir mais claramente os processos inconscientes, é mais fácil desvendá-los sob o disfarce demonológico que sob o

---

6 Cf. Mezan, R. (2006). *Freud, pensador da cultura* (7ª edição, parte IV, "Às voltas com a História"). Cia das Letras.

7 Freud, S. (1923). Eine Teufelsneurose im siebzehnten Jahrhundert, *Studienausgabe*, vol. VII (p. 287). Fischer Verlag; *Obras Completas*, Madri, 1977, Biblioteca Nueva, vol. III, p. 2677. (Estas edições são comumente designadas pelas siglas SA e BN).

8 Freud, "Eine Teufelsneurose....", SA VII, p. 303; BN II, p. 2686.

engodo "orgânico", justamente porque já não acreditamos mais em demônios.[9]

Será a Psicanálise obrigada a seguir aqui os passos do fundador, e considerar como secundária a espessura do tempo e a diversidade das culturas? Não penso assim, e nem pensa assim David Levisky, ou não teria apresentado sua tese num departamento de História. É justamente porque reconhece que a dinâmica psíquica *poderia* ser diferente em outro tempo e em outra estrutura social que empreende sua investigação, e é porque leva na devida conta as diferenças que as semelhanças que encontra têm forte valor probatório. Mas como conciliar a evidência de que certos processos mentais se revelam idênticos através das culturas com a evidência igualmente nítida de que já não pensamos nem sentimos como os medievais?

Levisky recorre a um conceito essencial para os historiadores contemporâneos, o de ritmos diversos nos grandes processos históricos: rápidos, lentos e lentíssimos, ou de "longa duração". A moral sexual nos países ocidentais evoluiu muito rapidamente nos últimos decênios, assim como as configurações familiares e relacionais: é possível questionar se o complexo de Édipo estudado por Freud há apenas cem anos permanece tal e qual quando o poder patriarcal sofreu mudanças tão radicais. As transformações de uma língua obedecem a outro padrão: podemos facilmente ler Machado de Assis, ou mesmo Camões, mas até para um francês letrado é difícil compreender a versão original das canções dos *troubadours*, para não falar na perplexidade de um dentista de Iowa frente aos *Contos de Canterbury*. Dos processos mentais próprios à espécie humana como tal pode-se dizer que variam em ritmo lentíssimo, quase ineperceptível, a ponto de parecerem eternos. A

9 Idem, SA VII, p. 287; BN III, p. 2677. Cf. o excelente comentário de Michel de Certeau a este artigo: "Ce que Freud fait de l'histoire", em Besançon, A. (Org.). (1974). *L'histoire psychanalytique* (pp. 220-240). Mouton.

aquisição da linguagem deu-se há alguns milênios e desde então vem sendo realizada de modo idêntico a cada geração; a crença em entidades sobrenaturais e as práticas a ela ligadas (sepultamento, religiões) estão presentes em todas as culturas, assim como o apego das crianças às suas mães, a necessidade de separar-se do ambiente infantil, reprimir a agressividade inata para poder viver em grupo, respeitar tabus sexuais, e assim por diante.

Os fenômenos dos quais se ocupa a Psicanálise pertencem a essa categoria, e a descrição metapsicológica lhes pode em princípio ser aplicada, independentemente de ocorrerem aqui ou ali, hoje ou na Antiguidade. O que varia não é a presença de um superego e de ideais narcísicos, mas o *conteúdo* sobre o qual se exerce a censura ou a atração: ser bom caçador e não irritar Manitu, ser herói e não atiçar a cólera de Zeus, ser monge e repelir as tentações do Demônio, ser psicanalista e não desprezar as sutilezas do psiquismo, são elementos que dependem da cultura à qual pertence cada um. Mas não depende dela que haja investimento libidinal numa sublimação, ou coesão das identificações num ego consistente. Recorrendo a uma analogia: é função do contexto sociocultural se os bíceps de um jovem se desenvolvem *porque* ele atira flechas em antílopes ou treina numa academia, mas não *que* existam em seus braços fibras musculares capazes de se fortificar.

Isso explica por que são os aspectos egoicos e superegoicos os mais permeáveis à determinação social, enquanto a dinâmica pulsional e o espectro das angústias pouco ou nada têm a ver com ela. Normas, proibições, valores são criações do coletivo, e faz parte do processo de socialização de toda criança que sejam interiorizados, configurando a partir de uma matéria-prima essencialmente virtual indivíduos que reconhecemos e que se reconhecerão a si mesmos como membros de dada cultura. Quanto mais complexa for a sociedade, maior será o número de subculturas nela existentes: mesmo na Idade Média, um cavaleiro não tem os mesmos comportamentos que um servo da gleba ou que um frade. Já a dinâmica emocional será bastante parecida entre eles, assim como com a de qualquer outro ser humano. "As grandes reações observáveis no curso da história, no que diz respeito às motivações fundamentais da psicologia humana, permanecem absolutamente constantes", diz Hélio Jaguaribe, num texto citado por Levisky.[10]

A questão que estamos examinando pertence ao registro epistemológico, e mesmo ao ontológico, pois diz respeito a modalidades do Ser – psíquico, social – e às possibilidades de as conhecermos em sua intimidade. Mas há outras igualmente importantes, de cunho metodológico, pois o trabalho de David Levisky se situa numa aresta interdisciplinar, a interface História/Psicanálise. E, embora não pretenda fazer obra de historiador, e sim de psicanalista, o documento que examina o leva a aventurar-se pelos lados da fonte Castália, junto à qual, nos diz Ovídio, moram Clio e suas irmãs. História e Psicanálise são, é claro, disciplinas diferentes, cada uma com seus métodos e regras de investigação; mas, como intuitivamente percebemos, em certos aspectos elas se aproximam: interesse pelo passado, necessidade de interpretar vestígios e fragmentos, visão do presente como determinado pelo que ocorreu antes etc. Para além dessas semelhanças superficiais, porém, pode ser interessante observar mais de perto em que ponto se aproximam e no qual se distanciam.

História e Psicanálise: diferenças

Cem anos após Guibert de Nogent concluir as *Monodiae*, morre em seu castelo de Caversham o cavaleiro Guilherme Marechal. Os

---

10 Jaguaribe, H. (2001). *Um estudo crítico da História* (pp. 29-62). Paz e Terra, citado por Levisky, p. 17 da tese. Uma ideia semelhante é desenvolvida em Mezan, R. (2002). Subjetividades contemporâneas. In *Interfaces da psicanálise* (pp. 257-272). Cia das Letras.

últimos meses de sua vida são presenciados por um séquito de vassalos e familiares, que acorrem para assistir ao espetáculo de uma morte principesca. Seu filho primogênito faz redigir, por um certo Jean "*qui de trouver entend gagner sa vie*",[11] uma biografia do pai, que foi tutor de Henrique II e regente da Inglaterra, além de herói militar e, na juventude, grande campeão de torneios. Não se trata de uma confissão, mas de um panegírico, gênero que obedece a outras convenções retóricas.

Georges Duby, que estudou este relato – cerca de 20 mil versos! – e dele tirou um livro esplêndido,[12] considera, no entanto, que se trata de um testemunho quase em primeira mão: de quem mais o escudeiro do Marechal, principal informante do cronista, teria ouvido o relato das aventuras de seu senhor, se não dele mesmo? Assim, temos um documento equivalente ao *De vita sua*, escrito pouco tempo depois e numa área cultural próxima, já que, naqueles tempos franceses, normandos e ingleses combatiam entre si constantemente em virtude das complicações dinásticas e de vassalagem. Com efeito, desde a conquista normanda em 1066, o rei da Inglaterra era formalmente vassalo do da França, porém mais poderoso que seu suserano e com interesses conflitantes em todo o vasto território entre o Canal da Mancha e o rio Loire.

Duby, aliás, menciona de passagem nosso monge ao falar do documento que examina:

> *o que nos é oferecido é a memória cavaleiresca em estado quase puro. . . . A canção é o equivalente dessas vidas de si mesmo que . . . intelectuais como Guibert*

---

11 "Que trovando (encontrando, literalmente) pretende ganhar sua vida."

12 Duby, G. (1984). *Guillaume le Maréchal, ou le meilleur chevalier du monde.* Fayard (Folio-Histoire).

de Nogent e Abelardo haviam começado a escrever um século antes. . . . Tiremos proveito desta sorte.[13]

Da mesma forma que o texto de Guibert, também a canção de Guilherme conheceu uma edição crítica na virada do século XX (por Paul Meyer, em três volumes datados de 1891, 1894 e 1901), e tornou-se fonte para os estudos medievais.

Ora, Duby não se abala com a memória vacilante do escudeiro para os fatos mais remotos (a versão dele é contradita em inúmeros detalhes por documentos de arquivo, conservados em virtude da importância do Marechal para a história do seu país). Não quer escrever a história dos fatos, o que outros já fizeram e, segundo seu juízo, bastante bem. "Meu objetivo é elucidar o que ainda é mal conhecido, tirando deste testemunho . . . o que ele ensina sobre a cultura dos cavaleiros. Quero simplesmente tentar ver o mundo como o viam estes homens."[14]

Aqui tocamos o nervo da diferença entre as perspectivas do psicanalista e do historiador. Compare-se o que diz Duby com estas linhas de Levisky: "algo mobiliza uma certa irritação contra-identificatória não esclarecida frente a esse Guibert supersticioso e submisso. . . . Que resquícios existem nas profundezas do meu eu interior, inalcançável racionalmente e em confronto com o mais íntimo de Guibert?"[15]

Apesar de todo o interesse pela vida psíquica do monge, que o leva a dedicar anos de considerável esforço para redigir seu estudo, o psicanalista não quer "ver o mundo como o viam esses homens". A ineliminável distância entre a transferência e a contratransferência, da qual procede a "irritação contra-identificatória", é o que

---

13 Duby, op. cit., pp. 42, 46.

14 Duby, op. cit., p. 49.

15 Cf. *Um monge no divã*, p. 179 da tese.

permite construir uma interpretação: são os demônios que correspondem à projeção de desejos inconscientes temidos e rechaçados, e não estes que nos são impostos para que pequemos e afastemos nossos corações das veredas do Senhor. Levisky é severo com a ideologia religiosa da época, aceita por seu "paciente" (que outra coisa poderia ele fazer?), mas que o analista considera fonte de graves mutilações psíquicas, como a perda da espontaneidade infantil ou os tormentos da culpa que Guibert arrasta durante toda a vida, porque sente desejos que sua cultura toma por pecaminosos – e que a Psicanálise considera naturais.

Um exemplo dessa postura – que alguns considerarão etnocêntrica, quiçá ingênua – aparece quando Levisky comenta o interesse de Guibert pela poesia latina. O adolescente descobre a *Ars Amandi* de Ovídio, que lhe fornece elementos para simbolizar o que brada em suas fantasias; tenta ele mesmo compor poemas licenciosos, numa tentativa de sublimar seus impulsos sexuais. O analista vê nesse fato um alívio da pressão superegoica, um sinal alvissareiro de maior integração e de tolerância – sob uma forma socialmente aceita – para com aspectos até então recalcados ou cindidos na vida psíquica do rapaz. Seu preceptor, ao contrário, escandaliza-se e proíbe o pupilo de continuar nessa via. Ao refletir sobre essa passagem de sua vida, o velho Guibert escreve que, embora tenha sido sua mão que compôs as poesias, ela não possui mais a mesma capacidade, pois, ao se dedicar à busca da virtude, perdeu a eficácia que tinha em suas antigas atividades.[16] Vitória do falso self, lamenta o analista; perda significativa de um canal sublimatório, bloqueio de uma via de catarse para os impulsos libidinais preferível à das atuações desgovernadas que a precedem e à repressão impiedosa que se lhe segue.

16 *De vita sua*. Trecho citado por Levisky, na p. 341 de sua tese.

Pode-se criticar aqui a falta de neutralidade por parte do psicanalista? Alguns não hesitarão em fazê-lo; não me conto entre eles, embora para expressar minha posição talvez não empregasse as mesmas palavras que Levisky. A questão é de outra ordem: é *ética*. A Psicanálise tem critérios valorativos que a orientam em seus diagnósticos, embora o psicanalista não deva tentar impô-los a seus pacientes. Um desses critérios é o ceticismo quanto ao valor intrínseco do sofrimento, e a crença complementar na validade de soluções para os conflitos da alma que tenham menor custo psíquico. A sublimação de partes da libido, nessa perspectiva, é vista como preferível à repressão delas, pelo prazer que proporciona (também na vertente narcísica: "ser capaz de..." alimenta a autoestima e propicia que sejamos amados e admirados por outros significativos, a quem por nossa vez amamos e admiramos). Mas uma certa dose de satisfação direta para as urgências libidinais é igualmente indispensável para a saúde mental. "A mão que segura a pena é a mesma que segura o pênis", escreve Levisky no passo que estamos comentando.

Por que ele se autoriza tal entorse ao sagrado princípio da neutralidade "benevolente?" Porque Guibert não é seu paciente "de verdade", e, assim como aos poetas se permitem licenças poéticas, a quem faz Psicanálise aplicada é lícito usar de uma "licença analítica". Um historiador também poderia, falando dos campos de concentração, expressar seu horror ante os fatos que lhe toca analisar. Não há aqui oposição entre as duas disciplinas: ambas exigem que o estudioso controle seus entusiasmos e antipatias, e em ambas cabe uma infração ocasional a essa norma. A meu ver, a diferença essencial entre as duas perspectivas consiste em que a História quer simplesmente compreender seu objeto, enquanto a Psicanálise acrescenta a essa finalidade uma outra – ela o quer *transformar*. Não é apenas um "conhecimento de", mas um "instrumento para", como disse certa vez Piera Aulagnier. E para tanto são indispensáveis critérios para avaliar se o estado "x" é preferível ao estado "y", e por quê.

Há, entretanto, um tipo de trabalho analítico em que não tem lugar o projeto de mudar: a Psicanálise aplicada, ou, como se costuma dizer hoje, *extramuros*, em *clínica extensa.*[17] O que Levisky faz em sua tese pertence a esse campo, ao qual alguns – dos quais discordo – atribuem a mesma trivialidade que a um hobby. Discordo porque, seja qual for o objeto não clínico a que se aplica a Psicanálise – relato, obra de ficção ou de arte, fenômeno social –, ele é sempre produto da atividade psíquica de quem o criou ou de quem dele participa. O que faz o analista nesses casos é refletir a partir de dados que, embora não originados diretamente da clínica, são no essencial homólogos aos que dela provêm: neles fala sempre um sujeito. Freud não se dedicou a interpretar as *Memórias* do Presidente Schreber, as lembranças infantis de Leonardo e de Goethe, a *Gradiva* de Jensen? A única diferença entre Psicanálise clínica e aplicada é que esta não visa – *et pour cause* – a produzir mudança alguma no objeto da investigação. No restante, que é essencial, são uma só e mesma coisa, porque seus pressupostos são os mesmos, seu método é o mesmo e os conhecimentos obtidos em qualquer das duas vertentes valem para a outra.

História e Psicanálise: convergências

A Psicanálise, como Janus, tem duas faces, a prática e a teórica, que mantêm entre si relações que não é o caso agora de investigar mais a fundo. Basta dizer que, se na prática estamos sempre no domínio do singular – *este* paciente, *esta* dupla, irredutíveis e insubstituíveis –, no plano da teoria visamos a construir um discurso que tenha

---

17 Expressões que devemos respectivamente a Jean Laplanche e a Fabio Herrmann, de saudosa memória.

validade para outros casos, e isso numa escala crescente, segundo o nível em que nos situarmos. O Homem dos Ratos é aquele advogado, com sua biografia única e sua específica economia psíquica; mas é também um obsessivo, e o que com ele Freud aprende pode ser empregado para tratar outros obsessivos. Além disso, elementos psíquicos descobertos naquele trabalho podem ser encontrados em indivíduos não obsessivos – por exemplo, a onipotência do pensamento, que caracteriza o modo infantil de conceber o mundo e está na raiz de coisas que já não se relacionam diretamente com a neurose obsessiva, como a magia e a superstição.

Essa relação entre o singular e as classes cada vez mais abrangentes nas quais, sem prejuízo da sua individualidade, ele pode ser incluído caracteriza os objetos de todas as Ciências Humanas, e os distingue dos das Ciências da Natureza e dos da Matemática. Pouco importa se é por meio deste ou daquele triângulo retângulo que demonstro o Teorema de Pitágoras, se é neste ou naquele exemplar de rocha que descubro tal característica: demonstração e descrição serão válidas para todos os triângulos e rochas daquele tipo. Já nas Ciências Humanas, a singularidade do singular tem enorme importância: Guibert não é Guilherme Marechal, o Homem dos Ratos não é o Homem dos Lobos, e o que afirmamos sobre um deles não necessariamente vale para o outro.

Contudo, diz-nos Paul Veyne, "a individualização dos fatos históricos ou geográficos . . . não contradiz sua eventual inclusão numa espécie, modelo ou conceito".[18] E continua: "um acontecimento histórico só tem sentido dentro de uma série; mas estas séries são em número indefinido, não se ordenam hierarquicamente entre si nem convergem para um geometral que acolheria todas as perspectivas".[19] Não há olhar total sobre a História.

---

18 Veyne, P. (1971/1984). *Cómo se escribe la historia* (p. 18). Alianza Editorial.
19 Veyne, *Cómo se escribe...*, p. 29.

Daí que um mesmo acontecimento possa ser incluído em diversas séries, e que, de modo complementar, várias delas se cruzem num mesmo acontecimento. E como a noção de *acontecimento* inclui não apenas fatos que ocorreram, mas eventos no plano da sensibilidade, do pensamento, da cultura (neste caso, chamamo-los *obras*), o acontecimento *De vita sua* pode testemunhar sobre aspectos muito diversos da civilização medieval: o que podia sentir um monge daquele tempo, como se educavam as crianças destinadas ao sacerdócio, as crenças vigentes sobre os demônios, os efeitos das reformas gregorianas sobre a vida diária, as convenções do gênero *confissão*, o uso dos sonhos para tomar decisões cruciais, e assim por diante. Um acontecimento, diz Paul Veyne, é um "conglomerado de processos", um "nó de relações",[20] e atribuir-lhe sentido é descrever e compreender as tramas das quais faz parte.

Georges Duby é da mesma opinião:

> *quando interrogo este documento tão rico a fim de seguir a trajetória de uma ascensão pessoal, com a intenção de, partindo deste exemplo, construir hipóteses mais fundamentadas sobre . . . os movimentos de promoção na aristocracia do Ocidente no meio século que enquadra o ano de 1200 . . ., um fato aparece com grande clareza: a roda da fortuna . . . girava cada vez mais rápido naquele tempo, mesmo neste meio social aparentemente estável.*[21]

Não se pode ser mais claro: a canção de Guilherme narra uma trajetória *pessoal*, mas ela só interessa ao historiador porque

20 Idem, p. 38.

21 Duby, op. cit., pp. 94-95. E já no fim do livro: "entre seus raros méritos, o texto do qual me sirvo oferece o de colocar sob viva o jogo dos poderes nesse andar superior da sociedade dita feudal" (p. 161).

permite *partir deste exemplo* para construir hipóteses sobre algo muito mais amplo – os *movimentos de promoção* entre os membros da aristocracia –, porém bem circunscrito – no *Ocidente, entre 1175 e 1225*. Singular e particular (ou, nos termos de Veyne, "individual" e "específico", que aqui significa "próprio à espécie" ou ao tipo) se encontram imbricados um no outro; a trajetória *deste* cavaleiro ilumina a *dos* cavaleiros, e o que se sabe *dos* cavaleiros permite interpretar tal ou qual momento *desta* trajetória. E disso se pode concluir que, mesmo naquela sociedade *aparentemente* estável, processos de mudança estavam ganhando intensidade e velocidade (a roda da fortuna girava *cada vez mais rápido*) – processos no âmbito econômico ou ideológico, distantes da cavalaria stricto sensu, mas para os quais apontam os fatos da "trajetória" de Guilherme.

Ora, nesse aspecto o historiador e o psicanalista trabalham da mesma maneira. O documento que Levisky estuda contém elementos pertencentes a várias séries, entre as quais ele escolhe a "série psíquica". Mas o que descobre sobre Guibert de Nogent pode ser em princípio atribuído *também* a outros que viveram em condições semelhantes; apenas de suas "trajetórias" não se conservou registro, o que não impede propor "hipóteses bem fundamentadas" sobre o que pode ter significado atravessar a adolescência naquele tempo. E, se havia adolescência naquele tempo, fica demonstrado que ela não é apenas um fenômeno contemporâneo (nem restrito às sociedades ocidentais, como demonstra o clássico de Margaret Mead, *Coming of age in Samoa*).

Essas considerações são da máxima importância para justificar estudos interdisciplinares como o de Levisky: o trançado singular/particular/universal permite transitar não somente entre os vários planos ou níveis de um mesmo objeto, mas igualmente entre campos diversos, que no caso são História e Psicanálise, mas poderiam ser Psicanálise e Educação ou Psicanálise e Música. O singular é aqui, adivinha-se, o indivíduo Guibert; o universal é a adolescência; o particular, a adolescência nas camadas sociais mais elevadas da França na segunda metade do século XI.

É sobre esse último aspecto que, para concluir, gostaria de fazer algumas observações. Há no relato de Guibert elementos que permitem particularizar o *modus adolescendi* da época, de forma a distingui-lo daquele que nos é mais familiar. A título de exemplo, escolho a questão do vínculo com o pai, que obviamente diz respeito às modalidades de resolução do conflito edipiano.

Levisky dedica várias páginas a essa questão, interrogando-se sobre a estrutura da imago paterna no inconsciente do monge. O pai biológico tem pouca importância na constituição dela – morreu quando o bebê tinha 8 meses –, a não ser pela intenção que lhe é atribuída de romper o pacto com a Virgem e impedir seu caçula de se tornar sacerdote, impondo-lhe uma carreira de cavaleiro. Levisky vê nessa ideia de Guibert (e talvez da sua mãe) a marca da ambivalência, no que me parece ter razão. Bem mais relevante para a organização do mundo interno do menino foi, nesse caso, a figura de Deus, tanto em seus aspectos misericordiosos (pai protetor) quanto severos e punitivos (pai castrador) – e isso de modo muito mais direto do que apenas por causa da religião em geral. No discurso e na vida cotidiana da mãe, a divindade ocupa o primeiro plano, junto com a figura do marido morto.[22]

Conclui Levisky que o Édipo medieval se resolve elaborando imagos que possuem uma face terrena (os pais propriamente ditos) e uma face celestial (Deus, Cristo, a Virgem Maria). As fontes a

22 Quanto dessa valorização é sincera, e quanto devida à necessidade de, como Penélope, afastar pretendentes incômodos, é impossível saber. Pesam em favor da leitura menos ingênua os sentimentos de raiva e rancor que esta jovem mulher não pode ter deixado de abrigar em relação a um esposo que a faz esperar sete anos para consumar o casamento e tem de provar sua virilidade engravidando outra mulher, com quem tem um filho bastardo que, no entanto, morre ainda muito pequeno.

partir das quais se forma a imago paterna parecem ter sido, no caso de Guibert, a imagem do pai conservada na memória da mãe, a figura do avô materno e o imaginário religioso, que situa em Deus o poder de criar, de condenar e de perdoar. Essa própria série mostra como o "cultural" se transforma em *cosa mentale*, agindo no interior da psique a partir da sua introjeção e inclusão em constelações inconscientes.

Se a hipótese leviskyana sobre o Édipo medieval é ou não correta cabe a novos estudos determinar. Caso seja, poderá iluminar outras facetas do "ser homem" naqueles tempos, mas – assim como para qualquer hipótese psicanalítica, e, tanto quanto sei, também histórica – sua validade só pode ser confirmada se o teste for realizado sobre fatos diferentes daquele que lhe deu origem.

Podemos tomá-la por um ângulo ligeiramente diverso e considerar o que ela subentende: que a imago contém mais do que uma representação única do pai (seja o biológico, seja o do indivíduo que desempenhou junto ao menino a função paterna). Esse "mais" pode tomar a forma de Deus (como foi o caso com Guibert, a crer na interpretação que estamos examinando), mas pode igualmente provir de outra área da vida, por exemplo, dos costumes ou dos valores. Em qualquer dos casos, é de esperar que os sentimentos dos meninos para com seus pais – em outras palavras, a maneira pela qual vivenciam seu complexo de Édipo – portem a marca dessa outra "fonte".

Ora, o livro de Georges Duby nos faz ver como eram tênues os laços afetivos entre Guilherme Marechal e seu progenitor, a cujo enterro ele sequer compareceu. Não há calor, nem mesmo emoções do espectro agressivo, como rancor ou ódio. Filho desnaturado? Não: isso é típico da constelação familiar na Idade Média. Os varões que não herdam – ou seja, todos menos os primogênitos – não manifestam apego particular ao pai. É no âmbito das leis feudais de sucessão que devemos procurar a raiz desta particular constelação afetiva: o "amor" (significando aqui respeito, carinho, admiração) se dirige com frequência para um tio materno, o qual, devido ao costume de casar um degrau acima na escala social, está o mais das vezes em melhores condições que o pai de acolher o jovem e auxiliá-lo em sua carreira, quer ele se destine a fazer parte dos *oratores* (prelados) ou dos *bellatores* (guerreiros).

É o que acontece com Guilherme: terminada sua aprendizagem junto a um primo do pai, atravessa o Canal e vai ao encontro do seu tio *materno*, o conde de Salisbury, a cujo serviço se engaja. E é o que *não* acontece com Guibert: ao menos nos trechos citados por Levisky, não há sombra de uma figura semelhante em sua vida. Há, sim, um primo pelo lado do pai que lhe oferece uma sinecura, porém em condições moralmente inaceitáveis (p. 126 e ss. da tese), o que motiva uma recusa escandalizada.

Pergunta: não terá a ausência de um parente masculino tão importante, ou pelo menos o seu silêncio, contribuído para determinar a forma que toma a imago paterna na mente de Guibert, abrindo espaço para que Deus venha substituir o "tio ausente"? Não terá essa carência influído nesse seu modo de se ver como desvalido e sem proteção e por essa via na baixa autoestima, na sua certeza de ser um "nada", na sua apatia? Com efeito, pode-se imaginar que sem o anteparo de um "bom tio materno" a figura de Deus se tenha agigantado, tornando-se ainda mais ameaçadora e aumentando a sensação de fragilidade frente a poderes contra os quais é impossível combater (sejam divinos ou diabólicos).

Essas observações sugerem que, se existe um Édipo medieval, ele está necessariamente *estruturado* como conhecemos – o sujeito, o objeto do seu desejo, a potência interditora –, mas as *figuras empíricas* que ocupam uma das pontas do triângulo não precisam se reduzir à do pai biológico. É, aliás, assim nas sociedades matrilineares, como sabemos desde Malinowski. E, como mostra Georges Duby, a linhagem materna ainda tem peso decisivo na vida dos "aristocratas" do tempo de Guibert. Para o que nos interessa aqui, tal modalidade de organização do complexo atenderia simultaneamente ao requisito da universalidade – Édipo é Édipo, triângulo com tais e quais características – e ao da particularidade – em tais época e lugar, por tais razões ligadas à sociedade e à cultura, ele tipicamente se encarna em tais e tais membros da geração anterior ou em tais e tais entes da esfera sobrenatural.

Para concluir

O fato é que nosso jovem aos poucos supera a crise da adolescência e se transforma num adulto. As páginas finais do estudo de Levisky mostram-no começando a pregar, escrevendo sermões originais, encontrando outros mestres, que toma como modelos (entre os quais Anselmo, o autor da célebre "prova ontológica" da existência de Deus). Sai da *adolescentia* e entra na *juventus*, mas carrega consigo as marcas dos movimentos pelos quais se constituiu sua subjetividade. Nisso Guibert não se diferencia de Guilherme Marechal, nem de qualquer outro ser humano.

Resume David Levisky

> *Sobre a mentalidade organizam-se os imaginários e as subjetividades em seus diferentes níveis. Este processo complexo, dinâmico e parcialmente consciente é mobilizado pela vida pulsional, que a mentalidade e a cultura reprimem, recalcam, estimulam, valorizam construtiva, destrutiva e criativamente. . . . São aspectos constantes e variáveis, intensamente vivenciados durante a adolescência em função das necessidades provenientes do processo de identificação e de estruturação da personalidade adulta. Daí a sugestão de que existe uma* mentalidade adolescente, *própria desta fase evolutiva*

> *do desenvolvimento humano, que abrange aspectos biológicos, psicológicos e sociais.*[23]

Essa é a tese da tese, a ideia de cuja verdade Levisky irá procurar persuadir seus leitores nas páginas que se seguem. Apresentei acima o essencial do seu argumento e alguns dos problemas que ele implica; é tempo de passar a palavra ao autor. Que seu livro desperte em você – que está com este livro nas mãos – o mesmo interesse que suscitou entre os membros da banca que o avaliou (entre os quais tive a honra de ser incluído) e o faça refletir sobre aspectos da condição humana que talvez não lhe tivessem ainda chamado a atenção. Afinal, como disse um dos poetas latinos que tanto fascinaram o jovem Guibert, "*homo sum: humani nihil a me alienum puto*".[24]

---

23 Levisky. D. L. *Um monge no divã. O adolescer de Guibert de Nogent (1055--1125?): uma análise histórico-psicanalítica* (p. 368). (Tese de doutorado). Faculdade de Filosofia, Letras e Ciências Humanas, Universidade de São Paulo (FFLCH-USP), São Paulo, SP.

24 Terêncio. *Heautontimoroúmenos* (*O carrasco de si mesmo*), I, 1, 25: "sou homem, e nada do que é humano me é estranho".

Bibliografia

Fonte primária central

De Nogent, G. (1981). *De Vita sua – Autobiographie*. Introdução, edição e tradução E.R. Labande. Société D'Édition Les Belles Lettres.

Fontes primárias complementares

Aristóteles. (1966). *Poética*. Editora Globo.

Aristóteles. (1990). *Retórica*. Centro de Estudios Constitucionales.

Bernardus. *Sermones in Cantica Canticorum* (pp. 1844-1855). In Migne, *Patrologia Latina*, vol .183, col. 1179D.

Bíblia Sagrada (1951). Traduzida da Vulgata e anotada pelo Pe. Matos Soares. Pia Sociedade de São Paulo.

De Varazze, J. (2003). *Legenda áurea. Vida de santos*. Tradução, apresentação, notas e seleção iconográfica por Hilário Franco Júnior. Cia. das Letras.

Migne. (1853). *Patrologia latina*. s/e.

Santo Agostinho. (1995). *De libero arbítrio* (Tradução, organização, introdução e notas de Nair de Assis Oliveira). Paulus.

Santo Agostinho. (1997). *Confessionum L. II.* In *Confessioni.* Lorenzo Valla/Arnoldo Mondadori Ed.

Santo Agostinho. (1999). *Confissões.* Nova Cultural.

Fontes históricas, filosóficas, sociológicas etc.

Abelardo, P. (1997). Primeira carta ou História das calamidades de Pedro Abelardo escrita para um amigo. In Rocha, Z., *Cartas, Abelardo – Heloísa (As cinco primeiras cartas traduzidas do original, apresentadas e comentadas).* Editora UFPE.

Abelardo, P. (1997). Historia calamitatum. In Rocha, Z., *Cartas: Abelardo-Heloísa* (As cinco primeiras cartas traduzidas do original, apresentadas e comentadas). Editora UFPE.

Adam, A. (1982). *O ano litúrgico.* Paulinas.

Alexandre-Bidon, D., & Closson, M. (1985). *L'enfant à l'ombre des cathédrales.* Presses Universitaires de Lyon-CNRS.

Archambault, P. J. (1998). *A monk's confession – The memoirs of Guibert of Nogent.* The Pennsylvanya State University Press.

Ariès, P. H. (1978), *História social da criança e da família.* Guanabara Koogan.

Arnaldi, G. (2002). Igreja e papado. In Le Goff, J., & Schmitt, J. C., *Dicionário temático do Ocidente medieval,* vol. I (pp. 567-589). Imprensa Oficial/Edusc.

Auerbach, E. (1994). *Mimesis.* Perspectiva.

Bagliani, A. P. (2002). Idades da Vida. In Le Goff, J., & Schmitt, J. C., *Dicionário temático do Ocidente medieval* (pp. 553-565). Imprensa Oficial/Edusc.

Bartolomeu, O Inglês (1979). *Bartholomaeus anglicus: on the properties of soul and body*. Ed. R. Long. castigi

Baschet, J. (2002). Diabo. In Le Goff, J., & Schmitt, J. C., *Dicionário temático do Ocidente medieval*, vol. I (pp. 319-331). Imprensa Oficial/Edusc.

Benton, J. (1970/1971). The personality of Guibert de Nogent. *Psychoanalytical Review*, *LVII*, 563-586.

Benton, J. (1970). *Self and society in medieval France*. Harper & Row.

Benton, J. (1974). John F. Benton commentary of "The evolution of the childhood: a Symposium". *History of Childhood Quarterly: The Journal of Psychohistory*, *1*, 585-588.

Berlioz, J. (2002). Flagelos. In Le Goff, J., & Schmitt, J. C., *Dicionário temático do Ocidente medieval*, vol. I (pp. 457-471). Imprensa Oficial/Edusc.

Bienvenu, J. M. (1966). Pauvreté, misères et charité en Anjou aux XIe et XIIe siècles. *Moyen Age*, *72*, 212-235.

Blanquerna, A. (1925). *13th century romance*. Tradução E. Alison Peers. Jarrolds.

Bloch, M. (1965). *Introdução à História*. Publicações Europa América..

Bloch, M. (1994). *La société feodale*, vol. I. Éditions Albin Michel S. A.

Bonney, F. (1980). Enfance divine et enfance humaine. *Senefiance*, *9*, 9-23.

Borobio, D. (1993). Penitência. In Borobio, D. (Org.), *A celebração na Igreja – Os Sacramentos*, vol. II. Loyola.

Borobio, D. (2000). Consagração das virgens e profissão religiosa. In Borobio, D. (Org.), *A celebração na Igreja III – ritmos e tempos da celebração*. Loyola.

Boureau, A. (2002) Fé. In Le Goff, J. & Schimitt, J. C., *Dicionário temático do Ocidente medieval*, vol. I (pp. 411-422). Imprensa Oficial/Edusc.

Burke, P. (2003). *Testemunha ocular: História e imagem*. Edusc.

Campbell, J. (1996). *O poder do mito*. Editora Palas Athenas.

Campbell, J. (1997). *O herói de mil faces*. Editora Pensamento.

Cardini, F. (1989). Le guerrier et le chevalier. In Le Goff, J., *L'homme médiéval* (pp. 87-128). Éditions du Seuil.

Casagrande, C., & Vecchio, S. (2002). Pecado. In Le Goff, J. & Schimtt, J. C., *Dicionário temático do Ocidente medieval*, vol. II (pp. 337-351). Imprensa Oficial/Edusc.

Castigioni, A. (1947). *História da medicina*, vol. I. Companhia Editora Nacional.

Chaurand, J. (1992). *Les parles et les hommes: Recueil de travaux inédits ou publiés revus et augmentés* (pp. 15-96). SPM.

Chobham, T. (1963). *Summa Confessorum*. Ed. F. Broomfield.

Costa, A. L. M. C. (2003). As armadilhas nas imagens – uma cartilha introdutória para a alfabetização visual do historiador e do leitor. *Carta Capital*, *IX*(244), pp. 62-63.

Corominas, J. (1994). *Breve dicionário etimológico de la lengua castellana*. Gredos.

Coupe, M. D. (1983). The personality of Guibert de Nogent reconsidered. *Journal of Medieval History*, *9*, 317-329.

Culliver, J. P. (1980). L'enfant dans la tradition féodale germanique. In Riché, P., L'enfant au Moyen Age: litterature et civilization. *Sénéfiance*, *9*.

Daniélou, J., & Marrou, H. (1966). Dos primórdios a São Gregório Magno. In Rogier, L. J., Aubert, R., & Knowles, M. D., *Nova história da Igreja*, vol. I. Vozes.

De Aquino, T. (1953). *Super Epistolas Pauli Lectura*, vol. I. Ed R. Raphaelis.

De Mause, L. (1974). The evolution of childhood. *History of Childhood Quartely – The Journal of Psychohistory*, 1(4), 503-574.

De Mause, L. (Org.). (1980). *The history of childhood*. A Condor Book Souvenir Press Ltd.

De Megenberg, K. (1973). *Ökonomik*. Ed. S. Krüger.

De Siena, A. (1911). *Les régime du corps de Maître Aldebrandin de Sienne*. Librairie Ancienne Honoré Champion.

Delumeau, J. (1983). *Le péché et la peur – La culpabilisation en Occident (XIIIe-XVIIIe siècles)*. Fayard.

Duby, G. (1961). Histoire des mentalités. In Samaran, C. (Org.), *L'histoire et ses méthodes* (pp. 944-951). Gallimard.

Duby, G. (1984). *Guillaume le Maréchal, ou le meilleur chevalier du monde*. Fayard (Folio-Histoire).

Duby, G. (1988). *O cavaleiro, a mulher e o padre*. Publicações Dom Quixote.

Duby, G. (1989). *Idade Média, idade dos homens – do amor e outros ensaios*. Cia. das Letras.

Duby, G., & Mandrou, R. (1958). *Histoire de la civilization française*, vol. I.

Eliade, M. (1992). *O sagrado e o profano*. Editora Martins Fontes.

Eliade, M. (1998). *Mito e realidade*. Perspectiva.

Febvre, L. (1977). *Combates pela História*, vol. I e II. Editorial Presença.

De Novara, F. (1888). *Les quatre ages de l' homme*. Ed. M de Eréville. In Gallica. *Anthologie des Collections*. http://gallica.bnf.fr/scripts/Consultation

Franco Júnior, H. (1996). Ave Eva! – Inversão e complementariedade de um mito medieval. *Revista da Universidade de São Paulo, 31*, 52-67.

Franco Júnior, H. (1996). *A Idade Média – nascimento do Ocidente.* Editora Brasiliense.

Franco Júnior, H. (1998). *Cocanha – A história de um país imaginário*. Cia. das Letras.

Franco Júnior, H. (2003). O fogo de Prometeu e o escudo de Perseu. Reflexões sobre mentalidade e imaginário. *Signum – Revista da ABREM*, 5, 73-116.

Froissart, J. (1963). *L'espinette amoureuse*, vol. II. Ed. J. Fourrier.

Gauvard, C. (2002). Violência. In Le Goff, J. & Schimtt, J. C., *Dicionário temático do Ocidente medieval*, vol. II (pp. 605-613). Imprensa Oficial/Edusc.

Gay, P. (1989). *Freud para historiadores.* Editora Paz e Terra.

Geary, P. Memória. In Le Goff, J. & Schmitt, J. C., *Dicionário temático do Ocidente medieval,* vol. II (pp. 167-181). Imprensa Oficial/Edusc.

Given, J. B. (1977). *Society and homicide in 13th century England.* Stanford.

Graña, R. (2003). O eterno retorno a Graciliano Ramos – os cinquenta anos da morte de um herói da escrita. *Notícias da Associação Brasileira de Psicanálise, 7*(21), 15.

Guerreau-Jalbert, A. (2002). Parentesco. In Le Goff, J. & Schmitt, J. C., *Dicionário temático do Ocidente medieval*, vol. II (pp. 321-336). Imprensa Oficial/Edusc.

Halphen, L. (1950). *A travers l'histoire du Moyen Age*. Press Universitaires de France.

Holmes, U. T. (1968-9). Medieval children. *Journal of Social History*, 2, 164-72.

Huizinga, J. (1978). *O declínio da Idade Média* (pp. 31-52). Ed. Verbo/USP.

Huizinga, J. (2001). *Homo ludens*. Perspectiva.

Jaeger, W. (1995). *Paideia – a formação do homem grego*. Editora Martins Fontes.

Jaguaribe, H. (12 set. 1999). Um estudo crítico da história. Caderno Mais. *Jornal Folha de S.Paulo*, 5.

Jaguaribe, H. (2001). *Um estudo crítico da História*, vol. I e II. Paz e Terra,

Jordan, W. C. (2001). Adolescence and conversion in the Middle Ages: a research Agenda. In Signer, M. A. & Van Engen, J. (Eds.), *Jews and christians in twelfth-century Europe* (pp. 77-93). University of Notre-Dame Press – obra que não pudemos consultar.

Kantor, J. (1976). A psycho-historical source: the memoirs of abbot Guibert of Nogent. *Journal of Medieval History*, 2, 281-303.

Ladurie, E. le R. (1997). *Montaillou – povoado occitânico*. Cia. das Letras.

Lalande, A. (1993). *Vocabulário técnico e crítico da Filosofia*. Editora Martins Fontes.

Langlois, C. V. (1926). *La vie en France au Moyen Age*, vol. II. Ed. B. Hauréau.

Le Goff, J. (1989). *L'homme medieval*. Seuil.

Le Goff, J. (1995). *A civilização do Ocidente medieval*, vol. I e II. Editorial Estampa.

Le Goff, J. (2002). Além. In Le Goff, J. & Schmitt, J. C., *Dicionário temático do Ocidente medieval*, vol. I (pp. 21-33). Imprensa Oficial/Edusc.

Le Goff, J. (2002). Sonhos. In Le Goff, J. & Schmitt, J. C., *Dicionário temático do Ocidente medieval* , vol. II (pp. 511-529). Imprensa Oficial/ Edusc.

Le Goff, J. (2002). Tempo. In Le Goff, J. & Schmitt, J. C., *Dicionário temático do Ocidente Medieval*, vol. II (pp. 531-539). Imprensa Oficial/Edusc.

Lett, D. (1997). *L'enfant des miracles – enfance et société au Moyen Age (XIIe – XIIIe siècle)*. Aubier.

Levi, G., & Schmitt, J. C. (Orgs.). (1996). *História dos jovens – da Antiguidade à Era Moderna*. Cia. das Letras, vol. I e II.

Levisky, A. B. (2000). *Sinagogas: a sacralização do espaço e a espacialização do sagrado*. (Dissertação de mestrado). Departamento de Letras Orientais, Faculdade de Filosofia, Letras e Ciências Humanas, Universidade de São Paulo, São Paulo.

Levisky, D. L. (Org.). (1997). *Adolescência e violência: consequências da realidade brasileira*. Artes Médicas.

Levisky, D. L. (1998). *Adolescência: pelos caminhos da violência*. Casa do Psicólogo.

Lopez, R. (1965). *O nascimento da Europa*. Cosmos.

Magne, A. (1952). *Dicionário etimológico da língua latina*. Instituto Nacional do Livro.

Marcus, I. G. (1984). *Rituals of childhood. Jewish acculturation in Medieval Europe*. Yale University Press.

Mezan, R. (1998). Um espelho para a natureza: notas a partir de *Hamlet*. In Mezan, R., *Tempo de Muda* (pp. 86-88). Cia das Letras.

Mezan, R. (2002). Subjetividades contemporâneas. In *Interfaces da psicanálise* (pp. 257-272). Cia das Letras.

Mezan, R. (2006). *Freud, pensador da cultura*. Cia das Letras.

Misch, G. (1950) *A History of autobiographie in Antiquity*, vol I. e II. Routldge & Kegan Paul Limited.

Moore, R. I. (2004). *Speculum*, 79, 554-555.

Morin, E. (1994). *La complexité humaine*. Flammarion.

Owst, G. R. *Literature and pulpit in medieval England.*

Pastoureau, M. (1996). Os emblemas da juventude: atitudes e representações dos jovens na imagem medieval. In Levi, G. & Schmitt, J. C., *História dos jovens – da Antigüidade à era Moderna,* vol. I (pp. 245-263). Cia. das Letras.

Penna, A. G. (1994). *Freud, as ciências humanas e a filosofia*. Imago.

Pessanha, J. A. (1999). Vida e Obra de Sto. Agostinho. In Santo Agostinho, *Confissões* (pp. 11-23). Nova Cultural, 1999.

Pires, F. M. (1999). *Mithistória*. Humanitas – Fapesp.

Pouchelle, M. C. (2002). Medicina. In Le Goff, J. & Schmitt, J.-C., *Dicionário temático do Ocidente medieval*, vol. II (pp.151-164). Imprensa Oficial/Edusc.

Pratesi, A. *Enciclopedia Cattolica.*

Riché, P. (1973). *Education et culture dans l'Occident barbare*. Édition du Seuil.

Riché, P. (1973). Enfant et société au Moyen Age. *Annales de démographie historique*. Mouton.

Riché, P. (1976). *L'enfant,* t. XXXVI, vol. II e V. Recueil de la Société Jean Bodin.

Riché, P. (1982). L'enfant au Moyen Age: litterature et civilization. *Sénéfiance*, 9.

Riché, P., & Alexandre-Bidon, D. (1994). *L'enfance au Moyen Age*. Seuil.

Rocha, Z. (1996). *Paixão, violência e solidão – o drama de Abelardo e Heloísa no contexto cultural do século XII*. Editora UFPE.

Rocha, Z. (1997). *Cartas: Abelardo-Heloísa* (As cinco primeiras cartas traduzidas do original). Editora UFPE.

Romanini, V. (2002). A Bíblia passada a limpo. *Super Interessante*, (178), 40-50.

Romano, E. (século XIII). *De regimine principum.*

Rossiaud, J. (2002). Sexualidade. In Le Goff, J. & Schmitt, J.-C., *Dicionário temático do Ocidente medieval*, vol. II (pp. 477-480). Imprensa Oficial/Edusc.

Rousseau, J. J. (1968). *Emílio ou da educação*. Difusão Europeia do Livro.

Rubinstein, J. (2002). *Guibert de Nogent: portrait of a medieval mind*. Routledge.

Santo Agostinho. The confessions. In *Encyclopaedia Britannica: The Great Books of the Western World*, vol. 8, p. 9 ss.

Schmitt, J. C. (2002). Corpo e Alma. In Le Goff, J. & Schmitt, J.-C., *Dicionário temático do Ocidente medieval*, vol. I (pp. 253-267). Imprensa Oficial/Edusc.

Schmitt, J. C. (2002). Deus. In Le Goff, J. & Schmitt, J. C., *Dicionário temático do Ocidente medieval,* vol. I (pp.301-317). Imprensa Oficial/Edusc.

Schmitt, J. C. (2003). *La conversion d' Hermann, le juif – autobiographie, histoire et fiction*. Seuil.

Schmitt, J. C. (1985). Rêver au XIIe siècle. In Gregory, T. (Org.), *I sogni nel medioevo-seminario internazionale*. Edizione dell' Ateneo.

Shahar, S. (1990). *Childhood in the Middle Ages*. Routledge.

Southern, R. W. (1963). *Saint Anselm and his biographer.*

Strayer, J. R. (Ed.). *Dictionary of the Middle Ages*, vol. V. Charles Scribner's Sons.

Tassara, E. T. (2000). Globalização, paradigmas e utopias: questões de método na pesquisa social contemporânea. In *Noites brasileiras na Sociedade Brasileira de Psicanálise de São Paulo*. São Paulo.

Thomas, K. (1988). *O homem e o mundo natural*. Cia. das Letras.

Touraine, A. (1997). *Pourrons-nous vivre ensemble?* Fayard.

Van Gennep, A. (1969). *Les rites de passage – étude systématique des rites*. Mouton & Co. and Maison des Sciences de l'Homme.

Verger, J. (2002). Universidade. In Le Goff, J. & Schmitt, J. C., *Dicionário temático do Ocidente medieval*, vol. II (pp. 573-587). Imprensa Oficial/Edusc..

Vernant, J. P. (31 out. 1999). Os gregos inventaram tudo. Caderno Mais. *Jornal Folha de S.Paulo*, 5.

Veyne, P. (1971/1984). *Cómo se escribe la historia*. Alianza Editorial.

Von Eschenbach, W. (1900). *Parzival und Titurel*, livro 2. Ed. E. Martin.

Zink, M. (1985) *La subjectivité littéraire – Autour du siècle de saint Louis*. Puf.

Fontes psicológicas, psicanalíticas, médicas, pedagógicas etc.

Aberastury, A., & Knobel, M. (1971). *La adolescencia normal*. Paidós.

Bartels, A., & Zeki, S. (2004). The neural correlates of maternal and romantic love. *NeuroImage, 21*(3), 1155-1166.

Berenstein, I. (1996). Releyendo "Família y estructura familiar" 10 años después. In Berenstein, I. y otros. *Familia e inconsciente* (pp. 13-33). Paidós.

Bick, E. (1964). Notes on infant observation in psychoanalytic training. *International Journal of Psychoanalysis*, *45*, 558-566.

Bick, E. (1970). La experiencia de la piel en las relaciones de objeto tempranas. *Revista de Psicoanálisis*, *27*, 111-117.

Bion, W. R. (1957). Differentiation of the psychotic from non-psychotic personalities. *International Journal of Psychoanalysis*, *38*, 266-275.

Bion, W. R. (1958). On arrogance. *International Journal of Psychoanalysis*, *39*, 144-146.

Bion, W. R. (1962). Theory of thinking, *International Journal of Psychoanalysis*, *43*, 306-310.

Bion, W. R. (1966). *Atención e interpretación*. Paidós.

Bion, W. R. (1966). *Elementos de Psicoanálisis*. Ediciones Hormé.

Bion, W. R. (1970). *Volviendo a pensar*. Paidós.

Birman, J. (1994). Os impasses da cientificidade no discurso freudiano. In *Psicanálise, ciência e cultura*. Jorge Zahar Editores.

Bleger, J. (1972). *Simbiosis y ambigüedad*. Paidós.

Bleger, J., Giovacchini, P., Grinberrg, L., Grinberg, R., Horas, E., & Horas, P. (1973). *La identidad en el adolescente*. Paidós-Asappia.

Bleichmar, S. (1999). Entre la producción de subjetividad y la constitución del psiquismo. *Revista del Ateneo Psicoanalítico*, 2, 59.

Bowlby, J. (1969) *Attachment and loss*, vol. I e II. Basic Books.

Cassorla, R. S. (1986). Reações de aniversário. *Jornal de Psicanálise*, *XIX*(38), 25-39.

De Bingen, H. (século XII). *Causa e cura*.

De Certeau, M. (1987). *Histoire et psychanalyse – entre science et fiction*. Gallimard.

Diatkine, R., Stein, C., & Kalmanson, D. (1959). *Encyclopédie Chirurgico-Médicale. Psychiatrique.*

Eiguer, A. (1998). *A transmissão do psiquismo entre gerações*. Unimarcoeditora.

Erikson, E. (1972). *Adolescence et crise: la quête de l'identité*. Flammarion.

Ferrari, A. B. (1996). *Adolescência – o segundo desafio*. Casa do Psicólogo.

Foucault, M. (1998). *A ordem do discurso*. Edições Loyola.

Freud, A. (1976). *Infância normal e patológica – determinantes do desenvolvimento*. Zahar.

Freud, A., Osterrieth, P. A., & Piaget, J. (1972). *El desarrollo del adolescente*. Paidós.

Freud, S. (1973). *Obras Completas*, vols. I, II, III. Biblioteca Nueva.

Freud, S. (1973). Estudios sobre la histeria. In *Obras Completas*, vol. I (pp. 39-168). Biblioteca Nueva. (Trabalho original publicado em 1895).

Freud, S. (1973). Proyecto de una psicologia para neurologos. In *Obras Completas*, vol. I (pp. 209-276). Biblioteca Nueva. (Trabalho original publicado em 1895).

Freud, S. (1973). Los recuerdos encubridores. In *Obras Completas*, vol. I (pp. 330-341). Biblioteca Nueva. (Trabalho original publicado em 1899).

Freud, S. (1973). La interpretación de los sueños. In *Obras Completas*, vol. I (pp. 343-752). Biblioteca Nueva. (Trabalho original publicado em 1900).

Freud, S. (1973). Psicopatologia de la vida cotidiana. In *Obras Completas*, vol. I (pp. 755-931). Biblioteca Nueva. (Trabalho original publicado em 1901).

Freud, S. (1973). Tres ensayos para una teoria sexual. In *Obras Completas*, vol. II (pp. 1169-1237). Biblioteca Nueva. (Trabalho original publicado em 1905).

Freud, S. (1973). El delirio y los sueños en la Gradiva de W. Jensen. In *Obras Completas*, vol. II (pp. 1285-1336). Biblioteca Nueva. (Trabalho original publicado em 1906).

Freud, S. (1973). Los dos principios del funcionamiento mental. In *Obras Completas*, vol. II (pp. 1638-1642). Biblioteca Nueva. (Trabalho original publicado em 1911).

Freud, S. (1973). Observaciones psicoanalíticas sobre un caso de paranoia autobiograficamente descrito. In *Obras Completas*, vol. II (pp. 1487-1527). Biblioteca Nueva. (Trabalho original publicado em 1911).

Freud, S. (1973). Totem y tabu. In *Obras Completas*, vol. II (pp. 1745-1850). Biblioteca Nueva. (Trabalho original publicado em 1912).

Freud, S. (1973). Introducción al narcisismo. In *Obras Completas*, vol. II (pp. 2017-2033). Biblioteca Nueva. (Trabalho original publicado em 1914).

Freud, S. (1973). Los instintos y sus destinos. In *Obras Completas*, vol. II (pp. 2039-2052). Biblioteca Nueva. (Trabalho original publicado em 1915).

Freud, S. (1973). Duelo y melancolia. In *Obras Completas*, vol. II (pp. 2091-2100). Biblioteca Nueva. (Trabalho original publicado em 1915).

Freud, S. (1973). Lecciones introductorias al psicoanálisis. In *Obras Completas*, vol. II (pp. 2311-2345). Biblioteca Nueva. (Trabalho original publicado em 1915/1917).

Freud, S. (1973). El tabu de la virgindad. In *Obras Completas*, vol. III (pp. 2444-2453). Biblioteca Nueva. (Trabalho original publicado em 1917).

Freud, S. (1973). Mas allá del principio del placer. In *Obras Completas*, vol. III (pp. 2507-2561). Biblioteca Nueva. (Trabalho original publicado em 1920).

Freud, S. (1973). Psicología de las masas y análisis del yo. In *Obras Completas*, vol. III (pp. 2585-2588). Biblioteca Nueva. (Trabalho original publicado em 1920).

Freud, S. (1973). Psicoanalisis y teoria de la libido. In *Obras Completas*, vol. III (pp. 2661-2676). Biblioteca Nueva. (Trabalho original publicado em 1923).

Freud, S. (1973). El yo y el ello. In *Obras Completas*, vol. III (pp. 2701-2728). Biblioteca Nueva. (Trabalho original publicado em 1923).

Freud, S. (1973). La disolución del Complejo de Edipo. In *Obras Completas*, vol. III (pp. 2748-2751). Biblioteca Nueva. (Trabalho original publicado em 1924).

Freud, S. (1973). Inibición, síntoma y ansiedad. In *Obras Completas*, vol. III (pp. 2833-2883). Biblioteca Nueva. (Trabalho original publicado em 1925).

Freud, S. (1973). Discurso a los miembros de la sociedad B'nei Brit. In *Obras Completas*, vol. III (pp. 3229-3230). Biblioteca Nueva. (Trabalho original publicado em 1926).

Freud, S. (1973). El porvenir de una ilusion. In *Obras Completas*, vol. III (pp. 2961-2992). Biblioteca Nueva. (Trabalho original publicado em 1927).

Freud, S. (1973). El malestar en la cultura. In *Obras Completas*, vol. III (pp. 3017-3067). Biblioteca Nueva. (Trabalho original publicado em 1930).

Freud, S. (1973). Moisés y la religión monoteísta. In *Obras Completas*, vol. III (pp. 3241-3324). Biblioteca Nueva. (Trabalho original publicado em 1938).

Friedlander, S. (1975). *Histoire et Psychanalyse*. L'Univers Historique/Seuil.

Gesell, A., Ilg, F. L., & Ames, L. B. (1963). *El niño de 1 a 5 años*. Paidós.

Gomes, M. C. A. P. (1986). O núcleo da mágoa crítica – um estudo psicanalítico sobre certas vivências depressivas arcaicas. *Revista Brasileira de Psicanálise, 20*, 19-67.

Grinberg, L. (1976). *Teoría de la identificación*. Paidós.

Grinberg, L., Sor, D., & De Bianchedi, E. (1973). *Introdução às ideias de Bion*. Imago.

Grunspun, H. (2002). Violência e resiliência: a criança resiliente na diversidade. *Bioética, 10*(1), 163-171.

Guirado, M. (1995). *Psicanálise e análise do discurso*. Summus.

Guirado, M. (2000). *A clínica psicanalítica na sombra do discurso*. Casa do Psicólogo.

Hinshelwood, R. D. (1992). *Dicionário do pensamento kleiniano*. Artes Médicas.

Jeammet, P. H., & Corcos, M. (2005). *Novas problemáticas da adolescência: evolução e manejo da dependência*. Casa do Psicólogo.

Kancyper, L. (1999). *Confronto de gerações – estudo psicanalítico*. Casa do Psicólogo

Klaus, M., & Kennel, J. (1993) *Pais/bebês – a formação do apego* (pp. 170-244). Artes Médicas.

Klein, M. (1952). Some theoretical conclusions regarding the emotional life of the infant. In *Developments*.

Klein, M. (1969). *Psicanálise da criança*. Mestre Jou.

Klein, M. (1969). Primeiros estádios do conflito edípico e da formação do superego. In *Psicanálise da criança*. Mestre Jou.

Klein, M. (1970). *Amor, ódio e reparação*. Imago.

Klein, M. (1970). *Contribuições à psicanálise.* Mestre Jou.

Klein, M. (1970). A importância da formação de símbolos no desenvolvimento do ego. In *Contribuições à psicanálise* (pp. 295-313). Mestre Jou.

Klein, M. (1971). *Envidia y gratitud – emociones básicas del hombre.* Horme/Paidós.

Klein, M. (1973). *A educação de crianças à luz da investigação psicanalítica.* Imago.

Klein, M. (1975). *O sentimento de solidão – nosso mundo adulto e outros ensaios.* Imago.

Klein, M. (1985). *Obras completas de Melanie Klein*, vol. III. Imago.

Klein, M. (1985). Notas sobre alguns mecanismos esquizoides. Sobre a teoria da ansiedade e da culpa, Inveja e gratidão. In *Obras Completas de Melanie Klein*, vol. III. Imago.

Klein, M. (1985). Sobre a teoria da ansiedade e da culpa. In *Obras Completas de Melanie Klein*, vol. III, Imago.

Knobel, M. (1992). The neurotic and the psychotic components in the somatization process. *Dynamische Psychiatrie/Dynamic Psychiatry*, 188-202.

Kohut, H. (1988). *Análise do self*. Imago.

Lane, H. (1986). *L'enfant sauvage de l'Aveyron: evolution de la pedagogie, d'Itard à Montessori.* Payot.

Laplanche, J., & Pontalis, J. B. (1973). *Vocabulaire de la psychanalyse.* PUF.

Lebovici, S., & Soulé, M. (1972). *La connaissance de l'enfant par la psychanalyse.* PUF.

Levisky, D. L. (1978). A criança negligenciada e a criança espancada. In Alcantara, P. & Marcondes, E. *Pediatria básica*, vol. 2 (pp. 913-914). Sarvier.

Levisky, D. L. (1995). Moral, superyo, delincuencia y democracia – aprehensión de una coyuntura emocional, a partir del pensamiento Winnicottiano y su interacción con la sociedad contemporânea In *Anais do Congresso da FEPAL*. Santiago do Chile.

Levisky, D. L. (2001). *Adolescência – reflexões psicanalíticas*. Casa do Psicólogo.

Levisky, D. L. (2004). Interfaces com a psicanálise: questões metodológicas em uma investigação histórico-psicanalítica na Idade Média Central. In Lowenkron, T., & Herrmann, F. *Pesquisando com o método psicanalítico* (pp. 191-221). Casa do Psicólogo.

Levisky, D. L. (2006). resenha crítica do livro: *La conversion d'Hermann le juif – autobiographie, histoire et fiction de* J.-C. Schmitt. *Signum – Revista da Associação Brasileira de Estudos Medievais*, *8*, 405-413.

Levisky, R. B. (2002). Les enfants parlent au nom des parents: les vicissitudes de la communication dans une famille. In *Le divan familial* (pp. 127-136). Press Éditions.

Levisky, R. B. (mai. 2004). Casamento ameaça? Um conflito de heranças. In *I Congresso Psicanalítico de Terapia Familiar*, Paris, França.

Mahler, M. (1973). *Psychose infantile: symbiose humaine et individuation*. Payot.

Meltzer, D. (1979). *Estados sexuais da mente*. Imago..

Meltzer, D. (1985). L'objet esthétique. *Revue Française de Psychanalyse*, *49*, 185-189.

Mezan, R. (2002). *Interfaces da psicanálise*. Cia. das Letras.

Mezan, R. Aula de número 34, ministrada na PUC-SP durante o curso "Criação e Sublimação", em 31 de março de 2004, e que me foi oferecida pelo autor.

Nathan, T. (1983). *Psychanalyse et copulation des insects.* La Pensée Sauvage.

Ogden, T. (1992). El sujeto dialécticamente constituido/descentrado del psicoanálisis, El sujeto freudiano y las contribuciones de Klein y Winnicott. In *Libro anual de psicoanálisis* (pp. 99-122). Escuta.

Ogden, T. (1996). *Os sujeitos da psicanálise.* Casa do Psicólogo/Clínica Roberto Azevedo.

Outeiral, J. O. (1994). *Adolescer – estudos sobre adolescência* (página de abertura). Artes Médicas.

Pagés, C. (2001). Os deuses de ontem – uma aproximação entre psicanálise e a poesia. In *Anais do IV Congresso de Psicanálise das Configurações Vinculares, NESME* (p. 7), Serra Negra, São Paulo.

Piaget, J., & Inhelder, B. (1990). *A psicologia da criança.* Bertrand Brasil.

Piñol-Douriez, M. (1984). *Bébé agi-bébé actif: l'émergence du symbole dans l'économie interactionnelle.* PUF.

Puget, J., & Berenstein, I. (1994). *Psicanálise do casal.* Artes Médicas.

Rascovsky, A. (1975). *La matanza de los hijos y otros ensayos.* Kargieman.

Silva Júnior, N. (1998). *Modelos de subjetividade em Fernando Pessoa e Freud. Da catarse à abertura de um passado imprevisível* (Trabalho de pós-doutorado). Universidade Federal de São Paulo (Unifesp), São Paulo.

Silva Júnior, N. (1995). Um estado de alma é uma paisagem... – Explorações da espacialidade em Fernando Pessoa e Freud. *Percurso,* 15(2), 26-34.

Spitz, R. (1983). *O primeiro ano de vida.* Editora Martins Fontes.

Storolow, R. D., & Lachmann, F. M. (1983). *Psicanálise das paradas do desenvolvimento – teoria e tratamento*. Imago.

Sussman, G. (1975). Wet nursing in 19th Century France. *French Historical Studies*, 9(18), 304-328.

Winnicott, D. W. (1975). *O brincar e a realidade*. Imago.

Winnicott, D. W. (1978). Preocupação materna primária. In *Da pediatria à psicanálise* (pp. 491-498). Francisco Alves Editora.

Winnicott, D. W. (1983). *O ambiente e os processos de maturação – estudos sobre a teoria do desenvolvimento emocional*. Artes Médicas.

Winnicott, D. W. (1989). *Tudo começa em casa*. Editora Martins Fontes.

Winnicott, D. W. (1990). Psicanálise do sentimento de culpa. In Winnicott, D. W., *O ambiente e os processos de maturação – estudos sobre a teoria do desenvolvimento emocional* (pp. 19-30). Artes Médicas.

Winnicott, D. W. (1993). *A família e o desenvolvimento individual*. Editora Martins Fontes.

Zimerman, D. (1995). *Bion – da teoria à prática*. Artes Médicas.

GRÁFICA PAYM
Tel. [11] 4392-3344
paym@graficapaym.com.br